Ullstein Sachbuch

W0072719

Michail Gorbatschow

GLASNOST

Das neue Denken

Ullstein Sachbuch

Ullstein Sachbuch
Ullstein Buch Nr. 34714
im Verlag Ullstein GmbH,
Frankfurt/M – Berlin
Aus dem Russischen
übertragen von Nowosti, Moskau

Ungekürzte Ausgabe
mit 27 Abbildungen

Umschlagentwurf:
Hansbernd Lindemann
Unter Verwendung eines Fotos
der dpa, Frankfurt
Alle Rechte vorbehalten
© APN-Verlag, Moskau
© der deutschen Ausgabe
1989 by Verlag Ullstein GmbH,
Frankfurt/M – Berlin
Printed in Germany 1989
Druck und Verarbeitung:
Ebner Ulm
ISBN 3 548 34714 2

Januar 1990

CIP-Titelaufnahme
der Deutschen Bibliothek

Gorbačev, Michail:
Glasnost: das neue Denken / Michail
Gorbatschow. – Ungekürzte Ausg. –
Frankfurt/M; Berlin: Ullstein, 1990
    (Ullstein-Buch; Nr. 34714:
    Ullstein-Sachbuch)
    ISBN 3-548-34714-2
NE: GT

Inhalt

TEIL III
Staatsbesuch in der Bundesrepublik Deutschland

An meine deutschen Leser

Vor Ihnen liegen einige meiner Reden und Artikel der letzten zweieinhalb Jahre. Sie wurden aus unterschiedlichen Anlässen gehalten beziehungsweise geschrieben. Doch der ihnen gemeinsame zentrale Gedanke ist unschwer zu erkennen: Man kann auf die bisherige Art und Weise nicht mehr weiterleben; falls die Zivilisation fortbestehen soll, darf man die Beziehungen zwischen den Staaten nicht mehr auf die althergebrachte Art gestalten. Und noch etwas: Wir können nur gemeinsam in die Zukunft gehen – unter Wahrung unserer Eigenständigkeit und Entscheidungsfreiheit.

Bei uns, in unserem eigenen Haus, haben wir uns vor vier Jahren fest und unwiderruflich entschieden, die ökonomischen und sozialen Verhältnisse sowie das politische System auf der Grundlage der Demokratisierung, der Offenheit und des für alle gleichermaßen verbindlichen Rechts umzugestalten. Der Sinn dieser Politik läßt sich in einem Satz erfassen: dem Menschen mehr Geltung zu verschaffen. Und zwar durch Gerechtigkeit, durch die Erhöhung des Lebensstandards, durch die Achtung der Persönlichkeit und jedes Volkes unseres multinationalen Staates sowie durch konsequente Volksherrschaft.

Ist der Sozialismus imstande, dies zu verwirklichen?

Meine Antwort finden Sie in diesem Buch. Gewiß, die Perestroika hat sich als ein überaus kompliziertes und mühevolles Vorhaben erwiesen. Sie ist eine Revolution in der Revolution. Doch einen anderen Weg, das geistige und materielle Potential unseres Landes zum Wohl der Allgemeinheit zur Entfaltung zu bringen, haben wir nicht. Etwas anderes will auch unser Volk nicht. Dies haben die jüngsten Wahlen und der erste Kongreß der Volksdeputierten der UdSSR unzweideutig bewiesen.

In der Außenpolitik ist die Sowjetunion mit der Initiative einer Demilitarisierung und Entideologisierung der zwischenstaatlichen Beziehungen auf der Basis der Anerkennung der Priorität gemeinsamer menschlicher Werte hervorgetreten. Nicht Gewalt, sondern der gesunde Menschenverstand soll von nun an den Gang der Geschichte prägen. Nicht die Perfektion der Waffen soll die Sicherheit gewährleisten, sondern die Anerkennung der heute wohl für jedermann offensichtlichen Tatsache, daß die Menschheit genug Kriege geführt hat. Nun müssen die Staaten und Völker vor allem lernen, in guter Nachbarschaft zu leben, ohne Groll oder gar Haß gegeneinander zu hegen.

Wir schlagen vor, sämtliche Massenvernichtungswaffen abzuschaffen und die Bestände sowie die Produktion konventioneller Waffensysteme radikal – bis auf das Niveau des zur Verteidigung notwendigen Minimums – zu reduzieren, und zwar unter strengster internationaler Kontrolle. Die gigantischen Mittel, die gegenwärtig für das Wettrüsten ausgegeben werden, sollten für den Umweltschutz, für die Verhütung und Behandlung von Krankheiten, für Bildung und Kultur sowie für die Förderung der Entwicklung, besonders in der Dritten Welt, eingesetzt werden.

Niemand wird uns Patentrezepte liefern. Wir müssen sie uns gemeinsam erarbeiten. Als Teil eines Ganzen müssen wir alle dafür Sorge tragen, der schon bestehenden positiven Tendenz der internationalen und der europäischen Entwicklung größere Stabilität und Durchschlagskraft zu verleihen. So große Staaten wie die Sowjetunion und die Bundesrepublik Deutschland sollten sich dies als erste zu ihrem Anliegen machen.

Ich nehme die Gelegenheit wahr, um den Lesern dieses Buches und allen Bürgern der Bundesrepublik meine besten Wünsche zu übermitteln.

Moskau, im Mai 1989   Michail Gorbatschow

TEIL I
Glasnost und Perestroika

Einleitung

»Glasnost hat die Menschen vom geistigen Joch befreit«

Nicht nur in der Sowjetunion, sondern in der ganzen Welt ist jetzt wohl das Wort »Glasnost« bekannt, das unterschiedlich übersetzt wird, sich aber gerade in seiner russischen Transkription mit einer sogar für unsere Zeit einmaligen Geschwindigkeit in Dutzenden von Sprachen eingebürgert hat.

Was ist das für ein Phänomen? Warum ist dieses für die russische Sprache gar nicht neue Wort so populär geworden? Ist es etwa ein Tribut an die Mode, von der wir uns in unseren Versuchen, Seele und Körper zu heilen, so häufig leiten lassen?

Nein, das ist keine Mode. Es fand sich nämlich in unserer Sprache ein inhaltsreiches Wort, das unsere heutigen Sorgen und Bestrebungen zum Ausdruck bringen kann. Am Anfang war schon immer das Wort . . .

Die Menschheit pflegt das Fazit zu ziehen – sei es eines Tages, eines Monats oder eines Jahres, sei es einzelner Perioden oder ganzer Epochen, die es zu bewerten gilt. Diese Gewohnheit ist bei uns besonders stark. Wir sind eine junge Gesellschaft, die in einer relativ kurzen historischen Periode einen langen Weg zurückgelegt hat, an dem neue Städte und Industriekomplexe, mächtige Staudämme und Atomkraftwerke stehen. Doch auf diesem Weg gab es nicht nur Siege und Errungenschaften, sondern auch viele Fehler. Wir pflanzten Wälder in den von Dürre heimgesuchten Steppen, vernichteten aber gleichzeitig riesengroße Taigaflächen, um dort neue Werke zu bauen und die von uns benötigten Technologien und Waren mit Holz zu bezahlen. Eilig und mit dem nur uns eigenen Elan pumpten wir Öl und Gas aus dem Erdinnern und tauschten sie jenseits des Ozeans gegen Getreide ein. Als erste bahnten wir den Weg in den Weltraum und überlegen heute ernsthaft, ob wir uns nicht zu weit von den irdischen Problemen und den tagtäglichen Nöten und Bedürfnissen des Menschen entfernt haben.

Und all diese Zeit, in all den Jahren und Planjahrfünften brachten wir dem Menschen bei, für die Zukunft zu leben und seinen Beitrag daran zu messen, was er den künftigen Generationen und dem nächsten Tag gibt. Die Ausbeutung des Enthusiasmus erschien vielen verlockend.

Wohl erstmalig in unserer Geschichte denken wir jetzt nicht so sehr an die Ergebnisse als vielmehr an den von uns bewußt gewählten Weg in die Zukunft, an uns und die Umwelt, in der alles so eng verbunden und verflochten ist. Noch vor kurzem haben wir in einer Welt gelebt, in der die wider die Geographie in »West« und »Ost« geteilten Länder durch die starken Mauern des kalten Krieges voneinander getrennt waren. Die Geschichte wird einst feststellen, wer von den Maurern mehr Ziegelsteine gelegt hat. Nur wenige Gedanken verschwendeten wir daran, daß diese Mauern die Völker entfremdeten und die Verbreitung wahrheitsgetreuer Informationen behinderten. Und die Laute, die mühevoll durch die mit der Zeit in der Mauer entstandenen Risse drangen, wurden gewöhnlich diesseits als »Intrigen des Imperialismus« und jenseits als »Komplott der Roten« abgestempelt. Die entmenschlichten Propagandamaschinerien machten dem Menschen das Wichtigste unmöglich – die Ereignisse und Erscheinungen in der Welt selbständig zu beurteilen. Er hatte keine Möglichkeit, die Werte zu vergleichen und einander gegenüberzustellen. Wir bauten eine kollektivistische Gesellschaft auf und vergaßen, daß das Kollektiv eine Summe von Individuen ist, nicht aber eine gefügige Masse.

All das ist nicht erst gestern so geworden. Der Baum schien richtig gepflanzt zu sein, die Wurzeln wurden mit Erde bedeckt und ausgiebig mit Wasser begossen, aber der Stamm wuchs krumm, und die Gärtner konnten nicht begreifen, was ihm fehlte. Es fehlte aber nicht wenig: eine gesunde Umwelt, in der sich alles Lebende entwickelt. Während Dichter, Satiriker und mit ihnen auch einige Politiker den »Bürokratismus wie ein Wolf zu zerbeißen« drohten, wucherte und erstarkte das administrative Kommandosystem, das schließlich die Zügel der Macht in seine Hände nahm. Das Volk schien nicht bemerkt zu haben, daß die Macht der Sowjets durch die Macht des Apparats ersetzt worden war, dem es überlassen wurde, die Schicksale des Volkes zu entscheiden. Kleine und große Gärtner lösten einander ab, der Baum hatte jedoch keinen wirklichen Patron.

Die Perestroika kann sich nicht ohne Glasnost vollziehen, sie braucht die Luft der Freiheit, weite Horizonte des Denkens, die echter Volksinitiative stets den Weg bahnen. Um voranschreiten zu können, muß die Gesellschaft ihren Zustand kennen – ohne Verschweigen und ohne Tabus, ohne Unterteilung der Information in solche »für alle« und solche »für einen engen Kreis«. Das scheint ein Axiom zu sein. Aber auch Axiome müssen manchmal bewiesen werden: Die Glasnost hatte noch keine Bürgerrechte erlangt, da wurde sie schon durch zahlreiche Fragen umzäunt: Wo liegen die Grenzen der Glasnost? Soll sie für den Export dosiert werden?

Das Leben hat diese Fragen bereits beantwortet: Es gibt keine Grenzen, wenn die Glasnost den Interessen der Gesellschaft, den Interessen des Sozialismus dient. Es gibt aber keine verschiedenen Wahrheiten – für den inneren und äußeren Bedarf.

Die Perestroika ist erst ganze vier Jahre alt, hat aber bereits ihre Geschichte. In dieser Geschichte gibt es heute mehr Fragen als Antworten, aber dieser Zustand der Gesellschaft ist normaler als der sumpfige Boden einer Gemeinschaft von Schweigenden. Interessanter ist, an wen die Fragen gerichtet werden. Leider sind sie häufiger nach oben gerichtet, wo die Perestroika begonnen wurde und von woher bis heute immer neue Impulse, Lösungen und Genehmigungen erwartet werden.

Aber auch diese Situation wird allmählich Vergangenheit, wie die Ergebnisse der Wahlen der Volksdeputierten bezeugen. Kaum wurde die Idee des Pluralismus dem neuen Wahlgesetz zugrunde gelegt, da traf das Volk bereits seine Wahl und stimmte in vielen Fällen für Menschen, die bestenfalls als »Unruhestifter«

galten, und – in anderen Fällen – gegen diejenigen, die noch vor kurzem scheinbar die Macht verkörperten. Das war keine Herausforderung, wie die Gegner der Perestroika die Wahlergebnisse hinzustellen versuchen, sondern die Rückkehr zur Idee der Macht der Sowjets, zur Wahl jener Menschen, die die Führung übernehmen können, und nicht zum Wettbewerb der Posten, an den die Wähler so lange gewöhnt wurden.

Was hat also die Glasnost dem Volk gegeben? Sind wir in diesen vier Jahren anders geworden? Laufen unsere Worte und Taten auseinander? Ist uns das Schicksal des Landes klar? Es scheint, daß wir das Wichtigste gelernt haben, nämlich einander anzuhören. Die Orientierung fällt in diesem Stimmgewirr, in diesem Lärm des Lebens schwerer als früher, da von oben fertige Richtlinien verordnet wurden, die zu befolgen waren. Die Glasnost hat viele Probleme, Konflikte, Kränkungen und Ungerechtigkeiten bloßgelegt, die jahrelang ungelöst und ungeheilt geblieben waren. Sie haben verschiedene Ausmaße – von der persönlichen Tragödie bis zu den Schicksalen einzelner Völker. Aber heute sind sie der ganzen Welt bekannt; über sie wird gesprochen, geschrieben und gestritten, die Menschen kennen sie und werden deshalb auch Lösungen finden.

Wie kompliziert ist aber die Kunst, einander zuzuhören! Vor mehr als drei Jahrzehnten hat die Partei den Versuch unternommen, die Ursachen der Entstehung des Personenkults zu erforschen, doch noch heute tobt der Streit mit nicht nachlassender Leidenschaft, und immer wieder sind Stimmen zu hören: Wie lange denn noch in der Vergangenheit herumstochern? Nun reicht es aber! Das Volk hat es satt! Als ob es nicht klar wäre, daß man keinen einzigen Schritt in die Zukunft tun kann, ohne die Vergangenheit begriffen zu haben. Mehr noch. Fehler können wiederholt werden, denn die Gewohnheiten und Traditionen – ob gut oder schlecht – sind zählebig. Hören und das Gehörte verstehen sind aber leider zweierlei Dinge. Für letzteres braucht man Zeit.

Wir sollten über die Langsamkeit und den unsteten Kurs unserer Bewegung nicht betrübt sein. Die Glasnost hat die Hauptsache getan: Sie hat die Menschen vom geistigen Joch befreit. Sie gibt ihnen ihre Selbstachtung zurück; die Menschen sind in Bewegung geraten, wollen keine »Schräubchen« in der Maschinerie der Macht mehr sein und die Entscheidungen selbst treffen.

Wir haben bereits vor einer scheinbar unumkehrbaren Rückwärtsentwicklung gestanden, und das Leben verlangte von uns entschiedene Wandlungen: Demokratisierung der Macht, nüchterne und weitsichtige Reformen in der Wirtschaft, Stabilisierung der zwischennationalen Beziehungen. All diese Probleme sind wechselseitig verbunden und können nur gleichzeitig gelöst werden. Das ist ein Gegenstand der gegenwärtigen Auseinandersetzungen: Sollen alle Anstrengungen der Gesellschaft auf die Erfüllung einer Aufgabe – z. B. die Sättigung des Marktes mit Waren – gerichtet werden, oder sind alle Aufgaben im Komplex zu lösen? Auch auf diese Frage hat das Leben seine Antwort gegeben: Die Durchsetzung des Genossenschaftswesens, das Zusammenwirken verschiedener Eigentumsformen sind nur in einem echten Rechtsstaat möglich, in dem das Gesetz stets über dem Willen einer Amtsperson steht, wie hochgestellt sie auch sein mag.

Die Geschichte der Perestroika wird einmal geschrieben werden. Dieser Sammelband von Reden und Ansprachen Michail Gorbatschows wird aufmerksamen und interessierten Lesern helfen, die Dynamik der komplizierten Prozesse zu verfolgen, die sich in unserem Land vollziehen. Die chronologisch aufgeführten Texte entwickeln und ergänzen die Grundkonzeption der Perestroika. Denn die Perestroika ist kein von irgend jemandem erfundener Begriff. Sie ist unser Leben in seiner ständigen Bewegung, mit seiner angespannten Aufmerksamkeit für den Menschen, in dessen Interesse sie vollbracht wird.

»Demokratisierung – das ist das Wesen der Umgestaltung«

(Aus der Rede Michail Gorbatschows anläßlich eines Treffens mit den Leitern der Massenmedien und der Berufsverbände der Kulturschaffenden am 8. Januar 1988)

Wir haben die erste Etappe der Umgestaltung im großen und ganzen vollendet. Nun beginnt die zweite Etappe. Deshalb stehen wir an einem Markstein. Selbstverständlich ist diese Einteilung in Etappen relativ: Im Leben ist alles wechselseitig miteinander verknüpft, und vieles von dem, was schon begonnen hat, dauert fort und wird auch weiterhin fortdauern.

Wir trennen diese zwei Etappen, um deutlicher jene Aufgaben herauszusondern, die vor uns stehen. In der ersten Etappe mußten wir gründliche Arbeit leisten, um uns über die Situation, wie sie sich gegen Mitte der 80er Jahre herausgebildet hatte, theoretisch Klarheit zu verschaffen. Wir mußten den realen Zustand der Gesellschaft, in der wir leben, analysieren und die Pläne für die Zukunft formulieren. Und zwar nicht auf der Grundlage oberflächlicher und vereinfachter Vorstellungen, sondern im Bewußtsein der Verantwortung sowohl gegenüber dem eigenen Land als auch – angesichts der Bedeutung und der Rolle unseres Landes – gegenüber dem Sozialismus und der Welt.

Wir haben eine Konzeption der Umgestaltung ausgearbeitet und besonders wichtige, weitreichende Beschlüsse gefaßt. Ohne diese Beschlüsse hätten wir nicht mit Blick auf die Perspektive handeln, uns aber gleichzeitig auch mit den laufenden Fragen beschäftigen können. In dieser Etappe der Umgestaltung wurden viele Kräfte unserer Gesellschaft aufgeboten. Vor allem das Potential der Partei selbst, die Wissenschaftler, die Künstler, die Massenmedien. Das Land lebte, das Volk war tätig. Es arbeitete und löste anstehende Aufgaben, ohne zu warten, bis die theoretischen und politischen Studien abgeschlossen sind.

Die erste Etappe unterscheidet sich von der darauffolgenden gerade dadurch, daß wir geklärt haben, was zu tun ist und wie es zu tun ist. Das ist eine schwierige Aufgabe, sie bleibt auch heute aktuell. Nun sind wir in die komplizierteste Etappe eingetreten. Jetzt muß die Konzeption der Umgestaltung mit dem Leben, mit der praktischen Tätigkeit von Millionen Sowjetbürgern weitestgehend in Berührung kommen. Das, was von der politischen Führung, vom fortschrittlichen Teil unseres Volkes erkannt wurde, muß jetzt von unserem ganzen Volk, von allen seinen Schichten erkannt werden, denn sonst, ohne ein klares Verständnis der Politik der Partei, wird es keine Überzeugung von ihrer Notwendigkeit geben. Gerade diese Überzeugung prägt aber den Geist der Menschen und ihre realen Taten.

Das ist eine wahrhaft grandiose Aufgabe. Der Mensch steht dabei im Mittelpunkt: Sowohl in der Hinsicht, daß alles für das Wohl des Menschen getan wird, als auch in dem Sinne, daß es die Menschen selbst sind, die all das, was wir uns gemeinsam vorgenommen haben, vollbringen müssen.

Jetzt hat sich vieles zugespitzt, die Diskussionen nehmen zu. Die Umgestaltung geht nicht ohne Kampf voran. Das ist nur natürlich. Wenn die Umgestaltung tatsächlich eine Fortsetzung der Revolution ist, wenn wir jetzt eine tatsächlich revolutionäre Politik betreiben, dann ist ein Kampf unvermeidlich. So war es in den Jahren aller Revolutionen, so wird es auch jetzt sein. Und wir fühlen das auch. Anders ist es um die Formen dieses Kampfes und seine Teilnehmer bestellt. In unserem Land sind das keine einander antagonistisch gegenüberstehenden, rivalisierenden Seiten mit entgegengesetzten Klasseninteressen. Eher kann man da von Gruppen, von vorübergehenden Interessen, ja manchmal sogar von Ambitionen sprechen, falls man Ambitionen überhaupt zu den Interessen zählen kann.

Wir alle sind Teilnehmer an der riesigen, schöpferischen Arbeit zur Umgestaltung unseres Landes. Deshalb wird der Kampf bei uns die Form von Diskussionen, von ideologischen Auseinandersetzungen haben, die dem Ziel dienen, sich in der Situation zurechtzufinden und sich über unsere Aufgaben Klarheit zu verschaffen. Wir vollenden eine Etappe und treten in eine andere ein. Die Aufgaben und insbesondere die Ausmaße der Arbeit ändern sich qualitativ. Das Schwergewicht wird bereits in die Sphäre der praktischen Realisierung, in die Sphäre der Umsetzung unserer Politik ins Leben verlagert. Das ist schon eine qualitativ neue Situation. Wir alle bekamen sie zu spüren. Alle, die an diesem Treffen teilnehmen, sind mit dem Leben unserer Gesellschaft ganz unmittelbar verbunden, sie erhalten jeden Tag umfangreiche Informationen, sie begreifen, sehen und fühlen jene Prozesse, die bei uns im Gange sind, und auch deren Perspektiven.

In diesem Sinne möchte ich nochmals unterstreichen, daß uns das Jahr 1987 viel gegeben hat. Selbst wenn wir es nach strengsten Maßstäben einschätzen, müssen wir bestätigen, daß es ein Jahr großer Arbeit war. In der Tat: Hätte es die ganze theoretische, politische und praktische Arbeit, die wir im vorigen Jahr anläßlich des 70. Jahrestages der Oktoberrevolution geleistet haben, nicht gegeben, dann stünden wir jetzt im Verständnis sowohl unserer Vergangenheit als auch der gegenwärtigen Etappe und unserer Perspektiven zwei bis drei Stufen tiefer. Wir haben die Analyse der Gesellschaft vertieft. Wir kennen jetzt unsere Geschichte besser. Das ist ausgesprochen wichtig.

Man kann nicht jenen zustimmen, die vorschlagen, die Geschichte zu vergessen oder lediglich irgendeinen Teil davon auszunutzen. Heute begreifen wir alle gut, daß dieser Standpunkt unannehmbar ist. Wir müssen die Geschichte unseres Heimatlandes gründlich kennen, ganz besonders die nach dem Oktober. Die Kenntnis dieser Geschichte, die Kenntnis der Ursachen dieser oder jener Erscheinungen, der Ursachen, die den gigantischen Errungenschaften unseres Staates zugrunde liegen, die Kenntnis der Ursachen auch der großen Fehlgriffe, der tragischen Ereignisse unserer Geschichte gestattet es uns, daraus für unser Heute Lehren zu ziehen, da wir unsere Gesellschaft erneuern, das Potential des Sozialismus, seine Werte besser erschließen wollen. Wir kennen unsere Geschichte, die Wurzeln vieler Erscheinungen, die uns alle in letzter Zeit beunruhigten und die eine unmittelbare Ursache für Entscheidungen über die Notwendigkeit der Umgestaltung darstellten, jetzt tatsächlich besser.

Zugleich ist jenes Verständnis unserer Geschichte, das wir bei der Vorbereitung auf den 70. Jahrestag der Oktoberrevolution erreichten, keineswegs etwas Starres, ein für allemal Gegebenes. Es wird durch weitere Studien vertieft und weiterentwickelt werden.

Kennzeichnend für unsere heutige Arbeit ist, daß wir die Kenntnis, das Verständnis der Geschichte vertiefen, Lehren aus der Vergangenheit ziehen und Perspektiven ausarbeiten. Das, was in dieser Hinsicht geleistet wurde, hat die ganze politische, ideologische und geistige Lebenssphäre der Gesellschaft bereichert. Dies zum einen.

Nun zum anderen. Wie ich schon sagte, wurden 1987 weitreichende Beschlüsse gefaßt. Ich würde so sagen: Hätten wir jetzt die Beschlüsse des Januar- und des Juni-Plenums des ZK der KPdSU, hätten wir das Gesetz über den staatlichen Betrieb nicht, dann wären wir selbst anders. Auch unsere Auffassung von der Situation und unsere Vorstellung davon, was man jetzt tun und auf welchen Wegen man sich weiterbewegen soll, wäre anders.

Der beachtliche Fortschritt in der Ausarbeitung der Theorie und der Politik der Umgestaltung verleiht unserer Arbeit einen bewußten, zielgerichteten Charakter. Wir können jetzt konsequent handeln, ausgehend von den gefaßten Beschlüssen, auf der Basis einer wissenschaftlichen Analyse und einer breiten Diskussion über diese Probleme in der Partei und in der gesamten Gesellschaft. Dies befähigt uns eben, den Übergang zur nächsten Etappe der Umgestaltung zu vollziehen.

Das zurückliegende Jahr zeigte auch, daß die Vorgänge in der Sowjetunion nicht nur für unser Land, für unser Volk, sondern auch für das Schicksal des Sozialismus, für die Situation in der Welt insgesamt von großer Bedeutung sind. Im vergangenen Jahr haben wir das besonders deutlich gesehen. Das bestimmt auch das Maß unserer Verantwortung. Das, was wir im Inland tun, hat uns, im Verein mit den Initiativen in der Außenpolitik, erstmals gezeigt, daß man reale Aufgaben zur Verbesserung der Situation in der Welt stellen kann.

Erinnern wir uns: Vor noch gar nicht so langer Zeit – am 15. Januar 1986 – verkündeten wir die Konzeption einer kernwaffenfreien, sicheren Welt. Die erste Reaktion im Westen, insbesondere unter den Politikern und den Politologen, war – das sei eine Utopie. Obwohl wir uns das von Anfang an so überlegt und dieses Dokument so vorbereitet hatten, daß es nicht als eine neue attraktive Lösung – sei es auch mit einem stärkeren Beigeschmack von Pazifismus, aber weit entfernt von einer realistischen Politik – wirken würde. Nein, dort sind sowohl die Zielsetzungen als auch konkrete Ansätze für die Lösung der Aufgaben und die Balance der Interessen konkret abgesteckt. Wir waren sicher, daß dieses Dokument nicht ohne Wirkung bleibt. Trotzdem aber meinten viele anfangs, darin sei lediglich ein fernes Ziel verzeichnet, das keine aktuelle Bedeutung habe.

Heute sehen wir, wie sich die Ideen, die wir formuliert haben und die wir als neues politisches Denken bezeichnen, Bahn brechen – mit Mühe zwar, mit Kampf, den herkömmlichen Stereotypen, den alten Haltungen zum Trotz –, aber sie brechen sich doch Bahn. Sie alle unterhalten breite Kontakte zu verschiedenen Vertretern der Weltöffentlichkeit und werden, so glaube ich, bestätigen, daß diese meine Feststellung nicht übertrieben ist. Die Situation, die Stimmung in der Welt wandelt sich zum Besseren. Dieses Jahr zeigte beredt, daß sich in der Welt viele Ermüdungserscheinungen, viele Probleme angestaut haben, die das menschliche Leben erschweren. Das Wettrüsten, die militärische Konfrontation beanspruchen gewaltige Ressourcen, menschlichen Geist und menschliche Kräfte, die für die Lösung lebenswichtiger, gesamtmenschlicher Aufgaben eingesetzt werden könnten.

Deshalb fielen unsere Konzeption und nach ihr auch unsere konkreten Initiativen auf einen im großen und ganzen vorbereiteten Boden. Inzwischen zeigen sich schon die ersten Keime. Das konkrete Resultat können wir, glaube ich, wie folgt charakterisieren: Es hat ein realer Prozeß der Verbesserung, der Gesundung der internationalen Situation begonnen. Ein Umschwung bleibt vorerst aus, doch der Anfang dafür wurde mit der Unterzeichnung des Vertrags über die Liquidierung der Raketen mittlerer und kürzerer Reichweite gemacht. Wir bewerten somit das zurückliegende Jahr in politischer Hinsicht, wenn man es unter einem breiten Aspekt sieht, als ein Jahr weitreichender, großer Ereignisse und Wandlungen in der weltpolitischen Entwicklung.

Beteiligung der Bevölkerung

Als das Wichtigste aus der Sicht der politischen Bewertung des Verlaufs der Umgestaltung muß man unterstreichen, daß in ihren Schwerpunktbereichen das Volk immer gewichtiger in Aktion tritt. Es meldet sich mit immer größerem Nachdruck zu Worte, indem es sich die Prozesse der Demokratisierung, der Offenheit in der Arbeit der Partei- und Staatsorgane wie auch der gesellschaftlichen Organisationen zunutze macht. Schauen Sie sich an, mit welcher Gründlichkeit die Arbeiterklasse jetzt Fragen im Zusammenhang mit dem Leben der Gesellschaft, mit der Umgestaltung stellt, wie real sie ihre Forderungen geltend macht, die sich aus der neuen Situation ergeben.

Am 31. Dezember 1987 haben wir im Politbüro einige Stunden lang über die markantesten Erscheinungen des vergangenen Jahres diskutiert. Eine unserer Schlußfolgerungen besteht darin, daß im zurückliegenden Jahr höchstens irgendwelche einzelnen

Personen bzw. kleine Gruppen umgestaltungsfeindliche Positionen vertreten haben. Insgesamt aber zeigten die Arbeiter, die Kolchosbauern und die Angehörigen der Intelligenz bei noch so heftigen Diskussionen, bei noch so starken Auseinandersetzungen, bei der Erörterung der verschiedensten Fragen des Lebens in den Arbeitskollektiven, daß sie sich ihrer großen Verantwortung für die Sache der Umgestaltung, für ihr Land, für den Sozialismus bewußt sind.

Das ist eine sehr wichtige Erscheinung. Es ist gut, daß wir aufgehört haben, bei der geringsten Gedankenregung des Volkes, bei seinen Versuchen, das Potential der sozialistischen Demokratie, das in unserer Gesellschaftsordnung begründet ist, zu realisieren, Angst zu bekommen und in Verwirrung zu geraten. Die Partei gewinnt an Erfahrung, die Kader gewinnen an Erfahrung. Das geht nicht leicht, nicht ohne Schmerzen vor sich: Oft noch machen wir einander angst. Wir werden oft kritisiert: von den einen von rechts, von den anderen von links. Letztere sagen, die Umgestaltung sei stehengeblieben, sie rufen zu entschlosseneren Maßnahmen, zu einem durchgreifenden Wechsel der Kader und dergleichen mehr auf. Das zeigte sich unter anderem auch auf dem Oktober-Plenum des ZK.

Was hatte die Diskussion gezeigt? Sie hatte gezeigt, daß sich die »ultralinken« Umgestaltungs-Phrasen jetzt, da wir mit ernsthafter Arbeit, mit der Umsetzung der Politik der Umgestaltung beginnen, als hilflos erweisen. Die Vertreter der »revolutionären« Phrase besitzen weder die Ausdauer noch die Bereitschaft, sich die Verantwortung und die schwere Last der beharrlichen und langwierigen Arbeit aufzuladen, um unsere Gesellschaft zu neuen Zielen zu führen.

Wir wollen keinen Hehl daraus machen, daß die parteiliche Zurückweisung dieser Phrasen von einem bestimmten Teil der Intelligenz, ganz besonders von der Jugend, als ein Schlag gegen die Umgestaltung aufgenommen wurde. Das aber ist ein tiefer Irrtum, und das Volk hat das richtig begriffen, es hat sich von dem demagogischen Gerede nicht irreführen lassen.

Nun zur Kritik der Umgestaltung von rechts. Von dieser Seite werden Stimmen laut, es sei nahezu eine »Unterwanderung der Grundlagen« des Sozialismus im Gange. Man darf mit Recht fragen: Wodurch werden sie unterwandert? Dadurch, daß sich das Volk aufrichtet, daß es den Kopf hebt, um in dem Land, in dem es der Herr ist, souveräner zu Werke zu gehen? Der Sozialismus wird vielmehr nicht nur keinesfalls geschwächt, sondern er gewinnt an Kraft, und sein Potential kommt durch die politische und soziale Aktivität der Massen stärker zum Tragen.

Der Schlag ist gegen die bürokratisch-administrativen Methoden gerichtet und gegen ihre konkreten Träger wie deren Interessen; gegen jene, die außerstande sind, die Zeit zu begreifen, zu erkennen, daß wir einzig und allein durch eine Demokratisierung unseres Lebens vorankommen können. So haben wir uns zur Umgestaltung entschlossen. Deswegen müssen wir unbeirrt den Weg gehen, den wir gewählt haben. In diesem Sinne war das Jahr 1987 eine große Schule der sozialistischen Demokratie.

Lehren zu ziehen fällt einem natürlich schwer, aber sie werden gründlich beherzigt. Wir sind nicht mehr diejenigen, die wir im April 1985, und auch nicht einmal diejenigen, die wir vor Anbruch des Jahres 1987 waren. Wir haben viel hinzugewonnen. Man wird sagen: aber auch einiges eingebüßt. An Grundsätzlichem haben wir noch nichts eingebüßt und werden, so glaube ich, auch nichts einbüßen, wenn wir uns an die prinzipientreue Linie halten.

Welche Aufgaben sind heute die schwierigsten, wo liegen die Klippen der Umgestaltung? Ich würde das so formulieren: Es wäre unrealistisch anzunehmen, wir hätten den Beharrungsmechanismus bereits zerstört und wären schon voll auf die Bahnen einer breiten sozialistischen Demokratie, auf die Bahnen des neuen Wirtschaftsmechanismus übergegangen. Wir beginnen erst mit der Umgestaltung, unsere Gesellschaft ist erst dabei, sich aus der Stagnation zu lösen. Den Beharrungsmechanismus zu zerstören, der den Umgestaltungsprozeß behindert, ist auch heute die ausschlaggebende Aufgabe.

Es ist eine große Errungenschaft der ersten Etappe der Umgestaltung, daß in der Gesellschaft eine neue ideologisch-sittliche Atmosphäre geschaffen wurde. Sie ist gekennzeichnet durch breite Offenheit, durch Kritik und Selbstkritik, durch den an Tiefe gewinnenden Demokratisierungsprozeß und die wachsende Verantwortung der Werktätigen für die Situation im Lande. Das alles bedarf einer weiteren Festigung und Entwicklung. Das politische Hauptergebnis ist die zunehmende Unterstützung des Umgestaltungskurses der Partei durch das Volk. Ein Prozeß der Konsolidierung der Gesellschaft um die Ideen der Umgestaltung ist im Gange. Und zwar nicht bloß auf der Ebene der Kundgebungen und Losungen, sondern in der Praxis.

Kurzum, wir haben uns auf dem Januar-Plenum des Zentralkomitees mit dem Kurs auf die Entwicklung der sozialistischen Demokratie für den richtigen Kurs entschieden. Über die Demokratisierung, über die Einbeziehung des Volkes in alle gesellschaftlichen Prozesse, kann man die Umgestaltung verwirklichen und ihr unumkehrbaren Charakter verleihen. Ich würde hier nur hinzufügen, daß Demokratisierung und Offenheit nicht bloß Mittel der Umgestaltung sind. Sie bedeuten die Realisierung des eigentlichen Wesens unserer sozialistischen Gesellschaftsordnung, einer Gesellschaftsordnung der Werktätigen und für die Werktätigen. Das ist keine vorübergehende Kampagne, sondern das Kernstück des Sozialismus. Das ist das, was ihn von der bürgerlichen Demokratie unterscheidet, die durch ihre Raffinessen lediglich den äußerlichen Anschein von Freiheit und Offenheit erweckt, das Volk von einer realen Macht wegdrängt und ihm, um mit Lenin zu sprechen, nur eine Möglichkeit beläßt – nämlich, in der Periode der Wahlkampagnen zu entscheiden, wer es in der nächsten Legislaturperiode zum besten halten soll.

Wir wollen das Volk mit Hilfe der sozialistischen Demokratie in alle Prozesse der Leitung einschalten. Und wenn man uns zum bürgerlichen Liberalismus hinzieht und uns seine »Werte« zu suggerieren sucht, dann ist das eine Bewegung, die rückwärts führt. Wir haben unsere Wahl getroffen und werden weiterhin den Weg gehen, den wir 1917 eingeschlagen haben. Wir packen entschlossen die Aufgabe an, alles, was unserer Gesellschaftsordnung, was der sozialistischen Demokratie innewohnt, wirksam werden zu lassen. Das ist doch ein Leninscher Gedanke: Das Proletariat wird auf den Sozialismus vermittels der Demokratie vorbereitet und kann die Gesellschaft nach der Revolution allein durch immer breitere Demokratie verwalten. Erinnern wir uns deshalb nochmals mit einem guten Wort an das Januar-Plenum: Es verhalf uns zu der Erkenntnis über die Notwendigkeit einer breiten Demokratisierung unserer Gesellschaft. Also haben wir bei seiner Vorbereitung nicht umsonst gemeinsam gearbeitet. Das, was seine Beschlüsse und Dokumente enthalten, ist die kollektive Erfahrung der Partei und die Verkörperung der Gedanken und Vorschläge von Wissenschaftlern und Künstlern, von Angehörigen aller Schichten der Gesellschaft.

Eine weitere wichtige Lehre des vergangenen Jahres, die man beherzigen muß, besteht in folgendem: Wir vertreten die Leninsche Konzeption einer politischen Partei. Nach Lenin ist das eine Partei neuen Typs, die in der Gesellschaft als politische Vorhut eine Rolle spielt. Die ganze bisherige Geschichte unseres Landes mit all ihren Gewinnen und Verlusten hat gezeigt, daß dem so ist. Das heutige Leben überzeugt uns noch stärker davon, daß ohne eine politische Vorhut, die imstande ist, die besten Kräfte des Landes ideologisch und organisatorisch um sich zu scharen, die Prozesse, die in der Gesellschaft vor sich gehen, zu analysieren und die Resultate dieser wissenschaftlichen Analyse umzusetzen, daß ohne eine solche Avantgarde, also ohne die Kommunistische Partei, keine Wandlungen möglich sind.

Die Partei darf jedoch hinter den Vorgängen in der Gesellschaft nicht zurückbleiben. Wir haben das im vergangenen Jahr in vielerlei Hinsicht gelernt. Dort, wo wir zurückblieben, trat vieles in Erscheinung, was dann Besorgnis in der Gesellschaft hervorrief. Wir ziehen daraus die nötigen Lehren und Schlußfolgerungen; und zwar nicht nur auf der Ebene der politischen Führung und der Regierung, sondern auch in den Republiken, den Gebieten und den Arbeitskollektiven. Das ist sehr wichtig, auch wenn wir vorerst nicht sagen können, daß alle Parteiorganisationen so verfahren.

Was läßt sich nun über die Lehren der Umgestaltung noch sagen? Früher stellten wir uns offenbar nicht bis ins Letzte vor, wie stark sich in den Jahren der Stagnation in der Gesellschaft allerlei negative Erscheinungen verbreitet hatten: Schmarotzerideologie, Gleichmacherei, gute Entlohnung bei schlampiger Arbeit, Lokalpatriotismus, Ressortgeist, gesetzwidrige Handlungen. Den Kampf für die Gesundung, für eine entschiedene Unterbindung krimineller Tätigkeiten, für die Säuberung der Gesellschaft von moralisch entarteten Elementen werden wir nach wie vor entschlossen und konsequent führen. Die Ausmaße anderer negativer Erscheinungen, die unsere Gesellschaft ergriffen haben, waren uns jedoch nicht in vollem Maße bewußt.

Nehmen Sie die Gleichmacherei, die Schmarotzerideologie. Es ist doch so weit gekommen, daß, falls es irgendwo an etwas fehlt – sei es an Baustoffen, Kohle oder etwas anderem, was für das tägliche Leben notwendig ist –, alle Bitten an das Zentrum gerichtet werden: an das ZK und die Regierung. In dem riesigen Land mit fast 300 Millionen Einwohnern und einem großen Verwaltungsapparat auf lokaler Ebene müssen Entscheidungen zu vielen, selbst ganz einfachen Fragen, hier in Moskau getroffen werden. Solche Früchte der Stagnation, der ungerechtfertigten Zentralisierung ernten wir heute!

Es gibt da noch eine zweite Seite. Bei uns ist es in gewissem Maße zu einer Deformation des Begriffs der sozialen Gerechtigkeit gekommen. Das macht sich auch in der Presse bemerkbar. Wenn man die Vorstellungen realisieren wollte, die in einigen Organen unserer Presse Unterstützung fanden, dann müßte man ein großes Bügeleisen nehmen und die ganze Gesellschaft glattbügeln. Man müßte alle über einen Kamm scheren: ein Talent und eine Niete, einen gewissenhaften Arbeiter und einen Faulenzer, einen ehrlichen Menschen und einen Dieb. Leider ist jetzt das Bestreben sehr stark verbreitet, ein Zehntel oder gar ein Hundertstel von dem zu leisten, was Menschen leisten, die durch ihre Arbeit viel zur Entwicklung unseres Landes beitragen, oder auch gar nichts zu tun und gleichzeitig ebenso wie diese auf alles Anspruch zu haben.

Unsere Satiriker haben diese Situation sehr treffend und bildhaft geschildert: »Ich will in einer guten Wohnung wohnen, ich will, daß es keine Schlangen gibt, ich will, daß man mich im Bus nicht zusammendrückt und mir die Knöpfe abreißt, ich will alles aus dem gesamten Sortiment meiner Wünsche haben; das einzige, was ich nicht will, ist – etwas dafür tun.«

Wenn wir unsere Kader, unsere leitenden Organe kritisieren, ist das richtig. Man muß das fortsetzen und darf das Niveau der Kritik nicht senken. Viele Probleme haben sich aber auch in den Arbeitskollektiven angehäuft. Wir müssen erreichen, daß sich die ganze Gesellschaft unserer sozialistischen Werte tiefgründiger bewußt wird. Wenn es auch künftig möglich sein wird, Geld ohne angemessene Leistung zu bekommen, wenn Gleichmacherei, Konsumdenken und Schmarotzerideologie erhalten bleiben, dann werden wir den Umgestaltungsprozeß weder in der Sphäre der Produktion noch in anderen Sphären voranbringen können. Wir müssen im Einklang mit dem Prinzip des Sozialismus leben und handeln – »Jeder nach seinen Fähigkeiten, jedem nach seiner Leistung«. Der Mensch ist bei uns zu einem hohen Grad sozial geschützt. Das ist das, was den Sozialismus kennzeichnet. Wir haben eine kostenlose Bildung und ärztliche Versorgung, das Recht auf Arbeit, die Garantie, Arbeit zu bekommen, und erschwingliche Wohnungen, obwohl die Versorgung mit Wohnraum noch ein akutes Problem bleibt. Der Sozialismus bietet jedem Schutz, welcher Beitrag wird aber von jedem einzelnen geleistet? Darüber sollten wir uns alle gründlich Gedanken machen. Kürzlich wurde in der Presse berichtet, daß in einigen Kolchosen Melkerinnen, die auf einen Ertrag von lediglich zweitausend Kilogramm Milch pro Kuh im Jahr kommen, 600 Rubel als Monatsvergütung bekommen. Als man dort versucht hatte, eine der Leistung angemessene Vergütung einzuführen, nahmen sie das als Schlag gegen ihre Interessen auf. Der Lohn, den sie bis jetzt erhielten, war aber doch schlechthin nicht erarbeitet worden. Er wurde ihnen aus staatlichen Subventionen gezahlt, das heißt, auf Kosten anderer Mitglieder der Gesellschaft. Das ist ein Beispiel.

Es gibt aber auch Beispiele anderer Art. Talentierte, gewissenhafte, arbeitsame Menschen wie beispielsweise die Mitglieder der Kollektive, die schwere Arbeit in Sibirien leisten, die mit Familien-, mit Kollektiv- bzw. mit Brigadeauftrag arbeiten, sie produzieren pro Beschäftigter acht- bis zehnmal soviel wie die meisten Agrarbetriebe des Landes. Verständlicherweise wachsen auch ihre Löhne. Sofort werden die Blicke auf sie gerichtet, alle möglichen Kommissionen nehmen sich ihrer an. Es heißt, wozu brauchen die das viele Geld? Aber weshalb wird die Frage so gestellt? Sie haben das alles doch erarbeitet. Wenn sich dabei das Endresultat ihrer Arbeit auf ein Mehrfaches vergrößert, so wachsen ihre Gehälter übrigens lediglich auf das Anderthalbfache bis Doppelte. Für die Gesellschaft ist das ein Sieg! Wenn es nur überall so wäre! Bei uns aber kriegen es einige mit der Angst zu tun: Das fördere die Privateigentümer-Mentalität.

Aber ist eine solche Fragestellung etwa berechtigt? Der Mensch arbeitet auf gesellschaftlichem Boden, nach einem Vertrag mit dem Vorstand einer Kolchose oder der Leitung einer Sowchose, und benutzt jene materiellen Ressourcen, die ihm zur Verfügung gestellt wurden. Und er macht alles mit größter Verantwortung und mit Talent. Wie kann man ihn denn als einen potentiellen Privateigentümer ansehen? Und von was für einer sozialen Gerechtigkeit kann in diesem und in dem vorher angeführten Fall die Rede sein?

Wir müssen uns auch darüber Gedanken machen, weshalb sich bei uns ein Mensch, der sein Geld ehrlich verdient hat, oft weder ein Haus bauen, noch eine Genossenschaftswohnung kaufen oder seinen Verdienst irgendwie anders verwenden kann. Auch in diesem Fall wird das Prinzip des Sozialismus verletzt. Ein Mensch, der gut arbeitet, und seine Familie sollen spüren, daß man mit ehrlich verdientem Geld auch besser leben kann.

Offenheit im Interesse des Sozialismus

Die Umgestaltung berührt die Interessen nicht nur in der materiellen Sphäre. Sie erfaßt auch die geistige, die kulturelle Sphäre. Wir erforschen aktiv unseren Weg in der Vergangenheit, in der Gegenwart und in der Zukunft. Dieser Prozeß verläuft gleichfalls nicht schmerzlos. Es kommt zu Diskussionen über unsere Geschichte, diese oder jene ihrer Etappen werden kritisch analysiert.

Das vertieft das Verständnis darüber, was unser Volk nach der Oktoberrevolution erreicht hat. Gleichzeitig bietet es die Möglichkeit, von den Positionen der Wahrheit aus schwere Perioden unserer Geschichte zu bewerten. Wir müssen lernen, in der Atmosphäre der Offenheit und einer ständigen kritischen Analyse dessen zu leben, was wir geleistet haben, was uns gelungen ist, was wir erreicht haben und welche Fehler es gegeben hat.

Offenheit und Kritik sind eine Methode der Kontrolle über alle Prozesse seitens der Massen, seitens der Gesellschaft. Das ist auch eine Methode, die Erfahrungen zusammenzufassen, die Haupttendenzen in der Gesellschaft zu erkennen und vor Fehlern zu warnen. Das ist ein normaler Zustand, und niemand soll in Panik geraten, wenn kritische Bemerkungen geäußert werden. Wir wollen uns doch der Kritik gegenüber würdig verhalten, wir wollen doch einander achten. Und es ist schon gar nicht angebracht, einander irgendwelche Etiketts anzukleben. Jetzt aber wird manchmal die Kritik in Artikeln, in Zeitschriften von gruppenmäßigen Sympathien geprägt. Das fühlt man denn auch. Man muß indes die Sorge um unsere gemeinsamen Angelegenheiten, um die Menschen in den Mittelpunkt stellen.

Alle sagen jetzt: Wir sind um das Land, um das Volk, um seine künstlerische und kulturelle Erziehung besorgt. Unter dieser Fahne wird aber manchmal versucht, allerlei Nichtigkeiten und persönliche Ambitionen herauszustellen. Das sollte man vermeiden. Lassen Sie uns auch niemandem das Recht absprechen, seine Position darzulegen, selbst wenn er früher in irgendeiner Etappe überholte Ansichten vertreten hatte. Darf man ihn denn heute verstoßen, ihm die Möglichkeiten nehmen, einen seinen Kräften angemessenen Beitrag zur gemeinsamen Sache zu leisten, wenn er das ehrlich eingesehen hat und diese Ansichten ehrlich überwindet, wenn er sich unter die aktiven Teilnehmer der Umgestaltung einreiht?

Man muß sich über persönliche Emotionen und Stimmungen erheben und die Interessen der Umgestaltung in den Vordergrund stellen. Was für Worte findet man doch mitunter, um den Opponenten »festzunageln«! Das Wort hat eine große Wirkung, doch darf man davon nicht auf Kosten der Prinzipientreue Gebrauch machen. Derjenige, der uns in die falsche Richtung zieht, derjenige, der uns weg von unserer Linie führen, der uns auf einen anderen Weg drängen, der in das »Feuer der Umgestaltung« ganz anderes Brennholz werfen will, soll wissen: Das gelingt ihm nicht. Das ZK wird unbeirrt auf den Leninschen Positionen stehen, es wird alles für die Entfaltung des Potentials der sozialistischen Demokratie tun und den Prozeß der Umgestaltung auf der Basis sozialistischer Werte vertiefen.

Bei uns steht niemand außerhalb der Kontrolle. Wir haben uns in der Partei soeben der Personen und der »Territorien« entledigt, die jahrelang für keine Kontrolle, für keine Kritik zugänglich waren. Sollen wir nun wieder zur alten Situation zurückkehren? Das bezieht sich auch auf die Medien. Die sowjetische Presse ist kein Privatgeschäft. Erinnern wir uns nochmals an Lenin: Literatur ist Teil der gesamten Sache der Partei. Das ist eine prinzipielle These, und wir lassen uns auch heute davon leiten. Wir werden die Leninschen Ideen nicht aufgeben. Dienst an der Heimat, am eigenen Volk – das ist es, was unsere Literatur und unsere Intelligenz stets auszeichnete.

Die Redakteure müssen sich ihrer Verantwortung bewußt sein. Ich will niemanden persönlich nennen, wir führen ein kameradschaftliches Gespräch. Man muß sich aber auch merken: Eine Zeitschrift, ein Verlag, eine Zeitung ist nicht jemandes persönliche Angelegenheit; das ist eine Angelegenheit der ganzen Partei, des ganzen Volkes. Und wir alle stehen im Dienst des Volkes. Unser Volk aber ist für die Umgestaltung. Lassen Sie uns also gemeinsam mit dem Volk unsere Linie zur Umgestaltung, zur Entwicklung der sozialistischen Demokratie folgen. Wollen wir gemeinsam unsere Werte verfechten und für die Gesundung der Gesellschaft eintreten.

Wenn ich davon spreche, betone ich gleichzeitig immer wieder aufs neue: Wir sind für Offenheit ohne jegliche Vorbehalte, ohne Einschränkungen. Aber für eine Offenheit im Interesse des Sozialismus. Auf die Frage, ob die Offenheit, die Kritik, die Demokratie Grenzen haben, antworten wir mit Nachdruck: Wenn Offenheit, Kritik und Demokratie den Interessen des Sozialismus, den Interessen des Volkes zugute kommen, haben sie keine Grenzen! Das ist das Kriterium. Wir haben auf diesem Weg keine fremden Maßstäbe nötig; und zwar weder in der Sphäre der Politik noch in der geistigen oder in der wirtschaftlichen Sphäre. Niemand wird in den Fragen der Demokratie so weit gehen wie wir, denn das ist das Wesen der sozialistischen Ordnung. Wir erweitern die sozialistische Demokratie in allen Bereichen, darunter auch in der Wirtschaft. Wo im Westen werden Betriebsleiter und Brigadiere gewählt, wo bestätigen Arbeitskollektive die Pläne? Nirgends. Das aber ist doch gerade unsere, die sozialistische Demokratie.

Wir werden den Demokratisierungsprozeß auch in der Partei voranbringen. Sie sehen wohl selbst, mit welcher Gründlichkeit wir die Rechenschaftskampagne in den Parteikomitees gestalten. Die Situation wandelt sich zum Besseren, sie verändert sich sehr gründlich, obwohl sich auch hier viel Trägheit und Passivität angestaut hat. Das ist aber nicht die Schuld der einfachen Parteimitglieder. Wir wissen doch, wie viele der von uns gewählten Parteiorgane handelten. Wir haben noch zu wenig dafür getan, daß die gewählten Organe eine solche Rolle spielen, wie wir sie uns vorstellen, wie wir sie im Statut der KPdSU formuliert haben. Das steht uns alles noch bevor. Wenn diese Prozesse aber in der Partei ausbleiben, dann werden sie auch in der Gesellschaft nicht vorankommen.

Wir werden nach neuen Methoden suchen, um das Potential der Sowjets besser auszunutzen. Es ist doch offensichtlich, daß in vielen Fällen die Parteiorgane ihre Funktionen eingenommen haben. Und wie sieht das Resultat aus? Auch die Partei selbst hat deswegen einen Rückstand zugelassen und viele Fragen übersehen, weil sie durch Funktionen überlastet ist, die ihr nicht eigen sind.

Nun kann die Partei unter den neuen Bedingungen der Wirtschaftsreform und der Demokratisierung die Funktion der politischen Avantgarde auf echte Art und Weise wahrnehmen. Fragen der Theorie, der Ideologie, der Kader- und der Nationalitätenpolitik sowie der internationalen Beziehungen bilden ein riesiges Feld für die Tätigkeit der Partei.

Wir bereiten uns auf die 19. Unionskonferenz der Partei sehr gründlich vor. Wir erarbeiten für ihre Durchführung eine Konzeption. Schon jetzt sehen wir, daß die Fragen der Demokratisierung in der sowjetischen Gesellschaft den Ausschlag geben, im Mittelpunkt stehen werden. Wir erfassen alles, einschließlich des Wahlsystems, der Justiz- und der Rechtsreform, der Vervollkommnung der Kontrollorgane im Land usw. Auch die Massenmedien müssen ihr Wort dazu sagen. Wie geht die Umgestaltung vor sich, was lehrt sie, welche Schlußfolgerungen, welche Korrekturen sind für die Politik der Partei erforderlich? Ich bin sicher, daß nicht wenige ernste Vorschläge kommen werden.

Umgestaltung der Wirtschaft

Nun zu Fragen der Wirtschaftsreform, des Übergangs zur wirtschaftlichen Rechnungsführung. Worauf möchte ich hier Ihre Aufmerksamkeit lenken? Vor allem darauf, wie kompliziert und wie wichtig die begonnenen Prozesse sind. Wir tun die ersten Schritte zur Verwirklichung einer radikalen Reform unter den Bedingungen jenes Fünfjahrplans, den wir schon vor der Reform ausgearbeitet hatten. Und wir versuchen, so zu verfahren, daß der Fünfjahrplan nicht zu Schaden kommt. Die verschiedenen Betriebe befinden sich im Moment in einer jeweils unterschiedlichen wirtschaftlichen und sozialen Situation. Das Bild ist sehr bunt. Die Startbedingungen unterscheiden sich voneinander. Die einen haben die Rekonstruktion vollendet, sie besitzen neue Fonds, sie sind bereit und imstande, erfolgreich zu arbeiten. Bei den anderen beginnt erst eine weitreichende Rekonstruktion, die Kraft und Zeit erfordert. Und alles muß bei gleichzeitigem Übergang der Betriebe zur wirtschaftlichen Rechnungsprüfung und Eigenfinanzierung gemacht werden. Es leuchtet ein, wie kompliziert das alles ist.

In der Presse wird die Tätigkeit der Betriebskollektive unter den Bedingungen der anlaufenden Reform auf eine viel zu leichte Art dargestellt. Man muß beachten, wir haben bewußt akzeptiert, daß in einer bestimmten Periode die alten Formen und die neuen Methoden der wirtschaftlichen Rechnungsführung gleichzeitig gültig sein werden.

So sieht die Übergangsetappe mit all der Vielfalt der damit verbundenen Aspekte aus. Sie muß überstanden werden, und man muß die nötigen Lehren daraus ziehen. Wir wissen bereits, wie sehr sich die Menschen selbst im Vorfeld des Übergangs zur wirtschaftlichen Rechnungsführung verändern. Obwohl es auch nicht wenige gibt, die leichtfertig gehandelt haben. Nun treten jedoch Schwierigkeiten auf, wie es bei der Einführung der staatlichen Erzeugnisabnahme der Fall war. Nichtsdestoweniger ist der Prozeß in Gang gekommen, die Menschen lernen auf neue Art arbeiten und schalten sich in die Leitung ein. Die Reform erfaßt bereits Betriebe, die fast sechzig Prozent der Produktion bestreiten; das sind Dutzende Millionen Beschäftigte.

Wir wollen, daß sich die Reform aufwärtsentwickelt, daß wir daraus Erfahrungen schöpfen und lernen können. Und daß wir das nächste Planjahrfünft entsprechend vorbereitet und mit dem notwendigen Rüstzeug gewappnet erreichen. Deshalb kann man die Aufgabe so formulieren: Man muß suchen und alles, was sich mit der Reform nicht vereinbaren läßt, einer gründlichen Kritik unterziehen. Und zwar in der Wissenschaft wie im Leben. Die Menschen unterstützen uns, sie begreifen, daß man eben so handeln, daß man sich neue Methoden aneignen muß.

Was befürchten wir, was müssen wir besonders aufmerksam verfolgen? Um den Übergang zur wirtschaftlichen Rechnungsführung und Eigenfinanzierung zu erleichtern, haben wir bestimmte Reserven angelegt. Wenn ein Betrieb nun in der Anfangsperiode in eine schwierige Situation gerät, wenn er Zeit benötigt, um die Arbeit auf neue Art zu organisieren, wird man ihn nicht scheitern lassen. Man wird ihm einen Kredit geben und helfen, seine Schulden zu begleichen. Wir werden selbstverständlich darauf achten, daß das Geld nicht umsonst verausgabt wird. Die Dokumente zur Reform wurden von allen Zweiggewerkschaften durchgearbeitet und unterstützt. Die Diskussion dazu fand übrigens in Hunderten von Arbeitskollektiven statt. Somit verdienen die Dokumente der Reform, ihre Prinzipien volles Vertrauen und Achtung. Es ist nicht zulässig, wenn in dieser oder jener Veröffentlichung kein Schmerz wegen der dort geschilderten Vorgänge zu spüren ist. Mitunter wird mit dem Schicksal eines Betriebs oder eines Menschen viel zu leicht, ja leichtfertig umgegangen. So geht es nicht!

Wir wollen klarstellen: Allein um die ökonomische Politik der Umgestaltung zu formulieren, wurden zwei Jahre gebraucht. Um nun das, was wir uns vorgenommen haben, in die Praxis umzusetzen, wird es einer riesigen – geduldigen, tagtäglichen, keineswegs unstrittigen – organisatorischen Arbeit bedürfen. Ganz gewiß wird es auch Rückschläge geben.

Heute muß die Offenheit helfen, demokratische Haltungen und ökonomische Leitungsmethoden durchzusetzen. Ganz besonders kommt es darauf an, alles Neue ausfindig zu machen und zu unterstützen – neue Erfahrungen, neue Leistungen. Da bedarf es großer Kompetenz. Ziehen Sie mehr Wissenschaftler heran, und nicht nur solche, die eine flotte Zunge besitzen. Wichtig sind Kompetenz, Gründlichkeit, alles, was bei der Lösung von Problemen des realen Lebens hilft. Vor uns liegt eine sehr verantwortungsvolle Etappe. Buchstäblich zwei bis drei Jahre werden entscheiden, welche Richtung die Umgestaltung nimmt. Zwei bis drei Jahre! Deswegen muß man heute die Prozesse, die in der Gesellschaft vor sich gehen, besonders aufmerksam verfolgen.

Man kann kaum annehmen, daß es möglich ist, alles vorauszusehen. Aus der Vergangenheit müssen Lehren gezogen und die Situation zum Besseren verändert werden, damit forschende, sachkundige Menschen, die um der Umgestaltung willen einiges riskieren wollen, ohne Furcht nach neuen Wegen suchen und dem Denken wie auch der praktischen Bewegung neuen Auftrieb verleihen können. Unsere Presse muß diese Menschen sehen und unterstützen. Sie muß auf der Seite derjenigen stehen, die die Umgestaltung voranbringen, die unsere Gesellschaft auf dem Wege der Erneuerung voranbringen. Hier müssen die Positionen exakt und klar sein.

Wir setzen die Politik der Umgestaltung durch, damit der Mensch in unserer Gesellschaft leicht atmen kann, damit seine Würde geachtet wird, damit sich auch die Lebensbedingungen verbessern, damit das ganze Land den Weg der Erneuerung gehen kann.

Die Partei ist sehr daran interessiert, daß Sie alle, Genossen, zuversichtlich sind, daß Sie mit vollem Einsatz arbeiten können. Die Gesellschaft hat ein sehr großes Interesse daran. Ihre Position, Ihre Auffassungen, die sich in den Massenmedien durch die Kontakte mit dem Volk Geltung verschaffen, sind eine solide Stütze für unsere Politik. Deshalb sind wir in noch größerem Maße als in der ersten Etappe an Ihrer kreativen Tätigkeit interessiert. Das aber schließt auch Offenheit und scharfe Kritik ein. Und ganz besonders kommt es für unsere Presse darauf an, jene Menschen aktiv in Schutz zu nehmen, die für die Umgestaltung kämpfen.

Dieser Tage haben die Mitglieder der Partei- und Staatsführung eine Maschinenbau-Ausstellung besichtigt. Man zeigte uns auch Werkzeugmaschinen aus dem Werk, dessen Leiter Genosse A. I. Tschabanow ist, jener, den seinerzeit das Zentralkomitee und unsere Presse in Schutz genommen hatten. Zu diesem Fall mußte auch ich Stellung nehmen, die Genossen erinnern sich daran. Wir ließen ihn nicht fallen. Und jetzt werden seine Maschinen von allen gelobt, man steht danach Schlange. Was war aber geschehen? Er handelte auf unkonventionelle Art, er warf alte

Pläne und alte Instruktionen über Bord. Es fanden sich Neider, sie organisierten um ihn ein solches Spektakel und entdeckten bei ihm so viele Sünden – er habe sowohl dort als auch hier etwas falsch gemacht. Und sie hätten ihn wohl auch zugrunde gerichtet, wären wir ihm nicht zu Hilfe gekommen. Man muß für jeden Menschen bis zu Ende kämpfen, der ein aktiver Verfechter der Umgestaltung ist und der oft für seine Initiative, für seine unkonventionelle Handlungsweise angegriffen wird; für jeden Menschen und erst recht für ganze Arbeitskollektive.

Vor kurzem schrieb die *Iswestija* über eine Kolchose, in der es ein Drittel der Mitglieder nicht schaffte, eine Versammlung einzuberufen, die lebenswichtige Probleme seiner Entwicklung erörtern sollte. Dort hatten sich auch die Rayonleitung der Partei und das Exekutivkomitee des Rayonsowjets eingeschaltet – alle hatten sich eingeschaltet, die zuständig und die nicht zuständig sind, um die Initiative dieser Menschen zunichte zu machen und sie daran zu hindern, von ihren Rechten Gebrauch zu machen. Es war richtig, daß sich die Zeitung für die Kolchosmitglieder eingesetzt hatte. Die Versammlung wurde durchgeführt, die Vorschläge dieser Mitglieder fanden Unterstützung. Sie waren im Recht.

Dabei ist folgendes von Interesse: In dieser Kolchose kritisierten die Initiatoren des Konflikts die Leitung heftig, sie warfen scharfe Fragen auf, aber keiner verließ die Produktion, sie arbeiteten gut. Viele von ihnen zählen zu den angesehensten Mitgliedern ihrer Kolchose. Man mußte sie doch unterstützen, ihren Geist stärken! Wir müssen die demokratische Atmosphäre kultivieren, wir dürfen da nicht stehenbleiben. Aber auch das Verantwortungsbewußtsein darf nicht nachlassen!

Ich überlege mir manchmal, was für komplizierte Prozesse sich doch in den Weiten unseres Landes unter Mitwirkung von fast 300 Millionen Menschen vollziehen. Es ist eine große Zeit! Hätten wir die begonnenen Vorgänge gestoppt, hätten wir davor Angst bekommen, dann würde das sehr ernste Folgen haben, denn ein zweites Mal werden wir unser Volk für ein Unternehmen dieses Ausmaßes einfach nicht mehr mobilisieren können.

Aber auch jetzt beobachten einige Leute die Vorgänge nur. Sie unterstützen die Umgestaltung zwar von Herzen, doch sie haben sich in diese mit ihrem Handeln, mit ihren Taten, politisch noch nicht eingeschaltet.

Wir fühlen jetzt eine Zeit kommen, die für alle eine große Belastung mit sich bringt. Man muß diese Belastung auf sich nehmen. Die Partei wird es tun, und Sie müssen es auch tun. Ich bin sicher, daß dies auch der Fall sein wird. Als Leitfaden müssen dabei für jeden nicht irgendwelche nichtigen Leidenschaften, sondern das Schicksal des Volkes dienen. Das nimmt dem Kampf keineswegs seine Schärfe, engt die Offenheit und Demokratie nicht ein. Diesen Weg muß man eben gehen, man muß den Prozeß der Erneuerung, der Demokratisierung, der immer größeren Entfaltung des humanistischen Wesens des Sozialismus vertiefen und zu einem unumkehrbaren, ständigen Zustand unserer Gesellschaft werden lassen.

»Die Perestroika ist eine Sache des ganzen Volkes geworden«

(Aus dem Gespräch Michail Gorbatschows mit den Herausgebern der Zeitung »Washington Post« und der Zeitschrift »Newsweek« am 18. Mai 1988)

Katharine Graham: In Vorbereitung des Gesprächs haben wir mit sehr vielen Menschen gesprochen und hörten buchstäblich überall, mit wie vielen Problemen Sie zu tun haben und wie schwierig es sein wird, diese Probleme zu bewältigen. Einen wahrhaft überwältigenden Eindruck macht auf viele die Kühnheit Ihrer Vorhaben. Ich möchte Sie fragen, ob Sie Minuten des Zweifels ankommen, in denen Ihnen scheint, daß die Aufgabe wahrhaft unwahrscheinlich kompliziert und sogar undurchführbar ist. Gibt es solche Minuten der Unsicherheit?

Warum muß Ihr Reformprogramm, nach Ihrer Ansicht, von Erfolg gekrönt sein, während die Programme solcher Ihrer Vorgänger wie Nikita Chrustschow keinen Erfolg hatten und in einem Fiasko endeten?

Michail Gorbatschow: Hm, Sie haben wohl die allerwichtigste Frage gestellt, auf die sowohl unsere sowjetischen Menschen eine Antwort haben wollen als auch, wie ich glaube, die Amerikaner, da das Schicksal unserer beiden Völker und Länder es so und nicht anders gelenkt hat, daß wir, ob wir es wollen oder nicht, zusammenarbeiten und lernen müssen, zusammenzuleben. Das aber setzt natürlich voraus, daß wir einander kennen, vor allem, daß wir unsere Pläne kennen. Sie sind tatsächlich grandios. Eben deshalb haben wir unsere Perestroika revolutionär genannt.

Wissen Sie, vielleicht ist das paradox, aber ich bin heute noch mehr von der Richtigkeit der Entscheidung überzeugt, daß wir die politische Linie auf die Perestroika, auf die Neuerung unserer Gesellschaft gewählt haben, obwohl die Schwierigkeiten jetzt größer geworden sind. Woraus sich das erklärt? Wahrscheinlich wissen wir jetzt besser, was wir wollen und wie wir das schaffen können, deshalb haben wir mehr Gewißheit.

Wir werden im Zentralkomitee der Partei ein Dokument zur bevorstehenden 19. Parteikonferenz beraten. Ich darf Ihnen sagen, daß die Konferenz vermutlich allen Intentionen unserer Arbeit zur Durchsetzung der Konzeption der Perestroika den zweiten Atem verleihen wird.

Aber ich würde Ihnen wahrscheinlich zu selbstsicher erscheinen, wenn ich nur das sagen würde, was ich gesagt habe. An einer solchen Wendeetappe der Entwicklung unserer Gesellschaft eine Entscheidung zu treffen ist verantwortungsvoll, und vor allem gegenüber dem eigenen Volk. Wir sind wahrscheinlich nicht gegen Irrtümer gefeit, aber wir wollen, daß es möglichst wenige sind und zumindest nicht so große Irrtümer, denn die teuersten Irrtümer sind solche politischer Art. Vor ihnen wollen wir uns schützen. Deshalb bereiten wir alle unsere wichtigen, grundsätzlichen Entscheidungen unter aktiver Anteilnahme der ganzen Gesellschaft, ihrer geistigen Kräfte, im Rahmen des demokratischen Prozesses vor. Das ist die beste Methode, politische Fehler zu vermeiden. Deshalb treiben wir die Prozesse der Demokratisierung und Glasnost so beharrlich voran. Davon rücken wir nicht ab. Und die größten Fortschritte in der Perestroika laufen wohl gerade in dieser Richtung.

Jetzt zur Beantwortung des zweiten Teils Ihrer Frage. Wirklich hat es in unserer Gesellschaft, in der Partei auch früher, das Verständnis für die Notwendigkeit von Reformen und einer Erneuerung gegeben. Es wurden auch Versuche, und zwar sehr weitreichende Versuche, unternommen, diese Reformen durchzuführen. Darunter auch, wie Sie sagten, von Nikita Sergejewitsch Chruschtschow, unter dessen Führung. Ich glaube, man muß sagen, daß auch in der Amtszeit L. I. Breschnews die von ihm geleitete Führung ebenfalls bedeutende Pläne hatte und sie in Angriff nahm. Aber sie wurden nicht zu Ende gebracht. Hauptsächlich deshalb, weil sie sich nicht auf die entscheidende Kraft stützten – auf die Einbeziehung der Menschen in die Modernisierung der Gesellschaft. Wir haben unsere Lehre aus der bisherigen Geschichte gezogen. Und deshalb treiben wir den Demokratisierungsprozeß so beharrlich voran.

Das bei uns inzwischen geflügelte Wort: »Mehr Demokratie – mehr Sozialismus« ist keine bloße Losung, kein schönes Wortspiel. Das ist eine wohlüberlegte Haltung: über die Entwicklung des demokratischen Prozesses, über die Einbeziehung der Menschen in die wirtschaftlichen, politischen, sozialen und kulturellen Umgestaltungen das Potential des Sozialismus, alles, was dieses System beinhaltet, zu erschließen.

Jetzt haben wir breits drei Jahre hinter uns, die Erfahrungen der Perestroika selbst und unserer Arbeit auf der neuen Etappe, und wir können mit Sicherheit sagen, daß die Perestroika bereits eine Sache des ganzen Volkes, eine nationale Sache geworden ist.

Viele Generationen – und die Generation, der ich angehöre, ganz bestimmt – kennen, erinnern sich nicht an eine solche Aktivität, ein solches Interesse an den gesellschaftlichen Angelegenheiten, wie wir es heute beobachten. Die Menschen besprechen eifrig die Tätigkeit der Partei-, Staats- und Wirtschaftsorgane, alle Vorgänge. Es besteht ein ungeheures Interesse an allem, was im Lande geschieht. Das ist ein Beweis dafür, daß wir aus der Stagnation, aus der Apathie herauskommen. Unser Leben ist stürmisch. Das Schiff in diesem stürmischen Meer zu steuern ist nicht einfach. Aber wir haben sowohl einen Kompaß als auch eine Mannschaft. Und unser Schiff ist gut gebaut.

Jimmie Hoagland: Ich möchte ein paar konkretere Fragen im Zusammenhang mit der Perestroika stellen. Sie sagten, die Zeit jetzt sei stürmisch und in manchen Bereichen gebe es mehr Schwierigkeiten als früher. Ich glaube, daß ein außerordentlich wichtiger Aspekt der Perestroika unter anderem eine Preisreform sein muß. In Ihrem Land existiert ein System von Subventionen, das ein Teil des alten sozialen Kontrakts zwischen Volk und Regierung ist. Das aber bedeutet, daß jeder sowjetische Bürger Subventionen in Höhe von drei Rubel für jedes Kilogramm Fleisch und von 30 Kopeken für jeden Liter Milch, den er kauft, erhält. Sind Sie sicher, daß dieses System, das das Land so teuer zu stehen kommt, verändert werden muß, und wenn ja, wie dringlich ist diese Aufgabe, und wie wird sie erfüllt werden?

Michail Gorbatschow: Wir erörtern dieses Problem; wir erörtern es nicht nur in den Regierungskreisen, sondern auch in der Gesellschaft. Wer sich in Moskau befindet, kann bestätigen, daß unsere Presse bereits eine Diskussion über diese Fragen führt. An ihr beteiligen sich einfache Bürger, Arbeiter, Kolchosbauern, Intellektuelle, Veteranen, Experten. Das Problem beschäftigt die ganze Gesellschaft.

In dem Komplex von Maßnahmen, den der Begriff radikale Wirtschaftsreform umfaßt, besitzen die Preise und die Preisbildung eine – wie soll ich das am treffendsten sagen – ziemlich große Bedeutung. Wenn ich von den Preisen spreche, verstehe ich darunter sowohl Großhandels- als auch Ankaufs- und Einzelhandelspreise. Wir denken so vorzugehen, daß der neue Fünfjahrplan bereits auf der Basis neuer Preise aufgestellt wird.

Jetzt dazu, wie man das in den Griff bekommen kann. Ein Standpunkt hat sich bereits herausgebildet – sowohl in Regierungskreisen als auch in wissenschaftlichen. Diesen Standpunkt haben wir dem Volk zunächst einmal unterbreitet. Er sieht so aus, daß wir uns bei der Reform der Preise, der Veränderung des Systems der Preisbildung vor allem davon leiten lassen werden, keinen Rückgang des realen Lebensstandards zu erfahren.

Sie können fragen, wo denn da der Sinn liege? Der Sinn liegt darin, daß die Preise den realen wirtschaftlichen Prozessen entsprechen, daß sie die realen Ausgaben, den Arbeitseinsatz widerspiegeln. Das schafft die Möglichkeit, auch das ganze Finanzsystem zu sanieren. Auf dieser Basis läßt sich die wirtschaftliche Rechnungsführung besser voranbringen, lassen sich alle Kollektive in die materiellen Stimuli einbeziehen, die die Wirtschaft in der richtigen Richtung, nämlich auf die Entwicklung des wissenschaftlich-technischen Fortschritts und die höchste Arbeitsproduktivität voranbringen, läßt sich der Weg zur besten Befriedigung der gesellschaftlichen Bedürfnisse sowohl an den Produktionsmitteln als auch an Waren und an Dienstleistungen höchster Qualität ermitteln.

Dabei überlegen wir uns – und daran arbeiten wir jetzt – sehr genau das System zum Ausgleich der Verluste, die die Einführung neuer Preise hervorrufen kann: Gemeint sind in diesem Fall Einzelhandelspreise. Wenn wir dazu bereit sind, wenn alle Maßnahmen durchdacht und allseitig ausgelotet sind, legen wir sie dem Land zur Aussprache vor. So haben wir es dem Volk versprochen, so werden wir auch handeln. Ohne dessen Einverständnis werden wir nichts tun.

Jimmie Hoagland: Wir haben gerade gesehen, wie in Ihrem sozialistischen Nachbarland, in Polen, die Preisreform unter der Bevölkerung Unruhe und große Probleme ausgelöst hat. Nehmen Sie an, daß Sie derartige eklatante Vorgänge vermeiden können?

Michail Gorbatschow: Bei uns besteht eine andere Situation. Unsere Situation ist dadurch gekennzeichnet, daß die meisten Preise unter strenger staatlicher Kontrolle stehen. Deshalb ist es so wichtig, die Balance zu finden, den notwendigen Wirtschaftsmechanismus freizusetzen und gleichzeitig die notwendige zentralisierte Kontrolle beizubehalten. In einem Anlauf wird hier wahrscheinlich nichts zu machen sein. Die Bildung eines Mechanismus neuer Preise wird ein fortlaufender Prozeß sein und im Rahmen der Wirtschaftsreform erfolgen.

Wir werden von innen wie von außen zu Schritten gedrängt, die einen Sprung bedeuten würden. Aber wir werden ausgewogen, überlegt handeln und uns ständig über den demokratischen Mechanismus mit dem Volk beraten.

»Jedes Volk hat das Recht auf seinen eigenen Weg«

Meg Greenfield: Herr Gorbatschow, ich möchte Ihnen eine Frage zu einem anderen Bereich der Perestroika stellen. Sie haben über die Umgestaltung der internationalen Beziehungen geschrieben, darunter der Beziehungen zwischen den sozialistischen Ländern. Sie haben sehr engagiert davon geschrieben, daß jedes Land das absolute Recht haben muß, seinen eigenen Entwicklungsweg zu wählen: den Kapitalismus, den Sozialismus oder irgendeine andere Variante. Ich möchte fragen, in welcher Hinsicht und wie das auf die sozialistischen Länder Osteuropas anzuwenden ist? In Polen zum Beispiel gibt es Elemente der Gesellschaft, die für ein solches pluralistisches System plädieren, in dem die kommunistische Partei eventuell auch nicht die führende Rolle spielt. Inwieweit ist das für Sie akzeptabel?

Michail Gorbatschow: Ich glaube, Sie sollten Ihre Frage lieber der polnischen Führung stellen. Das würde auch dem Ausgangspunkt Ihrer Frage gemäß sein. Aber ich möchte trotzdem ein paar Worte dazu sagen.

Wir lassen für jedes Volk, in welchem Teil der Welt es auch lebt, das Recht auf die soziale Wahl und auf die Wahl des Weges zur Vervollkommnung seiner Gesellschaft gelten. Ich glaube, das polnische Volk weiß besser, was es jetzt zu tun hat, damit Polen vorankommt und erstarkt, damit seine Entwicklung für das Volk Früchte trägt.

Das, was wir in unserem Land tun, ist unsere Sache. Die Perestroika ist aus unseren Bedingungen heraus entstanden. Wir brauchen sie. Wir werden sie durchführen, in die Breite und Tiefe ausdehnen. Doch wir drängen niemandem unsere Methoden zur Entwicklung, zur Vervollkommnung der Gesellschaft auf. Das ist Sache jedes Einzelnen. Ich glaube, auch die Polen werden herausfinden, was sie zur Entwicklung Polens zu tun haben. Ich bin überzeugt, daß die meisten Menschen, der überwiegende Teil der polnischen Gesellschaft dafür ist, den Weg zu beschreiten, den sie nach dem Krieg eingeschlagen haben.

Meg Greenfield: Ich möchte mich in diesem Zusammenhang auf eine Ihrer in Belgrad abgegebenen Erklärungen berufen. Dort haben Sie gesagt, daß es keine Umstände gebe, unter denen es eine gewaltsame Einmischung in die Angelegenheiten eines anderen Landes geben könne, unter denen eine solche Einmischung akzeptabel wäre. Bedeutet das, wie wir das im Westen begreifen, daß eine solche Situation, wie etwa 1956 in Ungarn oder 1968 in der Tschechoslowakei, daß eine solche Situation sich nicht wiederholen kann, ist diese Interpretation richtig?

Michail Gorbatschow: Ja, ich habe mich in Jugoslawien in dieser Hinsicht geäußert. Ich kann lediglich bestätigen, was ich damals gesagt habe, und habe eigentlich nichts hinzuzufügen. Ich würde vielleicht nur folgendes bemerken: Unzulässig ist eine Einmischung von jeder Seite. Wenn Sie von Einmischung reden, verstehe ich, was Sie damit meinen. Aber in Erinnerung an jene Situationen habe ich etwas mehr im Auge, und zwar: Bevor das geschah, wovon Sie reden, hat es eine Einmischung anderer Art gegeben.

Überlegen Sie mal, wieviel Zeit seit dem Krieg vergangen ist, und noch heute verabschieden die Parlamente oder ihnen ähnliche Organe in manchen westlichen Hauptstädten Leitanträge, die nicht anders denn als Einmischung in die inneren Angelegenheiten anderer Länder zu beurteilen sind.

Die Welt hat sich in den Nachkriegsjahrzehnten sehr verändert. Heute duldet selbst das kleinste Volk keine Einmischung und kein Kommandieren mehr – von welcher Seite auch immer.

Unsere Beziehungen zu den sozialistischen Ländern sind gleichberechtigte Beziehungen unabhängiger Staaten, sind Beziehungen der Zusammenarbeit, der gegenseitigen Hilfe. Wir teilen sehr vieles, darunter auch Ressourcen. Abhängig voneinander sind wir in dem Sinne, daß uns unsere Zusammenarbeit gestattet und in der Vergangenheit gestattet hat, die Wirtschaft jedes Landes zu stärken und bedeutende soziale Veränderungen vorzunehmen.

Ich glaube, eine solche Zusammenarbeit ist eine gute Basis auch auf der neuen Etappe, da sich gravierende Veränderungen in den sozialistischen Ländern vollziehen. Sie spielt ihre positive Rolle.

»Das ganze Land ist ein riesiger Diskussionsklub«

Katharine Graham: Herr Gorbatschow, seit unserer Ankunft erkennen wir ein sehr starkes Interesse an der bevorstehenden Parteikonferenz. Vielleicht könnten Sie in allgemeinen Umrissen sagen, was Sie von diesem außerordentlich wichtigen Ereignis erwarten?

Michail Gorbatschow: Meine Erwartungen stehen im Einklang mit den Erwartungen der ganzen Gesellschaft. Wir wollen die Bilanz der drei Jahre ziehen und uns schon mit der Geschichte der Perestroika befassen. Wir wollen diesen gesamten Zeitraum einer kritischen Analyse unterziehen – und Lehren daraus ziehen. Eventuell müssen gewisse Korrekturen vorgenommen werden. Die Hauptfrage jedoch ist, wie wir die Perestroika voranbringen und sie unwiderruflich machen. Das Wichtigste wird deshalb die Vertiefung der Wirtschaftsreform sowie die Demokratisierung von Partei und Gesellschaft sein. Alles übrige werden Sie bald erfahren.

Richard Smith: Sowjetische Journalisten und Redakteure, mit denen wir sprachen, haben gesagt, die Artikel in den Zeitungen »Sowjetskaja Rossija« und »Prawda« spiegelten ernstliche Differenzen in der sowjetischen Führung in bezug darauf wider, wie weit der Glasnostprozeß gehen dürfe, und hinsichtlich der Bewertung der Stalinzeit.

Michail Gorbatschow: Ich habe den Eindruck, daß dieses Thema über angeblich bestehende gravierende Divergenzen in der sowjetischen Führung zu Fragen der Perestroika und zur Beurteilung der Vergangenheit nicht von sowjetischen Redakteuren, sondern vom Westen lanciert wird. Ich weiß nicht, von welchen Motiven sich die Leute leiten lassen, die dieses Thema systematisch lancieren, das ständig im Rundfunk, in den aus dem Ausland kommenden »Stimmen« in Russisch und in anderen Sprachen zu hören ist. Möglicherweise steht dahinter der Wunsch, klarzustellen, was bei uns geschieht, möglicherweise aber auch das Bestreben, die bei uns laufenden Diskussionen zu spekulativen Zwecken auszuschlachten und Mißtrauen hervorzurufen, wobei tatsächlich auf eine Spaltung in unserer Führung gehofft wird.

Die heutige Führung hat sich sowohl im Politbüro als auch in der Regierung hauptsächlich bereits nach dem April 1985 gebildet, als wir den Perestroika-Prozeß aufnahmen. Alle Mitglieder unserer Führung sind der Sache der Perestroika tief ergeben, beteiligen sich aktiv an der Ausarbeitung ihrer Politik und an der Verwirklichung dieser Politik.

Aber lassen Sie uns gemeinsam nachdenken, dann wird Ihnen die Situation vielleicht deutlicher. Wenn Menschen eine so gewaltige Sache anpacken, wenn nicht nur die Strategie, sondern auch die Taktik gefunden werden muß, um diese Ziele zu erreichen, kann das ohne intensive Diskussionen, ohne Dialog innerhalb der Führung wie in der ganzen Gesellschaft abgehen? Gerade das geschieht jetzt. Das ganze Land ist zu einem riesigen Diskussionsklub geworden. Und es ist ganz natürlich, daß auch in der Führung lebhafte Diskussionen darüber geführt werden, wie sich im Rahmen der Perestroika Antworten auf die Fragen finden lassen, die sie stellt.

Nur Jesus Christus wußte die Antworten auf alle Fragen und konnte mit fünf Broten 20 000 Juden satt machen. Diese Kunst beherrschen wir nicht. Wir haben keine fertigen Rezepte, um in kurzer Frist alles zu entscheiden. Wir suchen gemeinsam mit der Gesellschaft nach Antworten auf die Fragen. Und das ist von Diskussionen, von heftigen Auseinandersetzungen begleitet. Das ist normal. Unsere Misere bestand gerade darin, daß es viele Jahre lang derartige Diskussionen weder in der Gesellschaft noch in der Partei noch im Zentralkomitee noch in der Regierung noch im Politbüro gegeben hat. Und das hat zu vielen Verlusten und Fehlern, zu Versäumnissen geführt. Unsere jetzigen Diskussionen, das heißt einen normalen demokratischen Prozeß, als Differenzen in der Führung hinzustellen ist der größte Fehler. Vielleicht hätte mancher gerne, daß es diese Differenzen, daß es sogar eine Spaltung gäbe, daß sich die sowjetische Führung zerstreitet. Das ist eine andere Sache. Aber das hat nichts mit der Art der realen Situation zu tun, die in unserer Führung besteht.

Richard Smith: Die Sache ist die, daß uns schien, viele Ihrer eifrigen Anhänger, Menschen, die die Perestroika befürworten, seien über eine mögliche politische Spaltung beunruhigt. In der Zeitung »Sowjetskaja Kultura« gab es einen Brief, dessen Verfasser befürchtete: Da wird »das ZK-Plenum zusammentreffen und M. S. Gorbatschow absetzen« (ich zitiere). Er schlug daher ein Referendum zur Frage Ihrer Führung, Ihrer Politik vor, an dem alle teilnehmen sollten. Ich möchte Sie fragen: Haben Sie von diesem Brief gehört, und was halten Sie von dem Gedanken eines Referendums?

Michail Gorbatschow: Ich habe nicht nur von diesem Brief gehört. Ich sehe in solchen Fakten nur Positives. Das heißt, der Gesellschaft ist es nicht gleichgültig, wer in der Führung des Landes sitzt, die Menschen haben also ein gewaltiges Interesse an allem, was geschieht. Das, wovon Sie sprechen, besitzt wahrscheinlich einen interessanten Symbolgehalt, der ebenfalls die Erfolge der Perestroika demonstriert: Das Volk hat sich also in den politischen Prozeß eingeschaltet, will sich daran beteiligen, äußert seine Meinungen und Gedanken. Und das ist wunderbar. Das ist vielleicht bisher das Wichtigste, was die Perestroika mit sich gebracht hat. Weil in der Wirtschaft, im sozialen Bereich noch viel zu tun ist. Auch hier gibt es positive Veränderungen. Damit aber bedeutsame Wandlungen eintreten, die die ganze Gesellschaft gründlich empfinden könnte, braucht es Zeit.

Was die von Ihnen erwähnten Befürchtungen betrifft, passiert in der Partei und der Gesellschaft nichts, was bestätigen würde, daß sie begründet sind. Ich spreche in diesem Fall wieder nicht von mir, ich meine die Frage insgesamt. Man muß unseren politischen Prozeß kennen, um zu verstehen, daß bei uns nach dem April, wenn der Generalsekretär nicht die Unterstützung seiner engsten Umgebung – der Genossen, die mit ihm arbeiten – hätte, überhaupt nichts geschehen wäre. Alles, was in unserer Gesellschaft, in unserer Partei, im Zentralkomitee entwickelt wurde, erfolgte unter Teilnahme der jetzigen Führung.

Und noch etwas. Die Perestroika bringt neue, interessante Menschen in allen Bereichen hervor. Im politischen Prozeß, im Bereich der Wirtschaft und im geistigen Bereich. Die Weiterentwicklung der Demokratie, ihre Vertiefung, wird – wie ich denke – zunehmend neue, frische Kräfte, interessante Menschen auf den politischen Schauplatz bringen. Der Sinn der Perestroika liegt darin, daß sie Mechanismen schafft, die unsere Gesellschaft im Rahmen des demokratischen Prozesses regeln, stabilisieren werden. Und das heißt, sie wird das Volk in die Lenkung von Gesellschaft und Staat einbeziehen und natürlich dessen besten Teil, seine geistige Kraft, seine fähigen, begabten Vertreter auf allen Ebenen und in allen Zweigen.

Unsere Gesellschaft wird eine andere sein als bisher. Sie verändert sich. Die Mechanismen sind bereits in dieser Richtung in Bewegung geraten. Vieles muß noch getan werden. Aber der Zug ist abgefahren und gewinnt an Geschwindigkeit.

Robert Kaiser: Für mich als einen Mann, der einmal in Moskau gelebt hat, sind die eindrucksvollsten Veränderungen gerade die in der Presse, im Fernsehen. Alles ist so interessant geworden. Viele politische Häftlinge wurden entlassen, vielen Ausreisewilligen wurde das Verlassen des Landes gestattet. Am 7. Mai haben Sie erklärt, die Aufgabe bestehe darin, einen sozialistischen Rechtsstaat zu schaffen. Und in den sehr interessanten schriftlichen Antworten auf unsere Fragen sagten Sie, unbedingt nötig sei Redefreiheit. Andererseits sehen wir, daß einige sowjetische Bürger gerade deshalb Unannehmlichkeiten haben, weil sie, wie uns scheint, einfach versuchen, dieses Recht durchzusetzen, die Redefreiheit durchzusetzen, unter ihnen Airikjan in Armenien und Grigorjanz in Moskau. Warum geschieht das? Weil einige Behördenvertreter das neue Denken noch nicht beherrschen oder weil das, was die Bürger tun, Ihrer Ansicht nach über den Rahmen der Redefreiheit hinausgeht?

Michail Gorbatschow: Eine interessante Frage. Ich will sie Ihnen kurz und knapp beantworten. Das Wesentlichste, was die Perestroika gezeigt hat, ist, daß unser Volk bei seinem Eintreten für die Erneuerung der Gesellschaft, für Veränderungen, eindeutig gesagt hat: nur im Rahmen und nur auf Grund der Werte des Sozialismus.

Selbst solche wirtschaftlichen Maßnahmen wie Genossenschaften, wirtschaftliche Rechnungsführung, Pachtvertrag, individuelle Erwerbstätigkeit wurden und werden in unserer Gesellschaft sehr ernsthaft und gründlich von folgender Haltung aus diskutiert: Bedeutet das alles nicht ein Abweichen vom Sozialismus? Werden hier nicht die sozialistischen Prinzipien untergraben? In unserem Land ist es so, daß neun Zehntel seiner Bevölkerung heute Menschen sind, die in der sozialistischen Zeit geboren und aufgewachsen sind. Und auch die heutige Führung kann ja gar nicht anders als den Sozialismus entwickeln, der uns den großartigen Weg in allen Lebensbereichen geebnet hat. Wir kennen den Sozialismus, dessen Errungenschaften, kennen auch dessen Probleme und werden im Rahmen unserer sozialistischen Entscheidung handeln.

Deshalb ruft es im Volk eine kritische Reaktion hervor, wenn uns andere Werte – darunter auch im ideologischen Bereich – untergeschoben werden. Doch das ist auch der demokratische Prozeß. Das ist Demokratie.

Unser Volk weiß, daß der »Laden« des Herrn Grigorjanz nicht nur organisatorisch, sondern auch finanziell mit dem Westen kontaktiert, daß seine ständigen Besucher und Gäste westliche Korrespondenten sind. Deshalb wird er bei uns als etwas Fremdartiges betrachtet, das an den demokratischen Prozessen, an der Perestroika schmarotzt. Leider ist das manchmal so. Auch in der Natur kommt so etwas vor: Alle möglichen Parasiten saugen sich am lebenden Organismus fest und versuchen, ihm zu schaden. Unsere Gesellschaft ist stark genug, um auch damit fertig zu werden. Ich habe schon mal gesagt: Im Kessel der Perestroika wird die ganze Gesellschaft umgeschmolzen und geht stark und kompakt daraus hervor, erschließt ihr demokratisches, humanitäres Potential noch weiter – und zwar im Interesse der Menschen. Aber was uns von anderer Stelle als Perspektive angeboten wird – etwa der Vorschlag, das sozialistische Eigentum abzuschaffen usw. –, das wird von unserem Volk abgelehnt. Das wird nicht akzeptiert, das ist eine Illusion.

Zu den Problemen
der Wirtschaftsreform

(Aus der Rede Michail Gorbatschows auf dem Plenum des ZK der
KPdSU am 29. Juli 1988)

Wie Sie wissen, wurden auf der 19. Parteikonferenz Probleme
wie die Versorgung der Bevölkerung mit Lebensmitteln, Wohnraum, Waren und Dienstleistungen besonders scharf diskutiert.
Dabei haben einige Delegierte überaus strenge Urteile ausgesprochen. Und das ist nur verständlich, da die Lösung der wichtigsten Fragen, die den Wohlstand der Bevölkerung bestimmen,
stark in die Länge gezogen worden ist und der Rückstand in
diesem Bereich inzwischen leider chronischen Charakter angenommen hat.

Die Versorgung mit Lebensmitteln

Ich möchte zunächst auf die Lebensmittelfrage eingehen. Das
Politbüro vertritt den Standpunkt, daß auf diesem Gebiet unverzüglich kardinale Maßnahmen, sowohl aktuelle als auch perspek-
tivische, getroffen werden müssen.
In der konkreten Situation dieses Jahres, da viele Gebiete im
Wolgaland, Ural, Sibirien und Kasachstan von einer Dürre
heimgesucht wurden, sind sie darauf gerichtet, den Stand der
Lebensmittelversorgung zu erhalten und darüber hinaus noch zu
erhöhen. Diese Zielsetzung ist nicht nur notwendig, sie ist auch
realistisch. Zum ersten hat sich die Lage in den vergangenen
Wochen einigermaßen verbessert. Zum zweiten – und das ist
wohl das wichtigste – ist die Arbeit an der Basis darauf gerichtet,
die erzielte Ernte vollständig einzubringen, sie zu erhalten und

zweckmäßig zu nutzen. Dabei meine ich sowohl die Nahrungs-mittel- als auch die Futtermittelkulturen.

Ich möchte sagen, daß gerade darauf der Schwerpunkt der gan-zen Arbeit dieses Jahres liegt. Uns steht noch eine Menge Arbeit bevor, und wir müssen sie richtig organisieren. Ich glaube, daß die Werktätigen sowohl in den Dörfern als auch in den Städten die entstandene Situation gut verstehen und, wie wir sehen, wirklich alles unternehmen, um keine Verschlechterung bei der Lebensmittelversorgung zuzulassen. Schließlich brauchen wir nötigenfalls auch ausländische Quellen, um die Lebensmittelres-sourcen des Landes aufzufüllen.

Diese ganze Arbeit muß man beharrlich und konsequent betrei-ben und schrittweise die praktischen Fragen lösen. Offenbar muß man ein weiteres Mal unterstreichen, daß die Lebensmittel-versorgung eine grundlegende sozialpolitische Frage ist und da-bei jedes unzulängliche Verständnis ihrer prinzipiellen Bedeu-tung ausgeschlossen werden muß.

Jetzt zu den perspektivischen Aufgaben bei der Lösung des Le-bensmittelproblems. Diesbezüglich hat das Politbüro seine Er-wägungen vorgelegt. Ihr Kernstück besteht in folgendem:

Zum ersten zeigt die Ausarbeitung, daß wir reale Möglichkeiten besitzen, bis zum Ausgang dieser Fünfjahrplanperiode beim Pro-Kopf-Verbrauch den Stand zu erreichen, der im Lebensmittel-programm für solche wichtigsten Lebensmittel wie Brot- und Backwaren, Teig-, Konditorei-, Süß- und Dauerbackwaren, Grützen, Kartoffeln und Gemüse, Pflanzenöl und Butter, Voll-milcherzeugnisse, Eier und Geflügel festgelegt worden ist. Bei Fleisch und Obst werden wir das im laufenden Planjahrfünft nicht erreichen können. Aber auch in diesem Bereich kann man die Lage wesentlich verbessern.

Diese Schlußfolgerungen stützen sich auf ein vorläufiges Stu-dium des gesamten Fragenkomplexes in Zusammenarbeit mit autonomen und Unionsrepubliken, Regionen und Gebieten. Ich möchte nicht all das wiederholen, worum es in den Vorschlägen geht. Aber ich halte es für notwendig, einige besonders wichtige Zahlen anzuführen. Es handelt sich unter anderem um die Steigerung der Aufkäufe 1990 im Vergleich zu den Auflagen des Fünfjahrplans: bei Vieh und Geflügel um 2,5 Millionen Tonnen, bei Milch um 4,3 Millionen Tonnen.

Dabei muß man unterstreichen, daß all diese Erzeugnisse, da sie über den Plan hinaus produziert werden, in den Republiken, Regionen und Gebieten bleiben. Es ist natürlich keine leichte Aufgabe, die in Aussicht gestellten Zuwachsraten zu sichern; sie erfordert eine kluge, beharrliche Arbeit, andererseits ist es aber auch offensichtlich, daß alle an deren Lösung interessiert sind.

Unsere größte Reserve ist die Beseitigung der Verluste, die vollständige Erhaltung und hochqualitative Verarbeitung der Ernte und Farmerzeugnisse. Das ist der kürzeste Weg, um die Lebensmittelversorgung bereits in nächster Zeit zu verbessern. Die Lösung dieser Frage wird es uns ermöglichen, die Lebensmittelressourcen mindestens um fünfzehn bis zwanzig Prozent zu vergrößern. Hierfür brauchen wir weitaus weniger Zeit und geringere Ausgaben als für die Steigerung des Produktionsvolumens. Die Investitionen für die Beseitigung von Verlusten und für die Verarbeitung sind die wirksamsten und die effektivsten. Dieses Problem muß die ganze Gesellschaft in Angriff nehmen. Zum zweiten sieht heute die Situation so aus, daß wir in den vergangenen Fünfjahrplanperioden in die Agrarwirtschaft immense Mittel investierten und nur einen unbedeutenden Nutzeffekt erzielten.

In den vergangenen siebzehn Jahren haben die Investitionen für die Entwicklung der Agrarwirtschaft 680 Milliarden Rubel erreicht. Der jahresdurchschnittliche Wert der Grundproduktionsfonds dieses Zweiges war 1986 und 1987 um das 2,7fache, die Energieintensität der Arbeit um das Doppelte und die Fondsausstattung je Arbeitskraft um mehr als das Dreifache höher als 1971 bis 1975. Die Lieferungen von Mineraldüngemitteln haben sich im vergangenen Jahr gegenüber 1970 um das 2,6fache vergrößert und 122 Kilogramm je Hektar Ackerboden erreicht. Das ist übrigens bei weitem nicht alles, was an die Agrarwirtschaft geliefert wurde. Dennoch ist ihre Bruttoproduktion in den siebzehn Jahren nur um 25 Prozent angewachsen; dabei ist die Produktion von Getreide um nur sechzehn Prozent, von Baumwolle um sechs Prozent, von Zuckerrüben um zwölf Prozent gestiegen und die Kartoffelernte sogar um neun Prozent zurückgegangen. In einzelnen Regionen sieht die Situation noch schlechter aus. Sehr niedrig ist der Rückfluß der Investitionen in der Agrarwirtschaft Usbekistans, Tadschikistans, Kirgisiens, Turkmeniens. Und in den Gebieten Pskow und Nowgorod ist die Bruttoproduktion um 12 bis 25 Prozent zurückgegangen, obwohl dort die Fondsausstattung in den siebzehn Jahren um das Drei- bis Vierfache gewachsen ist. Es liegt dabei nicht nur an den ungünstigen Bedingungen der Nichtschwarzerdezone, in der historisch keine geringen Schwierigkeiten entstanden sind. Nehmen wir solche Gebiete wie Kirowograd, Tschernigow, Winniza. Bei einem zwei- bis 2,5fachen Wachstum der Fondsausstattung je Arbeitskraft blieb dort die Bruttoproduktion praktisch auf dem gleichen Stand. Zudem hat sich in diesen Gebieten die Bruttoproduktion von Zuckerrüben, Sonnenblumenkernen, Kartoffeln vermindert, und die Fleisch- und Milchproduktion ist nur unbedeutend gestiegen.

»Wir müssen die Eigenständigkeit der Produzenten fördern«

Die besorgniserregenden Prozesse in der Landwirtschaft des Landes können nicht umhin, uns zu beunruhigen. Wo liegen die Ursachen solcher Erscheinungen? Wir müssen auf diese Frage eine Antwort geben, die das Wesen des Problems aufdeckt.
Natürlich gibt es in jeder Region, ja auch in jeder Wirtschaft konkrete Probleme und konkrete Ursachen. Es gibt aber auch eine allgemeine, ich würde sagen, Hauptursache dafür, daß die Investitionen in die Landwirtschaft, in den Agrarsektor, keinen gebührenden Nutzen einbringen, nicht effektiv genutzt und in vielen Fällen einfach blockiert werden. Sie besteht darin, daß die praktischen Maßnahmen zur Festigung der materiellen Basis des Dorfes nicht gleichzeitig mit entsprechender Arbeit zur Umge-

staltung der ökonomischen Beziehungen auf dem Land untermauert werden.

Laßt uns geradeheraus sagen, daß die Mehrheit unserer Kader, der Leiter der Agrarwirtschaft, auch jetzt noch die weitere Steigerung der Produktion vor allem mit zusätzlichen Investitionen, neuen Ressourcenlieferungen usw. in Verbindung bringen und keinen anderen Weg sehen. Es gibt aber bei uns Hunderte, ja Tausende Kolchosen und Sowchosen, die unter den gleichen Bedingungen und im Grunde genommen bei der gleichen Versorgung mit Ressourcen bemerkenswerte ökonomische und Produktionsergebnisse erzielen.

Und sehen Sie mal, was die Menschen leisten, die nach dem Familien- und Pachtvertrag arbeiten. Mit der gleichen und mitunter auch schlechteren materiellen Basis erzielen sie unvergleichbar höhere Kennziffern.

Erst heute habe ich in der »Selskaja Schisn« einen Beitrag über die Arbeit der Pächter in der Region Stawropol gelesen. Es handelt sich um die Sowchose »Balkowski« im Rayon Georgijewski. Ich kenne diese Sowchose. Das ist eine schwierige Wirtschaft, in der es ständig an Arbeitskräften mangelt. Der Pachtvertrag hat es ermöglicht, die Situation zu verbessern. Es hat sich herausgestellt, daß man sogar weniger Technik braucht, obwohl die Ergebnisse besser sind. Es werden Ernten eingebracht, wie es sie bisher dort nicht gab. Das wichtigste ist aber, daß sich die Einstellung der Menschen zur Sache verändert. Der Sowchosdirektor hat berechnet: Wenn sich die Pachtverhältnisse auch weiterhin entwickeln werden, dann wird die Sowchose nur 50 Mechaniker brauchen, nicht aber 90, die heute bei der Ernte eingesetzt sind. Das bedeutet, daß auch das Problem der Kader, über das heute so viel gesprochen wird, gelöst wird.

Über die Pachtverhältnisse wurde bereits viel geredet und wird viel geschrieben, und es gibt auch mehr als genug Erkenntnisse auf diesem Gebiet. Dabei hat man solche Erfahrungen heute in allen Regionen, allen Zonen des Landes, allen Zweigen des Agrarsektors gesammelt. Und überall bringen sie Nutzen ein. Zeugen denn diese Erfahrungen nicht davon, daß der Schlüssel zum Erfolg in der veränderten Verhaltensweise der Menschen zur Arbeit liegt? Das kann man aber nur durch eine grundlegende Änderung der Wirtschaftsbeziehungen auf dem Lande erzielen. Unsere Aufgabe ist es, sie so umzugestalten, daß der Bauer tatsächlich zu einem Wirt auf dem Boden wird und auf eine richtige Weise dort seine Kräfte, Kenntnisse und Fähigkeiten einsetzen kann.

Das Wesen der Umgestaltung besteht darin, verschiedene Formen der Realisierung des sozialistischen Eigentums praktisch zu nutzen. Wir können diese Aufgabe lösen durch die umfassende Einführung der vollständigen wirtschaftlichen Rechnungsführung und Selbstfinanzierung, des Leistungs- und Pachtvertrages allerorts und – in diesem Zusammenhang – durch die Veränderung der innerbetrieblichen Beziehungen in Kolchosen und Sowchosen; durch die Entwicklung verschiedener Formen der Kooperation; durch die Gründung von Familienfarmen und anderen Produktionsstätten, die auf Grund eines langfristigen Vertrages Boden in Pacht nehmen; durch die Entwicklung von Agrarindustriekombinaten, Agrarfirmen und durch die allseitige Förderung der persönlichen Hofwirtschaften.

Kurzum, wir müssen der Eigenständigkeit und dem Verantwortungsbewußtsein der Produzenten breiten Spielraum gewähren und den Agrarmarkt allseitig entwickeln.

Und keiner von uns darf in Verlegenheit dadurch gebracht werden, daß dem Bauern auf Grund des Vertrages mit dem Agrarbetrieb die Produktionsmittel langfristig zur Verfügung gestellt werden. Es gibt daran nichts, was nicht sozialistisch wäre. Das ist der richtige Sozialismus, denn er stellt den Menschen in den Vordergrund. Der Sozialismus muß vor allem mit der Entfremdung des Menschen von den Produktionsmitteln, von der Politik, von den Errungenschaften der Kultur Schluß machen.

Im übrigen kann man sich nicht auf die Einführung der wirtschaftlichen Rechnungsführung auf der Ebene der Kolchosen und Sowchosen begrenzen; ihr muß durch den Pachtvertrag der zweite Atem verliehen werden. Dem Menschen muß man die Möglichkeit bieten, sein Talent als Landwirt zur Geltung zu bringen, auf dem Boden so zu arbeiten, wie er es für notwendig hält, und er weiß besser als wir, wie das zu machen ist. Und das darf Sie nicht in Verlegenheit bringen. Auf diesem Wege werden wir keine Niederlage erringen. Es gilt, die Vertrags- und besonders die Pachtformen der Agrarwirtschaft im Lande weitgehend zu verbreiten.

Diese Fragen haben für uns heute und für alle weiteren Etappen der Vervollkommnung der Wirtschaftsbeziehungen auf dem Lande eine derart große Bedeutung, daß ich dem wohl noch etwas hinzufügen muß. Aus den Gesprächen mit den Leitern der Gebiets- und Regionsorganisationen der Partei, dem Studium der Sachlage an der Basis geht hervor, daß bei weitem nicht alle, die dieses Vorhaben inspirieren sollen, selbst eine klare Vorstellung vom Wesen der Frage haben.

Seit 1983 betreiben wir eine umfangreiche Arbeit für den Übergang der Struktureinheiten der Kolchosen und Sowchosen zu verschiedenen Formen des kollektiven Leistungsvertrags mit einem Entgelt nach dem Endergebnis. Das Leben hat bewiesen, daß dies ein effektiver Weg der Wirtschaftsführung ist.

Zugleich aber hat die Praxis gezeigt, daß heute jene Formen des Wirtschaftens besonders effektiv sind, die auf der langfristigen Pacht von Boden und anderen Produktionsmitteln bei vollständiger wirtschaftlicher Eigenständigkeit der Pächter basieren. Der Pachtvertrag wurde bei uns übrigens bis in die Mitte der 30er Jahre breit praktiziert und dann aufgehoben. Beim Pachtvertrag wird der Mensch zum wahren Herrn des Bodens und daran interessiert, die gepachteten Bodenflächen und andere Produktionsmittel höchstmöglich effektiv zu nutzen und den höchstmöglichen Nutzeffekt zu erzielen.

Und sehen Sie, was in der Industrie geschieht. Den Menschen gibt man schlecht arbeitende Abteilungen und Werke in die Pacht, und das erste, was sie machen, ist die Verminderung der Zahl der Beschäftigten um ein Drittel und des leitenden Personals auf die Hälfte oder gar ein Drittel, sie packen die Sache richtig an und machen den Betrieb in sieben bis acht Monaten oder in höchstens einem Jahr rentabel. Unsere Arbeiter denken auch staatsmännisch. Sie sind alles andere als raffgierig. Sie denken nicht nur an die Löhne, sondern auch daran, wie die Produktion zu entwickeln und die Produktionsfonds zu vergrößern sind, um die Produktion und ihren technischen Stand zu steigern. Und diese Verhaltensweise ist nicht weiter verwunderlich: Das ist doch unser sowjetischer Mensch, der in der sowjetischen Zeit geboren und von der Sowjetmacht erzogen worden ist!

Die Pachtbeziehungen gestatten es, die Potenzen des sozialistischen Eigentums besser zu realisieren; mit ihrer Hilfe werden die Interessen der Gesellschaft und die Anreize für eine hochproduktive und effektive Arbeit sichergestellt; und dabei nicht nur, ich wiederhole es, materielle Anreize. Der Mensch erhält die Möglichkeit, seine Fähigkeiten in der Praxis zur Geltung zu bringen und zu realisieren, sein schöpferisches Potential aufzudecken und sich zu bewähren. Und das löst bei ihm eine immense Befriedigung aus.

»Wir müssen die Hindernisse der Umgestaltung abtragen«

Insgesamt haben wir tiefgreifende Umgestaltungen eingeleitet, und ihre konsequente und fruchtbare Verwirklichung erfordert eine umfangreiche, allseitige und fachmännische Arbeit, erfordert Kenntnisse und das Verständnis des Wesens der entstehenden ökonomischen Beziehungen auf dem Land.

Wir werden vermutlich ein spezielles Gesetz über die Pacht annehmen müssen. Warum brauchen wir das? Weil es bei uns immer noch viele Mitarbeiter auf verschiedenen Ebenen gibt, die selbst nichts unternehmen, um die Sache voranzubringen, die die anderen aber dauernd stören, ihre Initiative, ihre Meinung und ihr wirtschaftliches Interesse an den Tag zu legen. Gerade dieses Gesetz muß allen, die es wünschen, die Möglichkeit garantieren, unter neuen Bedingungen zu arbeiten, ihnen Vertrauen auf den staatlichen Schutz geben. Dabei muß die Pacht vermutlich langfristig sein und der Vertrag etwa für 25 bis 30 oder sogar 50 Jahre geschlossen werden. Die Frage muß überhaupt so gestellt werden: Niemand hat das Recht, den Menschen zu verweigern, nach dem Pachtvertrag zu arbeiten.

Man muß entschlossener unrentable Agrarbetriebe beseitigen, ihre Bodenflächen und andere Produktionsmittel auf der Wettbewerbsgrundlage an jene Kolchosen, Sowchosen, Industriebetriebe, kollektiven und individuellen Pächter vergeben, die einen hohen Nutzeffekt des Wirtschaftens sichern können. Es wird vermutlich auch notwendig sein, ein neues Gesetz über die Bodennutzung anzunehmen.

Da heute die Sache noch eindeutig durch die konservative Haltung der Leiter und Spezialisten der Kolchosen und Sowchosen sowie der leitenden Mitarbeiter anderer Ebenen gehemmt wird, sehen wir die erstrangige Aufgabe der Parteikomitees darin, eine sachliche Atmosphäre und die erforderlichen Bedingungen zu schaffen, die diese Hindernisse beseitigen. Hierbei werden wir ohne eine gründliche ideologische und organisatorische Arbeit der Parteiorganisationen, ohne Hilfe der Gewerkschaften und des Komsomol nicht auskommen können.

Wir werden kein leeres Gerede mehr um diese Fragen herum hinnehmen. Das Leben hat allerorts die Effizienz der neuen Formen der Produktionsbeziehungen auf dem Land, der neuen Verhaltensweise zur Organisation und der Stimulierung der landwirtschaftlichen Arbeit bewiesen. Man muß alle Hindernisse für deren Anwendung allerorts abtragen. Das ist eine Aufgabe des ganzen Volkes. Ihre Lösung ist kein Wunsch schlechthin, sondern ein Erfordernis, das von der Logik unserer Entwicklung in der Etappe der Perestroika diktiert wird.

Wenn wir uns entschlossen für eine Umgestaltung der Wirtschaftsbeziehungen auf dem Lande aussprechen, müssen wir sogleich unterstreichen, daß diese Arbeit eine größtmögliche Verantwortung erfordert. Man muß alle möglichen Überspitzungen ausschließen und die Lehren unserer Geschichte beherzigen. In dieser wichtigen Sache sind sowohl Zaudern als auch künstliches Forcieren, Vorauseilen unzulässig. Und das wichtigste ist dabei, daß man vom Leben selbst ausgeht, sich vom gesunden Menschenverstand leiten läßt, sich mit anderen Menschen berät und die bereits verfügbaren immensen Erfahrungen nutzt.

Und noch eins. Es handelt sich auch um eine grundlegende Umgestaltung der zwischenbetrieblichen Beziehungen und der Leitung. Wenn wir schon anerkannt haben, daß das heutige Leitungssystem des Agrarindustriekomplexes uns keine nennenswerte Effizienz gesichert und sich überlebt hat, dann brauchen wir auch nicht daran festzuhalten. Wir müssen weitgehend zu einer freiwilligen Gründung von gemeinsamen Leitungsorganen der Kolchosen und Sowchosen anstatt der Agrarindustrievereinigungen der Rayons übergehen, zu kooperativen Formen der produktionstechnischen und ökonomischen Bedienung der Agrarbetriebe. Dabei lohnt es sich, diese Prinzipien auch auf die höheren Leitungsebenen des Agrarindustriekomplexes auszudehnen. Die Reorganisierung des Agrarindustriekomplexes darf nicht in die Länge gezogen werden. Man muß alle diese Kanäle oder Fäden endgültig zerhauen, über die die Befehle von oben herabgeleitet werden.

Ich habe in der »Sowjetskaja Rossija« den Brief einer Gruppe von Kolchosvorsitzenden des Gebiets Gorki gelesen, in dem sie sich darüber beschweren, daß die Kolchosen aus ihrem Einkommen den gesamten übergeordneten Leitungsapparat unterhalten und für die Zwecke fünfzehn Prozent des Reineinkommens und zehn Prozent der Amortisationssumme abführen sollen. Das geht doch nicht. Wer braucht so einen Apparat? Das wichtigste ist aber dabei, daß W. A. Starodubzew und andere Leiter der Agrarbetriebe bewiesen haben, daß dieser Apparat beträchtlich abgebaut werden kann und muß.

Schließlich haben sich die Konferenzdelegierten entschlossen dafür ausgesprochen, bei Begrenzung von Investitionen für andere Bereiche die erforderlichen Mittel für die Sozialentwicklung des Dorfes bereitzustellen. Im Grunde genommen brauchen wir ein gesamtnationales Programm zum Bau von Wohnraum, Schulen, Krankenhäusern, Straßen sowie Objekten der Kommunalwirtschaft, der Dienstleistungen und Reparaturen, des Fernmeldewesens, des Handels auf dem Lande – also all das, ohne das ein moderner Mensch unmöglich leben und normal arbeiten kann. Bereits heute muß man das Tempo der sozialen Ausgestaltung des Dorfes beschleunigen. Das wird heute in vielen Gebieten und Republiken gemacht. Und selbstverständlich muß man zu diesem Zweck die Ausrichtung der Investitionen in der 13. Fünfjahrplanperiode verändern. Das ist unsere politische Zielsetzung für die Planungsorgane und die Regierung.

Und noch etwas. Vor zwei Tagen habe ich mit W. P. Demidenko gesprochen. Wie erklärt es sich, daß die Situation bei der Versorgung der Bevölkerung mit Agrarerzeugnissen im Gebiet Kustanai vom Fleck gebracht und verändert wurde? Den entscheidenden Beitrag haben natürlich die Kolchosen und Sowchosen geleistet. Aber eine große Bedeutung hatte auch die Einbeziehung der individuellen Nebenwirtschaften auf Grund der Vertragsprinzipien und neuen Stimuli. Sie haben jetzt dort 250 Rinder je 100 Bauernhöfe.

Aber all das erfordert eine Arbeit mit der Bevölkerung, Vorleistungen in der Futterbasis. Dann bieten sich solche Möglichkeiten. Positive Erfahrungen sind bei der Integration der individuellen Nebenwirtschaften mit Kolchosen und Sowchosen auf Vertragsbasis in Belorußland und in den Ostseerepubliken gesammelt worden. Und das ist wiederum Sozialismus! Hat denn jemand das bis jetzt noch nicht verstanden?

Die Probleme des Warenangebots und der Dienstleistungen

Und nun zu den Vorschlägen über eine beschleunigte Warenproduktion und die Entwicklung der Dienstleistungen für die Bevölkerung. Der Hauptweg ist hier klar. Das ist die Entwicklung einer leistungsstarken Konsumgüterindustrie in kurzer Zeit. Entsprechende Beschlüsse in bezug auf die Leichtindustrie sind bereits gefaßt, man muß sie nur schneller verwirklichen, den entsprechenden Wirtschaftsmechanismus einschalten, der das Interesse aller Arbeitskollektive an der Vergrößerung der Konsumgüterproduktion sicherstellen würde.

Jetzt geht es um zusätzliche Maßnahmen für eine beschleunigte Modernisierung vieler Betriebe der Leicht- und der Lebensmittelindustrie auf Grund importierter Ausrüstungen sowie um eine breitere Teilnahme der Schwerindustrie und Verteidigungszweige an der Konsumgüterproduktion. Eine wesentliche Beschleunigung ist auch im Bereich der Dienstleistungen gegen Entgelt vorgesehen.

Die Durcharbeitung dieser Fragen in Gemeinschaft mit den Ministerien und anderen zentralen Staatsorganen, Republik- und örtlichen Organen hat die reale Möglichkeit bewiesen, 1989 bis 1990 die Konsumgüterproduktion über die Auflagen des Fünfjahrplans hinaus um 24 Milliarden Rubel, darunter 1989 um 9 Milliarden Rubel und 1990 um 15 Milliarden Rubel zu vergrößern.

Es wurden Vorschläge über Maßnahmen zu einer grundlegenden Verbesserung der Dienstleistungen und Reparaturen gegen Entgelt vorgelegt. Dabei ist wichtig hervorzuheben, daß ihr Umfang bereits in dieser Fünfjahrplanperiode um fünfzehn bis zwanzig Prozent im Jahr im Vergleich zu dem anwachsen wird, was im Komplexprogramm in Aussicht gestellt wurde. 1990 wird dieser Umfang mehr als 70 Milliarden Rubel erreichen und sich am Ausgang der 13. Fünfjahrplanperiode auf das 1,6fache vergrößern und 119 Milliarden Rubel übersteigen.

Das sind großangelegte Maßnahmen, und sie erfordern eine entsprechende Arbeit sowohl zentral als auch an der Basis. Aber bei der Lösung der Aufgabe zur Steigerung der Konsumgüterproduktion und Entwicklung der Dienstleistungen gegen Entgelt müssen wir auch das gesamte Verteilungssystem und vor allem den Handel und das Gaststättenwesen gründlich verbessern.

Ich spreche darüber, weil der Wohlstand der Werktätigen, ihr moralisches und politisches Befinden nicht nur von der Quantität und Qualität der erzeugten materiellen Güter und Dienstleistungen – was an und für sich natürlich schon ausschlaggebende

Bedeutung hat –, sondern auch davon abhängt, wie wir sie verteilen, wie der Handel und der Handelsbereich organisiert sind. Viele Mängel hängen in diesem Bereich mit dem Rückstand und in vielen Fällen auch mit der vernachlässigten materiellen Basis zusammen, die einen allseitigen Ausbau und die Erreichung eines modernen technischen Niveaus erfordert. Aber viel, sehr viel können und müssen wir unverzüglich tun, indem wir ungesunden Erscheinungen und Prozessen, die sich hier tief verwurzelt haben, den entschlossenen Kampf ansagen. Es geht zum Beispiel darum, Stockungen im Handel mit jenen Waren, die es im Lande ausreichend gibt, nicht zuzulassen. Wenn man eine Information darüber bekommt, daß bald hier, bald dort Salz, Zucker, Mehl und vieles andere, was es in ausreichender Menge gibt, ständig aus dem Handel verschwindet, so kommt man unwillkürlich auf den Gedanken, daß manch einer an der Erhaltung des Mangels interessiert ist oder ihm wenigstens das Gefühl der Verantwortung vor den Menschen völlig fehlt. Es gilt, all diese Fragen unter die Kontrolle der Partei- und Staatsorgane, unter die Kontrolle der Werktätigen zu stellen.

Oder nehmen wir eine so verbreitete Erscheinung wie das Schlangestehen. Schlangen gibt es überall – im Handel, in der Dienstleistungssphäre, im Transportwesen, in den Betrieben der Kommunalwirtschaft, im Gesundheitswesen, in den Organisationen und Einrichtungen, die mit der Lösung dieser oder jener Bitten der Werktätigen verbunden sind. Dieses Problem nahm einen derart akuten Charakter an, daß wir uns mit ihm gründlich beschäftigen und hier die gebührende Ordnung schaffen müssen. Es ist unzulässig, wenn viele leitende Mitarbeiter dem ruhig zusehen und es nicht für nötig halten, etwas zur Beseitigung dieser Erscheinung zu unternehmen. Das ist doch nichts anderes als eine Mißachtung der Menschen und eine seelenlose Einstellung zu ihnen.

Genosse L. N. Saikow und ich besuchten dieser Tage zwei Fabriken der Moskauer Industrie- und Handelsvereinigung für Schuhproduktion »Sarja«. Dieser Besuch hinterließ einen guten Eindruck. Ich empfand eine große Genugtuung darüber, wie die

Menschen denken, wie sie handeln und wie sie die fürwahr staatlichen Fragen erörtern.

Aber da spreche ich mit einer Arbeiterin. Sowohl sie als auch ihr Mann verdienen gut. Sie haben zwei Kinder. Man sollte meinen, daß alles in Ordnung ist – Wohnung und Verdienst. Was beunruhigt sie? Die Antwort: »Michail Sergejewitsch, jeden Tag muß ich zwei bis drei Stunden in Geschäften Schlange stehen. Das reibt auf. Bei der Arbeit ermüde ich nicht so stark wie beim Schlangestehen.«

Und das geschieht in Moskau, wo man immerhin alles kaufen kann! Aber sogar hier muß man endlos Schlange stehen. In ein und demselben Geschäft muß man zunächst an einer Kasse, dann an einer anderen und schließlich an der Verkaufstheke anstehen. Die Menschen stehen stundenlang nach Feierabend an, um einfache Waren zu kaufen, die zu haben sind. Wie ist das möglich?

All diese Fragen sind Fragen der Sowjets. Wenn der Leiter des Sowjets das nicht sieht und um das Befinden der Menschen nicht weiß, so halten wir ihn umsonst in der leitenden Funktion.

Ich will ein weiteres Mal sagen, daß wir unverzüglich und sachlich die Lösung dieser akuten Probleme in Angriff nehmen müssen. Hier gibt es natürlich Fragen, die mit der Verbesserung und Unterbringung sowie der materiell-technischen Ausstattung der Handels- und Dienstleistungsbetriebe zusammenhängen. Hier wurde eine große Rückständigkeit zugelassen.

Wie ist an die Lösung dieser Frage heranzugehen? Das erste, was jedem in den Sinn kommt, ist sicher, um Geld und Leistungsverträge für den Bau von Handels- und Dienstleistungseinrichtungen zu ersuchen. Offensichtlich muß man das auch in unseren Plänen berücksichtigen. Im Zusammenhang mit dem Zurückbleiben dieser Sphäre wurde auch im Entwurf unseres Beschlusses zu dieser Frage die Erweiterung der Neubauten vorgesehen. Wenn wir aber nur diesen Weg gehen würden, so würde sich die Lösung der Probleme, insbesondere der unaufschiebbaren, über viele Jahre hinziehen. Wir müssen aber eine Möglichkeit finden, diese Situation bereits in nächster Zeit zu verbessern.

Im ZK und in der Regierung laufen jetzt Bitten ein, diese oder jene Räume für die Erweiterung der Handels- und Dienstleistungssphäre zu nutzen. Wir unterstützen das entschieden; dafür sprachen sich das Politbüro und die Regierung eindeutig aus. Wir sind dafür, die in Bau befindlichen Verwaltungsgebäude verschiedener Wirtschafts- sowie Partei- und Staatseinrichtungen, wenn man ihrer nicht dringend bedarf, für diese Zwecke zur Verfügung zu stellen.

Vor kurzem hatte ich ein Gespräch mit dem Schriftsteller W. P. Astafjew. Wir sprachen davon, wie das Volk in Krasnojarsk lebt. Wie viele Probleme haben sich dort angehäuft! Besonders akut sind Probleme der medizinischen Betreuung. Es mangelt an Entbindungsheimen. Und zugleich wird in der Stadt ein gewaltiger Sportkomplex errichtet. Natürlich ist er auch nötig. Aber es gibt unaufschiebbare Probleme, und in erster Linie muß man sie lösen. In der Stadt gibt es ein nicht schlechtes Gebäude des Regionskomitees, aber es wurde ein neues gebaut. Jetzt hat man zu Recht beschlossen, es für die Versorgung der Bevölkerung zur Verfügung zu stellen.

Und überhaupt, man muß sich entschlossener von allerlei Kontoren befreien, ihre Zahl reduzieren und ihre Räume an Handels- und Dienstleistungsbetriebe sowie medizinische Einrichtungen übergeben. Das ist, wie man so sagt, die eine Seite der Medaille. Aber es gibt auch eine andere, nicht minder wichtige. Es geht um die Inanspruchnahme jener Mittel, die für die Entwicklung dieser Sphäre bereitgestellt werden. Wollen wir festhalten: Das, was zur Verfügung gestellt wurde, muß in Anspruch genommen werden.

Und die Parteiorgane müssen das unter ihre Kontrolle nehmen. Denn es hat sich erwiesen, daß wir mit unserer Arbeit in viele Wirtschaftsangelegenheiten eingedrungen sind, aber Fragen, die das eigentliche Leben der Menschen betreffen, mitunter außer acht lassen. Und das Ziel besteht doch darin, daß der Mensch besser lebt, daß sein Befinden gut ist. Deshalb besteht der Hauptsinn der Umgestaltung der Arbeit der Parteiorgane darin, daß sie sich wirklich mit Parteiangelegenheiten, mit der politischen, organisatorischen und ideologischen Arbeit beschäftigen und dem Volk näherstehen. Das Leben selbst schreit einfach danach. Das ist das wichtigste Argument, warum wir uns umstellen müssen.

Die Umgestaltung ist gerade dadurch erstarkt, daß sie all diese Fragen bloßlegte und Bedingungen schuf, damit die Menschen ihre Bemerkungen und Vorschläge sowie ihre Beurteilungen der Sachlage aussprechen können. Die Umgestaltung verschafft den Menschen reale Möglichkeiten, an jene hohe Ansprüche zu stellen, die mit ihrem Gewissen auf dem Kriegsfuß stehen oder aus Versehen eine leitende Funktion bekleiden.

Genossen, letzten Endes geht es doch um Fragen, die sich durchaus lösen lassen und keine Erarbeitung von langfristigen Programmen und wissenschaftlichen Ausarbeitungen erfordern. Vieles kann man hier – gestützt auf die örtlichen Ressourcen und die örtliche Initiative – tun. Aber die Hauptaufgabe ist, Ordnung zu schaffen und diese Fragen ständig im Blickfeld zu haben.

Zu Fragen, die eine größere Aufmerksamkeit verlangen, muß man auch die Entwicklung der Basis der Bauindustrie zählen. Durch die Erweiterung des Baus von Wohnraum und anderen sozialen Objekten stießen wir auf Schwierigkeiten bei der Versorgung mit Baustoffen, Technik, Ausrüstungen usw. Diese Frage wurde erörtert. Es wurden zusätzliche Maßnahmen beschlossen, die auf ein wesentliches Wachstum der Produktion von Baustoffen gerichtet sind. Das alles verlangt große Anstrengungen und eine große Aufmerksamkeit.

»Wie soll es weitergehen?«

Alle von uns vorgeschlagenen Maßnahmen entsprechen den Zielsetzungen der 19. Parteikonferenz, die empfohlen hat, den nächsten Fünfjahrplan für das 13. Jahrfünft von einer Position der Verstärkung der sozialen Ausrichtung unserer Wirtschaft auszuarbeiten. Im Grunde genommen können wir feststellen, daß schon heute unserer Arbeit in dieser Richtung ein neuer Impuls verliehen wurde. Wir waren alle Zeugen jener scharfen Diskussion, die auf der Konferenz um das Problem der durchgreifenden Wirtschaftsreform entbrannte. Welche Schlüsse ziehen wir aus ihr?

Vor allem wurden die Richtungen der Wirtschaftsreform im großen und ganzen richtig gewählt. Mehr noch: Ein weiteres Mal wurde bekräftigt, daß ein Erfolg der sozialökonomischen Umgestaltungen lediglich auf dem Wege der konsequenten Verwirklichung und Vertiefung der Reform erzielt werden kann. Die Reform wurde überhaupt von niemandem in Zweifel gezogen, obwohl man den Verlauf ihrer Verwirklichung scharf kritisierte.

Die Konferenz bekräftigte auch etwas anderes: Es gibt ein Entgegenwirken durch träge, konservative Kräfte, die die Reform stillschweigend unter Ausnutzung auch der geringsten Möglichkeiten von Stockungen und Fehlschlägen abbremsen möchten, die auf ihrem Wege entstehen. Ich denke, daß man sich mit einem Vorschlag von Delegierten zu dieser Frage einverstanden erklären kann: Solche Menschen, jene, die der Reform im Wege stehen, muß man von der leitenden Arbeit entfernen.

Was müssen wir für die Beschleunigung des Verlaufs der Wirtschaftsreform tun? Das Politbüro erörterte Schlußfolgerungen, die die Regierung in diesem Zusammenhang gezogen hatte, und einen Komplex von Vorschlägen, die damit zusammenhängen.

Erstens. Vor allem muß man Versuche entschlossen überwinden, das Wesen der neuen Formen und Methoden der Wirtschaftsführung zu entstellen, und gegen die Absichten Schranken errichten, den Wirtschaftsmechanismus in die alte Bahn zurückzubringen.

Das bezieht sich unter anderem auf die Frage des staatlichen Auftrags, die derart heftig auf der Konferenz im Zusammenhang damit erörtert wurde, daß er in der Praxis zu einer verborgenen Form der Direktivplanung des Produktionsumfanges hinübergewachsen war. Die diesbezüglichen Vorschläge der Regierung implizieren eine wesentliche Verringerung des Anteils des staatlichen Auftrags am gesamten Produktionsumfang, die Konzentration des Rechts, einen staatlichen Auftrag zu erteilen, in den

Händen des Staatlichen Plankomitees und nicht bei den Branchenministerien.

Es wird vorgeschlagen, für die nächsten zwei Jahre eine zeitweilige Bestimmung über den staatlichen Auftrag einzuführen. Das Präsidium des Ministerrates erörterte diese Frage unter Einbeziehung einer großen Gruppe von Wirtschaftsleitern und Wissenschaftlern. Es fand eine ernsthafte Diskussion statt, und man gelangte zu der Schlußfolgerung, daß eine zeitweilige Bestimmung über den staatlichen Auftrag notwendig ist. Die Übergangsetappe verlangt gerade ein solches Herangehen, indem man im Auge hat, daß die Idee des staatlichen Auftrags lediglich im Zusammenhang mit dem Übergang zum Großhandel mit Produktionsmitteln und mit einer Preisbildungsreform in vollem Maße in die Tat umgesetzt werden kann. Hier kann man, wie man so sagt, das einfach nicht überspringen.

Zweitens. Es steht bevor, die Betriebe aller Zweige auf die vollständige wirtschaftliche Rechnungsführung zu überführen und die Herausbildung eines neuen Wirtschaftsmechanismus abzuschließen. Es muß unterstrichen werden, daß der neue Wirtschaftsmechanismus lediglich auf der Basis neuer Preisverhältnisse, unter der Voraussetzung der Formierung eines effektiv wirkenden sozialistischen Marktes, der Gesundung der Finanzen, der Schaffung eines engmaschigen und wirksamen Banksystems und der Einführung des Großhandels auf vollen Touren laufen kann. Und natürlich setzt er die entsprechende Umstrukturierung der Leitung und den Umbau des Systems der Außenwirtschaftsbeziehungen voraus.

In diesem Zusammenhang möchte ich die große Bedeutung der finanziellen Gesundung der Volkswirtschaft und der Festigung der Geldzirkulation unterstreichen. Bereits bei der Vorbereitung des Plans und des Haushalts für das nächste Jahr müssen wir mit der Herabsetzung des Haushaltsdefizits beginnen. Und dabei gilt es, die Pläne für den Investitionsbau aufmerksam zu prüfen, auf die umfassende Ablösung der Haushaltsfinanzierung durch den Bankkredit einzugehen und andere unproduktive Kosten entschlossen herabzusetzen. Kurzum, es ist wichtig, sich daran zu gewöhnen, mit eigenen Mitteln auszukommen. Mag der Umfang der Investitionen in der ersten Zeit bei uns sogar zurückgehen. Dafür wird sich die Zahl der neu zu errichtenden und unvollendeten Bauobjekte drastisch verringern.

Was schwache Betriebe betrifft, die sich gegenwärtig durch Almosen der Ministerien herausfuttern, so kann man hier die Kreditgewährung zu bestimmten Bedingungen umfassend nutzen, bei Bedarf eine Reorganisation und in äußersten Fällen auch die Abschaffung solcher Betriebe, ihre Übergabe an die Arbeitskollektive oder Genossenschaften in Pacht anwenden. Man sollte nicht davor zurückschrecken.

Zur Gesundung der Wirtschaft müssen auch die Umgestaltung der Arbeit der Banken, ihre Überführung auf die vollständige wirtschaftliche Rechnungsführung sowie die Entwicklung eines Netzes von Geschäftsbanken beitragen.

Drittens. Auf der Konferenz wurden Fragen der Umgestaltung der organisatorischen Strukturen der Leitung und insbesondere der Rolle der Ministerien im neuen System der Wirtschaftsführung interessiert erörtert. Das ist heute wohl eine besonders verantwortungsvolle Richtung bei der Rekonstruktion des Leitungssystems. Und man muß an die Lösung dieser Frage ausgewogen, gestützt auf Erfahrungen und neue Funktionen sowohl der Leitungsorgane als auch der Betriebe herangehen, die sich in erster Linie den Gesetzen und den in ihnen festgesetzten Regeln des ökonomischen Verhaltens fügen müssen.

Es muß offen gesagt werden, daß gerade davon, wie schnell die Leitungsorgane unter den neuen Verhältnissen ihren Platz finden werden, inwieweit sie die neuen Methoden der Wirtschaftsführung erfolgreich beherrschen und die Beziehungen mit den Betrieben auf neue Art gestalten können, die Autorität der eigentlichen Leitungsorgane und der Kader des Apparats in entscheidenem Maße abhängen wird. Auf der Konferenz wurde eine klare Position formuliert: Ohne modernen kompetenten und hochprofessionellen Verwaltungsapparat können wir nicht auskommen. Aber zugleich muß dieser Apparat seine Arbeit unter Berücksichtigung der Forderungen der durchgreifenden Wirtschaftsreform und unter Berücksichtigung einer neuen Rolle der Arbeitskollektive entschlossen umgestalten.

Viertens. Im Zusammenhang mit der Reform des politischen Systems entsteht die Aufgabe einer Umgestaltung der Beziehungen zwischen den Betrieben und den Sowjets. Das ist eine richtige Fragestellung. Im Grunde genommen geht es um die Herausbildung der ökonomischen Grundlage der Selbstverwaltung in Form eines den örtlichen Organen bereitzustellenden Teils des gesellschaftlichen Eigentums, das die Kommunalwirtschaft, das Dienstleistungssystem, den Wohnraumbestand, den städtischen Transport usw. einschließt.

Man darf das nicht so verstehen, daß nunmehr nicht die Unionsministerien, sondern die Republik- und örtlichen Organe über die Betriebe das Kommando führen werden. Das würde den primitiven Austausch eines befehlsmäßigen Systems gegen ein anderes bedeuten. Alle Betriebe und Vereinigungen haben das Recht und die Pflicht, für den einheitlichen Markt des Landes zu arbeiten, und die gegenseitigen Beziehungen zwischen ihnen müssen auf dem äquivalenten Erzeugnisaustausch beruhen. Was ihre Beziehungen mit den örtlichen Organen betrifft, so müssen sie durch entsprechende Rechtsnormen und ökonomische Normative untermauert werden.

Wir müssen die Vorzüge der territorialen Arbeitsteilung im Rahmen des einheitlichen volkswirtschaftlichen Komplexes in vollem Maße nutzen und zugleich über das Wachstum der Haushaltseinnahmen das Interesse der Republik- und örtlichen Organe an der Steigerung der Effektivität der regionalen Wirtschaft fördern.

Fünftens. Es wird vorgeschlagen, den Arbeitskollektiven das Recht auf die selbständige Wahl dieser oder jener Form der wirtschaftlichen Rechnungsführung einzuräumen und das Interesse an der Nutzung ihres zweiten Modells zu verstärken. Das wird die Absage von der Festsetzung der Normative für die Bildung des Lohnfonds und die Gewinnverteilung von oben bedeuten. Die innerbetrieblichen Beziehungen werden auf der Basis der Verteilung und Nutzung des auf der Grundlage der wirtschaftlichen Rechnungsführung erarbeiteten Einkommens gestaltet. Und die Beziehungen zwischen dem Staat und den Betrieben werden durch die Steuersätze in Verbindung mit dem System der staatlichen Vergünstigungen geregelt. Das wäre sehr wünschenswert.

Im Kontext der Erörterung der Probleme der Wirtschaftsreform möchte ich ein weiteres Mal über die Pachtbeziehungen sprechen. Gerade sie, indem sie sowohl das staatliche als auch das genossenschaftliche Eigentum erhalten, ermöglichen es, die reale wirtschaftliche Selbständigkeit und die Verantwortung der Mitarbeiter, der Arbeitskollektive und den direkten Zusammenhang der Einkommen der Menschen mit den Endergebnissen ihrer Arbeit zu sichern. Prinzipiell wichtig ist, daß es beim Pachtvertrag keinen Platz für die befehlsmäßigen Leitungsmethoden gibt, denn die Unterstellungsverhältnisse wachsen zu den vertragsmäßigen, gegenseitig verantwortungsbewußten Beziehungen hinüber. Deshalb muß auch das Gesetz über die Pacht, von dem ich bereits gesprochen habe, ein Akt sein, der sich auf alle Zweige der Volkswirtschaft verbreitet.

Wir sind verpflichtet, auf dem Wege der Verbreitung der Pachtbeziehungen alle Hindernisse zu beseitigen, unverzüglich die erforderlichen Rechtsfragen zu lösen, einschließlich der Frage der Pachtfristen. Ich sprach bereits davon, aber ich möchte das nochmals betonen: Kurze Pachtfristen werden die Investitionen in die Entwicklung und Modernisierung der Produktion nicht stimulieren und können sogar Raffgier auslösen. Das ist offensichtlich. Notwendig sind auch feste Sätze für Pachtgeld, die die Interessen sowohl des Haushalts als auch der Arbeitskollektive berücksichtigen.

»Unsere Zukunft besteht in der Einheit aller Unionsrepubliken«

(Aus der Rede Michail Gorbatschows vor dem Präsidium des Obersten Sowjets der UdSSR am 26. November 1988)

Auf der Präsidiumssitzung wurde die Frage der Akte erörtert, die der Oberste Sowjet der baltischen Sowjetrepublik Estland auf seiner außerordentlichen Tagung vom 16. November verabschiedet hat. Da diese in einigen Passagen nicht im Einklang mit der Verfassung der UdSSR steht, wurde sie vom Präsidium des Obersten Sowjets der UdSSR für ungültig erklärt. In seinem Schlußwort führte Michail Gorbatschow aus:

Zunächst sei eine allgemeine Bemerkung gestattet. Vom ZK der KPdSU und vom Politbüro des ZK wird ständig unterstrichen, daß wir in einem multinationalen Staat leben und daß die Sowjetunion unser gemeinsames Haus ist. Bei der Erarbeitung und Verwirklichung der Pläne der revolutionären Umgestaltung müssen wir davon ausgehen, daß wir nicht mit einem Erfolg rechnen können, wenn bei der Arbeit an der Umgestaltung der Gesellschaft nicht die Interessen aller in unserem riesigen Land lebenden Nationen berücksichtigt werden.

Das ist ein politisches Axiom. Für uns ist es lebensnotwendig zu gewährleisten, daß alle Völker und Völkerschaften des Landes die Umgestaltung unterstützen und aktiv – sowohl politisch als auch durch ihre Arbeit – an der Lösung der nicht leichten Aufgaben mitwirken, die wir uns gestellt haben.

Sehr wichtig ist es, dies weder im Zentrum noch in den Republiken, noch in den autonomen staatlichen Gebilden, noch in den Arbeitskollektiven zu vergessen. Das gebieten vor allem die Lehren aus der Geschichte, auch die aus der nicht allzu weit zurückliegenden Geschichte unseres Landes. Die Errungenschaften bei der Entwicklung der Union sind bei all den Problemen, mit denen wir heute konfrontiert sind, wirklich historisch. Sie ist ein einmaliges Staatsgefüge. Und so ist man bei uns in einer gewissen Etappe zu der Auffassung gelangt, alles sei bereits vollbracht. Das Leben geht indes weiter, und neue Generationen treten auf den Plan, die nicht als fertige Internationalisten und überzeugte Verfechter dessen, was ist, zur Welt kommen. Die Gesellschaft tritt in einer neuen Etappe ein. Als Folge mangelnden Verständnisses für Probleme der Beziehungen zwischen den Nationen nahmen diese Probleme akuten Charakter an. Sie bedürfen sowohl einer ernsten Analyse als auch entsprechender Entscheidungen. (...)

Wenn man von den mit der Demokratisierung des Lebens der sowjetischen Gesellschaft zusammenhängenden gewaltigen neuen Möglichkeiten spricht, muß man auch sehen, daß man schwerwiegende Fehler mit negativen Folgen begehen kann, wenn man diese, gelinde gesagt, ungekonnt und ohne notwendiges Verantwortungsgefühl nutzt. Neben der Tatsache, daß die Gesellschaft aus der Stagnation erwacht und ihr Potential entfaltet, gibt es auch Versuche, Feindseligkeit in der Hinsicht der Beziehungen zwischen den Nationen, zwischen Vertretern verschiedener Nationen und Völkerschaften zu schüren. (...)

Wir dürfen es nicht zulassen, daß sich asoziale und gegen die Umgestaltung gerichtete Elemente und erst recht nicht nationalistische Extremisten in grundlegenden Prozessen im Volke zur Geltung bringen, Prozessen, die in solch einer sensiblen Sphäre wie die Beziehungen zwischen den Nationen vor sich gehen. Man muß hart bleiben, unsere Umgestaltungspolitik und unsere Wahl verteidigen.

Wie sich solche Elemente auch immer maskieren mögen, mit welchen Schwüren und Beteuerungen sie ihre wahren Positionen auch zu tarnen versuchen, sie schmarotzen von der Umgestaltung, und man muß das Wesen ihrer Aktionen sehen. Was der Extremismus in der Sphäre der Beziehungen zwischen den Nationen vorschlägt, ist weit entfernt von den Sorgen des Volkes und von den Interessen der Arbeiterklasse, der Bauern und unserer Volksintelligenz.

Ich muß sagen, daß im Zentrum viele Briefe von Werktätigen aus allen Unionsrepubliken eingehen, in denen darauf verwiesen wird, daß wir gegenüber den Extremisten zu weich sind. Lassen Sie uns Demokratie und Offenheit entfalten, gegenüber den Bedürfnissen aller Nationen und Völkerschaften, auch der kleinsten, aufmerksam und hellhörig sein, lassen Sie uns Mittel für die Lösung ihrer Probleme durch radikale wirtschaftliche und politische Reform und durch Gesundung unserer Gesellschaft finden. Wir werden aber denen keine Zugeständnisse machen, die uns fremde Werte unterschieben möchten.

Zu den Beschlüssen des Obersten Sowjets Estlands

Nun möchte ich kurz zu der hier geführten Diskussion Stellung nehmen und zur Rede des Vorsitzenden des Präsidiums des Obersten Sowjets der Estnischen SSR, Genossen Rütel.

Vor allem muß gesagt werden, daß all das, was in Estland geschehen ist, uns alle beunruhigt. Im ganzen Land sind die Werktätigen über die Vorgänge in Aserbaidschan und Armenien und jetzt auch in einigen anderen Republiken alarmiert. Die Arbeiterklasse bringt ihre Besorgnis zum Ausdruck, und das ist verständlich. Die Arbeiter sind für die Umgestaltung, sie nehmen die Hauptlast der Verantwortung für deren Gedeihen und deren Unumkehrbarkeit auf sich und verfolgen aufmerksam die Lage in allen Bereichen.

Nun spüren wir die Besorgnis der Arbeiter über die Lage der Dinge in unserer Union. In der Tat, wir sind damit konfrontiert worden, daß Beschlüsse des obersten Machtorgans einer der Republiken in Widerspruch zur Verfassung der UdSSR stehen, und zwar nicht in Nebensächlichkeiten, sondern in Fragen, die das Schicksal unserer Union berühren. Daher müssen sie als fehlerhaft und nicht rechtskräftig angesehen werden.

Hier wurden die Ausgangspositionen, denen die Beschlüsse des Obersten Sowjets Estlands entspringen, einer politischen Analyse unterzogen. Genosse Rütel wollte uns auseinandersetzen, daß diese Beschlüsse in einer bestimmten Atmosphäre gefaßt wurden, die sich in der Republik herausgebildet hat. Das nehmen wir zur Kenntnis. Aber die Führung der Republik und der Oberste Sowjet hätten doch derartige Dokumente, ehe sie verabschiedet wurden, allseitig erörtern müssen. Dies ist nicht geschehen.

Jetzt müssen wir die Angelegenheit in ihrer Substanz gründlich analysieren, um diese Krise – ich nenne das Kind beim Namen – zu überwinden, voller Zuversicht, daß wir auf dem richtigen Weg sind und unsere Union im Zuge der Umgestaltung erstarken wird.

Nehmen wir nur einen solchen Aspekt wie die Eigentumsfragen. In den vom Obersten Sowjet der Republik angenommenen Novellen heißt es, daß der Grund und Boden, die Bodenschätze, der Luftraum, die Binnen- und Territorialgewässer, das Schelf, die Wälder und andere Naturressourcen alleiniges Eigentum der Estnischen SSR sind. Zum Eigentum der Republik werden auch die Verkehrs- und Fernmeldemittel, die Staatsbanken, das Vermögen der vom Staat errichteten Handels-, Kommunal- und anderen Betriebe und der Wohnungsfonds in den Städten sowie anderes für die Erfüllung der Aufgaben der Estnischen SSR benötigtes Vermögen proklamiert.

Es handelt sich dabei um eine grundsätzliche Abweichung von der gültigen Verfassung. Der Grund und Boden, die Bodenschätze, die Gewässer und Wälder sind Allgemeingut des ganzen sowjetischen Volkes und ausschließliches Eigentum des Staates. Eigentum des ganzen Volkes sind auch die Hauptproduktionsmittel. Daraus erhellt, daß alles, was beispielsweise Rußland oder Kasachstan an Bodenschätzen besitzen, der Bevölkerung sowohl dieser als auch aller anderen Republiken gehört. Ebenso verhält es sich natürlich auch mit dem, worüber Estland verfügt. Stellen wir uns einmal vor, die Russische Föderation würde sich plötzlich auf den gleichen Standpunkt stellen, wie ihn die estnischen Genossen eingenommen haben. Was soll man dann tun? Wieder zu einer Präsidiumssitzung zusammentreten und davon reden, daß dies ein gravierender Fehler ist?

In Rußland gibt es aber keine derartigen Stimmungen, im Gegenteil, dort fragt man, wie das mit unseren Brüdern in Estland passieren konnte.

Die Bestimmungen der Verfassung der UdSSR, wonach Grund und Boden und andere Naturreichtümer sowie die Hauptproduktionsmittel, die Banken und anderes Vermögen Eigentum des gesamten Volkes sind, sind die Grundlage für das Funktionieren der Wirtschaft des Landes als einheitlicher volkswirtschaftlicher Komplex im Interesse aller Nationen und Völkerschaften. Und es ist ein schwerwiegender theoretischer und politischer Irrtum, zum Gegenstand einer Diskussion zu erheben, daß gemeinsames Vermögen des Sowjetvolkes zum Eigentum einer Unionsrepublik gemacht werden solle.

Dies würde die einheitliche wirtschaftliche Grundlage der sozialistischen Gesellschaft sowie die Möglichkeit untergraben, eine einheitliche sozialökonomische Politik zu betreiben, die Produktivkräfte rationell zu verteilen sowie einheitliche Transport- und Energiesysteme zu bilden.

Ist es denn vernünftig, auf Isolierung und Naturalwirtschaft hinzuarbeiten, da Integration, Arbeitsteilung und Kooperation zu den führenden objektiven Tendenzen in der Welt geworden sind? Gerade auf der Grundlage einer Vereinigung von Mitteln und Ressourcen wird in vielen Ländern der Durchbruch zu einer neuen Qualität erzielt. Aber auch wir könnten, auf die Erfahrungen der vergangenen Jahrzehnte zurückblickend, sagen, daß wir es, eben gestützt auf einen einheitlichen Volkswirtschaftskomplex, auf Arbeitsteilung in Verbindung mit der Vereinigung von Anstrengungen, vermocht haben, ein rückständiges Land auf sein gegenwärtiges Niveau zu bringen.

Hätten wir den Weg der Trennung eingeschlagen, so hätte das die Entwicklung verlangsamt, zu gewaltigen Verlusten geführt und sich auf alles ausgewirkt – sowohl auf den materiellen Wohlstand als auch auf die geistige Entwicklung. Ein solches Herangehen steht im Widerspruch zum gesamten Verlauf unserer Umgestaltung, zur Wirtschaftsreform und zum Kurs auf die Demokratisierung des gesellschaftlichen Lebens.

Wirtschaftswissenschaft und -praxis beweisen zwingend, daß es volle wirtschaftliche Rechnungsführung nur im Hauptglied geben kann – in einem Betrieb, der sozialistischer Warenproduzent ist. Das System der wirtschaftlichen Rechnungsführung der Unionsrepubliken kann nur auf einem festen Fundament errichtet werden. Ohne es wird es auch auf anderen Ebenen, auch auf der Ebene von Regionen und Republiken, keine wirtschaftliche Rechnungsführung geben. Hier muß man das Wichtigste sehen – die Interessen der Arbeiterklasse, der Werktätigen und die Perspektiven der Demokratisierung. Denn über die wirtschaftliche Reform wird von uns das gesamte Volk in die Selbstverwaltung einbezogen, sie schafft Bedingungen für die Selbständigkeit von Betrieben, die nicht Eigentum einer Republik oder eines Ministeriums sein können, gleich, wo sich dieses befindet – in Moskau oder in Tallinn.

Eine andere Frage. Ist denn eine Zergliederung der Eisenbahnen, des Luftverkehrs, der Elektroenergiewirtschaft, des Systems der Erdöl- und der Erdgasversorgung, der großen Hütten- und Maschinenbauproduktion überhaupt denkbar? Das ist nicht nur nicht zweckmäßig in wirtschaftlicher Hinsicht, sondern auch praktisch nicht realisierbar. Was aber die Leicht- und die Lebensmittelindustrie sowie einige andere Branchen des agrarindustriellen Komplexes, das örtliche Vekehrswesen und den Handel, die medizinischen Einrichtungen, die Schulen und das Gaststättenwesen betrifft, so soll das alles nach allgemeiner Meinung den Republiken, ja sogar Gebieten, Städten und Stadtbezirken unterstellt sein.

Die estnischen Genossen weisen darauf hin, daß sie zu den von ihnen getroffenen Beschlüssen auch durch rücksichtslosen Umgang mit der Natur seitens einiger zentraler Leitungsorgane bewogen wurden. Wir teilen ihre Empörung über diese Tatsachen, so etwas geschieht nicht nur dort. Also sind Fragen der Ökologie unser gemeinsames Anliegen, und wir müssen hier mit vereinten Kräften vorgehen.

Die Überführung von Grund und Boden und der Bodenschätze in den Besitz einzelner Republiken würde ein Monopol auf mitunter einmalige Naturressourcen schaffen und zu ungerechtfertigter Differenzierung im Lebensstandard führen. Es ist aber durchaus recht und billig, wenn Regionen und Gebiete und erst recht autonome Staatsgebilde und Unionsrepubliken darauf drängen, daß die Pläne für die Entwicklung der Produktivkräfte unbedingt unter ihrer aktiven Beteiligung ausgearbeitet werden. Das ist meines Erachtens absolut notwendig, und hier muß in gebührender Weise Ordnung geschaffen werden.

Ich glaube, es bedarf eines rechtlichen, staatlichen und vor allem ökonomischen Mechanismus, der es ermöglicht, einen Betrieb beliebigen Rangs in die Republik und das Gebiet einzubinden. Heute besteht hier noch keine Klarheit, und alle sind dabei, weiter zu suchen. Die estnischen Genossen aber verfuhren überstürzt und haben uns damit, wie man so sagt, überrascht.

Besonders besorgniserregend ist, daß in den heute zur Debatte stehenden Dokumenten neben anderen Eigentumsarten auch Privateigentum zugelassen wird. Den Eigentumspluralismus verstehen wir als Vielfalt sozialistischer Formen, die es gestatten, die Initiative jedes Beschäftigten in vollem Umfang zu entwickeln und die reale Mitwirkung der Werktätigen an der Erzeugung materieller und geistiger Werte zu sichern. Die Umgestaltung der ökonomischen Verhältnisse soll ja das Potential zur Entfaltung bringen, das unser System und die verschiedenen Formen des sozialistischen Eigentums in sich bergen.

Das Privateigentum aber ist bekanntlich Grundlage für die Ausbeutung des Menschen durch den Menschen, und unsere Revolution ist ja gerade deshalb unternommen worden, um sie zu beseitigen und alles in das Eigentum des Volkes zu geben. Die Versuche, es wiederherzustellen, bedeuten, uns in die Vergangenheit zurückversetzen zu wollen. Es ist eine zutiefst irrtümliche Entscheidung.

Die territoriale Arbeitsteilung der Sowjetrepubliken

Die zur Erörterung stehenden Fragen geben Anlaß, von der Notwendigkeit zu sprechen, bei der Verwirklichung der Prinzipien der territorialen Arbeitsteilung und bei der Vertiefung der Prozesse der ökonomischen Integration konsequent vorzugehen. Das Streben nach ökonomischer Abschottung würde äußerst negative Folgen haben. Wir wollen uns darüber klarwerden, und zwar wiederum am Beispiel Estlands, da die estnischen Genossen nun einmal selbst Stoff dazu geliefert haben. Die Republik kann auf große Leistungen verweisen, die Esten verstehen zu arbeiten, und wir haben das mehr als einmal gewürdigt. Wie der Verflechtungsbilanz zu entnehmen ist, führt Estland Erzeugnisse von 79 Zweigen aus und von 99 Zweigen ein. Im vorigen Jahr betrug der Gesamtumfang der Aus- und Einfuhr, in Effektivpreisen gerechnet, 5,5 Milliarden Rubel.

Das sind also die Dimensionen der wechselseitigen Verbindungen dieser relativ kleinen Republik. Auf Grund objektiver – natürlicher und historischer – Gegebenheiten ist ihre Wirtschaft importabhängig bei Erdölprodukten, Eisen- und Nichteisenmetallen, vielen Arten von Maschinen und Ausrüstungen und Chemieerzeugnissen. Ohne diese ist das Funktionieren all der wechselseitig miteinander verbundenen Volkswirtschaftszweige nicht möglich, auch jener nicht, bei denen die Ausfuhr der Republik die Einfuhr übersteigt. Dabei darf nicht vergessen werden, daß Estland Rohstoffressourcen größtenteils zu Preisen bezieht, die unter denen des Weltmarktes liegen, und daß es sich dabei durchweg um Erzeugnisse handelt, die in der Welt mit harter Währung bezahlt werden.

Ich sage das alles nicht etwa, um jemandem etwas vorzuwerfen oder jemanden zu kränken. Auf dieser Grundlage erfolgt unser gesamter innerer Warenumsatz, dieselben Bedingungen gelten auch für alle anderen Unionsrepubliken. Es ist bloß für uns alle nützlich zu wissen, wie es auf diesem Gebiet steht.

Die Einfuhr in die Republik und die Ausfuhr aus der Republik widerspiegeln die territoriale Arbeitsteilung. Estland liefert Er-

zeugnisse der Leicht- und der radiotechnischen Industrie, Süß-
waren, Fisch und Fischkonserven sowie langlebige Konsumgüter
in die anderen Unionsrepubliken. Zugleich werden praktisch der
gesamte Zucker sowie Pflanzenöl und ein beträchtlicher Teil von
Gemüse und Obst, die in der Republik konsumiert werden,
eingeführt.

Estland stellt hauptsächlich Erzeugnisse für Endverbraucher
her, sie sind besonders rentabel. Die Leichtindustrie in der Unionsrepublik hat einen Anteil von 23 Prozent, in ihre Entwicklung
wurden ständig beträchtliche Mittel investiert, auch aus dem
Zentrum. Dies ist auch begründet: Es gibt dort Tradition, Erfahrung und qualifizierte Kader. Mit anderen Worten, diese Arbeitsteilung hat sich eben historisch herausgebildet, und die
Union ist daran interessiert, die vorhandenen Möglichkeiten zu
nutzen. Sehen Sie nur, wie das berücksichtigt wurde. Bei der
Rekonstruktion der Branchen der Leichtindustrie wurden Estland mehr Importausrüstungen zur Verfügung gestellt. Diese
Ausrüstungen haben jetzt in der Unionsrepublik einen Anteil
von 50 Prozent, auf dem übrigen Territorium der Union nur
einen von 37 Prozent.

Angesichts der klimatischen Bedingungen und der Erfahrungen
ist auch die landwirtschaftliche Spezialisierung Estlands auf tie-
rische Erzeugnisse wirtschaftlich begründet. Sie ist vorteilhaft
sowohl für die Unionsrepublik als auch für die Union. Auf
diesem Gebiet sind die Ergebnisse gut, die besten bei vielen
Kennziffern. Zugleich wird der Bedarf der Unionsrepublik an
Getreide zu 43 Prozent durch Einfuhr gedeckt. Und in diesem
Jahr war Estland schlimm dran: Durch den Regen wurde die
Getreideernte zunichte gemacht, es gab einen riesigen Ausfall,
statt der üblichen 1,2 Millionen Tonnen waren es nur 600 000.
Nun kommt die Union zu Hilfe, und das ist richtig so. Ist es denn
möglich, unsere Leute im Stich zu lassen? Ebenso wie einer
Reihe von Gebieten der Russischen Föderation Hilfe geleistet
wird, die infolge einer Mißernte in eine komplizierte Lage gera-
ten sind.

Die Investitionen in die gesellschaftliche landwirtschaftliche

Produktion Estlands betrugen in den letzten zwanzig Jahren, umgerechnet auf hundert Hektar landwirtschaftlicher Nutzfläche, jährlich 13 000 Rubel, das ist 2,8mal so viel wie im Landesdurchschnitt. Sie lohnen sich aber. Das ist eben ein Beispiel für die Arbeitsteilung, die jeder Unionsrepublik die Möglichkeit bietet, ausgehend von ihren natürlichen Bedingungen, ihrer historischen Spezialisierung, ihrem Entwicklungsniveau und ihren Erfahrungen das Maximale zu produzieren.

Bei der Ausstattung mit Grundfonds liegt die Landwirtschaft Estlands an einer der ersten Stellen, ich würde sogar sagen, die estnischen Freunde müßten sich darüber Gedanken machen, wie man die Fondseffektivität steigern könnte. Es gibt hier Stoff zum Nachdenken und auch etwas, woran man arbeiten könnte.

Wozu sage ich das alles? Aus einem einzigen Grund: Wir sind eine Familie, wir haben ein gemeinsames Haus, und wir haben zusammen viel erreicht. Manche schweigen jetzt darüber und sind sogar bemüht, die bürgerliche Entwicklungsperiode der Ostseerepubliken oder die Vergangenheit anderer Regionen zu idealisieren. Wir wissen aber, wie rückständig Litauen war und wann die größte Bevölkerungsabwanderung aus Estland war, weil man dort unmöglich leben konnte. Wir haben die Romane von Vilis Lazis gelesen, der das Leben im bürgerlichen Lettland beschrieb. Lassen wir es deshalb nicht zu, daß die Jungen und Mädchen, die selbständig darüber nicht urteilen können, betrogen und irregeführt werden.

Unsere Zukunft besteht nicht in einer Schwächung der Beziehungen zwischen den Unionsrepubliken, sondern in deren Festigung und in einer Erweiterung der Zusammenarbeit. Das schließt nicht aus, daß man dort auch mehr bekommen muß, wo besser gearbeitet wird. Zu den Initiatoren einer solchen Fragestellung gehören die estnischen Genossen. Für einen solchen Weg spricht man sich auch in Kasachstan und in anderen Unionsrepubliken aus. In der Landwirtschaft haben wir bereits Schlüssel dazu gefunden. Ein ähnlicher Mechanismus läßt sich auch in den anderen Sphären finden.

Suchen wir also. Es geht aber nicht, wenn jemand eine Verbesserung der Versorgung auf Kosten der Verringerung von Lieferungen an den Unions- und den Republikfonds im Sinn hat. Das würde zu einer Gegenreaktion führen: Uns wird das gekürzt, wir werden das kürzen usw. So kommt es zum Feilschen. Wir leben in einer sozialistischen Gemeinschaft, und unser Weg besteht darin, den vorhandenen Mechanismus zu verbessern und zu vervollkommnen, die Beziehungen, wie wir sagen, zu harmonisieren.

Ich könnte Angaben machen, die beweisen, daß heute hinsichtlich der Lebensbedingungen in Estland gegen die Gerechtigkeit nicht verstoßen wird. Es gibt solche Angaben. Der ganze Sinn dessen, was hier gesagt wird, besteht aber darin, das am Beispiel einer Unionsrepublik sichtbar wird, wie wir durch ein und dasselbe Schicksal miteinander verbunden sind. Bei unseren Überlegungen über die Zukunft muß man daran denken, wie wir vorankommen werden, indem wir unsere Anstrengungen vereinen, die Schulter und die Unterstützung des anderen spüren. Eben Dank der Unterstützung und nicht etwa durch eine Wende hin zu Naturalwirtschaft, Isolation und Konföderation. Ein solcher Weg wäre sowohl theoretisch falsch als auch politisch unheilvoll. Die gesamte 70jährige Erfahrung des Bestehens unseres Landes liefert eine Bestätigung für die Notwendigkeit der Festigung der Einheit aller unserer Republiken und der Entwicklung der Wirtschaft der UdSSR als einheitlicher Komplex. Geloben wir auf der Sitzung des Präsidiums, daß wir uns ständig damit befassen werden, wobei wir Lehren aus der Vergangenheit ziehen und uns von all dem befreien, was zu bestimmten Deformationen in den Beziehungen innerhalb der Union geführt hat.

»Es gilt, einen sozialistischen Rechtsstaat zu schaffen«

(Aus dem Bericht Michail Gorbatschows auf der Tagung des Obersten Sowjets der UdSSR am 29. November 1988)

Wollte man den Inhalt der laufenden Periode knapp charakterisieren, sozusagen ihr politisches Porträt zeichnen, so ist sie der Übergang von dem Stadium, in dem die Situation, die sich bis Mitte der 8oer Jahre herausgebildet hatte, gedanklich erfaßt, durchdacht und eine in sich abgeschlossene Konzeption der Perestroika gestaltet worden war, zu dem Stadium, in dem die Gedanken zunehmend den Charakter politischer Richtlinien und Gesetzesbestimmungen annehmen, die Taten, die Organisation des Lebens auf eine neue Art in den Vordergrund treten. Es ist eine sowohl komplizierte als auch in höchstem Maß verantwortungsvolle Periode. (. . .)

Die Besonderheit des gegenwärtigen Moments besteht darin, daß unsere Weiterentwicklung in immer größerem Maß auf die Unvollkommenheit unserer politischen Institute stößt. Das bekommen wir auf Schritt und Tritt zu spüren.

Die Verabschiedung der Gesetze über den staatlichen Betrieb und die Genossenschaften, die Schaffung der Bedingungen für eine breite Einführung der wirtschaftlichen Rechnungsführung und der Eigenfinanzierung, des Leistungs- und des Pachtvertrages haben den Weg zur allmählichen Gesundung der Wirtschaft und zur Verbesserung der Lebensbedingungen des Volkes gebahnt.

Viele Initiativen und Vorhaben der Werktätigen verlieren sich jedoch in den bürokratischen Labyrinthen oder stoßen sogar auf Widerstand. Darum besteht die Hauptlehre der letzten Zeit darin, daß ein beschleunigtes Ausbrechen aus dem Stagnationszustand ohne Demokratisierung unseres gesamten Lebens, ohne

Wiederbelebung der Sowjets als repräsentative Macht- und Selbstverwaltungsorgane des Volkes unmöglich ist.

Hier liegt auch die Antwort auf die oft zu hörende Frage: Sind wir nicht verfrüht an die politische Reform gegangen, ohne sie auf eine materielle Basis gestellt, ohne einen Umschwung bei der Deckung des dringenden Bedarfs der Menschen an Lebensmitteln, Waren, Dienstleistungen und Wohnraum herbeigeführt zu haben? Nein, erleichterte Wege gibt es nicht. Ich habe bereits wiederholt sagen müssen, daß sich die Aufgaben, die wir für die nächste Zukunft und für die Perspektive gestellt haben, nur durch die Verbindung der Wirtschaftsreform mit politischen Umgestaltungen, mit Demokratisierung und Offenheit lösen lassen.

Wenn wir die in der Wirtschaft, bei der sozialen Umgestaltung der Gesellschaft und der Gesundung des geistigen Bereichs begonnenen Prozesse nicht durch die politische Reform untermauern, wenn wir kein ihnen entsprechendes Leitungssystem schaffen und die Arbeit der Sowjets, unserer Kader nicht einschneidend erneuern, so werden alle Perestroika-Prozesse unvermeidlich stocken.

Wir haben vieles aus den Erfahrungen der in der Vergangenheit mißlungenen Versuche gelernt, die Lage der Dinge in der Wirtschaft zu verbessern, ohne in der Politik etwas zu verändern, ohne umfassende demokratische Umgestaltungen zu verwirklichen. Die politische Reform ist eine Art Sauerstoff, der für die Lebenstätigkeit des gesellschaftlichen Organismus notwendig ist. Ihr Ziel besteht darin, durch die Demokratisierung aller Lebensbereiche die Interessen der Persönlichkeit mit den Interessen des Kollektivs und der ganzen Gesellschaft zu vereinen, die Position des arbeitenden Menschen als Herr sowohl in der Produktion als auch im Staat wirklich zu verankern, ihn in den Mittelpunkt des gesamten politischen Prozesses zu stellen.

Die Perestroika hat die bei uns in den Jahren der Stagnation herrschende illusorische Ruhe und Eintracht buchstäblich gesprengt, Impulse für eine umfassende und offene Diskussion gegeben sowie viele anstehende und sogar quälende Fragen zutage gefördert. Und es ist notwendig, zu erreichen, daß die gewaltige Energie dieses gesellschaftlichen Prozesses nicht verströmt, sich nicht umsonst vergeudet oder gar zu sozialen und nationalen Fehden ausartet, sondern zu realen Taten genutzt und voll und ganz auf die Erreichung der wahrhaft revolutionären Aufbauziele gerichtet wird.

Heute stehen wir vor überaus großen und komplizierten Aufgaben. Es kommt darauf an, angesichts der vielen Neuerungen, der vielfältigen hochgespülten Äußerungen und Emotionen nicht in Verwirrung zu geraten. All das ist durch die Perestroika möglich geworden und muß die Weiterentwicklung der Erneuerungsprozesse unserer Gesellschaft fördern. Es gilt, sicheren Schritts und konsequent den von dem 27. Parteitag und der 19. Parteikonferenz markierten Weg zu gehen, demokratische Instrumente für die freie Äußerung und Abstimmung der mannigfaltigen Meinungen und Interessen zu schaffen.

Die Frage der Macht ist die wichtigste Frage in jeder Gesellschaft. Besondere Bedeutung gewinnt sie jedoch in den revolutionären Perioden, wenn ein altes politisches System gebrochen wird und sich ein neues durchsetzt, wenn Ordnung und Regeln verankert werden, nach denen die Gesellschaft im Laufe einer ganzen historischen Epoche wird leben und sich entwickeln müssen.

Alle Fragen der großen Politik – die Rolle der Partei, des Sowjetstaates, der Gewerkschaften, des Komsomol und anderer gesellschaftlicher Organisationen, der Modus der gegenseitigen Beziehungen zwischen ihnen, die Prinzipien und Normen, die die Tätigkeit der Leitungsorgane und den Lauf des Staatslebens, die Beziehungen zwischen dem Staat und dem Bürger regeln – ich wiederhole, alle politischen Fragen müssen im Sozialismus, ausgehend vom Wichtigsten, von den Interessen des arbeitenden Menschen, entschieden werden.

In der ersten Periode nach der Oktoberrevolution bildete sich, um mit Lenin zu sprechen, eine einheitliche, durch die förderale Union zementierte gesamtstaatliche Sowjetmacht heraus. Regelmäßig wurden Sowjetkongresse und Tagungen des Zentralen

Exekutivkomitees einberufen, auf denen in einer Atmosphäre offener Diskussion die wichtigsten Fragen des Lebens des Landes erörtert und entschieden wurden. Über die Sowjets an der Basis wurden Millionen Arbeiter und Bauern in das politische Leben einbezogen, lernten es, ihren Staat zu leiten. Die Arbeit des Apparats wurde wachsam durch die Organe der Arbeiter- und Bauern-Inspektion kontrolliert.

Natürlich lief in diesem frühen Stadium des sozialistischen Aufbaus bei weitem nicht alles im politischen Mechanismus reibungslos. Es wurde jedoch das Fundament der sozialistischen Demokratie gelegt, ihre Institute wurden vervollkommnet, Traditionen bildeten sich heraus.

Heute ist klar, welch gewaltige Verluste – an Menschen sowie politischer, ideologisch-moralischer und nicht zuletzt materieller Art – unser Land dadurch erlitten hat, daß dieser Prozeß unterbrochen wurde und bereits seit dem Anfang der 30er Jahre autoritäre Methoden der Machtausübung, das bürokratische Befehlssystem der Leitung, Wurzeln schlugen sowie Massenrepressalien und andere Verstöße gegen die sozialistische Gesetzlichkeit Verbreitung fanden.

Die allmähliche Entfremdung der Werktätigen von der realen Teilnahme an der Leitung der staatlichen und gesellschaftlichen Angelegenheiten, die wachsende Divergenz zwischen den offiziell verkündeten demokratischen Prinzipien und der Praxis des politischen Prozesses, das Zurückdrängen der Vertretungsorgane durch den Apparat und deren fortschreitende Bürokratisierung, die Loslösung von den Massen – all das führte zur Verknöcherung des politischen Systems. Aus der Triebkraft der Gesellschaft begann es sich in einen Hemmschuh für ihre Entwicklung zu verwandeln.

Freilich vermochte dies alles nicht, die durch die Revolution und den Glauben an die Ideale des Sozialismus freigesetzte Energie des Volkes völlig zu fesseln. Gerade dieser Energie, der selbstlosen Arbeit und dem Kampf von Hunderttausenden Kommunisten, Millionen Arbeitern, Bauern und Geistesschaffenden haben wir zu verdanken, daß unser Land zu einem der höchstentwickelten und einflußreichsten Staaten in der Welt geworden ist, daß wir in dem schwersten aller Kriege, die die Weltgeschichte je kannte, den Sieg errangen.

Der Sache des Sozialismus aber wurde gewaltiger Schaden zugefügt. Heute wollen wir die Werte des Oktober erneuern, die von der Revolution verkündeten Losungen der Freiheit und der Demokratie unter Berücksichtigung des gesammelten wirtschaftlichen, sozialen, kulturellen und intellektuellen Potentials in die Tat umsetzen. Ein Faktor von immenser Bedeutung sind die geistigen Erfahrungen unseres Volkes.

Natürlich ist die Reform des politischen Systems eine außerordentlich komplizierte Aufgabe, die sich, wie man so sagt, nicht auf einen Schlag lösen läßt. Darum ist es wichtig, den gesamten Umfang und den Charakter der bevorstehenden Arbeit zur Realisierung der Beschlüsse der 19. Parteikonferenz über die politische Reform zu erkennen und eine rationelle Reihenfolge ihrer Aufgaben festzulegen.

Den Hauptinhalt der ersten Etappe der Reform bildet die Erneuerung der Struktur der Sowjets, des Modus der Bildung und des Wirkens der höchsten Machtorgane sowie des Wahlsystems. Darauf zielen auch die Gesetzentwürfe, die dieser Tagung zur Erörterung vorgelegt worden sind.

Die nächste große Etappe der politischen Umgestaltungen wird mit der Harmonisierung der Beziehungen zwischen der Union der SSR und den ihr angehörenden Republiken zusammenhängen. In dieser Etappe sollen Fragen des Status der Unionsrepubliken, der Erweiterung ihrer Rechte und Möglichkeiten im politischen, sozialökonomischen und kulturellen Leben sowie der Konsolidierung unseres föderativen sozialistischen Staates auf dieser Grundlage erörtert werden. Dasselbe gilt für die autonomen Gebilde – Republiken, Gebiete und Bezirke.

Eine weitere Etappe der Reform wird die Reorganisation der Macht an der Basis sein. Es ist notwendig, sich um die Schaffung materieller und rechtlicher Voraussetzungen zu kümmern, damit die Sowjets wirklich alle Fragen des Lebens an der Basis entscheiden, damit sie als mit aller Machtvollkommenheit ausgestattete Organe der Selbstverwaltung wiederbelebt werden. Die für Ende des Jahres 1989 vorgesehenen Wahlen in die örtlichen Sowjets auf der Grundlage des neuen Wahlsystems werden es gestatten, initiativreiche und energische Menschen aufzustellen, die in der Lage sind, die neuen Möglichkeiten der Vertretungsorgane in vollem Maß auszunutzen.

Im Rahmen der politischen Reform gehen wir auch an die tiefgreifende Umgestaltung des Gerichts- und Rechtssystems, an die Lösung anderer mit der Herausbildung des sozialistischen Rechtsstaates zusammenhängender Fragen heran. Hierbei erwartet uns ein großer Umfang an Gesetzgebungsarbeit, gerichtet auf die weitere Demokratisierung der sowjetischen Gesellschaft. (...)

Die Sowjets als repräsentative Organe des Volkes

Nun gehe ich zur Einschätzung des Hauptinhalts der Gesetzentwürfe über, jener grundsätzlichen Neueinführungen, die die erforderlichen rechtlichen Bedingungen für die Einhaltung der sozialistischen Demokratie und der Selbstverwaltung des Volkes schaffen sollen.

Bei der Analyse der Ursachen der Schwierigkeiten und Probleme, auf die unsere Gesellschaft gestoßen ist, kommen wir stets zu dem Schluß, daß die wichtigste Ursache in der Verzerrung von Prinzipien des sozialistischen Staatswesens, in der stark geschwächten Kontrolle über die Macht- und Verwaltungsorgane durch das Volk liegt.

Der wahre Inhalt und die Bestimmung der Tätigkeit der Sowjets wurden in vielem ausgehöhlt, sie verwandelten sich aus Organen der Volksherrschaft im Grunde genommen in Kettenglieder des bürokratischen Befehlssystems. Die Hauptaufgabe der Reform, die wir heute verwirklichen, ist es, mit dieser Situation entschieden Schluß zu machen und den Sowjets neues Leben einzuhauchen. Die grundsätzlichen, von Anbeginn bestehenden Merkmale der sowjetischen Strukturen bleiben dabei nicht nur erhalten, sondern vertiefen sich vielmehr. Sie verleihen ihnen einen speziellen und einmaligen Charakter und machen sie zu einer optimalen Form der sozialistischen Staatlichkeit und Demokratie.

Das ist vor allen Dingen die Einheit des Systems der Sowjets als repräsentative Organe der Volksmacht von unten bis oben. Im Gegensatz zur traditionellen Staatsordnung, bei der die politische Macht in den Händen der Zentralorgane – des Parlaments und der Regierung – konzentriert ist, wurde dem sowjetischen Staat die Idee der Machtfülle aller Gliederungen der Sowjets auf ihrem Territorium zugrunde gelegt, wo jeder Sowjet als Teil der obersten Machtorgane auftritt. Heute stellen wir dieses Prinzip wieder her, indem wir allen Repräsentativorganen die Machtbefugnisse sichern. In Übereinstimmung mit der Forderung der 19. Konferenz der KPdSU sollen alle besonders wichtigen Fragen des staatlichen, wirtschaftlichen, sozialen und kulturellen Lebens von den Sowjets erörtert und gelöst werden.

Die Machtvollkommenheit des Repräsentativsystems, seine Integrität und Einheit werden dank der Einführung eines solchen wichtigen Elements wie Kongresse der Volksdeputierten auf der Ebene der UdSSR und der Unionsrepubliken bedeutend gefestigt. Diese Neueinführung war vor allem davon diktiert, Machtmißbrauch auf den oberen Etagen des Staatsgebäudes auszuschließen, eine Aufgabe, die nur ein Organ lösen kann, das alle sozialen Schichten und Schattierungen der öffentlichen Meinung repräsentiert und allgemein anerkannte Autorität als höchstes Volksforum genießt.

Die Kongresse der Volksdeputierten erneuern somit die Tradition der Sowjetkongresse unter den neuen Bedingungen. Sie sollen das garantieren, was Lenin den »vollen Demokratismus des Zentrums« nannte. Mit ihnen ist unmittelbar die Realisierung einer anderen grundsätzlichen Besonderheit der Sowjets verbunden. Ich meine ihre Doppeleigenschaft als Staatsorgane und gleichzeitig als Massenorganisation der Bevölkerung.

Gerade diese in vielem leider verlorengegangene Qualität ermöglichte es den Sowjets, einen ständigen regen Kontakt zu den

Werktätigen zu halten, Akkumulator der sozialen Aktivität zu sein, die Idee der Staatlichkeit mit der Idee der Selbstverwaltung des Volkes zu verbinden. Uns steht es bevor, diese ursprüngliche Eigenschaft der Sowjets in vollem Maße wiederherzustellen, wobei die Kongresse der Volksdeputierten, in denen der gesellschaftliche Ursprung stark und unmittelbar ausgedrückt sein muß, hier ohne Zweifel eine wichtige Rolle spielen werden.

Das grundsätzliche Merkmal der sowjetischen Strukturen besteht schließlich darin, daß die Repräsentativorgane der Volksherrschaft im Sozialismus als, um mit Marx zu sprechen, arbeitende Korporationen gedacht waren.

Der Staatsapparat und zentrale staatliche Dienststellen dominierten bei uns in der Vergangenheit über die Sowjets. Deputierte, insbesondere die der höchsten Ebenen der Sowjets, übten einen schwachen Einfluß auf die Realisierung gefaßter Beschlüsse aus, auch ihre Teilnahme an der Rechtsschöpfung trug in vielem einen formellen Charakter. Nun soll sich die Situation von Grund auf verändern. Die Deputiertentätigkeit wird zur ständigen gesetzgeberischen, Verwaltungs- und Aufsichtsarbeit. In diesem Zusammenhang muß man dem Umstand besondere Aufmerksamkeit schenken, daß bei der Lösung überaus wichtiger verfassungsmäßiger Fragen der Kongreß als das höchste Machtorgan das entscheidende Wort zu sprechen hat. Darüber hinaus wird ihm das Recht eingeräumt, jede beliebige Frage des staatlichen Lebens zu erörtern, die in die Kompetenz der Union der SSR fällt. Der Kongreß, der aus mehr als 2000 Deputierten bestehen und in der Regel einmal im Jahr einberufen werden soll, kann natürlich nicht alltägliche gesetzgeberische, Verwaltungs- und Aufsichtsarbeit leisten. Diese Funktion soll der ständig wirkende Oberste Sowjet wahrnehmen, der aus der Zahl der Volksdeputierten gewählt wird.

Im Zuge der Volksaussprache wurde großes Interesse für die neue Organisation der Zentralmacht gezeigt. Es entstand insbesondere die Frage, inwieweit die Rückkehr zu den Kongressen und die Bildung eines neuen Obersten Sowjets als ständig funktionierendes Organ gerechtfertigt sind. Ich glaube, daß wir auf dem richtigen Weg sind, wenn wir gleichsam das wiederbeleben, was für das System der Sowjets in seiner Leninschen Deutung kennzeichnend war und sich sofort nach der Revolution bewährt hat, obwohl das System der Sowjets seine bedeutenden Möglichkeiten auch nicht in vollem Maß zur Geltung bringen konnte.

Es handelt sich aber nicht nur um die Rückkehr zu den Erfahrungen der Sowjetkongresse, des Allrussischen Zentralexekutivkomitees und des Zentralexekutivkomitees. Dazu führte uns auch die gegenwärtige Praxis. Denn jeder Tagung des Obersten Sowjets geht im Grunde genommen die Einbeziehung mehrerer Hundert Deputierter in eine gründliche Durcharbeitung der Fragen voraus, die zur Erörterung vorgelegt werden. Bereits heute werden sie dazu für eine recht lange Zeit – bis zu einem Monat und noch länger – herangezogen.

Der Oberste Sowjet kann nicht fruchtbar arbeiten, wenn sich die Rolle der Deputierten auf die Abstimmung beschränkt. In Zukunft werden seine Mitglieder die Vorbereitung der Gesetze in allen Etappen dieses komplizierten Prozesses übernehmen können, natürlich unter Einbeziehung von Fachleuten, Institutionen und zentralen staatlichen Dienststellen, unter Berücksichtigung der Meinung der breiten Öffentlichkeit.

Das Thema der Organisation der Arbeit des neuen Obersten Sowjets wurde bei der Diskussion recht lebhaft erörtert. Dabei kam es auch zu entgegengesetzten Überlegungen. Die einen glauben, wir sollten das bürgerliche Parlament nicht nachahmen und brauchten keine hauptamtlichen Deputierten. Die anderen hingegen meinen, daß der neue Oberste Sowjet seine umfassenden Pflichten nur wahrnehmen kann, wenn alle seine Mitglieder von einer anderen Tätigkeit vollständig befreit sind.

Ich glaube, wir müssen heute die grundsätzliche Verhaltensweise bestimmen und als notwendig anerkennen, daß ein bestimmter Teil der Mitglieder des Obersten Sowjets der UdSSR und der Obersten Sowjets der Unions- und autonomen Republiken sich voll und ganz auf die Arbeit in den Machtorganen konzentriert. Welcher Teil konkret – darüber werden wir beraten. Das ist offensichtlich auch in bezug auf die Vorsitzenden der Kommissionen in den örtlichen Sowjets richtig. Im ganzen können die neugebildeten Machtorgane diese Frage in der Praxis in allen Einzelheiten lösen.

Nun zu den Vollmachten der Kammern des Obersten Sowjets der UdSSR. Bei der Beibehaltung ihrer vollen Gleichberechtigung, einschließlich der gleichen zahlenmäßigen Stärke, erlangt jede davon ihre spezifischen Funktionen ensprechend ihrer Bezeichnung und Bestimmung. Ein derartiges Herangehen wurde bei der Erörterung gebilligt und unterstützt. Wenn etwas Gegenstand der Diskussion war, so das Verfahren der Bildung der Kammern unter dem Gesichtspunkt der Hauptforderung – der Gewährleistung einer besseren Vertretung der Unionsrepubliken im Nationalitätensowjet.

Ich glaube, man könnte die Zahl ihrer Vertreter gegenüber der im Entwurf vorgesehenen etwas vergrößern, sagen wir von sieben auf elf Mitglieder des Nationalitätensowjets von jeder Unionsrepublik, wobei die vorgeschlagene Zahl der Vertreter von autonomen Gebilden bestehen bleibt. In diesem Zusammenhang könnten man entsprechend die zahlenmäßige Stärke des Unionssowjets erhöhen.

Bei der Bestimmung neuer Funktionen des Präsidiums des Obersten Sowjets der UdSSR und der Pflichten seines Vorsitzenden wird im Gesetzentwurf vorgeschlagen, eine Regelung zu finden, bei der der Vorsitzende genügend Vollmachten für die Organisation der Arbeit des Obersten Sowjets und seines Präsidiums hat und gleichzeitig die übermäßige Konzentration der Macht in einer Hand ausgeschlossen wird. Also bleibt die für das sowjetische System traditionelle Kollegialität bei der Lösung staatlicher Schlüsselprobleme erhalten. Somit entfallen die Gründe für Befürchtungen, die einige Teilnehmer der Volksaussprache geäußert haben. Nebenbei gesagt, es wäre richtig, ein solches Verfahren auf die Vorsitzenden aller Sowjets auszudehnen. ...

Auf der 19. Konferenz der KPdSU wurde hervorgehoben, daß vieles in der Struktur und Organisation der Arbeit des höchsten Machtorgans der Union der SSR auch für die obersten Machtorgane der Republiken akzeptabel ist, zur Erhöhung ihrer Rolle und Autorität beitragen wird. Wir haben ein einheitliches System der Sowjets. Diese Einheit entstand historisch. Sie schafft die erforderlichen politischen und organisatorischen Voraussetzungen für eine gut funktionierende Arbeit des gesamten Staatsmechanismus unserer Föderation.

Die konkrete Lösung der Fragen über die Struktur der höchsten Machtorgane der Republiken muß, wie bereits gesagt, den Hauptinhalt der nächsten, zweiten Etappe der politischen Reform bilden. Da es aber im Verlauf der Erörterung ernsthafte Einwände in bezug auf einzelne Artikel gab, in denen es um die Vollmachten der Unionsorgane geht, sind wir verpflichtet, bereits jetzt unsere Haltung zu dieser Frage zu bestimmen.

Es wurde die Meinung geäußert, daß der Gesetzentwurf über die Abänderungen und Ergänzungen zur Verfassung eine Tendenz zur übermäßigen Zentralisation enthalte und somit ein Abweichen von den politischen Zielsetzungen der 19. Parteikonferenz ermöglicht wurde. Ich muß sagen, daß dies ein unverkennbares Mißverständnis ist. Ich glaube, uns allen ist es heute klar, daß die Frage der Wechselbeziehung zwischen der Union und den Republiken im Kontext der Umgestaltung, im Rahmen der Demokratisierung unserer Gesellschaft gelöst werden muß. Dabei ist eine rationelle Verteilung der Vollmachten zwischen den Unions- und den Republikmachtorganen die wichtigste Voraussetzung für die Stabilität unseres multinationalen Saates und, in einem breiteren Sinne, auch für die gesamte Entwicklung der sowjetischen sozialistischen Gesellschaft.

Die Vereinigung der Anstrengungen im gemeinsamen Interesse birgt gewaltige Möglichkeiten für unser Wachstum und die Hebung des Wohlstandes aller Völker des Landes. Deshalb sind alle Republiken zutiefst an einem starken Zentrum interessiert, das die Lösung der Aufgaben des ganzen Volkes gewährleisten kann. Und mit Gewißheit darf man sagen, daß sich die Stärke der Union auf die Stärke der ihr angehörenden Republiken als souveräne sozialistische Staaten, auf ihre Selbständigkeit, Initiative und aktive Teilnahme an den gemeinsamen Vorhaben stützen muß. Denn der Erfolg jeder Republik ist die wichtigste Voraussetzung für den Erfolg unseres ganzen Unionsstaates.

Das bedeutet, daß es für uns, wie das auch auf der Parteikonferenz unterstrichen wurde, wichtig ist, den Status der Unionsrepubliken unter Berücksichtigung der neuen Aufgaben zu verändern, ihre Rechte in der Verfassung der UdSSR zu verankern und real zu sichern. Gerade auf Grund dieses Verhaltens wurden Ergänzungen zur Verfassung gestaltet.

Offenbar – das wissen wir jetzt – wurden einige Bestimmungen der Gesetzentwürfe nicht ganz präzise formuliert, und sie lösten im Verlaufe der Erörterung recht viele kritische Bemerkungen aus. Auf der Grundlage ihrer eingehenden Prüfung in den Kommissionen für Gesetzesvorlagen des Obersten Sowjets der UdSSR wurde es für notwendig befunden, eine Reihe von Eingaben zu berücksichtigen und am Gesetzentwurf über die Ergänzungen zur Verfassung recht wesentliche Abänderungen vorzunehmen. Sie betreffen die Präzisierung der Bestimmungen, die als Einschränkung der Rechte der Unionsrepubliken in Fragen der Gesetzgebung, bei der Bestimmung der Struktur und der Hauptrichtungen der Tätigkeit der Republikorgane, ihre Kompetenz auf dem Gebiet des sozialökonomischen und kulturellen Aufbaus aufgefaßt wurden.

Angenommen wurden auch Vorschläge, denen zufolge dem Komitee für Verfassungsaufsicht Vertreter aller Unionsrepubliken angehören sollen, sowie einige andere Abänderungen. Das Präsidium des Obersten Sowjets der UdSSR unterstützte auf seiner Sitzung am 26. November d. J. diese Abänderungen. All das wurde gestern auf dem Plenum des ZK der KPdSU gebilligt.

Bekanntlich soll der gesamte Komplex von Fragen, die mit dem Status der Republiken, mit der Erweiterung ihrer Rechte und Möglichkeiten zusammenhängen, auf dem Plenum des ZK der

KPdSU zu Problemen der Beziehungen zwischen den Nationen erörtert werden. Der vor kurzem gefaßte Beschluß des ZK zu dieser Frage sieht eine gründliche Vorbereitungsarbeit unter Teilnahme von Partei- und Staatsorganen der Union und der Republiken, von Wissenschaftlern, Fachleuten und der breiten Öffentlichkeit vor.

Bei der Vorbereitung zum Plenum darf man keine einzige jener Fragen außer acht lassen, die bei der Volksaussprache über die heute zu erörternden Gesetzentwürfe gestellt wurden. Das möchte ich ganz besonders unterstreichen. Unsere Menschen aller Nationalitäten, die Bevölkerung aller Republiken müssen dessen völlig sicher sein, daß die Probleme, die sie bewegen, ganz gleich, ob sie wirtschaftliche, politisch-rechtliche, kulturelle Bedürfnisse der Gegenwart oder »weiße Flecken« der historischen Vergangenheit betreffen, eine gerechte Lösung im Rahmen der Perestroika durch demokratische Erörterung und Ausarbeitung einer gemeinsamen abgestimmten Haltung finden werden.

Besonders wichtig ist es, ein optimales Verhältnis zwischen den Kompetenzen der Union der SSR und denen der Unionsrepubliken im Wirtschaftsbereich zu finden. Das ist eine schwierige und vielschichtige Aufgabe. Bei uns hat sich ein einheitlicher Volkswirtschaftskomplex herausgebildet, in dessen Rahmen der Bedarf aller Republiken an Roh- und Brennstoffen, Maschinen und Geräten, Lebensmitteln und Konsumgütern gedeckt wird. Alle Glieder der sowjetischen Wirtschaft sind derart abhängig voneinander, daß der Ausfall von einem oder zwei Betrieben eine ganze Kette von Produktionsstörungen auslöst und der gesamten Volkswirtschaft einen immensen Schaden zufügt.

Unter Berücksichtigung all dessen muß man auch die Frage der Einführung der wirtschaftlichen Rechnungsführung im Rahmen der Republiken entscheiden. Viele in diesem Zusammenhang geäußerten Vorschläge sind unanfechtbar und fügen sich in das allgemeine Konzept der durchgreifenden Wirtschaftsreform ein, wobei sich das sowohl auf Republiken als auch auf Regionen, Gebiete und andere territoriale Gebilde bezieht.

Zugleich kann man den Vorschlägen, auf die einheitliche gesetz-

geberische Regelung der Eigentumsverhältnisse, des Haushalts-
und Finanzsystems sowie einiger anderer Schlüsselfragen im
Leben unserer Gesellschaft zu verzichten, nicht zustimmen.

Ich wiederhole, daß die Geisteshaltung und Wünsche zugunsten
der Erweiterung der Rechte der Republiken im Wirtschaftsbereich durchaus berechtigt und gesetzmäßig sind. Diese Aufgabe
ist schon längst spruchreif geworden und entspricht voll und
ganz dem Konzept der Perestroika. Wir verurteilten bereits
mehrmals und entschlossen den Superzentralismus, der die Initiative an der Basis gefesselt hat.

Es war Unsinn, daß die Mitarbeiter in den Moskauer Büros
konkrete Fragen im Zusammenhang mit der Situation in den
Republiken entschieden, in denen sie häufig nicht ein einziges
Mal waren. Man darf aber auch nicht ins andere Extrem verfal-
len. Die wirtschaftliche Rechnungsführung in den Republiken
und an der Basis braucht eine gemeinsame gesetzgeberische
Grundlage; sie muß zumindest in den Unions- und Republikor-
ganen gleich aufgefaßt werden. Nur in diesem Fall wird sie sich
auf ein einheitliches Rechnungssystem stützen und für die Republiken gleiche Bedingungen und Möglichkeiten schaffen.

Das gleiche gilt auch für den Umweltschutz. Die Republiken
dürfen und müssen einschlägige Fragen auf ihrem Territorium
eigenständig lösen. Aber dieser Bereich muß zwangsläufig auch
von den Unionsorganen geregelt werden. Anders kann es auch
nicht sein, weil die ökologischen Probleme heute eine komplexe
Lösung erfordern, dabei nicht nur im Rahmen einzelner Staaten,
sondern der Kontinente und sogar der ganzen Welt. Die Staaten
delegieren jetzt freiwillig ihre Rechte teilweise an internationale
Organisationen, die in ihrem Namen rationelle Normen der
Naturnutzung einführen.

Kurzum, wir müssen uns in diesen Fragen zurechtfinden. Wir
müssen vieles leisten, um die gesamte Atmosphäre der Beziehungen zwischen den Nationen auf den Leninschen internationalistischen Prinzipien zu sanieren.

Ich muß sagen, daß bei der Aussprache über die Gesetzentwürfe
viele andere sehr beachtenswerte Vorschläge unterbreitet wur-

den. Unter anderem wurde vorgeschlagen, zu den Praktiken der ersten Jahre nach der Oktoberrevolution zurückzukehren, als in den Ballungsgebieten der nationalen Minderheiten nationale Rayons und Dorfsowjets bestanden. Wir haben darüber auch auf der Konferenz gesprochen. Ich denke, daß die Republiken und Gebiete diese Frage erwägen und ihre Überlegungen äußern werden.

Ich denke, daß es zweckmäßig wäre, das Präsidium des Obersten Sowjets der UdSSR und die Kommissionen für Gesetzesvorlagen der Kammern mit der Bildung einer speziellen Arbeitsgruppe zu beauftragen, der Deputierte angehören sollten, die alle Unionsrepubliken vertreten würden. Diese Gruppe könnte unter Teilnahme der Spezialisten – Wirtschaftsexperten, Soziologen, Juristen – jeden Punkt der Geschichte der Entwicklung der Vollmachten der Union der SSR und der Unionsrepubliken genau studieren, Prozesse in diesem Bereich analysieren sowie eine solche Abgrenzung der Kompetenzen der Republiken und der gesamten sowjetischen Föderation erarbeiten, die den Aufgaben der weiteren Entwicklung des Landes und der Harmonisierung der Beziehungen zwischen den Nationen unter den Bedingungen der verlaufenden Umgestaltung der sowjetischen Gesellschaft maximal entsprechen würde.

Die Eigenständigkeit der örtlichen Sowjets

Zu den wichtigsten Aufgaben unserer Reform gehört eine kardinale Erneuerung der Arbeit der örtlichen Sowjets. In mancher Hinsicht ist das heute das Schlüsselproblem des weiteren Verlaufs der Perestroika, da die wirtschaftliche Rechnungsführung der Betriebe sowie die Befriedigung der sozialen Bedürfnisse der Werktätigen nur unter tatkräftiger Unterstützung der örtlichen Organe möglich sind. Andererseits hängt die Selbstverwaltung der Arbeitskollektive eng mit der Selbstverwaltung der Territorien zusammen.

Kurzum, alle brauchen einen starken und standfesten örtlichen Sowjet. Dieser bleibt bei uns aber in mancher Hinsicht noch rechtlos und arm, ist nicht fähig, den Behörden zu widerstehen, muß sich mit einer spärlichen Ration der Restplanung von Mitteln für örtliche Bedürfnisse begnügen.

Die Wiederherstellung der Machtvollkommenheit der Sowjets setzt Reorganisation der Leitung der örtlichen Angelegenheiten nach den Prinzipien der Selbstverwaltung, Eigenfinanzierung, Selbstversorgung, Übereinstimmung der örtlichen und staatlichen Interessen voraus. Man muß den örtlichen Machtorganen einen politischen Impuls verleihen, sie auf eine selbständige Arbeit und Verständnis dessen einstimmen, daß heute für sie kein anderer Fragen lösen wird.

Zu den wichtigsten Aufgaben der Parteiorganisationen in der gegenwärtigen Etappe der Perestroika gehört die allseitige Unterstützung der Sowjets bei der Festigung ihrer Eigenständigkeit. Die Weisheit der politischen Führung besteht eben darin, alle Kräfte der Gesellschaft in die aktive Arbeit einzubeziehen, sich auf ihre Initiative und Eigentätigkeit zu verlassen, nicht durch Befehle, sondern durch Autorität des richtigen Kurses und Überzeugung zu wirken. Die Parteikomitees beginnen, sich diese Kunst anzueignen.

Ich möchte noch einmal unterstreichen, was auf der 19. Unionsparteikonferenz gesagt wurde: Die Wiederherstellung der Machtvollkommenheit der Sowjets bedeutet keinesfalls ein Abrücken der Partei von ihrer Stellung im politischen System des Sozialismus. Die Partei hat die Umgestaltung initiiert, ist heute Triebkraft der Erneuerung und erneuert sich selbst auf den Leninschen Prinzipien. Nur die Partei ist mit ihrem Ansehen und ihren Möglichkeiten imstande, die vielfältigen, mitunter widerspruchsvollen sozialen Interessen in einer einheitlichen Politik zu vereinen und zu integrieren. Nur die Partei, die die Eigenschaft der fortschrittlichen revolutionären Kraft wiedergewonnen hat und ihr Recht darauf, Vorhut der Gesellschaft zu sein, stets bestätigt, kann das Vorankommen unseres Landes zu neuen Marksteinen des Fortschritts sichern.

Damit aber die Partei und die Sowjets ihre Rolle im politischen System effektiv erfüllen können, braucht man eben eine strikte Abgrenzung der Funktionen der Partei- und Staatsorgane. Die Arbeit in dieser Richtung wurde begonnen. In relativ kurzer Zeit, die nach der Konferenz vergangen ist, wurden Maßnahmen zur Beendigung der Doppelgleisigkeit der Staats- und Parteiorgane, zur Rekonstruktion des Apparats, Verlagerung der Schwerpunkte in der Arbeit der Parteiorganisationen aller Ebenen auf Funktionen der politischen Führung ausgearbeitet, die jetzt auch durchgeführt werden.

Die Steigerung der Rolle der Sowjets setzt auch eine wesentliche Verbesserung in der Arbeit der Exekutivkomitees voraus. Mit vollem Grund haben wir gefordert, mit dem Diktat des Apparats Schluß zu machen und ihn den Volksvertretern unbedingt zu unterstellen. Das bedeutet natürlich nicht, daß die Spezialisten in den Abteilungen des Exekutivkomitees in die Lage passiver und teilnahmsloser Auftragnehmer versetzt werden müssen. Keineswegs. Ein starker Sowjet ist daran interessiert, daß ihm bei der Beschlußdurchführung gut ausgewählte, qualifizierte und initiativreiche Menschen wirksam helfen.

Die Grundaufgabe bei der Festigung der Macht der Sowjets ist die Schaffung einer stabilen materiell-finanziellen Basis, die Freisetzung ihrer wirtschaftlichen Energie und Erhöhung ihrer Verantwortung für die Versorgung der Bevölkerung mit allem Erforderlichen.

Man muß aus dem Teufelskreis ausbrechen, wo versucht wird, die Finanzierung der Sowjets durch mechanische Umverteilung von Mitteln zwischen verschiedenen Haushalten zu lösen. Die Erfahrungen weisen aus, daß sich dadurch die ohnedies komplizierte finanzielle Lage des Staates nicht verbessert, sondern vielmehr verschlechtert.

Dieses Problem können wir nur auf ökonomischer Grundlage lösen. Es scheint notwendig zu sein, die Betriebe, die Erzeugnisse und Dienstleistungen für den örtlichen Markt produzieren, Objekte des agrarindustriellen Komplexes, der Wohnungs- und Kommunalwirtschaft und anderer Zweige des Sozialbereiches sowie Betriebe, die die gesamtwirtschaftlichen Entwicklungsbedingungen sichern, den Sowjets zu unterstellen.

Wir müssen den Übergang zur Eigenfinanzierung der Territorien, zur Nutzung der Prinzipien der wirtschaftlichen Rechnungsführung und der ökonomisch begründeten Normative beschleunigen. Nach Ansicht der Wirtschaftsexperten können auch Angaben für Naturressourcen und Arbeitskräfte festgelegt werden.

Bei der Volksaussprache über die Gesetzentwürfe, die der Tagung vorgelegt worden sind, wurde eine Vielzahl interessanter Vorschläge über die materiellen und finanziellen Möglichkeiten der Sowjets geäußert. Sie alle müssen detailliert und unvoreingenommen studiert werden.

Ganz besonders möchte ich auf die Notwendigkeit verweisen, den Weg zur örtlichen Selbstverwaltung als Gesamtheit aller Formen der repräsentativen und unmittelbaren Demokratie unter der Trägerschaft der örtlichen Sowjets energisch zu bahnen. Man muß Volksentscheide und Versammlungen abhalten, bei denen die Bürger gemeinsam die sie bewegenden Probleme lösen würden.

Die öffentlichen Bewegungen und selbsttätigen Organe an der Basis kümmern sich bereits aktiv um Kinder und Invaliden, Umweltschutz, Erhaltung der Geschichtsdenkmäler, Verschönerung der Territorien. Sie beziehen Millionen Menschen in die Leitung und Selbstverwaltung ein. Das ist eben das, war wir brauchen.

Kurzum, man muß die Dinge kühner anpacken und nicht auf Weisungen und Direktiven warten. Andererseits brauchen wir auch ein gutes Gesetz über die örtliche Selbstverwaltung und örtliche Wirtschaft. Dieses Gesetz wird jetzt erarbeitet und sollte bereits auf der ersten Tagung des neuen Obersten Sowjets der UdSSR debattiert werden.

Die Erneuerung des Wahlsystems

Wir können ohne Übertreibung sagen, daß der Gesetzentwurf über die Wahlen der Volksdeputierten der UdSSR eine radikale Erneuerung unseres Wahlsystems in vollem Sinne dieses Wortes darstellt. Sowohl das neue Gesetz als auch die gesamte Atmosphäre des heutigen politischen Lebens im Lande gewährleisten eine reale Verwirklichung jener Normen, die bisher zwar offiziell verkündet, in der Praxis jedoch häufig nicht durchgehalten wurden.

Die wichtigste Spezifik des neuen Wahlgesetzes besteht darin, daß in Ein-Mandat-Wahlkreisen mehrere Kandidaten nominiert werden. Somit bietet sich die Möglichkeit einer echten Wahl. Die allerwichtigste Frage ist heute: Wie wird diese Möglichkeit genutzt, um ein vollwertiges Deputiertenkorps zu formieren, das fähig wäre, das Land unter den Bedingungen der Perestroika zu leiten?

Wir müssen die vorhandenen Möglichkeiten denkbar vollständig nutzen, damit sich jeder Wähler über die Kandidaten informieren kann. Beim besten Willen kann man nicht alle zu Versammlungen holen. Eine große Rolle können in dieser Hinsicht der Rundfunk, das Fernsehen und die Presse spielen. Was konnte schon anschaulicher sein als öffentliche Diskussionen, bei denen die Kandidaten die gestellten Fragen beantworten, ihre Standpunkte darlegen und zeigen, was sie wert sind.

Viele Teilnehmer an der Volksaussprache haben sich für die Abänderung ausgesprochen, nach der die Wahlen nur in dem Fall abgehalten werden können, wenn zumindest zwei Kandidaten aufgestellt worden sind. Viele haben sich zugleich dafür ausgesprochen, das Recht der Wähler bei der Entscheidung über die Anzahl der Kandidaten nicht zu begrenzen. Unter Berücksichtigung dieses Vorschlags wurde in den Gesetzentwurf eine Präzisierung aufgenommen, nach der in den Wahlzettel beliebig viele Kandidaten eingetragen werden können.

Begreiflicherweise können dabei auch Komplikationen entstehen. Jedes Kollektiv wird danach trachten, seine Vertreter vor-

anzubringen, und wenn keine Regelung dieses Prozesses vorgesehen wird, laufen wir Gefahr, anstatt der bewußten Wahl ein
Durcheinander zu bekommen. Deshalb ist im Entwurf die vor-
herige Diskussion der Kandidaturen auf der Wahlbezirksver-
sammlung vorgesehen, der das Recht zusteht, dem entsprechenden Wahlausschuß Kandidaten für die Registrierung vorzuschlagen. Ohne dieses Glied des Wahlsystems werden wir offensichtlich nicht auskommen.

Besonders starke Meinungsunterschiede löste die gemäß den Be-
schlüssen der 19. Konferenz in den Entwurf aufgenommene
Bestimmung aus, wonach ein Drittel der Volksdeputierten der
UdSSR von gesellschaftlichen Organisationen gewählt wird.
Von den einen wurde sie begeistert gebilligt, bei den anderen
entstanden Zweifel, und die dritten erblickten darin sogar ein
Abrücken von den allgemeinen demokratischen Grundlagen des
Wahlsystems.

Dies ist eine grundsätzliche Frage. Es handelt sich um ein be-
deutsames Novum in unserem politischen Leben, und es ist sehr
wichtig, daß wir es bewußt und in weitreichendem Einvernehmen mit der Öffentlichkeit angehen. Deshalb möchte ich mich
damit ausführlicher befassen.

Es muß berücksichtigt werden, daß die Repräsentation der gesellschaftlichen Organisationen in den Machtorganen mit dem
Wiederentstehen der Leninschen Tradition des Sowjetsystems
unter neuen Bedingungen untrennbar verbunden ist. Worin bestand die wesentlichste Besonderheit dieses Systems, in der es
sich von allen früheren organisatorischen Formen der Staatsmacht unterschied? In der unmittelbaren und dabei ständigen
Verbindung zu den Werktätigen. Die Sowjets und ihre Kongresse funktionierten als repräsentative Volksversammlungen
und nicht als Organe, die im Namen des Volkes Entscheidungen
treffen.

Leider ging dieser Wesenszug in mancher Hinsicht verloren.
Jetzt ändert sich die Lage einschneidend, einerseits dank der
Wiederherstellung des wahrhaft demokratischen Charakters der
Wahlen nach territorialen und national-territorialen Kreisen und

andererseits dank ihrer Ergänzung mit Wahlen durch gesellschaftliche Organisationen.

Was wird diese letztgenannte Maßnahme ergeben? Erstens erhalten die Werktätigen in Gestalt ihrer gesellschaftlichen Organisationen einen weiteren Kanal, um das Wirken der Staatsmacht direkt zu beeinflussen. Anders gesagt: Unter neuen Bedingungen und auf neuen Wegen kommt ein einmaliger Wesenzug des Sowjetsystems wieder zu seinem Recht.

Zweitens werden duch die vorgeschlagene Neueinführung die traditionellen demokratischen Formen, die sich unter unseren Bedingungen bereits eingebürgert haben, nicht aufgehoben, sondern wesentlich bereichert. Die Vertretung der gesellschaftlichen Organisationen erschließt gleichsam neben der Vertretung der territorialen und nationalen Gemeinden einen weiteren Kanal der Volksmacht. Es entsteht die Möglichkeit, den konkreten Interessen, Wünschen und Anforderungen aller Klassen und sozialen Schichten unserer Gesellschaft vollständiger als bisher Rechnung zu tragen. Wenn Sie wollen, ist es sozialistischer Pluralismus der Meinungen in Aktion.

Drittens ist die neue Ordnung berufen, auch auf die gesellschaftlichen Organisationen selbst als Glieder des sowjetischen politischen Systems einen wohltuenden Einfluß auszuüben, zur Überwindung der Passivität in ihrer Arbeit beizutragen. Wenn sie das Recht auf Repräsentation in den Machtorganen bekommen, muß schließlich jede davon die Interessen der Menschen, die sie vereinigt, ihre politische Plattform exakt formulieren.

Die Erörterung dieser Plattform sowohl innerhalb der Organisation als auch in der ganzen Gesellschaft wird gestatten, Unzulänglichkeiten herauszufinden und die Reihen zu konsolidieren. Im Zuge der Wahlkampagne werden neue Kader aufrücken, wird sich die Aktivität einfacher Mitglieder erhöhen. Kurz, wir dürfen erwarten, daß infolgedessen den Sowjets, aber auch den gesellschaftlichen Organisationen selbst frische Kräfte zuströmen.

Einige Genossen, die im Laufe der Diskussion das Wort ergriffen, hielten es für unzulässig, daß bei uns ein Teil der Menschen nur durch Deputierte, die nach territorialen und national-territorialen Kreisen gewählt wurden, vertreten sein wird, während die Interessen der anderen außerdem noch durch Deputierte der gesellschaftlichen Organisationen vertreten werden. Diesem Argument kann ich unmöglich beipflichten.

Überlegen wir mal: Schließlich erfassen die gesellschaftlichen Organisationen so gut wie die gesamte Bevölkerung des Landes. Das sind die Kommunistische Partei mit ihren fast zwanzig Millionen Mitgliedern, der Leninsche Komsomol, der 36 Millionen Jungen und Mädchen in seinen Reihen zählt, die Gewerkschaften, denen praktisch alle Arbeiter und Angestellten angehören, die Genossenschaften, d. h. unsere ganze Kolchosbauernschaft und dazu die Konsum-, Gewerbe- und andere neugebildete Genossenschaften, die Frauenräte, die die Interessen aller sowjetischen Frauen wahrnehmen sollen, der Rat der Veteranen, hinter dem mehr als fünfzig Millionen Rentner und überhaupt Menschen der älteren Generation stehen, Berufsverbände der Geistesschaffenden, die Persönlichkeiten der sowjetischen Kultur aller Nationalitäten vereinigen, Verbände der Wissenschaftler und andere.

Einfacher wäre zu fragen, wer durch gesellschaftliche Organisationen nicht erfaßt ist. Und so wird es zutreffen, wenn wir sagen, daß durch sie ebenso wie durch territoriale und national-territoriale Wahlkreise alle Sowjetbürger in den Machtorganen vertreten sein werden.

Ferner: Viele Diskussionsteilnehmer, die das Prinzip der Vertretung der gesellschaftlichen Organisationen an und für sich billigten, erachteten zugleich die vorgeschlagene Wahlordnung für undemokratisch. Sie sind der Ansicht, die Deputierten seien unmittelbar in den Grundorganisationen oder sogar in den Wahlkreisen zu wählen, sonst werde das ganze Verfahren einen bürokratischen Charakter annehmen und auf die Wahl der Leiter der einen oder anderen gesellschaftlichen Organisation zu Deputierten hinauslaufen.

Ich stelle fest, daß solche Befürchtungen auch in den Frühstadien der Ausarbeitung der Gesetzentwürfe entstanden. Gerade deshalb wurde der Vorschlag abgelehnt, in ein und denselben Kongreß-, Konferenz- oder Plenarsitzungen der gesellschaftlichen Organisationen die Kandidaten zu nominieren und die Wahlen abzuhalten. In diesem Fall wäre es tatsächlich unmöglich, eine ernsthafte Aussprache über die Kandidaturen zu sichern.

Im Ergebnis der Diskussion wurde in den Gesetzentwurf eine weitere Präzisierung aufgenommen: Die Unionsorgane müssen bei der Nominierung der Kandidaten von den örtlichen Organen, Grundkollektiven und Mitgliedern dieser gesellschaftlichen Organisationen einlaufende Vorschläge berücksichtigen.

Man muß auch im Auge behalten, daß nach der Nominierung der Kandidaten deren öffentliche Erörterung im Laufe einer recht langen Zeit, sagen wir, von ein bis zwei Monaten, stattfinden wird. In ihrem Verlauf können nicht nur Mitglieder der jeweiligen Organisationen, sondern auch andere Bürger ihre Meinung äußern. Erst danach werden die Deputierten auf einem Kongreß oder einem turnusmäßigen Plenum in geheimer Abstimmung gewählt.

Mit einem Wort, alles wird vor den Augen der Gesellschaft geschehen. Und das bedeutet, daß die Möglichkeit für die Wahl von Menschen, die keine hinreichende Unterstützung durch das Volk genießen, auf ein Minimum reduziert werden wird.

Das sind die Argumente für das vorgeschlagene Verfahren der Vertretung der gesellschaftlichen Organisationen in den Machtorganen. Ich glaube, daß seine Einführung einen soliden Durchbruch zu einer neuen Qualität unserer sozialistischen Demokratie bedeuten wird.

Natürlich ist das ein ungewohntes Vorhaben, das hinsichtlich seiner Dimensionen und seines Charakters in der Weltpraxis nicht seinesgleichen kennt. Das neue Gesetz muß sich in der Arbeit bewähren. Wenn wir sehen, daß es Abänderungen braucht, so soll es daran natürlich nicht liegen. Heute ist es wichtig, zu beginnen.

Einige Teilnehmer der Volksaussprache äußerten Befürchtungen, daß die Deputierten der gesellschaftlichen Organisationen nur egoistische, sozusagen Zunftinteressen ihrer Organisation verteidigen werden. Aber einen analogen Anspruch kann man doch in diesem Fall an jeden Deputierten stellen, da er verpflichtet ist, den Willen jener zum Ausdruck zu bringen, die ihn ins Machtorgan gewählt haben. Anders gesagt, die Vertretung ganz bestimmter Bevölkerungsgruppen und die Vertretung ihrer spezifischen Befürfnisse sind natürlich und gesetzmäßig. Sonst würde das Vertretungssystem jeden Sinn verlieren.

Aber das ist lediglich ein Aspekt der Frage. Ein anderer, nicht minder wichtiger, besteht darin, daß jeder Deputierte an der Lösung der Probleme von gesamtstaatlicher Bedeutung teilnimmt und folglich die Verantwortung bereits nicht nur vor seinen Wählern, sondern auch vor dem ganzen Volk trägt. Wen er auch immer vertritt – eine Republik oder Gewerkschaften, einen territorialen Kreis oder einen Künstlerverband –, er ist der Volksdeputierte, und in den Machtorganen tritt er nicht einfach als Arbeiter, Kolchosbauer und Wissenschaftler, sondern vor allem als Politiker auf.

In unserem Land, ja auch in der ganzen Welt, sind Namen einer Reihe von bedeutenden sowjetischen Schriftstellern und Wissenschaftlern bekannt, die Alarm schlugen, indem sie die Aufmerksamkeit der Gesellschaft auf die Notwendigkeit lenkten, Sofortmaßnahmen zur Rettung des Baikalsees zu ergreifen. Nehmen wir an, die entsprechenden Organisationen werden beschließen, sie zu Volksdeputierten zu wählen. Werden diese Menschen wirklich ihre Tätigkeit nur auf den Schutz der engen Berufsinteressen des Schriftstellerclans oder der Akademie der Wissenschaften reduzieren? Natürlich nicht.

Ein wahrer Patriot sorgt sich immer um das Schicksal des ganzen Vaterlandes. Die Berufung eines Politikers, der das Vertrauen des Volkes genießt, besteht gerade in erster Linie darin, daß er die Interessen seiner Wähler mit den Bedürfnissen des ganzen Volkes und mit den Aufgaben der Entwicklung der ganzen Gesellschaft organisch in Einklang zu bringen versteht, von deren Lösung in letzter Konsequenz auch der Wohlstand jedes einzelnen von uns abhängt.

Jeder neue Tag der Umgestaltung bringt solche Menschen aus

allen Schichten der Gesellschaft hervor. Und wir hoffen, daß die Arbeiterklasse, die Bauernschaft und die Intelligenz des Landes für die neuen Machtorgane ihre besten Vertreter nominieren werden.

Uns steht eine wenig einfache, aber in der ganzen Geschichte der Sowjetmacht besonders wichtige Wahlkampagne bevor, da praktisch alle Prozesse auf einer neuen Grundlage erfolgen werden: Nominierung der Kandidaten, ihre Erörterung, Vergleich der Haltungen und, als Schlußetappe der Wahlen – die Abstimmung. Dabei müssen maximale Weisheit und Verantwortung an den Tag gelegt werden. Denn davon, wie die erste Zusammensetzung des Kongresses der Volksdeputierten der UdSSR aussehen und wer in den neuen Obersten Sowjet kommen wird, hängt in hohem Maße die Zukunft des Landes ab.

»Das geistige Potential
der Perestroika erweitern«

*(Aus der Rede Michail Gorbatschows bei einem
Treffen mit Wissenschaftlern und Kulturschaffenden
im Zentralkomitee der KPdSU am 6. Januar 1989)*

Unser heutiges Treffen weist eine wichtige Besonderheit auf.
Die Situation, in der es stattfindet, zeichnet sich durch eine
weitreichende Ausdehnung der Perestroika-Prozesse aus. Sie
erfassen jetzt schon alle Bereiche unseres Lebens, berühren Millionen Menschen und ihre Interessen. Die Perestroika dringt in
tiefste Schichten des Lebens des Volkes ein, sie brachte gewaltige
gesellschaftliche Kräfte und das Potential in Bewegung, über das
unser Land verfügt. Vielleicht begreifen wir erst jetzt wirklich,
was Perestroika bedeutet, und können mit Sicherheit sagen, daß
wir sie richtig als eine Art Revolution bezeichnet haben. Erst
jetzt beginnen wir die Neuartigkeit und die Vehemenz der Probleme und natürlich die großen Ausmaße der bevorstehenden
Arbeit richtig zu spüren. Wir sehen, welche komplizierten Prozesse im gesellschaftlichen Bewußtsein, in den Köpfen der Menschen vor sich gehen. Alle Geschehnisse rufen heute eine ungemein lebhafte und heftige Reaktion, ein immenses Interesse bei
unserem Volk hervor.
Vieles davon, was sich vollzieht, freut uns. Allerdings muß man
gerechtigkeitshalber zugeben, daß uns vieles auch beunruhigt.
Über all das muß man sich klarwerden, und zwar rechtzeitig,
muß Schlußfolgerungen und Lehren ziehen. Wir müssen die
Vorgänge durchdenken, um sicherer und sachkundiger handeln
zu können, die Perestroika voranzubringen und uns ständig
daran zu erinnern, daß von ihrem Erfolg sehr viel für die Geschicke unseres Volkes und unseres Staates abhängt.
Ich möchte mich zu einigen Fragen äußern, die unserer Auffassung nach von prinzipieller Bedeutung sind. Ich möchte mit dem

Charakter der Diskussionen beginnen, die sich in der jüngsten Zeit entfaltet haben. Wir begrüßen die Diskussionen, ich halte es für notwendig, dies sogleich zu betonen. Wir sind der Ansicht, daß sie fortgesetzt werden müssen. Etwas anderes ist, daß man bei uns die Kunst der Diskussion noch nicht beherrscht, jedoch, ich wiederhole, wir begrüßen sie, wir sind für Diskussionen. Sie gestatten, die öffentliche Meinung, die Interessen verschiedener Gesellschaftsschichten vollständiger zu ermitteln und zu berücksichtigen, all das Neue und Fortschrittliche, das die Perestroika in unser Leben bringt, zu unterstützen und zugleich diese oder jene negativen Erscheinungen und Fehler rechtzeitig zu erkennen und ihr Auswuchern zu vermeiden.

Wir sind für fruchtbare Diskussionen. Ohne die Situation zu dramatisieren, will ich jedoch sagen, daß manches in den heutigen Diskussionen besorgt macht. Ich bin überzeugt, daß wir kein Recht haben, uns weiter als unbeteiligter Beobachter hinzustellen, wenn beispielsweise Stimmen laut werden, die Perestroika führe angeblich zum Chaos, zu ungehemmter Freizügigkeit und Skrupellosigkeit. Sie gefährde angeblich eine normale Entwicklung des Landes, wir seien angeblich nicht nur bei der Bestimmung von Methoden, Wegen und Mitteln zur Lösung der Aufgaben, sondern auch bei der Entscheidung selbst, bei der Zielsetzung bereits irregegangen. Nach und nach verspüren manche schon Nostalgie nach den »guten alten Zeiten«, man hört das Gerede, das Land brauche eine »straffe Führung«. Solche Stimmungen machen sich bemerkbar nicht nur im Bereich von Emotionen, sondern gewinnen auch bestimmte philosophische und sogar politische Umrisse.

Die vier letzten Jahre beweisen überzeugend, daß unser Volk entschieden für die Perestroika, für die Erneuerung der Gesellschaft auf sozialistischen Grundlagen eintritt. Und dennoch versuchen manche, auch hier Zweifel zu säen. Bei einigen Diskussionen wird gesagt, der Rahmen des Sozialismus sei für die Perestroika angeblich zu eng. Unterschwellig wird der Gedanke von einem politischen Pluralismus, von einem Mehrparteiensystem und sogar vom Privateigentum lanciert. Dabei ist die Rede von einer angeblichen Unfähigkeit, das Potential des Sozialismus durch die Perestroika zu erschließen. Im einen wie im anderen Falle handelt es sich um mangelnden Glauben an unsere Ordnung und auch an unser Volk, an die Partei und an unsere sozialistischen Institutionen.

Ich muß sagen, daß unter dem Anschein von Glasnost Versuche zu Angriffen auf die KPdSU unternommen werden, Angriffe auf die Partei, die die Perestroika ausgearbeitet und vorgeschlagen hat, die heute den Weg zur Demokratisierung leitet, alle Perestroika-Prozesse stimuliert und selbst eine tiefgreifende Erneuerung durchmacht. Zugleich erfüllt sie die überaus wichtige einigende und integrierende Rolle in dieser Umbruchetappe in der Entwicklung unseres Landes.

Der Standpunkt des ZK der KPdSU – ich bin überzeugt, daß er die in unserer Gesellschaft dominierende Meinung widerspiegelt – ist folgender: Derartige Ansichten, unabhängig davon, welche subjektiven Ursachen ihnen zugrunde liegen und unter welchen Umständen sie entstehen, sind grundsätzlich irrig und widersprechen den Interessen des Volkes, sind im Grunde gegen die Perestroika gerichtet.

Gegen die Partei zieht der zu Felde, der die Perestroika vereiteln und ihr schaden will. Ich bin fest davon überzeugt, daß wir die Perestroika richtig geplant haben und sie insgesamt auch richtig verwirklichen, und das ist nicht nur meine Meinung. Und von diesem Weg dürfen wir keinesfalls abgehen. Davon bin ich ebenfalls fest überzeugt. Wir brauchen die Perestroika dringend.

Man darf sich natürlich nicht von Erfolgen berauschen lassen und das Erreichte überdimensionieren. Es gibt aber keine Gründe, unsere Entscheidung, den Kurs auf die Erneuerung der Gesellschaft in Zweifel zu ziehen, es gibt keine Gründe für Pessimismus, Mutlosigkeit und erst recht nicht für Panik. Das aber kommt bei einigen Diskussionen zum Vorschein. Für uns gilt es, souverän und sicher voranzugehen, die entstehende Situation nüchtern zu erwägen und die Perspektive klar zu sehen.

Im allgemeinen ist es überaus wichtig, im stürmischen Prozeß der Umgestaltung, des Umbruchs der überholten Formen des gesellschaftlichen Lebens und der früher entstandenen Klischees, in der Atmosphäre dynamischer Wandlungen nicht eine vernünftige, realistische Einschätzung des Geschehens einzubüßen. Genauer gesagt – eine dialektische Einstellung zu allen Prozessen und Komplikationen der Übergangsperiode.

Wie ich schon sagte, verläuft dieser Prozeß nicht einfach. Er deckt immer neue Probleme auf, die in der Vergangenheit wurzeln, und zeigt ihre wahre Schärfe. Und tatsächlich erkennen wir erst heute, wie akut viele Probleme wirklich sind. Mit großer Mühe wird der Bremsmechanismus der ökonomischen und sozialpolitischen Entwicklung überwunden. Es stellen sich immer neue Probleme ein, die sich nicht leicht lösen lassen. Hier sind Fehler und Fehlkalkulationen möglich. Wem das Schicksal des Volkes nicht teuer ist, wem das Wohl des Volkes nicht am Herzen liegt, der findet ein bestimmtes Futter. Solche Leute haben nur ihren eigenen »Maulwurfstandpunkt« und nichts weiter.

Nichtsdestoweniger schreitet die Perestroika, obwohl nicht ohne Schwierigkeiten und Widersprüche, unentwegt voran. Das ist die Haupttendenz der gegenwärtigen Prozesse: Die Perestroika gewinnt an Stärke und kommt voran, vertieft sich in unseren Umgestaltungen.

Ich möchte auf ein noch ziemlich verbreitetes Urteil reagieren, das ich für irrig halte: Ich meine die Behauptung einiger Genossen, wir verwirklichten angeblich die Perestroika im Lande ohne ein ausgearbeitetes Programm und wüßten nicht, was wir anstreben und was wir wollen.

Ich habe nicht die Absicht, Sie davon zu überzeugen, daß wir eine bis zum Ende und im Detail erarbeitete Theorie und Politik der Perestroika, bereits alle notwendigen Beschlüsse über alle ihre praktischen Richtungen haben, und erst recht nicht die Absicht zu behaupten, daß wir ein vollständiges Bild der Gesellschaft, die wir anstreben, besitzen, obwohl wir uns nicht nur das Ziel setzten, über die Perestroika einen qualitativ neuen Zustand der sozialistischen Gesellschaft zu erreichen, sondern auch die Umrisse einer solchen Gesellschaft schon bestimmt haben. Natürlich steht uns eine große intellektuelle Arbeit bevor. Wir müssen die Erarbeitung der Konzeption einer neuen Gestalt des Sozialismus fortsetzen. Und damit befassen wir uns jetzt. Es gilt für uns – und das ist durchaus verständlich und erklärlich –, die Kenntnisse in allen Richtungen der Perestroika zu vertiefen. Ich will aber ein weiteres Mal sagen, daß die Behauptungen, wir hätten keine Strategie und keine Politik der Perestroika, unbegründet sind. (...)

Kritik und Wirklichkeit der Perestroika

In den Mittelpunkt der Diskussionen, die in der Gesellschaft im Gange sind, gerieten jetzt auch Fragen, die mit der Beurteilung der Situation im sozialökonomischen Bereich zusammenhängen. Was läßt sich in Verbindung damit sagen? In der letzten Zeit werden von der Bevölkerung, den Massenmedien und von einer Reihe von Wissenschaftlern zahlreiche kritische Einschätzungen der entstandenen Situation geäußert. Es handelt sich um Waren- und Lebensmittelmangel, um das Schlangestehen, um das Wohnungsproblem, um Unzulänglichkeiten im Dienstleistungsbereich, in der Kommunalwirtschaft und anderen Bereichen, die das Alltagsleben der Menschen berühren. Und da geht es nicht nur um die Kritik an Mängeln. Die Menschen bringen es in direkten Zusammenhang mit der Umgestaltung, sie sagen, sie führe vom wirtschaftlichen und sozialen Standpunkt zu nichts, die Situation sei in vielen Fällen sogar schlechter geworden. Überhaupt geht es also um sehr schwerwiegende Dinge. Und das alles erfordert eine ernsthafte und tiefschürfende Analyse, eine objektive und wahrheitsgetreue Beurteilung.

Wie verhält es sich in Wirklichkeit? Wenn wir das Gesamtbild nehmen, dann ist alles wesentlich komplizierter. In diesem Zusammenhang möchte ich die in der Wirtschaft und im sozialen Bereich stattfindenden Prozesse kurz charakterisieren.

Ich werde nicht viele Zahlen anführen, die die Entwicklung

verschiedener Zweige kennzeichnen. Ich will nur sagen, daß das vergangene Jahr einerseits mit scheinbar ziemlich guten Kennziffern abgeschlossen wurde. Die Zuwachsraten des Nationaleinkommens und der Arbeitsproduktivität waren höher als im Vorjahr und im elften Planjahrfünft. Als recht beträchtlich erwiesen sich die Zuwachsraten der Arbeitsproduktivität, was allein schon wichtig ist.

Obgleich schleppend – wir sind mit alldem nicht mehr zufrieden –, zeichnen sich gründliche Wandlungen in der Elektronik und im Maschinenbau ab. Es wandelt sich alles zum Besseren, was mit der Grundfondswirksamkeit, dem Metallaufwand usw. zu tun hat. Gestiegen ist auch die Produktion von Lebensmitteln und Industriewaren für die Bevölkerung, obgleich nicht so, wie wir es gern sehen würden. Aber auch der Warenumsatz ist im vorigen Jahr in einem Umfang gestiegen, wie es ihn seit vielen Jahren nicht mehr gab. In einem hohen Tempo nimmt die Realisierung der Dienstleistungen für die Bevölkerung zu, so daß das Konsumtionsniveau, pro Kopf der Bevölkerung umgerechnet, gestiegen ist.

Die Umgestaltung übt auch auf die Entwicklung der sozialen Sphäre einen positiven Einfluß aus. Schließlich haben wir trotz aller Schwierigkeiten, obgleich der Fünfjahrplan schon aufgeschlüsselt war, sowohl für die Medizin als auch für die Volksbildung Mittel ausfindig gemacht und auch zusätzliche Mittel für die Steigerung des Wohnungsbaus gefunden. Deshalb hielt in einem größeren Umfang als früher die Indienststellung von Wohnhäusern, Vorschuleinrichtungen, Krankenhäusern, Polikliniken, Klubs, Kulturhäusern an. Dies alles gehört aber ebenfalls unmittelbar zur Befriedigung dringender Bedürfnisse der Bevölkerung.

Folglich haben wir jetzt von allem mehr als früher. Es entsteht natürlich die Frage: Aber wo bleibt das alles? Warum gibt es in den Geschäften nach wie vor Schlangen, und die Knappheit an vielen unentbehrlichen Dingen verringert sich nicht? Ebenda kommen wir zu der Kernfrage der gegenwärtigen Lage in der Wirtschaft: zum Zustand der Finanzen, zum Geldumlauf, zum bilanzierten Verhältnis zwischen Waren und Geldmitteln. Diese Situation ist nicht von ungefähr entstanden. Das schwerste Erbe, das wir von der Vergangenheit übernommen haben, ist wohl das Haushaltsdefizit, das vor der Öffentlichkeit sorgfältig verborgen wurde, faktisch aber bestand. Natürlich übt das Defizit auf die ganze Volkswirtschaft einen verderblichen Einfluß aus. Auf den Geldumlauf im Lande wirkte sich die untaugliche Praxis schädlich aus, bei der in vielen Volkswirtschaftszweigen unverdientes Geld ausgezahlt wurde. Dadurch wurde aber auf dem Verbrauchermarkt ungeheure Spannung erzeugt.

Es sei nur gesagt, daß in den letzten zwanzig Jahren die Geldeinnahmen der Bevölkerung schneller als die Warenproduktion wuchsen. Diese Situation war in beträchtlichem Maße mit schwerwiegenden Fehlern in der Investitionspolitik verbunden, wobei die Mittel an zahlreiche Objekte verpulvert wurden, was zu Verschleppung der Inbetriebnahme neuer Kapazitäten führte und das Zuwachstempo der Produktion notwendiger Waren hemmte. Und offen gesagt, wurden große Mittel für den Bau von Objekten aufgewendet, an denen einfach keine Notwendigkeit bestand.

Es unterliefen auch Fehler strategischer Art, als sowohl die Landwirtschaft als auch die Leicht- und Lebensmittelindustrie und der Dienstleistungsbereich jahrzehntelang keine gebührende Beachtung fanden. Und ich muß sagen, daß wir alle schon seit langem die Zuspitzung des Problems in der Wirtschaft und besonders auf dem Verbrauchermarkt spürten. Wie wurde aber das Problem gelöst? Durch die Konjunktur bei den Erdölpreisen und die Steigerung des Erdölverkaufs, durch wachsende Produktion von Weinen und Spirituosen.

Leider ist es uns bisher nicht gelungen, die Sachlage in der Finanzwirtschaft und bei der Geldzirkulation zu verbessern. Die Situation spitzt sich sogar zu. Das ist unter anderem mit dem Sinken der Erdölpreise auf dem Weltmarkt verbunden, weshalb wir 1985 bis 1988 37 Milliarden Rubel weniger erhielten. Es kam zu einer drastischen Verringerung des Erlöses und der Haushaltseinnahmen aus dem Spirituosenverkauf, wodurch im selben

Zeitraum 49 Milliarden Rubel weniger eingenommen wurden. Allerdings werden in dieser Frage verschiedene Meinungen geäußert. Die einen meinen, es sei das Ergebnis eines Fehlers der gegenwärtigen Führung. Ich glaube, das ist eine grundlose Anschuldigung. Wir können lediglich von einigen Entstellungen bei der Verfolgung dieses Kurses sprechen, aber an und für sich war der Kurs richtig. Die Wurzeln dieses Fehlers reichen weit in die Vergangenheit zurück, als die Lage durch den Verkauf von Weinen und Spirituosen, durch Verleiten des Volkes zum Trinken verbessert wurde. Schauen Sie doch bitte: Bei uns hat sich die Zahl der Rechtsverletzungen wegen Trunksucht sowie die Zahl der daraus resultierenden Todesfälle verringert, ist die Situation in den Familien, in der Gesellschaft, in den Betrieben gesünder geworden. Der eine und andere sagt, im Lande habe sich die Disziplin gelockert. Entsprechende Daten zeigen indessen, daß sich Bummelei und Fernbleiben von der Arbeit aus diesen und anderen Gründen in dieser Zeit um etwa 33 Prozent verringert haben.

Zu unseren Verlusten müssen wir natürlich unvorhergesehene Komplikationen, solche wie der Unfall im Kernkraftwerk Tschernobyl, hinzufügen. Jetzt ist noch das Erdbeben in Armenien hinzugekommen. Ich will nicht verhehlen, daß auch die Situation in Afghanistan für uns mit großen Kosten verbunden ist.

Ich glaube jedoch, daß wir auch von unseren eigenen Versäumnissen sprechen müssen. Wir hätten dennoch, um die Situation zum Besseren zu wenden, mehr leisten können, als wir getan haben. Ich sprach schon von den ausreichend großen Zuwachsraten der Arbeitsproduktivität. Gegenüber dem Vorjahr um 5,1 Prozent. Aber es muß auch etwas anderes gesagt werden. Im vorigen Jahr ist der Arbeitslohn um 7 Prozent gestiegen, d. h. viel schneller als die Arbeitsproduktivität. Sie begreifen selbst, wozu das führt.

Sehr langsam lösen wir Fragen, die mit den erforderlichen Korrekturen in der Investitionspolitik, mit der Schaffung von Ordnung im Investbau zusammenhängen. Offen gestanden, brachten wir zunächst die Sache ins Lot, aber dann legten wir wieder Schwäche an den Tag. Das bezieht sich in erster Linie auf die zentrale Leitung. Wir haben die Zahl der unvollendeten Objekte nicht verringert und sogar deren Zunahme zugelassen. Die Materialvorräte in den Betrieben sind vorderhand groß. Dies aber ist nichts anderes als ein Einfrieren des Nationaleinkommens. Und natürlich muß bei all dem, was von der Steigerung der Konsumgüterproduktion gesagt wurde, festgestellt werden, daß die Planauflagen für die Produktion dieser Waren nicht erfüllt wurden, so daß die Nachfrage auf dem Markt nicht gedeckt ist.

Probleme mit der Wirtschaftsreform

Ich glaube, auf unser Konto kommt auch, daß die Wirtschaftsreform noch nicht richtig gegriffen hat. Wir haben die Mechanismen der aufwendigen Wirtschaft nicht bis zu Ende zerstört. Die Meisterung wirksamer Methoden der Wirtschaftsführung und vor allem der Übergang zum Pachtvertrag, zur wirtschaftlichen Rechnungsführung und Eigenfinanzierung gehen – und das müssen wir eingestehen – zu langsam vonstatten. Diese Prozesse stoßen in der Gesellschaft immer noch auf Widerstand. Die neue Stellung des Menschen in der Produktion, der neue Charakter der Verbindung mit dem Eigentum erwiesen sich für viele als ungewöhnlich. Es geht doch darum, mit der Entfremdung des Menschen von den Produktionsmitteln Schluß zu machen, bei den Werktätigen das Gefühl, Herr im Hause zu sein, wiederherzustellen, ihr Potential als Persönlichkeit zur Geltung zu bringen.
In diesem Zusammenhang muß ich sagen, daß das Jahr 1989 in dieser Hinsicht eine sehr wichtige Etappe bei der Verwirklichung der radikalen Wirtschaftsreform sein wird. Alle Zweige der materiellen Produktion werden in vollem Umfang auf die wirtschaftliche Rechnungsführung und Eigenfinanzierung umgestellt. Das ist keine einfache Aufgabe. Aber wir müssen das

tun, um alle Hindernisse entschlossen zu beseitigen, die der Entfaltung der Umgestaltungsprozesse in der Wirtschaft im Wege stehen.

Wir haben ausgiebig über die Erscheinungen nachgedacht, die im Zusammenhang mit der Entwicklung der Genossenschaftsbewegung und der individuellen Erwerbstätigkeit entstanden sind, und dazu entsprechende Beschlüsse vorbereitet. Sie zielen einerseits darauf ab, die Genossenschaftsbewegung auf jegliche Weise zu unterstützen, gleichzeitig aber auch entsprechende Gegengewichte zu den Entstellungen in dieser wichtigen Angelegenheit zu schaffen. Hier müssen wir klüger handeln. Wir haben es verlernt, wie mit den Genossenschaftern zu arbeiten ist. Dabei hat es in den ersten Jahren der Sowjetmacht und überhaupt in Rußland in dieser Hinsicht überaus reiche Erfahrungen gegeben. Selbst nach dem Krieg, als es industrielle Genossenschaften gab, existierten derartige Erfahrungen. Heute müssen wir uns all das wieder in Erinnerung rufen und dazu noch in die sozialistischen Länder wie auch nach Schweden und Norwegen reisen, um uns anzusehen, wie dort der Genossenschaftsmechanismus funktioniert, wie diese Prozesse dort gelenkt werden.

Gründlich haben wir auch die Prozesse in Verbindung mit der Entfaltung des wissenschaftlich-technischen Fortschritts voranzutreiben. Hier müssen ebenfalls stimulierende Maßnahmen getroffen werden, um jenen Arbeitskollektiven Vorteile zu gewähren, die den Weg der Modernisierung eingeschlagen haben. Der Betrieb, der so oder anders in die Modernisierung und Meisterung neuer Erzeugnisse, neuer Technologien einbezogen wird, geriet in wirtschaftlicher Hinsicht in eine kompliziertere Lage. Das bedeutet, daß in unserem Mechanismus nicht alles voll durchdacht ist. Gegenwärtig bereiten wir Vorschläge in dieser Richtung vor. Wir müssen zugeben, daß der Mechanismus der Steuerpolitik, der flexibel auf die Wirtschaftssituation reagieren und jene Zweige, jene geforderte Art der Tätigkeit stimulieren und umgekehrt die Raffgier bestrafen würde, bei uns nicht durchgearbeitet wurde.

Liest man Beiträge der Publizisten und Wirtschaftswissenschaftler zu dieser Frage, so stellt sich heraus, daß alle Autoren meisterhafte Kritiker sind, es jedoch nur wenige konstruktive Vorschläge gibt. Das ist unser Verhängnis, das man niemandem anlasten sollte: Früher bestand kein Bedarf an solchen Vorschlägen, und es gab auch keinen sozialen Auftrag. Doch wenn wir besser leben, die Dinge besser gestalten wollen, dann müssen wir lernen, konstruktiv zu denken.

Das Leben zeigt, daß man den Übergang zum Großhandel, zu Direktverbindungen zwischen den Betrieben beschleunigen muß. Unsere vorrangige Sorge ist es, erforderliche Voraussetzungen für eine grundsätzliche Umgestaltung der Wirtschaftsbeziehungen und einen sozialen Umbau im Agrarsektor zu schaffen.

In der aufgekommenen Diskussion wurde ganz besonders die Frage nach der Reform der Preisbildung und der Überprüfung der Preise angeschnitten. Man muß sagen, daß dies eine der wichtigsten und grundsätzlichen Fragen der Wirtschaftsreform ist. Es ist unmöglich, einen modernen, effektiven, aufwandsenkenden Wirtschaftsmechanismus zu schaffen, ohne sie richtig und wissenschaftlich begründet gelöst zu haben. Zugleich berührt die zweite Seite dieser Frage unmittelbar die Lage der Werktätigen.

Was hat die Diskussion dazu gezeigt? Erstens, daß einige Genossen es fertiggebracht haben, in ein paar Monaten ihren Standpunkt zwei- bis dreimal zu ändern. Ich sage das nicht als Vorwurf, sondern als Bestätigung dessen, wie kompliziert diese Frage ist. Wie Sie sehen, können selbst beschlagene Menschen diesem Problem nicht auf den Grund gehen. Viele Einwände werden an das Zentrum gerichtet. Warum es denn schweige? Vor allen Dingen möchte ich sagen, daß das Zentrum nicht schweigt. Der prinzipienfeste Standpunkt des Zentrums zu dieser Frage ist bekannt, und er hat sich nicht verändert. Wir gehen davon aus, daß wir bei der Lösung der Fragen der Preisbildung keine Senkung des Lebensniveaus der Werktätigen zulassen dürfen. Das ist das wichtigste. Die Wahl des Zeitpunkts und des Tempos der Durchführung der Preis- und Preisbildungsreform ist für uns offensichtlich sehr wichtig. Es steht uns bevor, all das aufmerksam abzuwägen, wann und wie schnell das durchzuführen ist.

»Wir brauchen ein starkes Zentrum«

Ich muß sagen, daß das Gerede von den »Manövern des Zentrums hinter den Kulissen«, jeglicher Verdacht gegenüber dem Zentrum, man wolle dort nun wieder diese Sache im geheimen durchführen und beinahe schon das Volk betrügen, nichts anderes als verantwortungslose Spekulationen sind. Da die Frage ein sehr ernsthaftes Problem betrifft, würde ich sagen, manch einer sollte an die Verantwortung für bestimmte Äußerungen erinnert werden. Man muß im Auge behalten, daß gegenwärtig eine gründliche Arbeit geleistet wird, an der breite Kreise von Wissenschaftlern, Fachleuten und Vertretern der Öffentlichkeit teilnehmen. Sobald ernsthafte Vorschläge zu dieser Frage unterbreitet werden, werden wir sie dem ganzen Volk zur Erörterung vorlegen. Diese Fragen wird man nicht im geheimen lösen. Ich möchte das noch einmal in aller Verantwortlichkeit unterstreichen.

Das abgelaufene Jahr hat in vielem auch die Rolle des Zentrums bei der Lösung der Probleme der Wissenschafts- und Technik-, der Struktur- und Finanzpolitik geklärt. All diese Fragen muß man im Griff haben. Das Zentrum muß durch seine richtigen, wissenschaftlich begründeten Lösungen rechtliche und ökonomische Voraussetzungen für die Behebung von Auswüchsen in der Entwicklung unserer Wirtschaft und die konsequente Realisierung der radikalen Wirtschaftsreform schaffen. Wie Sie verstehen, geht es nicht um Befehlsmethoden. Nein, die Frage besteht darin, gestützt auf Kenntnisse, objektive Prozesse zu erkennen, Entscheidungen gesamtwirtschaftlichen Charakters zur richtigen Zeit zu treffen.

Wir brauchen ein starkes Zentrum. Das gebieten der Charakter unserer Wirtschaft und der föderative Charakter des Staates. Die Standortverteilung der Produktivkräfte, die Harmonisierung regionaler Interessen, die Entwicklung der Republiken müssen begründet werden. Ohne ein Zentrum kann das alles einen unerwünschten Charakter annehmen oder ist überhaupt nicht möglich. Wichtig ist hier, die Dialektik des Verhältnisses zwischen der Rolle des Zentrums und der Initiative und Selbständigkeit vor Ort zu verstehen.

Spricht man in praktischer Hinsicht, so sind die Sicherung der Ausgeglichenheit des Marktes und die Regelung der Finanzbeziehungen die unaufschiebbarsten und akutesten Aufgaben des Zentrums. Die Praxis zeigt, daß wir hier vielleicht auch recht scharfe, entschlossene Maßnahmen nicht werden vermeiden können, die vor allem unsere Haushaltsausgaben tangieren werden, einschließlich der Ausgaben für einige große Programme, die in keiner direkten Beziehung zu den sozialen Bedürfnissen des Volkes stehen. Die Frage ist derart akut, daß wir auch unsere Ausgaben für die Verteidigung werden überprüfen müssen. Vorläufige Untersuchungen zeigen, daß wir sie kürzen können, ohne das Niveau der Sicherheit und der Verteidigungsfähigkeit des Staates herabzusetzen. Das wird auch andere Bereiche betreffen. Wir müssen auf die Frage antworten: Wie lange werden wir die mit Verlust arbeitenden Betriebe aus dem Haushalt finanzieren?

In letzter Konsequenz hängt das Schicksal der Umgestaltung von der Tätigkeit der Arbeitskollektive, der Wirtschaftskader und unserer ganzen Partei bei der Verwirklichung des Kurses auf die durchgreifende Wirtschaftsreform ab. Gegenwärtig rückt die konstruktive Aufbauarbeit in den Vordergrund. Das müssen wir alle verstehen. Auf Kundgebungen geht es fröhlicher her, um aber die Umgestaltung voranzubringen, müssen wir alle unsere intellektuellen Kräfte auf die Alltagsarbeit richten.

Das vergangene Jahr wird wahrscheinlich in unserem Gedächtnis und in der Geschichte als ein Jahr der Entwicklung der
Demokratisierungsprozesse nicht nur in die Breite, sondern auch
in die Tiefe haften bleiben. Das hängt vor allem damit zusammen, daß man mit der realen Verwirklichung der politischen
Reform und mit der Schaffung eines Rechtsstaates begann. Wir
ziehen die Lehren aus der Vergangenheit und schaffen Garantien
dafür, daß sich alles Negative nicht wiederholt, was sich in
unserer Geschichte ereignet, was dem Sozialismus gewaltigen
Schaden zugefügt, seine humanen Prinzipien deformiert und
dadurch die Vorwärtsbewegung für viele Jahre und Jahrzehnte
gebremst hat. Sowohl die Erfahrungen der Vergangenheit als
auch die Erfahrungen der letzten Jahre zeigen, daß der Erfolg der
revolutionären Umgestaltungen davon abhängt, wie real das
Volk in diesen Prozeß einbezogen ist. Und die Aufgabe kann man
nicht lösen, wenn man das politische System nicht gründlich
reformiert.

Uns steht bevor, der Tätigkeit aller gesellschaftlichen Institutionen im Lande, ausgehend von den Prinzipien einer umfassenden
sozialistischen Demokratie, einen neuen Inhalt, einen neuen
Charakter zu verleihen.

Als wir der 19. Parteikonferenz entgegengingen, war es für uns
eigentlich keine Frage, ob man noch eine Front der Umgestaltung eröffnen und die befehlsmäßig-bürokratische Struktur brechen muß oder nicht. Das Leben selbst hat uns dies geboten.
Wenn man uns fragt: Muß man gleich so viele Aufgaben auf
einmal in Angriff nehmen?, so antworten wir, daß die Bürde der
gleichzeitigen Lösung vieler Aufgaben über uns hereingebrochen
ist. Wir halten aber die Überlegungen für grundlos, daß man sich
mit der politischen Reform und mit der Lösung anderer Aufgaben gedulden könnte, daß man zunächst die ökonomischen Fragen lösen, die Menschen reichlich mit Lebensmitteln versorgen
müßte usw.

Für einen unbewanderten Menschen mag das reizvoll sein. Aber eine solche Fragestellung ist vom politischen und wissenschaftlichen Standpunkt aus einfach nicht seriös. Wir werden die dringlichen ökonomischen Probleme nicht lösen, wenn bei uns der Überbau nicht funktioniert, wenn wir das bürokratische Weigerungssystem nicht zerstören. Wie aber ist es zu zerstören? Manch einer schlägt vor, die traurigen Erfahrungen des Jahres 1937 zu nutzen – »alles niederzureißen«, »einen Bulldozer anzusetzen« und dergleichen. Nein, so etwas werden wir nie dulden. Wir müssen Mechanismen schaffen, die sich selbst regeln würden, und zwar durch die Einbeziehung der handelnden Hauptperson – des Volkes – in all diese Prozesse. Das ist es doch, weshalb die Werktätigen im Oktober 1917 eigentlich auf die Barrikaden gingen, um die Macht in ihre Hände zu nehmen und sie in der Praxis zu realisieren.

Nichts wird sich im ökonomischen und sozialen Bereich rühren, wenn wir nicht gleichzeitig die Aufgaben der tiefgreifenden Reform des politischen Systems entschlossen verwirklichen. Anders läßt sich das Potential der sozialistischen Demokratie nicht zur Entfaltung bringen und das ganze Volk in die Umgestaltungsprozesse einbeziehen. Gerade diese Fragen – die Fragen der politische Reform – standen im Blickpunkt der 19. Parteikonferenz. Heute, da wir die Möglichkeit haben, mit einem gewissen Abstand zurückzublicken und die Situation bereits ruhig einzuschätzen, kann man sagen, daß die Konferenz einen Markstein im Leben des Landes darstellt. Unsere Geschichte, die Geschichte der Umgestaltung, kann man in zwei Etappen einteilen – vor der 19. Parteikonferenz und danach, das, was sich auf der Grundlage der von ihr erarbeiteten politischen Zielsetzung vollzieht.

Heute sind wir alle, wie mir scheint, in der Einschätzung der Bedeutung der Konferenz gleicher Meinung. Aber meines Erachtens erübrigt es sich nicht, sich in diesem Kreis an manches zu erinnern. Es gab doch einen bestimmten Moment im Vorfeld der Konferenz, als Stimmen recht laut wurden, die nicht dafür waren. Mehr noch. Es wurde – und zwar hartnäckig – vorgeschlagen, die Konferenz zu vertagen, wobei man ihre Durchführung nahezu als ein Aufgeben der Positionen der Umgestaltung ansah. Heute können wir sagen, daß das Leben selbst diese Appelle über den Haufen geworfen hat. Im Ergebnis der Durchführung der Konferenz besitzen wir exakte politische Zielsetzungen, die unserer ganzen Umgestaltung ein anderes Tempo, eine andere Tiefe und eine neue Dynamik verliehen haben. So hat sich die Linie des ZK als richtig und gedeihlich erwiesen, sie wurde von der Partei und dem Volk akzeptiert.

Freilich beschränkte sich die Sache nicht lediglich auf diesen Moment. Nach der Konferenz, als die praktische Realisierung ihrer Zielsetzungen begann, stießen wir erneut auf eine ähnliche Situation – wiederum wurden die bekannten kritischen Stimmen laut. Man verdächtigte das ZK, und zwar nicht mehr und nicht weniger, eines Abweichens von den Beschlüssen der Konferenz. Und wiederum kam ein Vorschlag, nunmehr bereits die Tagung des Obersten Sowjets zu vertagen, die überaus wichtige Beschlüsse bezüglich der ersten Etappe der politischen Reform fassen sollte. Sie wissen, daß die Haltung des ZK auch in diesem Fall in der Gesellschaft umfassend unterstützt wurde, und die Vorschläge, die unter Berücksichtigung der stattgefundenen Volksaussprache überarbeitet worden waren, wurden von der Tagung des Obersten Sowjets der UdSSR angenommen.

Wozu sage ich das alles? Nicht nur diese Episoden, sondern auch alle Erfahrungen der Umgestaltung zeigen schlüssig die unersetzliche Rolle der Partei als Generator der Ideen der Umgestaltung und als Garant für ihre Umsetzung in der Praxis. Und wenn ich das sage, so will ich durchaus kein rosiges Bild malen. Nein. Die Rolle der Partei als politische Vorhut wird natürlich in einer komplizierten, widersprüchlichen Situation, in der Auseinandersetzung der Meinungen realisiert. Ich will lediglich einen, den wichtigsten Gedanken aussprechen: In der Etappe der gründlichen Wandlungen bedürfen wir noch mehr einer in theoretischer, ideologischer und organisatorischer Hinsicht starken Partei, die auf den Leninschen Prinzipien und auf der Grundlage der umfassenden innerparteilichen Demokratie wirkt, was sowohl einen Dialog als auch einen Meinungsvergleich und eine überaus große Verantwortung vor dem Volk impliziert.

Es ist ganz logisch, daß die Partei bei der Umgestaltung des politischen Systems bei sich selbst beginnen muß. Wir begannen mit der Trennung der Funktionen zwischen den Partei-, Wirtschafts- und Staatsorganen mit dem Ziel, die Rolle und das Potential der Partei als politische Vorhut zur Entfaltung zu bringen, den ursprünglichen Charakter der Sowjets als echte Organe der Volksmacht wiedererstehen zu lassen. Gerade unter diesem Blickwinkel vollzieht sich die Umgestaltung des gesamten Parteilebens, erhöht sich die Rolle der gewählten Organe und wird die Struktur des Parteiapparats – von den Stadtbezirkskomitees bis hin zum ZK der KPdSU – vervollkommnet. Nebenbei gesagt, wurde beschlossen, den Apparat des Zentralkomitees der Partei um vierzig Prozent zu reduzieren. Ein bedeutender Teil der Arbeit in dieser Richtung wurde bereits geleistet. Es wurden die Kommissionen des ZK gebildet und die Funktionen des Parteiapparates verändert: Sie sind auf die Politik orientiert worden.

Es geht ein aktiver Prozeß der Gesundung der Parteiorganisationen vor sich. Wir sehen, wie die Initiative der Kommunisten, ihre Prinzipienfestigkeit und hohen Ansprüche wachsen, wie viele von jenen, die noch jüngst zum sogenannten Ballast gezählt wurden, heute unter den neuen Bedingungen an allen Vorhaben der Umgestaltung aktiv teilnehmen.

Seit langem gab es in der Partei keine solche Berichtswahlkampagne in bezug auf die Atmosphäre und den Inhalt, die Aktivität der Kommunisten bei der Erörterung und Annahme der Beschlüsse, bei der Bildung der gewählten Organe. Natürlich geht bei weitem nicht alles so vor sich, wie man das möchte, aber die Situation ist völlig anders. Es vollzieht sich der Prozeß der Kadererneuerung, und zwar auf den Prinzipien einer umfassenden Demokratie. Es genügt zu sagen, daß die Zusammensetzung der Stadtbezirks- und Stadtkomitees nach vorläufigen Angaben ungefähr zu sechzig Prozent und der Gebiets- und Regionskomitees um mehr als die Hälfte erneuert wurde. Wesentliche Veränderungen gab es auch unter den Sekretären und Büros der gewählten Parteiorgane. Ein Drittel der Sekretäre der Grundorganisationen der Partei wurde zum ersten Mal gewählt. Jeden zweiten von ihnen wählte man aus mehreren Kandidaten. Auf dieser Basis wurden 1 117 Sekretäre der Stadt- und der Stadtbezirkskomitees der Partei, eine Reihe von Sekretären der Gebietskomitees, einschließlich der Ersten Sekretäre, gewählt. Es muß gesagt werden, daß die Situation auf vielen Konferenzen sehr hitzig war. Die Delegierten stellten an die Kandidaten hohe Ansprüche, und in einer Reihe von Fällen ließ man die Sekretäre und sogar die Ersten Sekretäre durchfallen.

Ich glaube, daß die Berichtswahlkampagne ihrer Bedeutung nach über den Rahmen eines die ganze Partei betreffenden Ereignisses hinausgeht. Sie verleiht allen Umgestaltungsprozessen gleichsam einen neuen Impuls. Das ist ein guter Auftakt für die begonnene Kampagne bei der Nominierung der Volksdeputierten – jener, denen es bevorsteht, auf ihrem ersten Kongreß Beschlüsse von enormer Tragweite zu fassen, grundlegende Abänderungen am Funktionsmechanismus der zentralen Organe der Staatsmacht vorzunehmen und gleichzeitig Perspektiven der wirtschaftlichen und sozialen Entwicklung bis zum Jahre 2005 zu erörtern.

Überhaupt wird das begonnene Jahr hinsichtlich der Entfaltung und der Vertiefung der politischen Reform viele Aufgaben mit sich bringen. Wir müssen ihre zweite Etappe erreichen – die gründliche Umgestaltung der Staatsorgane, die Vervollkommnung des Status der Republiken und der autonomen Gebilde, die Herstellung harmonischer wechselseitiger Beziehungen zwischen dem Zentrum und der Basis. Im Zusammenhang mit der Erhöhung der Selbständigkeit der Basis und mit dem Übergang zu den Prinzipien der regionalen wirtschaflichen Rechnungsführung steht bevor, wichtige Gesetze zu verabschieden, an deren Ausarbeitung Vertreter aller Republiken teilnehmen.

Und schließlich wurde bereits bei der ersten Lesung der Entwurf eines Gesetzes über die örtliche Selbstverwaltung und die örtliche geleitete Wirtschaft erörtert. Vorerst ist er für eine umfassende Erörterung noch nicht reif, aber bereits in der nächsten Zeit wird es soweit sein.

Im Herbst stehen die Wahlen in die Obersten Sowjets der Unions- und der autonomen Republiken, in die örtlichen Sowjets und die Herausbildung eines neuen Regierungs- und Selbstverwaltungssystems an der Basis bevor.

Eine umfassende Arbeit wird im Rahmen der Rechtsreform geleistet. Hier werden die Gesetzentwürfe, die in Kürze zur Volksaussprache vorgelegt werden, ebenfalls bald fertiggestellt, und zwar die Gesetze über die Massenmedien, über Jugend, über die Gewissensfreiheit, ein Gesetz über die gesellschaftlichen Organisationen und andere. Was ein Gesetz über die Massenmedien betrifft, so ist es, wie ich glaube, notwendig. Und es muß eine gute Grundlage dafür werden, daß die Presse sowohl mehr Sicherheit als auch mehr Verantwortung fühlt.

Die Rolle der Intelligenz

Wir dürfen uns nicht einfach auf die Feststellung von Fakten beschränken, welche Frage wir auch immer behandeln. Wichtig ist, die Dialektik des Prozesses im ganzen zu sehen. Bei der ganzen Widersprüchlichkeit des Bildes ist dennoch erkennbar, daß die Umgestaltungsprozesse an Kraft gewinnen und die Tendenz zur Erneuerung aller Lebenssphären immer mehr hervortritt. Diese Tendenz erstarkt, und sie wird, was besonders wichtig ist, umfassend unterstützt. Ich glaube, daß die Aufgabe der Partei, aller politischen und gesellschaftlichen Institute, unserer Wissenschaft und Kultur darin besteht, zur Entwicklung dieser Prozesse beizutragen.

Die ihrer Dimension, Tiefe und dem Stellenwert nach nie dagewesenen Umgestaltungsprozesse sind organisch mit ernsthaften Wandlungen im gesellschaftlichen Bewußtsein verbunden. Die Widersprüchlichkeit der Umgestaltungsprozesse samt der Kompliziertheit und Ausschließlichkeit ihrer Auffassung, der Interessen der Menschen ist die Realität unserer Zeit. Das gesellschaftliche Bewußtsein erlebt ebenfalls einen Umbruch, der jenem adäquat ist, der sich im Leben selbst vollzieht. Man kann sagen, daß die revolutionären Wandlungen, auf die die Umgestaltung abzielt, ohne eine Revolution im gesellschaftlichen Bewußtsein, in der Mentalität und im Denken der Menschen unmöglich sind. Und dabei ist die Rolle und folglich auch die Verantwortung unserer wissenschaftlichen und künstlerischen Intelligenz unersetzlich und einzigartig.

Ich sagte schon mehrmals, und ich halte es für unerläßlich, auf unserem Treffen ein weiteres Mal von dem immensen Beitrag der Intelligenz zur Umgestaltung und darüber zu sprechen, daß die geistige Fahrbahn der Umgestaltung in bedeutendem Maße von jenen bestimmt wird, die sie mit Herz und Seele begriffen und verstanden haben, daß es notwendig ist, unser Staatsschiff in die klaren und weiten Gewässer der Erneuerung zu lenken.

Die Partei würdigt den Beitrag der Wissenschaftler und Kulturschaffenden zur Herbeiführung einer neuen moralisch-politischen Atmosphäre, die einen gewaltigen Einfluß auf alle Prozesse in der Gesellschaft ausübt. In keinem geringen Maße gelang es uns dank diesen Anstrengungen, die langjährigen Denk-Stereotypen und die stagnierenden Ansichten zu zerstören und die politische Apathie in der Gesellschaft zu überwinden. Das ist keine Übertreibung und auch keine Höflichkeitsfloskel von mir, sondern ich möchte unterstreichen: Auch im weiteren wird die Rolle der intellektuellen Kräfte des Volkes, in erster Linie der Geistesschaffenden, im Zusammenhang mit der Ausdehnung der Umgestaltung wachsen.

Ich würde sagen, daß sich das Tätigkeitsfeld hierbei nicht einengt, sondern ununterbrochen erweitert. Es geht darum, daß wir unsere theoretischen Forschungen, die sich auf Fragen der Herausbildung neuer Vorstellungen über den Sozialismus, über die Wege zur Lösung der überaus großen historischen Aufgabe – auf den Übergang unserer Gesellschaft in einen qualitativ neuen Zustand – beziehen, vertiefen müssen.

Wir können nicht mit einem Erfolg der Perestroika rechnen, wenn sich die wissenschaftlichen Kenntnisse und der Beitrag der Wissenschaft zur Lösung wirtschaftlicher Aufgaben nicht mehren. Ich möchte keine Wissenschaftszweige extra herausstellen.

Für uns kommt es darauf an, sowohl die Gesellschafts- als auch die Natur- und technischen Wissenschaften, besonders aber die Grundlagenforschung zu entwickeln. Es steht eine große Arbeit, eine einschneidende Reform des Bildungswesens bevor. Es muß mit dem Leben, mit der Gesundung der Gesellschaft Schritt halten.

Wenn wir die Erneuerung unserer Gesellschaft auf der Grundlage von hohen intellektuellen und moralischen Werten in die praktische Ebene überführen, werden wir nicht ohne die großangelegte Arbeit im geistigen Bereich auskommen. Die Perestroika rückt den Menschen in den Mittelpunkt von allem. Heute ist es für uns so wichtig wie nie zuvor, alle unsere kulturellen Errungenschaften auszunutzen und sie durch neue zu bereichern.

Die kulturelle Schicht der Perestroika wird nicht in einem Vakuum, nicht aus dem Nichts heraus geschaffen, sie nimmt in sich gleichsam alles auf, was unsere Völker, unsere Gesellschaft in der ganzen vieljährigen Geschichte, in den letzten siebzig Jahren nach der Revolution erreicht haben. In diesem Zusammenhang müssen wir die Forschungen, die sich auf unsere eigene Geschichte beziehen, in breiter Front entfalten. Die Hinwendung zur Geschichte mit dem Ziel, sich die besten Errungenschaften des Volkes anzueignen und zugleich die bitteren Erfahrungen zu erfassen, um in Zukunft Fehler zu vermeiden, bewerte ich ausgesprochen positiv.

»Linke« und »rechte« Kritik an der Perestroika

Es muß gesagt werden, daß sich das geistige Leben der Gesellschaft bei uns wohl noch nie durch eine derartige Aktivität, Interessiertheit und lebendige Teilnahme nicht nur der Intelligenz, sondern auch des ganzen Volkes sowie durch eine solche Vielfalt der Formen ausgezeichnet hat. In das Leben ist viel Neues, Interessantes eingegangen, das die Moral festigt und den Menschen erhebt. Das alles stimmt, und das ist unser großer

Aktivposten, eine gewaltige Errungenschaft der Perestroika. Doch diese tiefgreifenden Prozesse von großem Ausmaß laufen, ebenso wie auch in anderen Bereichen, nicht einfach ab, tragen nicht selten widerspruchsvollen Charakter und, wir wollen es offen sagen, kommen auch nicht ohne Erscheinungen aus, die bei uns Besorgnis und sogar Unruhe hervorrufen.

Der stürmische Prozeß, in dessen Verlauf die Abkehr von den erstarrte Dogmen und Schemata der gesellschaftlichen Entwicklung, die Umgestaltung der stagnierenden Formen der gesellschaftlichen Beziehungen, die Freisetzung der gewaltigen potentiellen Kräfte des Volkes über die Glasnost und Demokratie erfolgen, hat manch einen aus dem Gleichgewicht, in Verwirrung gebracht. Es werden Stimmen laut über den Verfall geistiger und moralischer Werte, obwohl es, wie mir scheint, gerade um deren Wiederherstellung geht. Manchmal kann man sogar die Behauptung hören, daß wir schon beinahe von den sozialistischen Prinzipien und Idealen abgehen. Uns gegenüber werden Andeutungen gemacht, daß die wirtschaftliche Rechnungsführung, der Pacht- und Leistungsvertrag, das Genossenschaftswesen fast einem Aufgeben der Positionen des Sozialismus in der Wirtschaft gleichkommen, obwohl wir gerade über diese und andere Formen das immense Potential, das dem sozialistischen Eigentum, den sozialistischen Produktionsverhältnissen innewohnt, ausnutzen, die Entfremdung überwinden und den Menschen wieder in die Stellung des Herrn der Produktion versetzten wollen.

Es geht auch nicht ohne Versuche ab, uns damit einzuschüchtern, daß die Perestroika angeblich Probleme und Schwierigkeiten in der Wirtschaft, den sozialen und zwischennationalen Beziehungen hervorgebracht habe. Wir wissen aber doch gut, daß wir dies alles von der Vergangenheit geerbt haben, daß es sich in vielen Jahren angehäuft hatte und daß die Perestroika lediglich alte Krankheiten ans Licht brachte, die verdrängt worden waren. Man kann also von einem Zusammenhang zwischen der Perestroika und diesen brennenden Problemen nur in dem Sinne sprechen, daß die Perestroika uns die Möglichkeit bietet, die

Ursachen dieser Probleme zu ergründen und Wege und Mittel zu deren Lösung zu finden.

Natürlich versuchen Extremisten, allerlei verantwortungslose Elemente von den Perestroikaprozessen zu profitieren und mit ihnen zu spekulieren. Das gibt es, und wir sehen es. Aber das bietet keinen Anlaß, die Perestroika in Zweifel zu ziehen oder es als Vorwand zu nutzen, um die Bremsen einzuschalten und den Perestroikaprozeß anzuhalten. Es wurden auch Äußerungen laut, mit denen versucht wird, die Perestroika insgesamt als etwas Destruktives, auf die Zerstörung von allem Abzielendes darzustellen. Wenn das ein Ergebnis übermäßiger Emotionen und krankhafter Phantasie ist, dann kann man das verstehen. Wenn aber dahinter eine politische Position steckt, so müssen wir diese Position als unannehmbar zurückweisen.

Gleichermaßen ist aber auch ein anderes Extrem – die Einschätzung des Verlaufs und der Ausrichtung der Perestroika von linksradikalen Positionen aus – unannehmbar. Wir sind gegen Versuche, die Perestroika künstlich anzuspornen, gegen allerlei Aufrufe, das Tempo der Perestroika zu beschleunigen, Etappen zu überspringen. Als besonders gefährlich betrachten wir die abenteuerlichen und verantwortungslosen Aufrufe zur Verschärfung des Kampfes und zur künstlichen Anfachung der Leidenschaften, zum Revirement mit den gleichen Methoden, denen wir durch die Perestroika, durch die Demokratisierung unserer Gesellschaft zu entgehen suchen.

Unser Volk wird sich auch nie mit der nihilistischen Einstellung zur Vergangenheit, zu allem, was erlebt und vollbracht worden ist, zum Leben der vorangegangenen Generationen abfinden, davon bin ich zutiefst überzeugt. Ein solches Herangehen stellt vom Standpunkt der Philosophie nichts anderes dar als die Negierung der gesamten bisherigen Erfahrungen und des vom Volk Erreichten, das Unverständnis für den Sinn der Geschichte, die Ablehnung der Dialektik der Entwicklung, in deren Verlauf immer alles aus der Vergangenheit benutzt wird, das der Errichtung des neuen Gebäudes dienen kann, und alles verworfen wird, was das historische Wirken des Volkes fesselt.

Ja, vieles aus den bisherigen Erfahrungen ist für uns unannehmbar – die Deformation, die autoritär-bürokratischen Entstellungen des Sozialismus, solche Formen der Organisation des Lebens der sozialistischen Gesellschaft, die die Initiative des Volkes unterdrücken, es allen Bereichen der Lebenstätigkeit entfremden, die persönliche Würde verletzen. Unannehmbar sind für uns auch die Anmaßungen auf die wissenschaftliche Begründung der Erwägung über einen »nicht stattgefundenen Sozialismus«, über ein »mißlungenes Experiment«, darüber, daß der Sozialismus mit den Deformationen, die es in der Vergangenheit gab, nahezu identisch sei.

In gleichem Maße sind für uns daher auch die neuesten Rezepte zur Weiterentwicklung unserer Gesellschaft unannehmbar, die auf Grund von entliehenen Werten aufgestellt worden sind. Das ist bereits keine Perestroika mehr. Denn über sie wollen wir ja das Potential des Sozialismus zur Geltung kommen lassen, unserer Gesellschaft eine neue Qualität verleihen. Das aber, was man uns vorschlägt, ist nichts anderes als fehlender Glaube an unsere historische Wahl, an die Treue unseres Volkes zu den Idealen des Sozialismus und an die Fähigkeit des Volkes, die Gesellschaft nach Leninschen Prinzipien auf der Grundlage von wirklich sozialistischen Werten zu erneuern.

Letztlich treffen, wie wir sehen, die Kritik an der Perestroika von »rechts«, von den konservativen Positionen aus, und die Angriffe auf sie von »links« zusammen. Würden wir den einen und den anderen Appellen folgen, so stellte es sich heraus, daß man nicht den Weg der Erneuerung unserer Gesellschaft, ihrer fortschrittlichen Entwicklung gehen, sich nicht vorwärtsbewegen, sondern zurückkehren müßte. Denn praktisch ist das eine Negierung sowohl unserer sozialistischen Wahl als auch des Sinnes und der Bestimmung der Perestroika. Bei der Erfassung all dessen, bei der gedanklichen Durchdringung der Perspektiven unseres Vorankommens lastet auf der Partei und auf allen intellektuellen Kräften der Gesellschaft, unseren Wissenschaftlern und Künstlern, deren Stimme Gehör geschenkt und deren Autorität Rechnung getragen wird, enorme Verantwortung.

Meinungspluralismus

In diesem Zusammenhang kann ich nicht umhin, auf einige absolut anormale Erscheinungen einzugehen, die sich unter der schöpferischen Intelligenz entwickelt haben. Einige durchaus angesehene Personen ließen sich auf gegenseitige Abrechnung, auf gegenseitige Beschuldigungen ein und nutzen den geringsten Vorwand, um einander in ein schlechtes Licht zu rücken. Dabei werden zu diesem Zweck Zeitungen und Zeitschriften mißbraucht, was beim Volk nicht nur Betrübnis und Befremden, sondern auch Empörung hervorruft. Und das geschieht in einer Umbruchsituation, da wir gewaltige Aufbauaufgaben zu lösen haben.

Was die Arbeiter darüber sagen und denken, ist aus unlängst geäußerten Stellungnahmen aus dem Moskauer Werk »Kalibr« ersichtlich. Die Menschen sind geschockt und sagen: Wir schämen uns für einige unserer Schriftsteller und Wissenschaftler, die wir lieben und achten. Wollen wir auf dieser Beratung eine Abmachung treffen: Lassen wir eigene Ambitionen beiseite, denken wir an das Volk, an das Land!

Heute, da wir eine Unmenge großer Anliegen zu bewältigen haben, bedarf es wie nie zuvor der Konsolidierung unserer Kräfte, ihrer maximalen Konzentration auf die Lösung der Probleme der Perestroika, ich würde noch einmal sagen – auf die Aufbauarbeit. Wir sind für die Konsolidierung nicht um jeden Preis, sondern auf der prinzipiellen Grundlage, auf der Grundlage der sozialistischen Werte, der Unterstützung der Perestroika, die auf die Erneuerung unserer Gesellschaft und darauf abzielt, dem Sozialismus wirklich humanen Charakter zu verleihen. Denken wir daran, und tun wir alles dafür.

Das hebt unser Herangehen, unseren Kurs auf breite Demokratisierung und Glasnost, auf die Durchsetzung des sozialistischen Meinungspluralismus nicht auf. Es geht nicht um irgendeinen »Seitenwechsel«. Das ist die konsequente prinzipielle Linie des Zentralkomitees der Partei. Wir verzichten keinesfalls auf den sozialistischen Pluralismus, einen sozialistischen Pluralismus, der sich auf unsere Werte gründet und breiten Raum für die Äußerung der Standpunkte bietet, die verschiedene Interessen, die Besonderheiten der Auffassung der einen oder anderen Probleme widerspiegeln. Er schafft die besten Voraussetzungen für die Suche nach der Wahrheit, dafür, auf dieser verantwortungsvollen Entwicklungsetappe unseres Landes keine Fehler zuzulassen.

Und für mich ist es absolut unverständlich, wenn einige Genossen gegen den Meinungspluralismus als solchen zu Felde ziehen, wenn sie sagen, daß er angeblich Positionslosigkeit bedeute, irreführe und Verwirrung in der Gesellschaft stifte. Ich denke, daß eine solche Auffassung des Meinungspluralismus nichts anderes als ein Irrtum ist. Denn nur in der Konfrontation der Meinungen, in der Gegenüberstellung der Ansichten läßt sich die Wahrheit finden, lassen sich richtige Schlußfolgerungen formulieren.

Meinungspluralismus bedeutet keineswegs das Aufzwingen eines Standpunktes. Ich würde sagen, daß es eher eine Synthese verschiedener Meinungen ist, auf deren Grundlage wir der Wahrheit näherkommen. Wenn man schon von der jetzigen Art und Weise zu diskutieren reden will, so sehen wir eben oft nicht eine gemeinsame intellektuelle Leistung, nicht den Meinungsaustausch, nicht Versuche, das Denken zu gemeinsamen Bemühungen anzuregen, sondern eher ein Aufeinanderlosgehen. Scheinbar streiten alle für die Demokratie, rufen in der Tat aber zum Faustrecht in der Auseinandersetzung mit den Opponenten auf.

Offensichtlich erklärt sich das in bedeutendem Maße durch eine niedrige Diskussionskultur. Aber bestimmt nicht nur dadurch. Zu stark wirkt die Gruppentreue. Und sie steht oft einer normalen schöpferischen Diskussion, dem Meinungsaustausch im Wege. Jede Seite sieht im entgegengesetzten Standpunkt nichts als »Intrigen«, als etwas Unannehmbares und Unzulässiges. Können denn solche Diskussionen fruchtbar sein?

Kurzum, wir haben vieles, worüber wir uns Gedanken machen müssen, und der Ausgangspunkt für diese Überlegungen muß die Erkenntnis unserer gemeinsamen Verantwortung vor dem Volk für die Perestroika, für das Schicksal des Landes sein.

Spricht man vom Meinungspluralismus, so darf man auch noch einen weiteren bedeutsamen Aspekt dieser Frage nicht ausklammern, der von prinzipieller und moralischer Bedeutung ist. Wenn wir von den Besonderheiten des sozialistischen Pluralismus sprechen, so meinen wir vor allem das Verantwortungsbewußtsein bei der Urteilsbildung, was in erster Linie Kompetenz und Glaubwürdigkeit der Fakten voraussetzt. Leider ist bei unseren Massenmedien das Streben zu beobachten, übereilte, nicht stichhaltige Schlußfolgerungen und Urteile zu verbreiten. Manch einer begann auf Sensationshascherei zu setzen. Und ich muß offen und ehrlich sagen, daß viel Schwindel erschienen ist. Es gibt zu viele Fälle, da Menschen unverdienterweise erniedrigt und beleidigt werden. Schwerwiegend dabei ist, daß nicht alle immer die Möglichkeit haben, ihren guten Ruf zu verteidigen. Und das geschieht in einer Zeit, da wir versuchen, sowohl unsere Vergangenheit als auch unsere Gegenwart ehrlich zu erfassen, eine wissenschaftliche Entwicklungsperspektive der Gesellschaft vorzuzeichnen und ihre moralische Atmosphäre entschieden zu sanieren. Wir sind verpflichtet, unsere Verantwortung für fundierte Äußerungen um ein Mehrfaches zu erhöhen.

Bei der Erarbeitung des Gesetzes über die Massenmedien, über Glasnost muß all das berücksichtigt werden. Braucht aber ein Mensch mit hoher Moral, mit Gewissen, ein Parteimitglied dazu unbedingt ein Gesetz? Wenn jemand den Meinungspluralismus dahingehend auffaßt, daß der Mensch dadurch der Verantwortung enthoben wird, so müssen wir uns heute entschieden dagegen wenden und deutlich sagen: Mehr Demokratie bedeutet stets mehr Verantwortung, mehr Rechte bedeuten stets auch mehr Pflichten. Diese Begriffe gehören zusammen. Ich hoffe, Sie teilen meine Besorgnis, die ich Ihnen offen, auf kameradschaftliche Weise mitteile.

Zur Nationalitätenpolitik

Ich möchte prinzipiell die Frage der zwischennationalen Beziehungen ansprechen. Die Sowjetunion bietet sich heute der Weltgemeinschaft als eine einmalige Erscheinung, als ein Staat dar, in dem es bei allen Kompliziertheiten und Schwierigkeiten dieses Prozesses, der Probleme, die sich angehäuft hatten und verschärften, wirklich reale, immense Errungenschaften bei der Lösung der nationalen Frage gibt. Unsere ganzen Erfahrungen, sowohl positive als auch negative, belegen die außerordentliche Weitsicht Lenins, der die prinzipiellen Grundlagen unserer Nationalitätenpolitik formuliert hat. Immer, wenn wir bei der Realisierung der Leninschen Prinzipien konsequent vorgingen, erreichten wir gewaltige positive Veränderungen. Jegliche Abweichungen davon erschwerten hingegen die Situation und standen einer normalen Entwicklung der zwischennationalen Beziehungen im Wege.

Eine der schwerwiegendsten Ursachen dafür, daß wir heute mit vielen uns beunruhigenden Erscheinungen in den zwischennationalen Beziehungen konfrontiert sind, liegt doch wohl darin, daß wir uns in einer bestimmten Etappe auf unseren Lorbeeren auszuruhen begannen und meinten, daß alle Fragen bereits gelöst seien. Es wurden sogar Vorschläge unterbreitet, mit der praktischen Verschmelzung der Nationen zu beginnen. Es kostete mich seinerzeit viel Mühe, dem Drängen einiger wissenschaftlicher Kapazitäten zu widerstehen, die diesen gefährlichen Leitsatz in das heute geltende Parteiprogramm aufnehmen wollten. Die Perestroika half auch hierbei, zu einem realen Bild zu kommen. Und die Kenntnis der Realitäten hilft uns jetzt, richtige Wege zur Lösung der angesammelten Probleme zu finden, die sich auf die Entwicklung aller Nationen und Völkerschaften unseres Landes, ihrer Wirtschaft, Sprache und Kultur beziehen. Freilich verläuft dieser Prozeß oft widersprüchlich. Und das hängt wiederum vor allem mit der komplizierten Widerspiegelung der zwischennationalen Beziehungen im gesellschaftlichen Bewußtsein zusammen.

Ich glaube, wir sollten so verfahren, daß all das Positive, was sich im Zuge der Umgestaltung zur Harmonisierung der Beziehungen zwischen den Nationen anbietet, unterstützt und weiterentwickelt wird. In diesem Sinne möchte ich die verantwortungsbewußten und konstruktiven Vorschläge unserer Wissenschaftler und der künstlerischen Intelligenz zu diesem Bereich der menschlichen Beziehungen unterstützen.

Ja, wir im ZK gehen davon aus, daß der Erfolg der Umgestaltung in entscheidendem Maße davon abhängt, auf welche Art und Weise die entstandenen Probleme abgebaut und gelöst werden, welche Impulse der Bruderbund der in der Sowjetunion vereinigten Völker erhalten wird. Gerade daraus ergibt sich die Notwendigkeit, ein Sonderplenum des ZK zu diesen Fragen durchzuführen. Die Vorbereitungen darauf werden bereits auf breiter Front betrieben. Wir erwarten von allen Republiken, von wissenschaftlichen und künstlerischen Organisationen, von der Öffentlichkeit ernsthafte und durchdachte Vorschläge. Wir werden alle Vorschläge begrüßen, die darauf abzielen, unserer Union, unserer Völkergemeinschaft die erforderliche Dynamik und den entsprechenden Charakter zu verleihen, all das, was im Hinblick auf die Festigung der Völkerfreundschaft, auf die Stärkung unseres multinationalen Staates auf Grundlage der Entwicklung jeder einzelnen Republik und der ganzen Union unterbreitet wird.

Wir lösen jedoch manchmal die vom Leben gestellten Fragen nicht schnell genug. Das löst Unzufriedenheit bei den sowjetischen Menschen aus. Sie verstehen sehr gut, welche Bedeutung die entstandene Union, der einheitliche volkswirtschaftliche Komplex haben, welche Bedeutung die Völkerfreundschaft hat, und können sich ihr Leben nicht außerhalb der Gemeinschaft und des gemeinsamen Kampfes für die Entwicklung, für die Lösung der Aufgaben zur Erneuerung unseres gemeinsamen sozialistischen Hauses vorstellen.

Die Umgestaltung bot uns die Möglichkeit, Probleme der Harmonisierung der zwischennationalen Beziehungen gedanklich zu verarbeiten und an ihre Lösung heranzugehen. Aber hier und da hat dies einen solchen Charakter angenommen, der der Umgestaltung, der Demokratisierung und der Offenheit schadet. Manche versuchen, die öffentliche Stimmung zugunsten der Lösung nationaler Probleme gegen die Umgestaltung zu wenden. Aber das führt uns in eine Sackgasse. Das ist die beste Art, die Lösung nationaler Probleme zunichte zu machen und die Umgestaltung zu schwächen.

All das führt zur Konfrontation der Nationen und Völkerschaften, zum Schüren nationalistischer Leidenschaften. Jegliche Aufforderung zu nationaler Abkapselung und Exklusivität, geschweige denn extremistische Appelle und Parolen sind unannehmbar. Würde das Verbreitung finden, so würde es unserem gemeinsamen Werk ungeheuren Schaden zufügen und alle Umgestaltungsprozesse sehr erschweren. Dies muß ebenfalls ohne Umschweife gesagt werden.

Weshalb hielt ich es für notwendig, mich auf dem heutigen Treffen dazu zu äußern? Sehr viel hängt von der Haltung der wissenschaftlichen und künstlerischen Intelligenz ab. In jüngster Zeit stellte sich leider heraus, daß bei weitem nicht alle, darunter auch Kommunisten, auf der Höhe der Aufgaben sind. Es zeigte sich, daß manchmal selbst die gebildetsten Leute weder das Nationale vom Nationalistischen unterscheiden, noch die Dialektik des Internationalen und des Nationalen begreifen.

Bis zu einem gewissen Grade läßt sich das damit erklären, daß jede Nation, die ihre eigene Intelligenz hat, ihre eigene Kultur entwickelt und ihre Leistungen gedanklich verarbeitet, sich den Wurzeln des Volkes zuwendet und begreifen möchte, wo die heutigen Erfolge ihren Anfang nehmen. Das ist gut und normal. Aber nur bis zu dem Punkt, an dem sich eine Nation plötzlich zur »Supernation« deklariert und dies dabei mit der Notwendigkeit erklärt, ihre Kultur, Sprache und Traditionen entwickeln zu müssen. Im Ergebnis führt ein solches Vorgehen zur Abkapselung und Isolation von anderen Kulturen.

Wir dürfen natürlich nicht zulassen, daß auch nur das kleinste Volk verschwindet, daß die Sprache auch nur des allerkleinsten Volkes verlorengeht. Wir dürfen keinen Nihilismus gegenüber der Kultur, den Traditionen, der Geschichte sowohl der großen als auch der kleinen Völker dulden. Das müssen wir auf dem im Sommer bevorstehenden Plenum offen aussprechen. Und nicht nur aussprechen, sondern auch eine juristische Basis schaffen, ökonomische und soziale Verhaltensweisen für die Lösung der nationalen Probleme ausarbeiten. Wir müssen überhaupt im Auge behalten, daß mit den Jahren, mit jedem Jahrfünft, jedem Jahrzehnt neue Generationen ins Leben treten. Sie werden nicht gleich als Internationalisten geboren. Sie werden auch nicht gleich als Nationalisten geboren. Sie durchlaufen eine politische, internationalistische Schule. Es handelt sich um einen lebendigen Prozeß, der stets im Blickfeld unserer Aufmerksamkeit bleiben muß.

Ich muß sagen, daß sich die Werktätigen voll und ganz dafür einsetzen, daß unsere Errungenschaften im Bereich der Nationalitätenpolitik nicht nur erhalten, sondern auch gefestigt werden, daß ihnen eine neue Qualität verliehen wird. Unsere Gesellschaft muß der Stimme des Volkes Gehör schenken. Denn bei uns ist es häufig so: Will man die eigene Haltung untermauern, so beruft man sich auf das Volk, äußert jedoch das Volk die eigene Meinung, die sich von dem, was die einen oder anderen Genossen sagen, unterscheidet, so sagt man, das Volk erkenne und begreife nicht alles. Nein, das Volk wird nicht zulassen, daß sich jemand verirrt.

»Die Partei muß die Führung der Perestroika behalten«

*(Aus dem Schlußwort Michail Gorbatschows
auf dem Plenum des ZK der KPdSU am 25. April 1989)*

Wir entscheiden gegenwärtig Aufgaben von historischer Tragweite. Aber die Menschen leben jetzt, und sie interessiert vor
allem die Möglichkeit einer schnellen Verbesserung der realen
Lebensbedingungen. Der Widerspruch liegt auf der Hand. Deshalb ist es in der Poitik sehr wichtig, das Wesen des Problems zu
erkennen und solche Wege zu seiner Bewältigung zu finden, die
den Realitäten so weit wie möglich entsprechen. Darin liegt der
Sinn der politischen Tätigkeit der KPdSU. Und das verpflichtet
die Partei dazu, ihre theoretische, politische, ideologische und
organisatorische Arbeit noch stärker zu entfalten.
Ich gehöre zu denen, die nicht in Verwirrung geraten, sondern
bemüht sind, die komplizierte Dialektik der Vorgänge in dieser
außerordentlich schwierigen Entwicklungsphase unserer Gesellschaft genau zu begreifen, die versuchen, die Politik der Perestroika, den strategischen Kurs der Partei zu bereichern und eine
dieser Strategie entsprechende Taktik auszuarbeiten, die bestrebt sind, die Aufgaben zur Erneuerung des Sozialismus zu
lösen.

Die Wahlen zum Kongreß der Volksdeputierten

Starke Denkanstöße in dieser Hinsicht bieten die stattgehabten
Wahlen, die zu einem Referendum geworden sind, und zwar zu
einem Referendum für die Perestroika. Die Wahlen haben eindeutig »Ja« zur Perestroika gesagt. Sie haben gezeigt: Die über-

wiegende Mehrheit der sowjetischen Bürger kann sich die Zukunft des Landes nicht ohne Perestroika, ohne Gesundung und Erneuerung eines auf sozialistischen Wertvorstellungen aufbauenden Lebens denken. Das ist das politische Hauptergebnis der Wahlen, ja der ganzen letzten vier Jahre angestrengter Arbeit.

Dabei verliefen die Wahlen unter komplizierten, vielleicht sogar äußerst komplizierten Bedingungen. Das Lebensmittelproblem ist noch bei weitem nicht gelöst. Es beunruhigt uns, wir haben diese Fragen auf dem vorangegangenen Plenum des ZK behandelt. Sehr akut ist die Wohnungsfrage. In den Geschäften fehlt es an Konsumgütern. Die Liste der Mangelwaren wird länger. Die Finanzlage des Staates ist bedrückend.

Sehr akut sind, unumwunden gesagt, die vernachlässigten Fragen der Vervollkommnung der multinationalen sowjetischen Föderation, womit nationalistische, extremistische und antisowjetische Elemente mancherorts hausieren gehen. Dies versuchen auch Leute, die in politischer Hinsicht nicht auf die Beine kamen, meist aber einfach auf Karriere spekulierende Elemente. Das alles gibt es.

Desto wichtiger ist die unbestreitbare Tatsache, daß unter diesen schwierigen Umständen, wo uns vorausgesagt wurde, die Menschen würden nicht zur Wahl gehen und die, die kämen, würden dagegen stimmen, sich das sowjetische Volk eindeutig zur Perestroika bekannt, seine Treue zum Sozialismus bekräftigt, den Kurs der Partei auf eine weitere Erneuerung der Gesellschaft unterstützt hat.

Wir werden die Wahlresultate noch allseitig zu analysieren und zu werten haben. Sicher werden wir kurz vor dem Kongreß der Volksdeputierten, wenn wir die mit seiner Abhaltung, mit dem Aufbau der höchsten Machtorgane und ihrer Funktionsweise zusammenhängenden Fragen erörtern, auf einem ZK-Plenum auf diese Dinge zurückkommen. Die Notwendigkeit dazu besteht. Doch schon heute können wir mit Gewißheit sagen, daß ein neuer Schritt von prinzipieller Bedeutung zur Entwicklung der Demokratie getan wurde. Die Wahlen haben gezeigt, daß die Perestroika nicht mehr vorwiegend eine Sache von Enthusiasten und Vorreitern ist. Heute dürfen wir sagen, daß sie zu einer wirklich volksweiten Bewegung wurde.

Dies ist eine überaus wichtige politische Feststellung, auf die ich besonders hinweisen möchte, weil es ohne die Erkenntnis dieser Schlußfolgerung schwer wäre, die Arbeit im Zentrum wie in den Republiken, in den Regionen und Kommunen, in der Partei und an der Wirtschaftsfront richtig zu gestalten.

Doch nur dies zu sagen wäre nicht genug. Die aufmerksame Analyse der Wahlkampagne, der Ergebnisse der Volksabstimmung besagt: Die sowjetischen Bürger haben sich nicht nur für die Perestroika ausgesprochen, sondern auch für deren weitere Vertiefung, für Entschlossenheit bei ihrer Durchsetzung, für rasche Wandlungen zum Besseren in allen Bereichen unseres Lebens. Ich denke, in diesem Schluß stimmen wir überein.

Mit anderen Worten, die Wähler haben, während sie die Perestroika als Strategie, als Politik begrüßten, hart und anspruchsvoll bewertet, wie der Kurs der Partei umgesetzt wird, was die Partei-, Sowjet- und Wirtschaftsorgane, die Leistungskader leisten, welche Resultate erzielt wurden. Wir müssen erkennen: Die Menschen sind unzufrieden darüber, wie die anstehenden Probleme jeweilig in der konkreten Stadt, dem konkreten Rayon, Gebiet, der konkreten Republik, in dem oder jenem Zweig, im Lande insgesamt gelöst werden.

Mir scheint, viele der Gründe dafür, daß die Perestroika in einigen Richtungen nicht die von uns erhofften Resultate zeitigt, wurzeln in der Tätigkeit der zentralen Organe. Die Diskussionsredner auf dem Plenum haben viel prinzipiell Richtiges genannt. Da ist, wie man so sagt, nichts hinzu- und nichts hinwegzuzaubern. Das heißt, vieles muß im ZK, im Politbüro und in der Regierung überdacht werden, damit deren Tätigkeit der Tragweite der im Lande zu lösenden Aufgaben entspricht.

Wenn ich davon spreche, muß ich aber auch etwas anderes betonen: Ja, natürlich, das Zentrum trägt eine hohe Verantwortung, und man sollte sie nicht herabmindern. Der Wert der jetzigen Diskussion auf dem ZK-Plenum besteht jedoch darin, daß bei vielen Rednern das Verständnis für die Rolle der örtlichen Parteiorgane und derjenigen auf Republikebene bei der Lösung der anstehenden Aufgaben anklang.

Das Bild muß vollständig, die Analyse muß allseitig sein. Ohne die Verantwortung des Zentrums verkleinern zu wollen, möchte ich die Aufmerksamkeit auf folgenden Gedanken lenken: Die im Rahmen der Perestroika verlaufenden Prozesse lenken und dirigieren wir so, daß die Republiken, die örtlichen Organe und die Wirtschaftsorganisationen mehr Selbständigkeit erhalten. Das wird aus jedem die ökonomischen und politischen Reformen betreffenden Dokument ersichtlich. Alles ist darauf gerichtet, viele Rechte vom Zentrum an die Basis zu vergeben.

Viele haben diese neue Situation schon genutzt und sind an die Arbeit gegangen; sie lösen praktisch jahrelang angehäufte Fragen. In einigen Regionen, Städten und Rayons sind reale Fortschritte zu verzeichnen. Die Menschen sehen und würdigen das, doch ist damit bei uns noch nicht alles in Ordnung. Und dazu möchte ich sagen: Daß die Bewältigung grundsätzlicher Probleme Zeit erfordert, begreifen die Werktätigen gut. Ich weiß das aus vielen Kontakten mit Arbeitern, Bauern, Geistesschaffenden, mit Wirtschafts- und Parteifunktionären. Das begreifen die Menschen, aber womit sie sich nicht abfinden wollen, sind die Störungen in der Versorgung mit Dingen, die genügend vorhanden sind. Sie sind unzufrieden mit der Funktionsweise des Handels und des Dienstleistungsbereichs, des Nahverkehrs, mit dem vernachlässigten sanitären Zustand der Städte, mit der fehlenden rigorosen Bekämpfung der Mißwirtschaft und der Gesetzesverstöße, mit der ökologischen Situation in Städten und Ortschaften, mit der Einstellung zu den Kulturdenkmälern.

Viele dieser Fragen erfordern weder besondere Entscheidungen des Zentrums noch die Umgestaltung des ökonomischen und politischen Systems. Sie erfordern auch keine Investitionen. Dem muß man auch hinzufügen, daß viele kritische Bemerkungen damit zusammenhängen, daß Menschen in verschiedenen Organisationen die frühere Atmosphäre weiter empfinden, daß man jeden Besucher nahezu als persona non grata und unerwünschte Erscheinung ansieht.

Die sowjetischen Bürger sind für vernünftige Argumente sehr zugänglich. Wenn man einem Menschen, der irgendeine Frage aufwirft, schlüssige und dabei aufrichtige Argumente nennt und sich bemüht, ihn an der Analyse einer Situation zu beteiligen, so willigt er darin ein. Wenn aber die Menschen in vielen Amtszimmern dieselbe Atmosphäre empfinden, die im Laufe von Jahrzehnten entstanden ist, und auf den deutlichen Unwillen treffen, mit ihnen auch nur zu reden, dann ist das besonders empörend. Das halte ich für nötig, heute auszusprechen. Weil sich manch einer bereits dazu versteigt, daß Demokratie und Glasnost nahezu eine Katastrophe seien. Und daß sich das Volk regt, nicht schweigen will und Rechenschaft fordert, wird als Auswuchs der Umgestaltung betrachtet. Ich dagegen erblicke darin einen Erfolg der Umgestaltung. Das ist auch der Standpunkt des Politbüros. Wir schreiten zur Volksherrschaft, beziehen den werktätigen Menschen in alle ökonomischen und sozialen Prozesse ein. Wir tun das über seine Wiedergeburt als Herr in der Produktion, über demokratische Formen und neue Methoden des Wirtschaftens, über die Wahlkampagne und über die Wiedergeburt der Sowjets. Das ist genau das, was wir brauchen. Es ist das, wofür wir alles begonnen haben – damit das Befinden des Menschen im sozialistischen Staat normal und gut ist, damit er sich vor allem als Mensch fühlt.

Ich glaube, wenn dieser Verlauf der Ereignisse und diese Wende der Umgestaltung jemandem wider den Strich geht, ist das sehr ernst zu nehmen. Es gibt in Einzelheiten Störungen und Mißerfolge. Davon werde ich noch sprechen. Aber es gibt einen prinzipiellen Kurs. Den, von dem Lenin sagte: Der Sozialismus ist das lebendige Schaffen der Massen. Und über neue Mechanismen, mit Hilfe der politischen und der Wirtschaftsreform erheben wir gerade den Menschen zur handelnden Hauptperson in allen Bereichen der Umgestaltung und in allen Lebensbereichen.

Bei der Suche nach den Ursachen von Störungen kann man bis zur politischen Absurdität kommen und sich verrennen. Wir dürfen die stattfindenden Prozesse nicht mit den Augen von gestern betrachten und sie lediglich von der eigenen Warte aus beurteilen. Wir brauchen eine prinzipielle und ehrliche politische Analyse. Das einzig richtige Verhalten ist ein politisches Verhalten, geleitet von den Positionen der Interessen des Sozialismus und den Forderungen des Volkes. Nur das wird uns zu richtigen Schlüssen führen. Richtige Schlüsse aber bilden das Fundament für die Umgestaltung der Arbeit.

Ja, die sowjetischen Bürger haben eindeutig für die Umgestaltung gestimmt, aber dabei meinten sie nicht die Umgestaltung als abstrakte Idee, sondern als ergebnisreichen Prozeß, der mit konkretem Inhalt und greifbaren Taten erfüllt ist.

Ja, die sowjetischen Bürger haben sich unzweideutig für den Sozialismus ausgesprochen, aber in seiner erneuerten und humanen Form, für einen Sozialismus, der tatsächlich den Interessen des Volkes dient und den Menschen adelt.

Ja, die sowjetischen Bürger stimmten größtenteils für die Kommunisten, die in ihren Augen die Partei der Perestroika verkörpern, die sich als politische Avantgarde der Gesellschaft unter den neuen Bedingungen durchsetzt. Mit ihrer Wahl haben die sowjetischen Bürger bekräftigt, daß sie in der Partei die einzig reale und zuverlässige politische Kraft erblicken, die in der Lage ist, gleichzeitig sowohl die Erneuerung der Gesellschaft als auch deren Konsolidierung zu sichern.

Welche Schlüsse ziehen wir für uns daraus, wie nutzen wir die neuen Möglichkeiten, die sich der Partei bieten, die das Vertrauensmandat erhalten hat? Auf all das müssen wir antworten, aufrichtig und ehrlich, mit der Bereitschaft zum höchsten eigenen Einsatz.

Diese Analyse und diese Einstellung zur Beurteilung der Geschehnisse im Lande verpflichten uns auf dem heutigen Plenum, eine Reihe von Aspekten der praktischen Arbeit der Partei und aller Kader ins Auge zu fassen.

Vor allem ist zu sagen, daß es uns ungeachtet aller Schwierigkeiten, auf die wir in der letzten Periode stießen, gelungen ist, der Wirtschaft eine starke soziale Orientierung zu verleihen – obwohl wir wissen, daß dies bislang nur erste Wandlungen sind und noch sehr vieles zu leisten ist.

Bei den wichtigsten Kennziffern konnte die Tendenz zur Minderung des Wachstumstempos der Wirtschaft gestoppt werden. Wandlungen zeichneten sich bei der Effektivierung der Volkswirtschaft ab. Dieser Faktor wird immer wirksamer. Die strukturelle Umgestaltung wird verwirklicht, wenn auch nicht ganz so, wie wir sie gedacht hatten; aber sie hat begonnen, läuft und wirkt sich auf die wissenschaftlich-technische Erneuerung der Produktion aus.

Trotz aller Schwierigkeiten kommt die Wirtschaftsreform voran. Die Wirtschaftslage von Betrieben, Genossenschaften, Kolchosen und Sowchosen festigt sich. Eine großangelegte Umgestaltung des Systems der Wirtschaftsleitung ist im Gange. Neue Prinzipien der Außenwirtschaftsbeziehungen wurden festgelegt. Und was bei den laufenden Wandlungen besonders wichtig ist, das ist die sich verändernde Einstellung der Menschen zur Arbeit, die veränderte Mentalität und der entstehende »neue Typ« der Beschäftigten. Es geht nicht nur um Wirtschaftsleiter, sondern auch um Arbeitskollektive. Sehr wichtig ist, daß sich der Mensch im Rahmen der Umgestaltung zu ändern beginnt.

In dieser Hinsicht macht das Streben vieler Betriebe Hoffnung, die Stufen der Wirtschaftsreform hinaufzusteigen: von der ersten Form der wirtschaftlichen Rechnungsführung zur zweiten, von dort zur Pacht.

Ich will unterstreichen, daß wir ungeachtet aller Schwierigkeiten auf die grundlegende, tiefgreifende Umgestaltung unserer ganzen Volkswirtschaft abzielen, die sowohl die Produktionsverhältnisse als auch die Wissenschaft, die Technik und die Methoden des Wirtschaftens erfaßt. Dadurch schaffen wir einen Vorlauf, damit unsere Wirtschaft neue Ziele erreicht. Das müssen wir trotz aller Schwierigkeiten und der Pression der heutigen konkreten Situation tun.

Aber damit, was wir in der Wirtschaft geleistet haben, sind wir unzufrieden, insbesondere, was die Endergebnisse betrifft. Wir wissen, daß auch die Werktätigen mit der heutigen Lage in der Wirtschaft unzufrieden sind. Sie haben einen Grund dafür. In einem solchen Moment kann man sich leicht von momentanen Stimmungen beeinflussen lassen und vom vorgezeichneten Kurs abgehen. Es wäre jedoch sehr gefährlich, einem Druck der Umstände zu weichen. Wir müssen genügend Mut für die Fähigkeit besitzen, unter den komplizierten Bedingungen die vorgezeichnete Linie konsequent durchzuführen.

Sehr wichtig ist, den Werktätigen die Notwendigkeit eines solchen Herangehens und die Einsicht darein von Tag zu Tag bewußt zu machen, daß die tiefgreifenden Wandlungen für uns lebensnotwendig sind, daß sie einen ernsthaften Nutzeffekt erbringen werden. Aber das bedeutet nicht, daß wir uns heute über die vorrangigen Lebensprobleme hinwegsetzen können, die in der Gesellschaft existieren und ihrer Lösung harren. Davon war bereits die Rede auf dem April-Plenum [1985] des ZK und insbesondere auf dem 27. Parteitag, der die Notwendigkeit einer starken Sozialpolitik und der Umorientierung unserer Wirtschaft auf die Lösung der dringlichen Alltagsprobleme des Volkes anerkannt hat.

In konkreter Hinsicht geht es, und dies wurde auf dem Juni-Plenum [1987] des ZK besonders klar betont, um die vorrangige Entwicklung des Agrarsektors bei der Lösung des Lebensmittelproblems, um den Wohnungsbau, die Steigerung der Produktion von Konsumgütern und die Dienstleistungssphäre. Wandlungen in all diesen Bereichen vollziehen sich. Diesbezügliche Zahlen werden regelmäßig veröffentlicht.

Aber es muß uns doch beunruhigen, daß das Volk diese Wandlungen wenig empfindet, daß sich die Situation, unter anderem auf dem Binnenmarkt, nicht verbessert, sondern in vielen Fällen verschlimmert hat und die Verknappung, wie ich bereits sagte, weiter zunimmt. Wir müssen die in diesem Zusammenhang in der Gesellschaft wachsende Besorgnis sehen. Die Menschen reagieren unwillig auf Versorgungsmängel und auf das Schlangestehen, das ihnen Zeit stiehlt und sie, ehrlich gesagt, demütigt. Sie empfinden diese Situation als Diskrepanz zwischen Worten und Taten, als Widerspruch zwischen Versprechungen und realen Veränderungen.

Wir erkennen an, daß diese Unzufriedenheit berechtigt ist, und müssen uns fragen: Wie konnte es geschehen, daß bessere Kennwerte der Volkswirtschaft wie die Steigerung der Arbeitsproduktivität oder die Vergrößerung der Ressourcen, die, wenn auch nicht in gewünschtem Tempo, zu verzeichnen sind, die Marktsituation nicht verbessern, sondern vielmehr den Markt zerrütten. Wir müssen das dem Volk erläutern und für uns selbst herausfinden, um es in Politik und praktische Tätigkeit umzusetzen.

Was ist also passiert? Es gab natürlich auch Dinge, die man nicht voraussehen konnte – Tschernobyl, Verfall der Erdölpreise auf dem Auslandsmarkt und manches andere. Dadurch läßt sich aber kaum alles erklären, was in der Wirtschaft geschah, insbesondere auf dem Verbrauchermarkt. Was ist denn dann unsere Planwirtschaft wert, wenn sie durch unvorgesehene Umstände aus dem Gleis geworfen werden kann? Wir müssen unsere Tätigkeit – sowohl des ZK als auch der Regierungs- und zentralen Leitungsorgane, aber auch der Organe auf Republik- und örtlicher Ebene – gewissenhaft und selbstkritisch einschätzen.

Vor allem muß ich sagen, daß wir mit großer Verspätung die Finanzlage des Landes zu analysieren und zu bewerten begannen. Genosse Wladimir Iwanowitsch Melnikow hat damit recht. Ich kann nur hinzufügen: Er hat recht in dem Sinne, daß wir das Land, in dem wir leben, ungenügend kannten. Das bedeutet allerdings nicht, daß wir uns von aktiven Maßnahmen distanzieren mußten. Wir mußten offensichtlich die Sache anpacken, und wir taten das. Es hat sich jedoch herausgestellt, daß alles schwieriger ist, als wir dachten und als es in der ersten Etappe zu sein schien.

Viele Entscheidungen wurden ohne gebührende Rücksicht auf

die reale Finanzlage und auf die Potenzen der Wirtschaft getroffen, obwohl sie durch akute soziale Bedürfnisse der Gesellschaft diktiert wurden. Kann man denn wirklich sagen, daß die Maßnahmen, die im Wohnbaubereich getroffen wurden, fehlerhaft waren? Wir begannen, den Wohnungsbau zu beschleunigen. Oder Maßnahmen im Gesundheitswesen, dem wir zusätzlich sechs Milliarden Rubel zugeführt haben? Oder Maßnahmen auf dem Gebiet der Volksbildung, wo wir Probleme der materiellen Ausstattung und der Gehälter lösen mußten? Das waren relevante Fragen, die damals stark in den Vordergrund rückten. Wir erhöhten Renten einzelner Bevölkerungskategorien und Stipendien für Studenten und Berufsschüler.

Das durften wir nicht verschieben. Zugleich hätte man aber auch die Finanzierungsquellen für diese Maßnahmen deutlich bestimmen und Ausgaben für andere Zwecke kürzen müssen. Das geschah nicht in vollem Maße. Die Rüstungsausgaben, unvollendete Bauvorhaben, Bewilligungen für Verwaltung und einige Mammutprojekte usw. nahmen weiterhin zu.

Heute sind alle berechtigt, zu fragen: Wo waren denn die zentralen Wirtschaftsorgane und die ZK-Mitglieder, die ihnen vorstehen? Wir müssen ihnen heute eine solide Rechnung aufmachen. Denn im wesentlichen entstanden die Probleme deshalb, weil sie sich nicht rechtzeitig und nicht rigoros genug mit der Finanzlage des Landes, dem jahrzehntelang bestehenden Ungleichgewicht, dem Haushaltsdefizit und den praktisch wachsenden Staatsschulden befaßt haben.

Ich muß offen sagen, daß wir unvorbereitet waren, über die ökonomischen Hebel die Durchführung der Gesetze über den staatlichen Betrieb, das Genossenschaftswesen und die individuelle Erwerbstätigkeit wirksam zu beeinflussen, da die Wirtschaftsorgane und Zweigministerien hierzu eine unzulängliche Arbeit geleistet haben. Einerseits konnten die Produktionskollektive Unternehmungsgeist und Initiative im Rahmen ihrer neuen Rechte nicht in vollem Maße zur Geltung bringen. Andererseits sieht sich heute das Zentrum in einer Lage, in der es über keine erforderlichen Hebel zur Einnahmenregelung und vor allem über keine durchdachte Steuerpolitik verfügt. Da wir Jahrzehnte im Rahmen des administrativen Systems funktionierten, erwies sich nicht nur unsere Praxis als hilflos, sondern auch die Wissenschaft, die nicht sofort die nötigen Projekte und Maßnahmen vorschlagen konnte, die uns geholfen hätten, das notwendige Instrumentarium zu entwickeln und den Übergang zu einer effektiven Wirtschaftsführung zu sichern.

All das hat dazu geführt, daß das wichtigste Wirtschaftsprinzip – vorrangige Steigerung der Arbeitsproduktivität gegenüber wachsenden Einkommen – ernsthaft untergraben wurde. Die negativen Trends vermindern sich hierbei nicht, sondern verstärken sich bisweilen weiterhin. Im vergangenen Jahr vergrößerten sich die Einkommen in der Volkswirtschaft um sieben Prozent, während die Arbeitsproduktivität um 5,1 Prozent gestiegen war; aber bereits im ersten Quartal dieses Jahres sah dieses Verhältnis 9,4 zu 4,5 Prozent aus, d. h. die Einkommen stiegen um gut das Doppelte der Arbeitsproduktivität.

Im allgemeinen steigt die Arbeitsproduktivität nicht schlecht. Das bedeutet Gesundung der Wirtschaft und Beschleunigung des wissenschaftlich-technischen Fortschrittes. Das wird jedoch alles zunichte gemacht, weil die Einkommen nicht mit den Endergebnissen verbunden sind. Folglich – das muß man offen sagen – ist das ökonomische Instrumentarium der wirtschaftlichen Rechnungsführung und der Kostendeckung nicht endgültig durchdacht, wodurch die Grundprinzipien der beschlossenen Normativakte vermindert, wenn nicht untergraben werden.

Die ZK-Mitglieder wissen, daß die Regierung, nachdem das Politbüro diese Fragen geprüft hatte, unverzügliche Maßnahmen zur Sanierung der Finanzen erarbeitet hat und durchführt. Ich möchte jedoch davor warnen, in diesen Sofortmaßnahmen eine erschöpfende Lösung des Problems zu sehen. Das Wichtigste besteht darin, die Wirtschaftsreform konsequent und nachdrücklich voranzubringen, die Effizienz der Produktion zu steigern, die Prinzipien der wirtschaftlichen Rechnungsführung strikt einzuhalten, keinen einzigen Rubel auszuzahlen, ohne ihn an Quantität und Qualität der Erzeugnisse zu messen.

Ich glaube, wir brauchen auch ein offenes Gespräch mit den Werktätigen. Wir haben es für zweckmäßig befunden, den Entwurf eines Schreibens im Namen des Zentralkomitees vorzubereiten, damit die Menschen die reale Lage kennen.

Wir müssen Maßnahmen für den Übergang zum Großhandel vorbereiten und durchführen, ihn auf ökonomisch begründete Bahnen umstellen, wie wir das auf der 19. Parteikonferenz beschlossen haben. Und natürlich müssen wir unverzüglich etwas zur Vervollkommnung der ökonomischen Hebel tun. Ich meine damit Verbesserung der Besteuerungspolitik und des Kreditsystems usw. Diesbezüglich werden bereits entsprechende Dokumente vorbereitet.

Zur Versorgungslage

Dies wäre sozusagen nur ein Aspekt, der sich auf das Ordnen des Finanzsystems und die Verstärkung der Bemühungen zur Durchführung der Wirtschaftsreform bezieht. Ein weiteres, nicht minder wichtiges – aus der Sicht des Verbrauchers das aktuellste – Problem ist die Steigerung des Warenangebots im allgemeinen und der Lebensmittelversorgung insbesondere. Ich bin überzeugt, daß wir, wenn wir die auf dem März-Plenum [1989] des ZK erarbeitete Agrarpolitik konsequent in die Tat umsetzen, den Menschen freie Hand lassen, sie unter Nutzung verschiedener Formen zu wahren Eigentümern des Bodens werden lassen und die Eigentumsverhältnisse umgestalten, einen realen Fortschritt erzielen werden. Und in diesem Punkt ist den Bemerkungen W. I. Melnikows kaum beizupflichten. Wahrscheinlich bezogen sie sich auf die Regionalprobleme der Komi ASSR. Aber es kommt jetzt einzig und allein auf die Initiative an der Basis an. Die Beschlüsse des Plenums bieten eine solche Möglichkeit, und sie müssen genutzt werden. Wir haben die sozialen Fragen auf dem Lande erheblich vorangebracht. Ungeachtet der angespannten wirtschaftlichen Lage gelingt es uns, die materiell-technische Basis zu verstärken. Hier ist bereits Erhebliches vollbracht worden. Im allgemeinen meint das Politbüro, daß wir, wenn wir die auf dem März-Plemum des ZK erarbeitete Agrarpolitik konsequent realisieren, schon in der nächsten Zeit eine grundlegende Wendung bei der Lebensmittelversorgung herbeiführen werden.

Ich möchte darauf zurückkommen, worüber auf dem ZK-Plenum schon gesprochen wurde: Die Grundorganisation der Partei, die Staatsorgane, unsere Kader in leitender Stellung im Agrarsektor verhalten sich zu ihren Funktionen unterschiedlich. Daher auch die unterschiedlichen Ergebnisse sowohl bei der Steigerung der Lebensmittelproduktion als auch bei der Lebensmittelversorgung. Sehen Sie nur, welche Ungleichmäßigkeit in diesen Fragen im Landesmaßstab herrscht! Wurde das früher durch verschiedene Naturverhältnisse erklärt, so geht es heute in entscheidendem Maße auf die Arbeitsleistungen, die Initiative und Verantwortung lokaler Funktionäre zurück.

Davon, was man auch unter schwierigen Bedingungen erreichen und wie man die Situation ändern kann, spricht die Erfahrung der Gebietsparteiorganisation Rjasan. Dort ging alles sehr kompliziert zu. Aber die Werktätigen haben die Vorhaben des Gebietsparteikomitees begriffen und die realen Pläne, die praktische Arbeit der Partei- und Staatsorgane mit Taten unterstützt. Die Ergebnisse ließen nicht lange auf sich warten.

Warum spreche ich darüber? Weil ich abermals den Gedanken hervorheben will, daß sogar in schwierigen Regionen mit zerrütteter Landwirtschaft, wo jahrelang zur Erhöhung ihrer Produktivität und zur Steigerung der Lebensmittelproduktion kaum etwas unternommen wurde, binnen kurzer Zeit greifbare Ergebnisse erzielt werden können, wenn man nur die Sache richtig anpackt und die neuen Möglichkeiten richtig nutzt.

Natürlich weist jedes Gebiet und jede Region ihre Besonderheiten auf. Diese diktieren auch verschiedene Verhaltensweisen. Das dürfte klar sein. Klar dürfte aber auch sein, daß, wie man sagt, ein ruhender Stein Moos ansetzt. Konkrete Pläne, die unter Beteiligung des Volkes erarbeitet wurden, sowie hohes Engagement der Arbeitskollektive, Parteiorganisationen und Wirtschaftskader sind erforderlich. Etwas anderes gibt es hier nicht. Es gibt keinerlei wundertätige Maßnahmen, auf die manch einer gerechnet haben mag. Das lehrt uns nicht nur die ganze Geschichte, sondern auch die jüngste Vergangenheit. Heute, da ernsthafte Voraussetzungen für die sachgerechte Arbeit des Agrarsektors geschaffen wurden, ändern die auf dem März-Plenum des ZK erarbeiteten Maßnahmen die Situation von Grund auf und fördern das Vorwärtsschreiten auf dem Lande. Die Hauptsache ist, entschlossen den Weg grundlegender Umgestaltungen der Wirtschaftsbeziehungen auf dem Lande zu beschreiten.

Prinzipieller Verbesserung bedarf auch die Marktsättigung mit Bedarfsartikeln und Dienstleistungen. Die hier vorliegende Situation beunruhigt die ganze Gesellschaft und bildet Gegenstand anhaltender heftiger Diskussionen. Selbstredend gibt es hier viel Kritik, die weitgehend auch völlig berechtigt ist. Es werden aber auch viele konkrete Ideen unterbreitet, wie wir uns aus dieser prekären Lage heraushelfen könnten. In der Hitze des Gefechts stellen die Seiten gegenseitige Ansprüche und beschuldigen einander.

Ich will mich jetzt auf keine Diskussion einlassen. Es ist jedoch klar, daß das alles in bedeutendem Maße damit zusammenhängt, daß wir vorerst über keine notwendige Basis für die Produktion einheimischer Waren in nötiger Menge und erforderlichem Sortiment verfügen. Wir stellten die Aufgabe, eine solche Basis durch die Rekonstruktion und Umrüstung der Leicht- und der Lebensmittelindustrie unverzüglich zu schaffen sowie die Produktion von langlebigen Waren in den Zweigen der Schwerindustrie, insbesondere in den Rüstungszweigen, wesentlich zu erweitern. Diesen Kurs müssen wir nicht nur unbeirrt, sondern auch hart durchführen, und wir müssen ernsthafte Rechenschaft über die Realisierung der vorgezeichneten Programme fordern. Eine solche Arbeit haben wir eingeleitet. Unsere Rüstungsbetriebe liefern bereits Ausrüstungen für die Leicht- und die Lebensmittelindustrie. Es steht uns bevor, solche Ausrüstungen für insgesamt mehrere Dutzend Milliarden Rubel zu produzieren. Eine gewaltige Arbeit müssen hier ständige Organe des Ministerrates der UdSSR leisten, vor allem jene, die von den Genossen Beloussow, Silajew und Birjukowa geleitet werden.

Wir haben es uns zur Regel gemacht, jetzt regelmäßig als Kontrolle Berichte der Leiter jeglichen Ranges auf den Sitzungen des Politbüros und des Präsidiums des Ministerrates der UdSSR entgegenzunehmen. Das werden wir tun und damit die Verantwortung für die anvertraute Arbeit erhärten.

Die Aufgabe der Normalisierung der Lage auf dem Markt ist ein Problem, das – und dies muß man mit aller Bestimmtheit sagen – ohne die umfassendste und praktische Teilnahme der Republiken, Regionen und Gebiete, der größten Industriezentren, insbesondere unter den gegenwärtigen Bedingungen, da die Rechte zunehmend an die Republiken, Regionen, Betriebe und Arbeitskollektive übergeben werden, nicht gelöst werden kann.

Im ganzen befindet sich bereits heute alles, was den Agrarsektor, die Leicht- und die Lebensmittelindustrie, den Handel, die Dienstleistungssphäre, das Gesundheitswesen, die Bildung und so weiter betrifft, zum größten Teil in der Kompetenz der Republik- und der örtlichen Organe. Eine noch raschere Entwicklung wird dieser Prozeß nach der Erörterung und der Verabschiedung der Gesetze über die regionale wirtschaftliche Rechnungsführung und über die Organe der örtlichen Selbstverwaltung erfahren.

Es scheint selbstverständlich zu sein, daß die Erweiterung der Rechte stets mit zunehmender Verantwortung einhergeht. Wir stoßen jedoch in vielen Fällen auf ein entgegengesetztes Verhalten, einfacher gesagt, auf die Unterhaltsempfänger-Mentalität, die bei uns sehr tiefe Wurzeln gefaßt hat. Wir müssen ein für allemal übereinkommen und die Beschlüsse des 27. Parteitages sowie der 19. Parteikonferenz strikt befolgen – jede Republik, jede Region und jedes Gebiet ist vor der Bevölkerung dafür verantwortlich, welche Lebensbedingungen geschaffen worden sind, wie die Menschen mit Lebensmitteln versorgt und medizinisch betreut werden, wie es sich mit der Volksbildung verhält, wie die städtische Versorgungswirtschaft funktioniert und wie es um den Markt von Waren und Dienstleistungen bestellt ist. Viele für diese Ziele bereitgestellte Mittel werden jedoch an der Basis nicht in Anspruch genommen.

Warum spreche ich erneut von scheinbar offensichtlichen Dingen? Gegenwärtig werden in der Regierung Maßnahmen zur Steigerung der Warenproduktion im kommenden Jahr durchgearbeitet. Positive Wandlungen vollziehen sich in der Haltung von Unionsministerien und Betrieben dieser Ministerien sowie in einigen, vielleicht sogar in den meisten Republiken. Zugleich drücken sich die Leiter einzelner Republiken davor, nach Reserven für die Auffüllung des Marktes zu suchen. Gleichzeitig bitten dieselben Republiken ständig und regelmäßig um Geld für die Entlohnung. Das ist nicht nur der gestrige, sondern auch der vorgestrige Einsatz auf einen Geldzuschuß. Wie man so sagt, ist das eine zumindest seltsame Haltung und, spricht man in der Sprache der Partei, eine verantwortungslose Position, insbesondere unter Berücksichtigung der realen Situation der Finanzen und des Marktes.

Natürlich erfordert das Problem der Steigerung der Produktion von Waren und Dienstleistungen sowie der Marktnormalisierung sowohl das entsprechende Verständnis als auch die entsprechende Einstellung und einen konkreten Beitrag der Produktionskollektive. Hier müssen auch die Parteiorganisationen eine große Arbeit leisten.

Die umfassenden, den Arbeitskollektiven eingeräumten Rechte werden nicht immer im Bewußtsein der Menschen mit der Einsicht in Einklang gebracht, daß nur sie selbst und kein anderer ihren Wohlstand auf der Grundlage des Wachstums der Arbeitsproduktivität und der Steigerung der Effektivität der Produktion sichern können.

Man muß der Wahrheit ins Auge sehen. Viele haben es verlernt, zu arbeiten, und sich daran gewöhnt, daß man sie nicht selten nur dafür entlohnt, daß sie zur Arbeit kommen. Die Gesellschaft kann sich damit nicht mehr abfinden. Das muß man laut und vernehmlich erklären. Vorerst aber sind bei uns noch Losungen und Aufrufe zur Gleichmacherei laut und vernehmlich. Während der Wahlkampagne haben viele Deputiertenkandidaten dieses Thema stark strapaziert.

Die Sanierung der Wirtschaft und der Finanzen stellt dringend die Frage des entschlossenen Kampfes gegen das unökonomische Wirtschaften. Und es ist richtig, daß Fälle von unökonomischem Wirtschaften von den Werktätigen als Untergrabung der Umgestaltung aufgefaßt werden. Ich meine, daß dies eine berechtigte Fragestellung ist. Wie lange werden wir von verschleppten Bauvorhaben reden, bei denen Milliarden Rubel verpulvert werden, wobei regelrechte Schrotthalden von nicht installierten Ausrüstungen, ebenfalls mit einem Wert von Milliarden Rubeln, entstehen? Wie lange werden wir von großen Fehlschlägen in der Investitionspolitik und von der Errichtung von Werken reden, deren Zweckmäßigkeit nicht gebührend begründet ist? Seit Jahrzehnten reden wir von gewaltigen Verlusten in der Landwirtschaft, im Transportwesen, von der ineffektiven Nutzung der Grundfonds in der Industrie. Und schließlich, wie lange werden wir uns mit dem barbarischen Herangehen an die Nutzung der Naturressourcen abfinden, die der Wirtschaft und der Ökologie einen enormen Schaden zufügen?

Nur einige Tatsachen: Am Anfang der Fünfjahrplanperiode haben wir grundsätzlich festgelegt, den Umfang des Investbaus und des Langzeitbaus zu reduzieren. Was geschieht in Wirklichkeit? Langzeitbauten haben sich wertmäßig um dreißig Milliarden Rubel vergrößert und betragen achtzig Prozent der jährlichen staatlichen Investitionen. Die Anzahl der Neubaustellen hat sich allein im vergangenen Jahr um 41 Prozent vergrößert. Man fragt sich: Wohin schauen das Staatliche Plankomitee der UdSSR und das Staatliche Komitee der UdSSR für Bauwesen? Wo ist der stellvertretende Vorsitzende des Ministerrates, Genosse J. P. Batalin? Hat er schon Stellung zu dieser Frage genommen? Zu teuer muß das Volk für diese Fehlkalkulationen zahlen. Oder eine andere Tatsache. Die außerplanmäßigen Liegezeiten der Fischereiflotte des Ministeriums für Fischereiwirtschaft der UdSSR (Minister Genosse N. I. Kotljar) beliefen sich im vergangenen Jahr infolge der Mißwirtschaft und unzulänglicher Weisungsfähigkeit auf 13 500 Tage. Ein Tag Liegezeit kostet aber 5 000 Rubel. Können Sie sich den Schaden vorstellen, der dem Staat durch eine solche, mit Verlaub gesagt, »Leitung« dieses Zweiges zugefügt wurde!?

Die Aufzählung dieser Tatsachen, die schlechterdings unfaßbar sind, könnte man fortsetzen. Allgemein bekannt ist die Bedeutung der Versorgung der medizinischen Einrichtungen mit Einwegspritzen und -nadeln. Die Beschlüsse über deren Massenherstellung wurden schon 1986 und 1987 gefaßt. Die verantwortungslose Haltung der Minister, der Genossen N. A. Panitschew, W. A. Bykow und M. S. Schkabardnja, hat es jedoch nicht gestattet, diese Beschlüsse durchzuführen. Das Ministerium für medizinische und biologische Industrie importierte zudem fast dreißig Millionen Spritzen ohne Nadeln. Die Nadeln sollten eigentlich gemäß dem Staatsauftrag in den Betrieben des Ministeriums für Gerätebau der UdSSR hergestellt werden. Genosse Schkabardnja hat jedoch den Abschluß entsprechender Lieferverträge nicht sichergestellt, und das Ministerium für medizinische und biologische Industrie ließ sich nichts Besseres einfallen, als Spritzen ohne Nadeln landesweit an die Organe des Gesundheitswesens zu versenden. Sie wurden natürlich wie Ladenhüter deponiert, während die medizinischen Einrichtungen sie dringend brauchen.

Wie viele berechtigte, zornerfüllte Worte hörte man zum Beispiel über den Mangel an Waschpulver. Es ist übrigens soweit gekommen, daß man sich an der Basis gezwungen sieht, sich um eine Notlösung dieses Problems zu bemühen und Seife und andere Waschmittel in Heimwerkstätten herzustellen. Inzwischen baut das Ministerium für chemische Industrie der UdSSR den Komplex »Nowomoskowskbytchim« bereits seit mehr als acht Jahren. Im Lande lassen sich viele solche Beispiele finden.

Die jahrelange Mißwirtschaft führte dazu, daß sich auf ihrer Grundlage ein ganzes Schmarotzersystem gebildet hat, sich vermehrt und mästet. Das ist ein System, das die Keime für Bestechlichkeit, Wirtschaftsverbrechen und Straftaten sowie für gesellschaftsfeindliche Moral pflanzt. Das ist ein System, das die Bedingungen seines Schmarotzertums verteidigt, dabei vielfach nicht ohne Erfolg.

Die Menschen sehen all diese scheußlichen Tatsachen der Mißwirtschaft und fordern zu Recht, die Schuldigen hart zu bestrafen – nicht aus Rachsucht, sondern um die Erkenntnis durchzusetzen, daß es unduldbar und unmöglich ist, das Gemeingut des Volkes zu vergeuden. Ich glaube – und das ist die Stellungnahme des gesamten Politbüros –, daß wir uns mit der Mißwirtschaft nicht mehr abfinden können, die die Perestroika buchstäblich in Verruf bringt und der gesamten Gesellschaft einen immensen wirtschaftlichen und moralischen Schaden zufügt.

Ich denke, daß die Tatsachen der Mißwirtschaft im Zentrum, in den Republiken, Gebieten, Regionen und Städten öffentlich zu erörtern sind, damit das Volk über alle getroffenen Maßnahmen informiert ist. Hauptsächlich muß aber Ordnung geschaffen werden! Ich bitte, dem Zentralkomitee zu berichten, was zu allen diesen Fragen unternommen wird. Das betrifft auch die Tatsachen, die ich hier angeführt habe. Sie müssen geprüft werden, wobei die härtesten Maßnahmen zu treffen sind.

»Die Partei muß lernen, unter den Verhältnissen der Demokratie zu arbeiten«

Für uns, das Zentralkomitee, ist unbestreitbar sehr wichtig, die Rolle der Partei und aller ihrer Gliederungen – von den Grundorganisationen bis hin zum Zentralkomitee – nicht nur langfristig, sondern auch in jeder konkreten Entwicklungsetappe der Gesellschaft im Rahmen der Umgestaltungsprozesse rechtzeitig zu erfassen und deutlich zu bestimmen. Ich würde sagen, daß dieses Thema heute auf dem Plenum des Zentralkomitees im Brennpunkt stand. Die Wahlergebnisse haben in diese Diskussion viele besorgniserregende Momente hineingetragen. Wir müssen jedesmal, streng realistisch, die Entwicklung der Prozesse, ihre Ausrichtung, die Geisteshaltung der Massen richtig einschätzen, um rechtzeitig entsprechende Beschlüsse zu fassen und jeweilige Abänderungen unserer Politik vorzunehmen. Schließlich ist es von ganz besonderer Relevanz, den Charakter, die Formen und Methoden der Parteitätigkeit im Einklang mit den Anforderungen des Lebens stets zu verbessern.

Ich kann den extremen Äußerungen nicht zustimmen, wonach die Partei ihre Positionen im Lande beinahe einbüße, sich praktisch in einen Diskussionsklub verwandelt habe usw. Angedeutet werden Schwäche und Entschlußlosigkeit des Zentrums. Ich glaube, einige Genossen verlieren in der scharfen Kurve an Zuversicht und weichen von ihren Positionen ab. Das darf doch nicht sein.

Ich fasse jedoch die Ausführungen, die hier gemacht wurden, auch als eine Information auf, die die Genossen an das ZK und das Politbüro leiten wollten. Diese Information wurde so präsentiert, daß sie auffallen sollte. Daher verstehe ich sie als Parteimitglied: Das ist ein Gespräch, das man braucht. Wo anders sollte man davon sprechen, wenn nicht im Zentralkomitee, wenn sich die Menschen um die Partei sorgen?

Ich denke, die Genossen haben recht getan, sich so geäußert zu haben, wie sie die gegenwärtige Situation empfinden. Die gegenwärtige Situation ist aber durch eine Vielfalt wichtiger Erscheinungen gekennzeichnet, wodurch sie sich gründlich von der vorhergegangenen Periode unterscheidet. Sie liefert viel Stoff zum Denken und – was besonders wichtig ist – bietet die Möglichkeit, entsprechende Lehren zu ziehen.

Die Wahlen haben uns geholfen, die Tendenzen zur Wechselwirkung und Verflechtung der in unserer Gesellschaft verlaufenden Prozesse auszuleuchten. Was ist der Kern dabei? Es ist die Beschleunigung und Vertiefung der Demokratisierung, nicht nur in der Tätigkeit der politischen Institutionen, sondern auch in allen anderen Lebensbereichen der Gesellschaft. Ich meine die wirtschaftliche, geistige und soziale Struktur.

Das Wichtigste, was ich besonders hervorheben will, ist ein schnelles Wachstum des Selbstbewußtseins des Volkes. Es wird wohl begründet sein, wenn wir heute feststellen, daß wir es im Grunde genommen mit einem konstruktiven sozialistischen Prozeß – mit einer umfassenden Politisierung der Massen – zu tun haben, da neue und immer neue Millionen Menschen, von denen viele noch vor kurzem der Politik sehr fern standen oder ihr überhaupt kein Interesse und keine Beachtung schenkten, die Bühne der gesellschaftlichen Tätigkeit betreten.

Und noch etwas. Wurde der Demokratisierungsprozeß in der ersten Etappe in bedeutendem Maße von Initiativen und praktischer Arbeit der Partei bestimmt, begann er sozusagen von oben, so ist er jetzt in entschiedenem Maße durch eine gewaltige Bewegung von unten gekennzeichnet – durch die Bewegung der breitesten Massen der Werktätigen. Das ist das Wichtigste. Wir haben gesagt: Laßt uns unter den Bedingungen der Demokratie arbeiten lernen! Wir haben gewußt, daß uns eine beispiellose Wahlkampagne erwartet. Und dennoch zeigten sich nicht alle von uns auf die Arbeit unter den neuen Bedingungen vorbereitet.

Die Politisierung des gesellschaftlichen Bewußtseins ändert die politische Situation im Lande. Verschiedenartige Erfahrungen der Massen werden zu einem immer wirksameren Faktor des gesellschaftlichen Lebens. All das ist für uns, für jene, die zwanzig bis dreißig Jahre in der Partei, in den gesellschaftlichen Organisationen tätig sind, ungewöhnlich. Das kritische und offene Aufwerfen vieler Fragen, die sich in der Gesellschaft in den vergangenen Jahrzehnten angehäuft haben, ist heute eine überaus wichtige Tatsache. Auf der Woge der Volksinitiative, im Rahmen der Perestroika-Prozesse entstanden zahlreiche gesellschaftliche Formationen und werden immer neue gebildet, und über sie tritt die gesamte Vielfalt der Interessen und Stimmungen verschiedener sozialer Gruppen, treten die Besonderheiten ihrer Auffassung dessen zutage, was in der Gesellschaft geschieht. Die Geschehnisse reflektieren sich in den Hirnen der Menschen, in verschiedenen Bevölkerungsschichten doch unterschiedlich. Wir sehen das, das sind reale Dinge. Und das ist ebenfalls ein überaus wesentlicher Faktor, der die gegenwärtige Situation charakterisiert.

Ich muß direkt sagen, daß sich die Parteiorganisationen, unsere Kader in vielen Fällen auf eine solche Wende in der Entwicklung der demokratischen Prozesse in der Gesellschaft als unvorbereitet erwiesen. Die Tätigkeit mehrerer Parteikomitees und Staatsorgane hält in ihren Verhaltensweisen, im Stil und in den Arbeitsmethoden, bei dem Erfassen der verlaufenden Prozesse nicht immer mit dem Leben Schritt. Das bezieht sich auf das Zentralkomitee der Partei und auf sein Politbüro.

Insgesamt gestaltet sich eine in bestimmtem Maße paradoxe Situation: Die Partei hat den Prozeß der Demokratisierung initiiert und sehr viel dazu getan, damit diese Losungen verwirklicht werden. Und das fand bei den Werktätigen, bei dem gesamten Volk allerorts Unterstützung. Nebenbei gesagt, nahm dadurch das Ansehen der Partei zu und bleibt nach wie vor erhalten. Heute aber, da die gesamte Gesellschaft in Bewegung gerät, da sich der Demokratisierungsprozeß in die Tiefe und in die Breite entwickelt, da er neue Kräfte und neue Probleme, die ihrer Erörterung und Lösung harren, an die Oberfläche des gesellschaftlichen Lebens bringt, stoßen wir auf diesem Wege immer öfter auf die Trägheit des alten Denkens, auf den Wunsch, zu den alten Methoden zu greifen, die verlaufenden Prozesse zu stoppen. Eben hier entsteht ein Widerspruch!

Und manch einer gerät sogar in Panik und erblickt in einer solchen Entfaltung der demokratischen Prozesse im Lande beinahe eine Bedrohung des Sozialismus, aller unserer Errungenschaften. Nein, heute müssen wir nicht dafür Sorge tragen, die Volksinitiative und -selbsttätigkeit zu stoppen. Die Aufgabe besteht ebendarin, daß die Partei den Prozeß des Anwachsens der gesellschaftlichen Aktivität des Volkes anführt, dabei den Ton angibt und darin schöpferische Grundlagen im Interesse der revolutionären Erneuerung der sozialistischen Gesellschaft, im Interesse der Perestroika festigt. Darin besteht das Wesen der Frage.

Einige Parteikomitees geraten bei uns in die Lage eines Kommandeurs, dessen Regiment oder Division bereits zum Angriff vorgegangen ist, der selbst aber immer noch nicht aus dem Graben herausklettern kann, immer wieder zurückrutscht und im Graben sitzenbleibt, obwohl es an der Zeit ist, zum Angriff anzusetzen.

Werden wir handeln, an der Spitze der anwachsenden gesellschaftlichen Aktivität sein, so wird die Sache der Perestroika nach dem geplanten Kurs weitergehen, und die Partei wird eine noch größere Unterstützung seitens der Werktätigen erhalten. Verlieren wir die Initiative, lassen wir ein Zurückbleiben zu, so wird der Sache der Perestroika ein ernsthafter und womöglich nicht wiedergutzumachender Schaden zugefügt, zusätzliche moralische, soziale, politische und wirtschaftliche Mißstände werden sich ergeben.

Eben von einer solchen Auffassung der führenden Rolle der Partei müssen wir heute ausgehen. Zu diesem Zweck muß sich die Partei selbst aber auf den Leninschen Prinzipien des Demokratismus, im Geiste der Anforderungen der Zeit ständig weiterentwickeln.

Von Anbeginn der Perestroika haben wir gesagt, es kommt darauf an, daß die Partei unter den Verhältnissen der Demokratie leben und arbeiten lernt. Heute sagen wir, daß sie jetzt nur so und nicht anders handeln kann. So müssen die gewählten Parteiorgane, die Grundorganisationen, die Leitungskader der Partei, der Parteiapparat und jeder Kommunist handeln. Ebensolche Lehren ergeben sich aus der Analyse der Parteiarbeit in der heutigen konkreten Situation. Wir müssen entschieden jegliche Versuche aufgeben, zu den alten Verhaltensweisen zurückzukehren, wir müssen die Gewohnheit der Exklusivität der Parteikomitees als fehlerhaft abstreifen.

Der Leitsatz Lenins, daß die Kommunisten inmitten des Lebens stehen, es wie die eigene Westentasche kennen und imstande sein müssen, die Stimmung der Menschen, ihre wahren Bedürfnisse, Bestrebungen und Gedanken zu erkennen, daß sie es vermögen müssen, das grenzenlose Vertrauen der Masse durch eine kameradschaftliche Einstellung zu ihr, durch die sorgsame Befriedigung ihrer Bedürfnisse zu gewinnen, ist heute vielleicht wie noch nie zuvor für uns von immenser Bedeutung. Ihm läßt sich kaum etwas hinzufügen. Ihn zu beherzigen ist zwar wichtig, danach aber zu handeln, ausgehend von der jeweiligen Situation in dieser Umbruchphase der Umgestaltungsprozesse – dazu gehören großes Können, Einsicht und Kraft.

Wir müssen also in unserem Wirken auf die lebendigen Kontakte zu den Menschen, auf die politischen Methoden, auf die Entfaltung eines kontinuierlichen, substantiellen Dialogs mit allen gesellschaftlichen Kräften setzen. Derartige Massenarbeit entspricht seit eh und je der Leninschen Tradition. Daraus erwuchs eben die Kraft der Partei, gerade auf diesem Wege war sie sich stets der umfassenden Unterstützung seitens des Volkes gewiß. Wenn aber im Gegenteil diese Leninschen Grundsätze nicht befolgt wurden, wenn sich die Partei abkapselte, sich von den breiten Volksmassen distanzierte und die Weisungsmethoden als ein Allheilmittel hochspielte, sank sofort ihr Einfluß als politische Avantgarde der Gesellschaft. Das wissen wir hinlänglich nicht nur aus der Geschichte, sondern auch aus der jüngsten Vergangenheit.

Von diesen Erfahrungen müssen wir ausgehen; wir müssen genau wissen und erkennen, daß es das wichtigste ist, unter die Massen zu gehen, die politischen Methoden einzusetzen. Darin besteht unsere Kraft. Dies ist nicht etwa ein Anzeichen unserer Schwäche, sondern ein Quell für unsere Kraft und Zuversicht in unsere gerechte Sache. Das möchte ich besonders betonen.

Der Parteidialog mit den Werktätigen hat nichts mit einer Schwäche oder Umwandlung der KPdSU in einen Diskussionsklub zu tun. Wenn die Führung eines Dialogs mit allen Gesellschaftsschichten als Schwäche zu werten wäre, wüßte ich nicht, was man unter Mut zu verstehen hat. Es kommt darauf an, die Menschen zu aktivieren, sie zu veranlassen, die Perestroika voranzubringen und unsere Gesellschaft im Interesse des Menschen und des ganzen Volkes umzugestalten. Und sich nicht von Denkklischees leiten zu lassen: genehmigen oder nicht genehmigen, ausreisen lassen oder nicht ausreisen lassen. Die Zeiten sind vorbei. Das ist nichts anderes als ein Nachhall der Befehlsmethoden. Kraft und Mut zu beweisen heißt, die Menschen mitzureißen, sie durch unwiderlegbare Logik, tiefe Parteilichkeit und Treue zum Sozialismus zu überzeugen, zu einen und fest zusammenzuschließen. Ohne Dialog geht das doch nicht!

»Wir müssen die Perestroika schützen«

Diese Schlußfolgerung legen uns die Wahlergebnisse nahe. Zu ebendiesem Schluß gelangen wir auch in Auswertung der dramatischen Vorkommnisse in der Hauptstadt Georgiens, Tiflis, am 9. April. Das Politbüro des ZK veranlaßte eine eingehende Klärung der Vorgänge. Aber jetzt bereits leuchtet uns ein, daß wir unter Anwendung der politischen Methoden und gestützt auf die Kraft des Gesetzes alles daransetzen müssen, damit sich so etwas nicht wiederholt. Die immer tiefer und breiter werdenden natürlichen Kontakte der Partei zu den Volksmassen, zu allen Werktätigen, deren Zusammenfassung und Konsolidierung sind ein Unterpfand der eingeleiteten Erneuerung der Gesellschaft, für den Erfolg der Perestroika. Eben auf diese Weise kann die Perestroika einen machtvollen Antrieb bekommen und einen unumkehrbaren Charakter gewinnen.

Zugleich wäre es der beste, der zuverlässigste Schutz vor deren offenen und getarnten Gegnern, sei es konservativer oder linksradikaler Färbung. Es gilt, beides auf den Müll zu werfen und entschieden zu überwinden. Diesbezüglich gibt es viel Kritik seitens der Werktätigen an den Parteileitungen und -funktionären. Und dies völlig zu Recht.

Wie jede Revolution muß sich die Perestroika sicherlich zu verteidigen wissen, kraft der Überzeugung, aber auch kraft des Gesetzes. In diesem Sinne sollen durch die Herausbildung eines Rechtsstaates immer bessere Garantien einerseits für die Demokratisierungsprozesse und andererseits für den Schutz der demokratischen Errungenschaften geboten werden. Zur Entfaltung der Perestroika, zur stärkeren Ausprägung der Demokratie, zur Freisetzung der Initiative eines jeden müssen wir die Rechtshebel maximal einsetzen. Selbstverständlich auch zum Schutz der Demokratie, der Rechte und Interessen eines jeden Bürgers.

Wir müssen erkennen: Je größere Freiheiten die Gesellschaft ihren Bürgern gewährt, desto vollkommener müssen das Recht und die Rechtsordnung, desto strikter deren Einhaltung sein. Im Interesse der Perestroika, im Interesse der weiteren Ausprägung der Demokratie darf auf keinen Fall geduldet werden, daß die Initiative der Menschen in Eigenwilligkeit umschlägt, daß die Rechte und Freiheiten eines Teils der Gesellschaft durch eine Schmälerung der Rechte und Freiheiten für den anderen Teil erreicht werden. Um so weniger darf geduldet werden, daß die Demokratisierung der Gesellschaftsprozesse gegen unsere Verfassungsordnung ausgeschlachtet wird.

Wenn wir im Ernst den Weg der Perestroika, den Weg der Demokratisierung beschritten haben, so müssen wir so schnell wie möglich den Mechanismus zum Schutze der Demokratie in Gang setzen. Ebendarauf zielen die laufende gesetzgeberische Tätigkeit und der unlängst veröffentliche Erlaß des Präsidiums des Obersten Sowjets der UdSSR, der insgesamt in der Gesellschaft auf Verständnis gestoßen ist. Ich gehe aber mit jenen Diskussionsrednern konform, die darauf hingewiesen haben, daß bei einigen Presseorganen eine Art eingewurzelte Reaktion zu verzeichnen sei: Kaum tritt ein neues Dokument in Erscheinung, machen sie sich stark dagegen, ohne auf den Grund des Problems einzugehen.

Die weiteren rechtsschöpferischen Aktivitäten sollen zu einer der wichtigsten Funktionen des Kongresses der Volksdeputierten und des Obersten Sowjets der UdSSR werden.

Unter den Problemen, die gegenwärtig unserer Gesellschaft am meisten zu schaffen machen, ist die Bekämpfung der Kriminalität an erster Stelle zu nennen. Die Menschen verweisen in ihren Briefen ans ZK voller Besorgnis und Empörung auf ein Aufflammen von Gewalttätigkeit, Brutalität und Unverfrorenheit der Verbrecher, auf grassierende Diebstähle, Korruption und Schwerverbrechen. Dabei ist allerorts ein Anstieg der Kriminalität festzustellen. Besonders beunruhigend ist aber die Lage in den transkaukasischen und baltischen Republiken, in Usbekistan, Turkmenien, im Murmansker, Rostower und Wolga-Gebiet. Auch in Moskau und Leningrad hat die öffentliche Ordnung nachgelassen.

Von der Tribüne des ZK-Plenums aus möchte ich mich nicht auf eine ausführliche Analyse der derzeitigen Situation einlassen, wenn sie auch einer solchen Analyse wert ist. Ich möchte nur soviel sagen, daß sich im Auftrag des ZK die Kommission des ZK der KPdSU für Rechtspolitik sowie unsere staatlichen Rechtsorgane dieser Angelegenheit angenommen haben. Auf dem ZK-Plenum wäre aber meines Erachtens folgender Hinweis angebracht, denn hier haben wir wohl manche Fehlkalkulation einzugestehen: Wir hätten von Anfang an einsehen müssen, daß jegliche Demokratieerweiterung und Humanisierung des Lebens mit einem kompromißlosen Kampf gegen die kriminellen Elemente einhergehen müssen. Bei uns aber schenken die Partei- und Sowjetorgane sowie Arbeitskollektive diesen Fragen ungenügende Beachtung.

Auch die Rechtsschutzorgane waren nicht auf der Höhe. Manch einem mochte scheinen, die Entwicklung der Demokratie müsse für Kriminelle humanere Bedingungen schaffen. In Wirklichkeit aber muß es kriminellen Elementen im Rahmen der wahren Demokratie viel schlechter und den Bürgern viel besser gehen. Das ist die richtige Formel.

Wir müssen die Lage ernstlich bessern, im Interesse der ganzen Gesellschaft, eines jeden Arbeitskollektivs und eines jeden Bürgers alles tun, damit unsere Rechtsschutzorgane entschlossen, sachkundig und in voller Übereinstimmung mit dem Gesetz handeln können. Hierüber dürften wir uns wohl einig sein.

Wir müssen natürlich die Kompetenz der Rechtsschutzorgane allseitig erhöhen, sie mit ehrlichen und unbestechlichen Kadern stärken und von zufälligen, unwürdigen Menschen befreien. Andererseits müssen die Rechtsschutzorgane – wenn wir wollen, daß unsere Gesetze wirksam sind, daß sie uns, den Prozeß der Demokratisierung, der Offenheit und der Perestroika beschützen – bei der Erfüllung ihrer nicht leichten Pflicht die Unterstützung durch die Gesellschaft stets spüren. Und natürlich müssen wir uns in moralischer wie materieller Hinsicht um sie kümmern. Die Aufrechterhaltung der Rechtsordnung, der Staats- und Gesellschaftsdisziplin ist eine Sache aller Bürger, aller Arbeitskollektive, der ganzen Gesellschaft. So heißt es auch in unserer Verfassung.

Bei der Realisierung der Ideen der Perestroika dürfen wir selbstredend keinen Deut von Selbstzufriedenheit und -beruhigung dulden. Gesunde Selbstkritik tut nicht nur in Arbeitskollektiven und Parteiorganisationen, sondern auch in den höchsten Staffeln der Partei- und Staatsführung not. Wir im Politbüro geben den Forderungen, die Verantwortung des Kommunisten für die ihm auferlegte Sache im Zentrum wie auch an der Basis zu erhöhen, völlig recht. Die Lage will verbessert werden. Und wir werden das tun.

Wir alle: führende Parteifunktionäre, Mitglieder des Politbüros und der Regierung, tragen für den eingeschlagenen politischen Kurs, der zur Erneuerung der Gesellschaftsordnung führt, die volle Verantwortung. Die Kraft der Parteiführung besteht in ihrem kollegialen Charakter. Gleichzeitig trägt jeder Parteifunktionär in leitender Stellung seinen persönlichen Anteil an Verantwortung für diesen oder jenen Arbeitsabschnitt und besonders für die Erfüllung von Beschlüssen des Politbüros und der Regierung.

In der heutigen Etappe müssen die Forderungen an die Parteikader ebenso prinzipiell und streng sein wie an alle anderen Leiter. Sie müssen mit ihrem Arbeitsstil entschieden brechen, unter die Menschen gehen und ihren Belangen und Interessen dienen. Dort aber, wo Kaderveränderungen herangereift sind, wo ohne sie unser gemeinsames Werk beeinträchtigt wird, müssen wir diese ohne Zögern vornehmen.

In unserem Land mit seiner Geschichte und seinen Traditionen, mit seiner komplizierten multinationalen Struktur und der Treue der Sowjetbürger zu sozialistischen Werten und Idealen, bleibt die Partei der natürliche politische Führer, die einzige reale Kraft, die die soziale Stabilität auf der Grundlage revolutionierender Umwälzungen, die Harmonisierung der Interessen verschiedener gesellschaftlicher Kräfte, die entschiedene Abwehr gefährlicher Erscheinungen des Nationalismus und Chauvinismus, die innere Einheit und Integrität des sozialistischen Sowjetstaates gewährleisten kann. Und schließlich das Wichtigste: die Aufrechterhaltung der historischen Errungenschaften des Sozialismus und die Entwicklung der ihm innewohnenden demokratischen und humanistischen Werte.

Die Partei erwarb in der ersten Etappe der Perestroika hohes Ansehen, als sie den revolutionierenden Kurs der Entwicklung des Landes einschlug. Ihr geht es heute bei ihrer Tätigkeit vor allen Dingen darum, die Politik der Perestroika durch praktische Taten jeder Parteiorganisation, jedes Kommunisten ins Leben umzusetzen.

TEIL II
Das neue Denken in der internationalen Politik

Einleitung

»Die Vielfalt der heutigen Welt stellt ein gemeinsames Gut dar«

Der sich in der Sowjetunion vollziehende Prozeß der Perestroika ist zu einem wichtigen Faktor der Erneuerung der internationalen Beziehungen und der Durchsetzung des neuen politischen Denkens geworden. Worin besteht das Wesen dieses Denkens und des neuen Herangehens Moskaus an die internationalen Angelegenheiten? Vor allem war es notwendig, sich selbst und die Umwelt auf eine neue Art zu betrachten, um das Wichtigste für das Heute und Morgen zu formulieren.

Bald nach dem März 1985, als Michail Gorbatschow zum Generalsekretär des ZK der KPdSU gewählt worden war, wurde er zum aktivsten Verfechter der neuen Auffassung der Welt. Einer Welt, die trotz all ihrer Vielfalt zunehmend wechselseitig abhängiger und ganzheitlicher wird. Keinerlei Unterschiede und Widersprüche können eine militärische Konfrontation zwischen unterschiedlichen politisch-ökonomischen Systemen oder Vorbereitungen darauf rechtfertigen. Nur der Vorrang allgemeinmenschlicher Werte kann die Erhaltung und den Fortschritt der Zivilisation sichern.

Diese Philosophie der neuen Welt, die Michail Gorbatschow ständig zu vervollkommnen sucht, hat Ideen aufgenommen, die seit langem – und nicht nur in der Sowjetunion – gereift sind. Das neue politische Denken ist eine durch gesammelte Erfahrungen vorbereitete Einsicht. Und man muß demjenigen Tribut zollen, der mutig und weise genug war, die verwurzelten Dogmen zu verwerfen. Zu oft stießen und stoßen diese Ideen bis heute noch auf Unverständnis und Widerstand.

Die dialektische Auffassung der Welt in ihrer Einheitlichkeit und

Gegensätzlichkeit fällt nicht leicht. Ein vielschichtiges Raumbild zu schaffen, das die Wirklichkeit möglichst vollständig wiedergibt, war schon immer eine komplizierte Aufgabe, und zwar nicht nur für Künstler, sondern auch für Historiker und Politiker.

Die von Michail Gorbatschow bekräftigte Treue zum Prinzip der Freiheit der Wahl und der Variantenvielfalt der gesellschaftlichen Entwicklung sowie zum Pluralismus bedeutet den Verzicht auf die dogmatische Auffassung der Welt, ebenso wie sein unerwarteter Vorschlag in der UNO, die zwischenstaatlichen Beziehungen zu entideologisieren. Die Humanisierung dieser Beziehungen und die Gewährleistung des Vorrangs der internationalen Vereinbarungen und Standards im Bereich der Menschenrechte sind ebenfalls Aufgaben, über die kein früherer führender sowjetischer Repräsentant laut gesprochen hat.

Die Hinwendung zum Menschen und die Erkenntnis des Menschen mit all seinen Hoffnungen und Problemen als das Maß aller Dinge bilden das Wesen des neuen Kurses Moskaus im In- und Ausland. Gerade die Sorge um den Menschen und um sein Morgen steht im Mittelpunkt, wenn der führende sowjetische Repräsentant von der Errichtung eines gemeinsamen europäischen Hauses spricht, das für alle Bewohner bequem und sicher sein soll.

Um so folgerichtiger ist es, die Errichtung des gemeinsamen europäischen Hauses heute in Angriff zu nehmen, da die Wechselbeziehungen zwischen den Staaten vor aller Augen erstarken. Die in hartnäckiger Arbeit aller Teilnehmer des KSZE-Prozesses erarbeiteten Vereinbarungen lassen bereits die Umrisse eines neuen Europa erkennen. Diese Entwürfe des gemeinsamen Hauses, in dem alle unnötigen, längst nicht mehr zeitgemäßen Trennwände und Barrieren beseitigt werden sollen, müssen weiterhin gemeinsam vervollkommnet werden.

Kaum jemand wird alle Unterschiede im gemeinsamen Haus beseitigen wollen. Die Vielfalt der heutigen Welt einschließlich Europas stellt ja ein gemeinsames Gut dar, das immer aktiver zur gegenseitigen Bereicherung genutzt werden muß. Auch das Streben Moskaus nach einem Europa des Vertrauens, der Offenheit und des Rechts, nach einem Europa, das den besten geistigen Traditionen der europäischen Zivilisation entspricht, darf nicht unterschätzt werden.

Die seit Helsinki gesammelten Erfahrungen sind in vielem einmalig und von allgemeinmenschlicher Bedeutung. Das bestimmt auch jene Rolle, die das Abendland in der gegenwärtigen Umbruchsetappe im Schicksal der Menschheit spielen kann. Das neue politische Denken hilft, sich darüber zu einigen, daß das europäische Haus ein zuverlässiges Fundament – die für alle gleiche Sicherheit – haben muß, so daß sich jede Seite in dem Maß sicher fühlen wird, wie dieses Gefühl von anderen geteilt wird.

Ist ein Kernwaffenkrieg für unseren Planeten und die gesamte Zivilisation sinnlos, so trifft das für den europäischen Teil um so mehr zu. Bereits ein »konventioneller« militärischer Konflikt ist hier undenkbar und würde eine allgemeine Katastrophe herbeiführen.

Ausreichende Verteidigungsfähigkeit, defensive Verteidigung und Ausschluß der Möglichkeit überraschender Angriffe und der Führung großangelegter Operationen sind die Stützen, die gemeinsam errichtet werden müssen. Der gewichtige Beitrag Moskaus ist offensichtlich: Einseitige Reduzierungen der Streitkräfte und Rüstungen, die zahlenmäßig der Personalstärke der Bundeswehr gleichkommen, Kürzung des Militärhaushaltes und Bereitschaft zu weiteren asymmetrischen und tiefgreifenden Reduzierungen.

Die einseitigen Abrüstungsschritte und die Offenheit im militärischen Bereich sind zwei neue prinzipielle Elemente der außenpolitischen Linie der UdSSR. Jedes von ihnen kostete erhebliche Mühe, und der Widerstand ist bis heute groß.

Um so wertvoller ist der feste politische Wille, im Einklang mit dem neuen Denken zu handeln. Um so wichtiger ist es, auf diese Aktionen Moskaus endlich eine positive Antwort des Westens zu erhalten.

Völlig unproduktiv für die Sicherheit ganz Europas wären Maßnahmen wie die »Modernisierung« der taktischen Kernwaffen zur »Kompensierung« der zu vernichtenden Raketen mittlerer und kürzerer Reichweite. Es darf nicht zugelassen werden, daß der erste reale Abrüstungsvertrag in der Geschichte somit gleichsam sinnlos würde. Nicht die Raketen und anderes nukleares Teufelszeug, sondern das eigene Denken, das System der Sicherheit und die Beziehungen zueinander müssen modernisiert werden.

Bildet die zuverlässige und gleiche Sicherheit das Fundament des neuen Europa, so würde ein allumfassendes und enges Zusammenwirken sein Gerüst bilden. Es ist zu bedauern, daß die wirtschaftliche Zusammenarbeit zwischen dem Osten und dem Westen Europas sich vorläufig auf einem niedrigen Niveau befindet. Die radikale Wirtschaftsreform in der Sowjetunion schafft hier neue Chancen, die beide Seiten kühner nutzen sollten.

Wachsende Beunruhigung lösen auch ökologische Probleme aus, die bekanntlich weder Grenzen noch Ideologien kennen. Ist das etwa keine Aufforderung zu gemeinsamen Anstrengungen, um Energie einzusparen und alternative Energiequellen zu entwikkeln? Zu dem von Moskau längst unterbreiteten und bis heute nicht realisierten Vorschlag zur Schaffung einer vereinigten Transportstruktur Europas ist z. B. die von Michail Gorbatschow vorgeschlagene Bildung von Informationsnetzen hinzugekommen.

Eine enge und faire Kooperation in diesen und allen anderen Bereichen wird jedem Europäer, wird der Erhöhung der Lebensqualität im gemeinsamen Haus Europa dienlich sein.

Braucht man da speziell zu betonen, welche Bedeutung den Beziehungen zwischen der Sowjetunion und der Bundesrepublik Deutschland in Europa zukommt? Gute gegenseitige Beziehungen zwischen ihnen nutzen ganz Europa. In dieser Hinsicht haben alle politischen Kräfte in der Bundesrepublik längst einen Konsens erzielt. Jetzt wurde er durch folgende Erkenntnis ergänzt: Das neue Kapitel in den gegenseitigen Beziehungen, von dem beide Seiten in den letzten Jahren sprechen, muß mit gewichtigem Inhalt gefüllt werden, der den Herausforderungen von heute, aber auch von morgen und übermorgen entsprechen würde.

Die Sowjetmenschen verfolgen sehr aufmerksam, wie in Bonn die Wandlungen in der UdSSR, in denen viele auch ein »deutsches Interesse« entdeckt haben, bewertet werden und wie sich die Haltung sehr breiter Bevölkerungsschichten der Bundesrepublik zur UdSSR ändert.

Es ist anzunehmen, daß das beiderseitige Streben nach einer weiteren Verbesserung der Beziehungen von so manchem nach dem alten Klischee gedeutet werden kann: Moskau wolle einen Keil zwischen Bonn und Washington treiben. In Wirklichkeit geht man in der sowjetischen Hauptstadt davon aus, daß die Bundesrepublik nicht nur ein zuverlässiger Verbündeter der USA und ein fester Bestandteil der gegenwärtigen Struktur der westlichen Allianz bleibt, sondern darin auch eine zunehmend bedeutendere Rolle spielen wird. Das widerspricht aber keineswegs den strategischen Interessen Moskaus: Moskau ist an der Stabilität der beiden deutschen Staaten und Europas insgesamt interessiert. Wir sind darüber hinaus daran interessiert, daß die engen Beziehungen zwischen Bonn und Washington die Berechenbarkeit der Politik der USA sowie der NATO und damit auch die Stabilität der internationalen Lage fördern.

Die Bundesrepublik Deutschland wird in der Sowjetunion als das führende Land Westeuropas betrachtet, das der Dynamik der wirtschaftlichen Entwicklung, der Lebensqualität und vielen anderen Kennwerten nach Spitzenpositionen in der Welt einnimmt. Mehr noch. Ihre Errungenschaften bei der Organisation und Kultur der Produktion, der Lebensweise und bei der Gewährleistung eines überaus hohen Lebensstandards können – solche ernsthaften Mängel wie die Massenarbeitslosigkeit selbstverständlich ausgenommen – ein Beispiel auch für die sozialistische Gesellschaft abgeben, die die Sowjetmenschen mit Hilfe von Perestroika und Glasnost zur modernsten und humansten machen wollen.

Ein halbes Jahrhundert ist seit Beginn des Zweiten Weltkriegs vergangen, eines Krieges, der in jeder deutschen und jeder sowjetischen Familie tiefe Narben hinterlassen hat. Daraus haben unsere beiden Völker folgende Lehre gezogen: Man muß alles unternehmen, damit sich derartiges nicht wiederholt, damit die Deutschen und die Russen einander nie mehr als Feinde betrachten.

Michail Gorbatschow ist überzeugt: Man muß den Dialog und die Zusammenarbeit entwickeln, möglichst viele Kontakte miteinander pflegen und einander entgegenkommen, um letzten Endes Freundschaft zwischen unseren beiden Völkern zu schließen.

Die Idee vom gemeinsamen Haus Europa

(Aus der Rede Michail Gorbatschows
auf der Kundgebung der
tschechoslowakisch-sowjetischen Freundschaft
in Prag am 10. April 1987)

Die Zeit, in der wir leben, stellt uns schwierige, mitunter sogar sehr komplizierte Fragen, die das Schicksal der Welt und die Zukunft der Menschheit betreffen. Es gibt in der heutigen Welt eine solche wechselseitige Abhängigkeit, daß alle Völker wie eine Gruppe von Alpinisten an der Wand eines Berges hängen. Sie können sich entweder gemeinsam zum Gipfel durchschlagen oder aber gemeinsam in den Abgrund stürzen. Doch damit letzteres nicht geschieht, müssen die Politiker sich über engstirnige Interessen erheben und sich der ganzen Dramatik der gegenwärtigen Situation bewußt werden. Deshalb ist ein neues politisches Denken im nuklearen Zeitalter so unerläßlich. Nur ein solches Denken kann alle an den internationalen Beziehungen Beteiligten zur Annahme unverzüglicher Maßnahmen für die Abwendung einer nuklearen Katastrophe, des drohenden Untergangs der Menschheit veranlassen.

Man kann keineswegs sagen, daß die Idee eines neuen Denkens keinerlei Widerhall gefunden habe, im Gegenteil, in der Welt nimmt die Zahl derjenigen Menschen zu, die diese Idee teilen. Unter ihnen befinden sich Wissenschaftler, Ärzte sowie Vertreter vieler anderer Berufe und der schöpferischen Intelligenz. Davon konnte man sich ein weiteres Mal während des vor kurzem in Moskau durchgeführten internationalen Forums »Für eine kernwaffenfreie Welt, für das Überleben der Menschheit« überzeugen.

In diesen oder jenen Fragen sehen wir die Bekundung eines neuen Herangehens an die internationalen Angelegenheiten auch bei einigen angesehenen Politikern und Staatsmännern des Westens. Doch sind dies lediglich die ersten Keime. Im Westen sind die alten Klischeevorstellungen, die die Außenpolitik prägen, immer noch stark verbreitet. Erst wenn die Abrüstung endlich vom Totpunkt weggebracht ist, wird man mit Recht sagen können, daß sich das neue politische Denken in eine reale Kraft verwandelt hat.

Kann man darauf hoffen? Welche Perspektiven sind heute vorhanden?

Darauf will ich sofort antworten: Es gibt Hoffnungen, die Kriegsgefahr kann verringert werden. Diese unsere Überzeugung gründet sich sowohl auf das in der Welt wachsende Begreifen der tödlichen Folgen einer nuklearen Konfrontation für die Menschheit als auch auf die in Reykjavik aufgedeckten Möglichkeiten für eine Vereinbarung über die gründliche Reduzierung und Beseitigung der verheerendsten Arten nuklearer Rüstungen.

Für eine nukleare Abrüstung

Die Sowjetunion erklärt verantwortungsvoll ihr Bestreben, nach gegenseitig annehmbaren Lösungen zum gesamten Komplex der nuklearen Abrüstung zu suchen. Ein grundlegendes Problem bleibt die radikale Reduzierung der strategischen Offensivwaffen. Wir sind bekanntlich in dieser Sache zu den entschiedensten Schritten bereit – sowohl zu einer fünfzigprozentigen Reduzierung der strategischen Offensivwaffen im Laufe von fünf Jahren als auch zu ihrer vollständigen Beseitigung innerhalb von zehn Jahren. Eine unerläßliche Voraussetzung dafür ist natürlich, daß der ABM-Vertrag strikt eingehalten wird und kein Wettrüsten im Weltraum beginnt.

In dem Bestreben, endlich einen ersten und deshalb außerordentlich wichtigen Schritt auf dem Wege zur Abrüstung zu tun, schlugen wir vor, ein Abkommen über die Mittelstreckenraketen abzuschließen. Hierbei berücksichtigten wir sowohl die Meinung der Weltöffentlichkeit als auch die von unseren westlichen

Wähler Gorbatschow – am 26. März 1989 bei der Wahl der Volksdeputierten der UdSSR.

Gespräche – mit Einwohnern der Stadt Minsk (oben); mit Abgeordneten der
19. Parteikonferenz (unten); mit usbekischen Bauern (rechts).

Vor Ort – Prüfung einer Landwirtschaftsmaschine in Krasnojarsk (links);
Gespräch mit einer Arbeiterin im Kabelwerk (oben); Diskussion mit Montage-
arbeitern (unten).

Diskussionen – im Obersten Sowjet (oben); mit Nikolai Ryschkow und Igor
Ligatschow am 70. Jahrestag der Oktoberrevolution (rechts oben); mit Ligatschow auf der 19. Parteikonferenz (rechts unten).

Am Schreibtisch im Kreml (oben). Mit Außenminister Eduard Schewardnadse.

Gipfel in Genf, November 1985 – mit Ehefrau Raissa bei der Ankunft; mit
US-Präsident Ronald Reagan vor der sowjetischen UN-Mission.

Brüderlich – in Ost-Berlin, Juni 1987 (links); mit dem polnischen Parteichef
Wojciech Jaruzelski in Krakau, Juli 1988 (oben); mit SED-Chef Erich Honecker.

SPD-Vorsitzende zu Besuch in Moskau – Willy Brandt, Mai 1985 (oben);
Hans-Jochen Vogel, Mai 1988.

Staatsbesuch von Bundeskanzler Helmut Kohl in Moskau, Oktober 1988 – mit
Ehefrau Raissa und Hannelore Kohl (oben); Empfang im Kreml (unten).

Am Rande der UN-Vollversammlung in New York, Dezember 1988 – mit
US-Präsident Ronald Reagan und dessen Nachfolger George Bush.

Mit Ehefrau Raissa beim Pflanzen eines Baumes in Indien, November 1987.
Mit dem kubanischen Parteichef Fidel Castro in Havanna, April 1989.

Besuch in London, April 1989 – bei der Ankunft (oben); mit Premierministerin
Margaret Thatcher und Ehefrau Raissa in der sowjetischen Botschaft.

Partnern geäußerte Bereitschaft, Europa von diesen Raketen vollständig zu befreien. Aber es entstand eine paradoxe Situation: Manche Politiker und sogar Regierungen sagen sich jetzt von ihrer »Null-Variante« wie von einer teuflischen Sache los und versuchen, die Lösung der Frage der Mittelstreckenraketen mit allen nur möglichen Vorbehalten und Hindernissen zu blokkieren.

Im Westen wird derzeit viel über die operativ-taktischen Raketen geredet und geschrieben. Wir sind bereit, auch dieses Problem konstruktiv zu lösen, dies aber so zu tun, daß die Erzielung einer Vereinbarung über die heute zentrale Frage der Mittelstreckenraketen nicht erschwert wird.

Um den unverzüglichen Abschluß einer Vereinbarung über die Mittelstreckenraketen in Europa zu erleichtern, schlagen wir vor, mit der Erörterung der Reduzierung und nachfolgenden Liquidierung der auf dem europäischen Kontinent stationierten Raketen mit einer Reichweite von 500 bis 1 000 Kilometern zu beginnen, ohne damit den Verlauf und den Ausgang der Lösung des Problems der Mittelstreckenraketen zu verknüpfen.

Für die Zeit der Verhandlungen würden sich die Seiten verpflichten, die Zahl der operativ-taktischen Raketen nicht zu erhöhen. Ich unterstreiche: Wir sind dafür, die Sache auf eine radikale Reduzierung und letztendlich vollständige Liquidierung der operativ-taktischen Raketen in Europa hinauslaufen zu lassen, und halten es für unnütz, in eine künftige Vereinbarung allerlei »Spielräume« für ihre Anhäufung und Perfektionierung einzubauen.

Nach der Unterzeichnung eines Abkommens über die Mittelstreckenraketen und unabhängig vom Verlauf der Diskussion über die operativ-taktischen Raketen wird die Sowjetunion nach Absprache mit den Regierungen der ČSSR und der DDR aus diesen Ländern die Raketen abziehen, die dort als Gegenmaßnahme auf die Stationierung von Pershing II und von Flügelraketen in Westeuropa stationiert worden sind.

Die Realisierung einer Vereinbarung über die operativ-taktischen Raketen würde natürlich unter strenger Kontrolle erfolgen. Dasselbe trifft auch auf die Mittelstreckenraketen und strategischen Kernwaffen zu.

Sobald von Reduzierung oder gar Abschaffung ganzer Klassen von nuklearen Rüstungen in Europa die Rede ist, gewinnen die Fragen der Kontrolle der Einhaltung künftiger Abkommen eine qualitativ neue Bedeutung. Die Kontrolle wird unter diesen Bedingungen eines der wichtigsten Mittel zur Gewährleistung der Sicherheit. Deshalb werden wir uns für die Ausarbeitung strengster Maßnahmen auf diesem Gebiet einsetzen, wobei es uns natürlich nicht um eine Kontrolle um der Kontrolle willen, sondern um die Überprüfung der Erfüllung der von den Seiten übernommenen Verpflichtungen in allen Stadien der nuklearen Abrüstung geht.

Von einer entsprechenden Kontrolle, darunter durch Inspektionen vor Ort, müssen die nach den Reduzierungen verbleibenden Raketen und Startrampen erfaßt werden. Das gilt sowohl für die, die sich in der Bewaffnung der Truppen befinden, als auch für jene in allen anderen Objekten: auf Versuchsgeländen, in Herstellerwerken, in Ausbildungszentren usw. Der Zutritt der Inspektoren muß auch zu Militärstützpunkten der anderen Seite auf den Territorien von Drittländern gewährleistet sein. Das ist notwendig, um volle Gewißheit zu erlangen, daß das Abkommen strikt eingehalten wird.

Die europäische Sicherheit

Eine weitere herangereifte Frage, die direkt mit der europäischen Sicherheit im Zusammenhang steht, ist die Konzentration eines gewaltigen Potentials von Streitkräften und konventionellen Rüstungen in dieser Region.

Die Liquidierung von Kernwaffen – strategischen, operativ-taktischen und Mittelstreckenwaffen – ist natürlich für Europa wie für die ganze Welt eine vorrangige Aufgabe. Das wird kaum jemand bestreiten. Doch stellen wir die Frage einmal so: Entspricht die gewaltige Konzentration der taktischen nuklearen und nichtnuklearen Waffen sowie der einander gegenüberstehenden Streitkräfte auf unserem Kontinent der Vorstellung von einer sicheren Welt? Ich meine, die Antwort auf diese Frage ist klar. Leider ist einstweilen so gut wie nichts getan worden, um die hier entstandene außerordentlich ungünstige Lage zum Besseren zu verändern. Die Situation muß durch die Annahme von Maßnahmen zur Reduzierung und im Endergebnis zur Beseitigung der taktischen Kernwaffen sowie zur radikalen Verringerung der Streitkräfte und konventionellen Rüstungen grundsätzlich verändert werden, um die Möglichkeit eines Überraschungsangriffs auszuschließen.

Ein bedeutender Schritt in diese Richtung wäre die Realisierung des Budapester Programms der Staaten des Warschauer Pakts, in dem vorgeschlagen wird, Fragen der Reduzierung von Streitkräften und konventionellen Rüstungen im Komplex mit den taktischen Raketen, Angriffsfliegerkräften, der atomaren Artillerie und anderen taktischen Nuklearmitteln zu lösen. Die Notwendigkeit eines solchen komplexen Herangehens wird dadurch diktiert, daß die taktischen Kernwaffen in ihrer Mehrzahl Waffen von »doppelter Zweckbestimmung« sind: Sie können sowohl konventionelle als auch nukleare Sprengladungen tragen.

Für die Reduzierung der Streitkräfte und Rüstungen in Europa sind die Anstrengungen aller europäischen Staaten, der USA und Kanadas erforderlich. Gegenwärtig finden in Wien Konsultationen zwischen den Staaten des Warschauer Paktes und der NATO statt. Es stellt sich allerdings die Frage, ob es nicht an der Zeit ist, daß sich dort alle Außenminister der Teilnehmerstaaten der Gesamteuropäischen Konferenz für Sicherheit und Zusammenarbeit treffen und die Aufnahme weitreichender Verhandlungen mit dem Ziel einer radikalen Reduzierung der taktischen Kernwaffen, der Streitkräfte und konventionellen Rüstungen beschließen.

Bei solchen Verhandlungen könnte auch eine Reihe von erstrangigen Maßnahmen erörtert werden, die mit dem Abbau der militärischen Konfrontation und der Verhinderung der Gefahr eines Überraschungsangriffes sowie mit dem beiderseitigen Abzug besonders gefährlicher Waffen, der Offensivwaffen, aus der unmittelbaren Berührungszone der beiden Militärbündnisse zusammenhängen.

Endziel dieser Verhandlungen wären drastische Reduzierungen der Streitkräfte und Rüstungen unter internationaler Kontrolle und Anwendung von Inspektionen vor Ort. Erfahrungen bei der Ausarbeitung eventueller Maßnahmen lieferte die Konferenz in Stockholm im vorigen Jahr.

Natürlich wäre auch ein Austausch der entsprechenden Angaben über die Streitkräfte und Rüstungen der UdSSR, der USA und anderer Staaten dieser Region erforderlich.

Im Westen spricht man von Ungleichheit, Ungleichgewicht. Natürlich gibt es bei den Streitkräften beider Seiten in Europa eine durch historische, geographische und andere Faktoren bedingte Asymmetrie. Wir sind für die Beseitigung von Ungleichheit, die auf einigen Gebieten entstanden ist. Aber nicht durch Aufstockung beim Zurückgebliebenen, sondern durch Reduzierung bei demjenigen, der vorn liegt.

Den Abbau der militärischen Konfrontation in Europa sehen wir als einen etappenweisen Prozeß an, wobei in jeder Etappe das Gleichgewicht auf vernünftigem, ausreichendem Niveau eingehalten werden muß. Derartige Maßnahmen würden den ganzen Berg der in Europa angehäuften Probleme bei den Streitkräften und Rüstungen vom Fleck bringen. Jetzt gibt es eine fürwahr einmalige Chance, und es wäre unverzeihlich, sie zu verpassen.

Der Festigung der europäischen Sicherheit würden auch solche Maßnahmen wie die Schaffung von kernwaffen- und von chemiewaffenfreien Zonen dienen. Ich möchte erklären, daß wir den Appell der Regierungen der DDR und der ČSSR an die Regierung der BRD unterstützen, einen kernwaffenfreien Korridor in Mitteleuropa zu schaffen. Bekanntlich hat auch die Sozialdemokratische Partei Deutschlands einen Beitrag zur Ausarbeitung der Idee eines solchen Korridors geleistet.

Aus dieser Zone wären abzuziehen: sämtliche Kernmunition, einschließlich Kernminen, die operativ-taktischen und taktischen Raketen, die atomare Artillerie, die kernwaffentragenden taktischen Angriffsfliegerkräfte sowie die Fla-Raketen-Komplexe, die für den Einsatz von Kernwaffen geeignet sind. Ein bedeutender Teil dieser Mittel sind Mittel sogenannter doppelter Zweckbestimmung.

Unsererseits sind wir bereit, alle sowjetischen nuklearen Mittel aus einem solchen Korridor abzuziehen. Wir sind bereit, den atomwaffenfreien Status dieser Zone zu garantieren und zu respektieren. Natürlich muß eine Vereinbarung über einen solchen Korridor vorsehen, daß es seitens der NATO in dem von den Regierungen der DDR und der ČSSR vorgeschlagenen Korridor keine Kernwaffen geben wird.

Von großer Bedeutung wäre unseres Erachtens die Realisierung der Vorschläge Bulgariens, Rumäniens und Griechenlands über eine kernwaffen- und chemiewaffenfreie Zone auf dem Balkan. Aufmerksamkeit und Unterstützung verdienen die aktive Haltung Polens zur Stärkung des Vertrauens auf dem europäischen Kontinent sowie der Vorschlag Finnlands und anderer Länder Nordeuropas über eine kernwaffenfreie Zone in dieser Region.

Noch zu einer weiteren keineswegs unwichtigen Frage – zum Verbot der chemischen Waffen. Wir setzen uns konsequent dafür ein, so schnell wie möglich – schon in diesem Jahr – eine entsprechende internationale Konvention auszuarbeiten, und führen diesbezüglich aktive Verhandlungen. Ich kann mitteilen, daß die Sowjetunion die Produktion chemischer Waffen eingestellt hat. Die anderen Staaten des Warschauer Paktes haben bekanntlich niemals solche Waffen produziert und auch keine auf ihrem Territorium stationiert. Die UdSSR besitzt außerhalb ihrer Grenzen keine chemischen Waffen, und was ihre Vorräte angeht, so möchte ich darüber informieren, daß bei uns mit dem Bau eines speziellen Betriebes zu ihrer Vernichtung begonnen wurde. Die Inbetriebnahme eines solchen Werkes ermöglicht es, den Prozeß der chemischen Abrüstung nach Abschluß einer internationalen Konvention schnell zu verwirklichen.

Ich möchte zu den Problemen der nuklearen Abrüstung zurückkehren und sagen, daß von ihnen gegenwärtig das Problem der

Mittelstreckenraketen in Europa einer eventuellen Lösung besonders nah ist. In der Welt mehren sich die Appelle an die USA, auf diesen ersten, tatsächlich bedeutsamen Schritt auf dem Gebiet der Abrüstung einzugehen und dadurch dazu beizutragen, ein prinzipiell neues Klima des gegenseitigen Verständnisses zwischen West und Ost zu schaffen.

Als einen Faktor von großer politischer Bedeutung betrachten wir, daß Griechenland, Holland, Spanien, Italien, Finnland und viele andere europäische Länder ihre Stimme zugunsten der Lösung des Problems der Euroraketen erhoben haben.

Wir fordern Paris, London und Bonn dazu auf, ihrerseits zur Befreiung Europas von Nuklearraketen mittlerer Reichweite beizutragen und endlich zur nuklearen Abrüstung überzugehen.

Wo denn sonst, wenn nicht in Europa, ist es an der Zeit, den Weg zu einem neuen politischen Denken zu bahnen!

Die Rolle Europas in der Welt

Gestatten Sie mir, in diesem Zusammenhang von der Rolle Europas in der Welt von heute zu sprechen. Es ist mehr als angebracht, gerade hier, in der Tschechoslowakei, im geographischen Zentrum Europas, wo es sogar einen Stein gibt, der diesen Punkt symbolisiert, Gedanken dazu zu äußern.

Wir messen Europa in unserer Außenpolitik erstrangige Bedeutung bei. Warum? Vor allem, weil unsere Völker auf diesem Kontinent leben, weil sie gemeinsam mit den anderen Völkern rechtmäßige Erben der hier entstandenen Zivilisation sind und ihren unabdingbaren Beitrag zu deren Entwicklung leisten.

Der Sozialismus markierte eine tiefgreifende Wende in der jahrhundertelangen Geschichte dieses Teils der Erde, deren Verlauf von jeher durch Kriege geprägt war. Die Zerschlagung des Faschismus und der Sieg der sozialistischen Revolutionen in den osteuropäischen Ländern schufen eine neue Situation auf dem Kontinent: Hier war eine mächtige Kraft entstanden, die sich das

Ziel setzte, die nicht enden wollende Kette bewaffneter Konflikte zu zerreißen. Gerade dem Sozialismus hat es Europa zu verdanken, daß seine Völker nun schon über vierzig Jahre keine Kriege mehr kennen.

Wir wenden uns auch jetzt entschieden gegen die Teilung des Kontinents in einander gegenüberstehende Militärblöcke, gegen die Anhäufung von Waffen, gegen alles, was eine Quelle der Kriegsgefahr ist. Im Lichte des neuen Denkens haben wir die Idee vom »gemeinsamen Haus Europa« hervorgebracht. Das ist nicht etwa ein Phantasiegebilde, sondern das Ergebnis einer ernsthaften Analyse der Situation auf dem Kontinent. Der Begriff »gemeinsames Haus« bedeutet vor allem Anerkennung einer gewissen Unteilbarkeit, obgleich es sich hier um Staaten handelt, die unterschiedlichen Gesellschaftssystemen und einander entgegengesetzten militärpolitischen Blöcken angehören. Er vereint in sich die herangereiften Probleme mit realen Möglichkeiten, sie zu lösen.

Angesichts der großen Bevölkerungsdichte und des hohen Niveaus der Urbanisierung ist Europa mit Waffen übersättigt. Auf diesem Kontinent stehen sich Armeen mit einer Stärke von je drei Millionen Mann gegenüber. Sogar ein »konventioneller« Krieg wäre hier vernichtend. Nicht nur deshalb, weil die heutigen konventionellen Waffen um ein Vielfaches zerstörerischer sind als die im Zweiten Weltkrieg eingesetzten, sondern auch, weil es in Europa etwa zweihundert Kernkraftwerksblöcke und ein verzweigtes Netz großer Chemiebetriebe gibt, deren Zerstörung ein Leben auf dem Kontinent unmöglich machen würde.

Nehmen Sie die Umweltverschmutzung. Die Industrialisierung und der Verkehr auf unserem Kontinent haben ein Ausmaß angenommen, daß die Gefährdung der Umwelt bereits am kritischen Punkt angelangt ist. Dieses Problem hat die nationalen Grenzen schon weit überschritten, es ist ein gesamteuropäisches geworden.

Es ist an der Zeit, auch darüber nachzudenken, wie die Integrationsprozesse in beiden Teilen Europas weiter verlaufen werden. Die Gesetze der Weltwirtschaft sind objektiv. Aber auch der wissenschaftlich-technische Fortschritt drängt zur Suche nach bisher nichtgekannten Formen der gegenseitig vorteilhaften Kooperation.

Der Rat für Gegenseitige Wirtschaftshilfe gab ein Signal, im Interesse aller europäischen Völker Brücken zu schlagen. Man kann damit rechnen, daß neue Prozesse in der Wirtschaft der Länder der sozialistischen Gemeinschaft die ökonomische Zusammenarbeit beider Hälften Europas aktivieren und bereichern sowie mit neuem Inhalt erfüllen werden.

Ein Europa »vom Atlantik bis zum Ural« – das ist im hohen geistigen Sinn auch eine kulturhistorische Kategorie. Hier wurde die Weltzivilisation mit Ideen der Renaissance und der Aufklärung bereichert, erfuhren die humanistische Tradition und die Lehre vom Sozialismus eine bedeutende Entwicklung, wurde der unschätzbare Fonds in allen Branchen der wissenschaftlichen Kenntnisse und der künstlerischen Erkennung der Welt durch Anstrengungen genialer Menschen aller europäischen Nationen geschaffen. Somit schlagen wir an Stelle eines nuklearen Krematoriums für Europa die friedliche Entwicklung einer vielfältigen und zugleich einheitlichen europäischen Kultur vor.

Unsere Vorstellung von einem »gemeinsamen Haus« beinhaltet bei weitem nicht die Absicht, seine Türen für irgend jemanden zuzuschlagen. Im Gegenteil, der Fortschritt Europas würde es ihm ermöglichen, noch einen größeren Beitrag zum Fortschritt der gesamten übrigen Welt zu leisten. Europa darf sich nicht der Teilnahme an der Lösung der Probleme des Hungers, der Verschuldung, der Unterentwicklung sowie an der Beseitigung von bewaffneten Konflikten entziehen.

Zweifellos setzen sich die europäischen Völker dafür ein, daß auf dem Kontinent eine Atmosphäre der guten Nachbarschaft und des Vertrauens, der Koexistenz und der Zusammenarbeit festen Fuß faßt. Dies wäre im wahrsten Sinne des Wortes ein Triumph des neuen politischen Denkens.

Die Bewegung auf dieses Ziel hin wird keineswegs nur von Überlegungen moralischer Art diktiert. Sie entspricht den grundlegenden Interessen aller europäischen Nationen, da in unserem Zeitalter der gegenseitigen Abhängigkeit immer größere Probleme entstehen, die sich nur durch gemeinsame Anstrengungen der europäischen, ja der gesamten internationalen Gemeinschaft lösen lassen. Erfordert denn nicht der Kampf gegen solche die Zivilisation bedrohende Erscheinungen wie Terrorismus, Kriminalität und Rauschgiftsucht einen Zusammenschluß? Und es ist doch klar: Wenn wir heute nicht die Anstrengungen im Kampf gegen ein solches neues, über die Menschheit hereinbrechendes Übel wie AIDS vereinen, kann es morgen bereits zu spät sein.

Man könnte diese Aufzählung fortsetzen. Im wahrsten Sinne des Wortes werden Dutzende höchst komplizierter Probleme heute zu globalen Problemen. Das heißt, sie können nur durch eine vereinte internationale Gemeinschaft gelöst werden. Europa kann ein würdiges Beispiel geben, und unsere Länder sind fest dazu entschlossen, hierzu ihren würdigen Beitrag zu leisten.

In diesem Zusammenhang betrachten wir die Initiative der Tschechoslowakei, ein Wirtschaftsforum einzuberufen. Wir sind überzeugt, daß es bei der Festigung der ökonomischen Sicherheit der Staaten und der Entwicklung einer gegenseitig vorteilhaften Kooperation eine gewichtige Rolle spielen kann.

Von demselben Bestreben ist auch unser Vorschlag diktiert, in Moskau eine Konferenz der KSZE-Staaten zur Entwicklung der humanitären Zusammenarbeit durchzuführen.

Wir meinen, daß jede Idee, wenn sie nur einigermaßen real die Spannung der Konfrontation mildert, wert ist, unterbreitet und diskutiert zu werden. Gemeinsam wurde bereits viel getan, damit sich der Begriff des gemeinsamen europäischen Hauses einbürgert. Die europäische Nachkriegsordnung ist allgemein anerkannt. Der Helsinki-Prozeß, der es möglich macht, das Vertrauen zwischen allen europäischen Ländern Schritt für Schritt zu festigen, ist lebendig.

In diesem Sinne handeln, die gemeinsamen Interessen erkennen, das Niveau der militärischen Konfrontation senken und nach einer Welt ohne Kernwaffen streben – so möchten wir die Dinge in Europa gestalten.

»Für eine Welt ohne Kernwaffen«

*(Aus der Rede Michail Gorbatschows
vor den Teilnehmern des internationalen Forums
»Für eine Welt ohne Kernwaffen, für das Überleben
der Menschheit« am 16. Februar 1987 im Kreml)*

Seit der Mensch begann, sich Gedanken über die Zukunft zu machen, haben sich die besten Köpfe verschiedener Länder und Völker die Frage nach dem Schicksal der Welt und nach der Zukunft der Menschheit gestellt.

Noch vor relativ kurzer Zeit galten Überlegungen zu diesen und anderen damit zusammenhängenden Themen als Gedankenspiele, als von den Alltagssorgen der Menschen weit entfernte Beschäftigung für Philosophen, Wissenschaftler und Theologen. In den zurückliegenden Jahrzehnten wurden diese Probleme unter ausgesprochen praktischen Gesichtspunkten behandelt. Die Gründe dafür liegen auf der Hand.

Die Schaffung und dann die jedes vernünftige Maß übersteigende Anhäufung von Kernwaffen und den dazugehörigen Trägermitteln haben den Menschen technisch in die Lage versetzt, seiner eigenen Existenz ein Ende zu bereiten. Gleichzeitig machen die Anhäufung von sozialem Sprengstoff in der Welt und die Versuche, die Probleme einer grundlegend veränderten Welt nach wie vor mit Gewalt und steinzeitlichen Methoden zu lösen, eine Katastrophe auch politisch in höchstem Maße wahrscheinlich. Die Militarisierung des Denkens und der Lebensweise lockert die moralischen Bremsen auf dem Weg zum nuklearen Selbstmord bzw. beseitigt sie sogar völlig.

Wir haben nicht das Recht zu vergessen: Der erste Schritt in dieser Richtung, der stets der gefährlichste ist, wurde bereits getan. Schon zweimal wurden Kernwaffen gegen Menschen eingesetzt. In Dutzenden Fällen, ich betone, Dutzenden, wurde dokumentarisch belegt und zugegeben, daß die Möglichkeit des

Einsatzes von Kernwaffen gegen andere Staaten ernstlich erwogen wurde. Ich sage das nicht als Kritik oder Mißbilligung, obwohl solche Pläne das eine wie das andere mehr als verdienen. Ich sage das, um erneut zu betonen, wie nahe die Menschheit heute an einer Grenze angelangt ist, die – falls man sie überschreitet – ein Zurück nicht zuläßt.

Der Erste Weltkrieg hat seine Zeitgenossen durch die bis dahin nie dagewesenen Dimensionen von Leid und Zerstörung, durch die Grausamkeit und den technischen Automatismus des Vernichtungsprozesses erschüttert. Wie schrecklich aber die von ihm geschlagenen Wunden auch waren, der Zweite Weltkrieg übertraf alle »Rekorde« des ersten um ein Mehrfaches.

Ein einziges strategisches U-Boot hat heute ein Vernichtungspotential an Bord, das die Zerstörungen des Zweiten Weltkriegs übertrifft. Von solchen Schiffen gibt es viele Dutzende, und mit ihnen sind die Kernwaffensysteme bei weitem nicht erschöpft. Die Phantasie ist außerstande, sich jene Hölle, jene Negation all dessen, was den Menschen ausmacht, vorzustellen, sollte auch nur ein kleiner Teil des derzeitigen nuklearen Arsenals eingesetzt werden.

Nach dem Zweiten Weltkrieg (wie übrigens auch nach dem Ersten) wurden Versuche unternommen, eine Weltordnung zu organisieren, die eine Wiederholung des Völkergemetzels ausschließen würde. Diese Versuche hinterließen ihre Spur, wenn sie auch nicht in vollem Maße die in sie gesetzten Hoffnungen rechtfertigten. Ungeachtet dessen wirkt die Organisation der Vereinten Nationen. Es gibt regionale und andere Strukturen zwischenstaatlicher und gesellschaftlicher Kontakte, die früher nicht bestanden. Mit einem Wort, die politische Suche nach einem Ausweg der Weltgemeinschaft aus der falschen »Logik«, die zu den Weltkriegen führte, wird fortgesetzt.

Nach einem Kernwaffenkrieg aber würde es überhaupt keine Probleme mehr geben, es gäbe niemanden mehr, der sich zu Verhandlungen an einen Baumklotz, an einen Stein – von einem Tisch ganz zu schweigen – setzen könnte. Eine zweite Arche Noah würde eine nukleare Sintflut nicht überstehen. Mit dem

Verstand mögen das alle begreifen. Wichtig ist zu begreifen, daß man nicht mehr damit rechnen kann, daß sich alles schon von selbst lösen wird. Aber es gibt noch viele Menschen auf der Welt, die so denken. Man muß unverzüglich die internationalen Beziehungen und das Verhalten der Regierungen und Staaten in Einklang mit den Realitäten des Nuklearzeitalters bringen.

Ja, die Frage steht genau so: Entweder kommt das politische Denken in Einklang mit den Erfordernissen der Zeit, oder die Zivilisation und das Leben auf der Erde selbst können erlöschen.

In allen Angelegenheiten der Menschen und erst recht in der internationalen Politik darf man auch nicht für eine Minute den heute alles beherrschenden Widerspruch zwischen Krieg und Frieden, zwischen Sein und Nichtsein der Menschheit vergessen. Man muß danach trachten, ihn rechtzeitig und zugunsten des Friedens zu lösen.

Dafür aber muß man das Beste, was in der Geschichte erreicht wurde, aufspüren, pflegen und einander vermitteln, muß man neue, schöpferische Wege zur Lösung lange bestehender Probleme suchen.

Nicht nur der Fortschritt der Menschheit, sondern sein bloßer Fortbestand hängen davon ab, daß wir in uns die Kraft und den Mut finden, den Bedrohungen in der heutigen Welt entgegenzutreten. Wir sind der Auffassung, daß man darauf zählen kann.

Die vergangenen Jahrzehnte sind davon gekennzeichnet, daß zum erstenmal in der Geschichte die Menschheit – und nicht nur einzelne ihrer Vertreter – beginnt, sich als einheitliches Ganzes zu begreifen, die globalen Wechselbeziehungen zwischen Mensch, Gesellschaft und Natur zu sehen und die umfassenden Auswirkungen ihrer materiellen Tätigkeit einzuschätzen.

Man gewann nicht nur die Einsicht, sondern auch der Kampf zur Beseitigung der nuklearen Gefahr entfaltete sich. Es ist nicht zu leugnen, daß er schon zu einer großen moralisch-politischen Schule geworden ist, in der sehr viele Menschen, ja ganze Völker die schwere, aber notwendige Kunst erlernen, miteinander in Frieden zu leben, das Gleichgewicht zwischen allgemeinen und speziellen Interessen zu finden, der Gegenwart und Zukunft mutig und ehrlich ins Auge zu schauen, sie zu begreifen und rechtzeitig Schlußfolgerungen für die Praxis zu ziehen. Ein Beweis dafür ist Ihr Forum. (. . .)

Das neue Denken in der Sowjetunion

Sie sind zu einem Zeitpunkt in die Sowjetunion gekommen, da sich bei uns ihrem Wesen nach revolutionäre Umgestaltungen vollziehen. Sie haben sehr große Bedeutung sowohl für unsere Gesellschaft als auch für den Sozialismus insgesamt und für die ganze Welt. Nur wenn man ihren Inhalt, ihren Sinn und ihre Ziele versteht, kann man auch unsere internationale Politik richtig beurteilen. Vor unserem Volk, vor Ihnen, vor der ganzen Welt sage ich in voller Verantwortung: Unsere internationale Politik ist mehr denn je von der Innenpolitik und dem Interesse bestimmt, uns auf die schöpferische Arbeit zur Vervollkommnung unseres Landes zu konzentrieren. Gerade deshalb brauchen wir einen stabilen Frieden sowie Berechenbarkeit und konstruktive Gestaltung der internationalen Beziehungen.

Oft wird – und das hören wir bis heute – von der Gefahr geredet, die angeblich von der UdSSR ausgeht, von der »sowjetischen Bedrohung« für den Frieden und die Freiheit. Dazu ist zu sagen: Die Umgestaltung, die wir in einem solchen Ausmaß begonnen haben und die unumkehrbar ist, zeigt allen, wohin wir unsere Ressourcen lenken wollen, worauf all unser Sinnen und Trachten gerichtet ist, welches unsere wirklichen Programme und Vorhaben sind, wofür wir die geistige Energie unserer Gesellschaft einsetzen wollen.

Unser Hauptvorhaben besteht darin, das Potential des Sozialismus durch die Einbeziehung aller Kräfte des Volkes zu erschließen. Dazu ist erforderlich, daß alle unsere gesellschaftlichen und staatlichen Organisationen, alle Arbeitskollektive und Künstlerverbände vollwertig und vollberechtigt funktionieren. Wir brauchen neue Formen der Mitarbeit der Bürger und müssen diejenigen reaktivieren, die zu Unrecht vergessen worden sind. Kurz gesagt, ist eine umfassende Demokratisierung des ganzen Lebens der Gesellschaft erforderlich. Sie ist auch die wichtigste Garantie für die Unumkehrbarkeit der begonnenen Prozesse. Wir wollen mehr Sozialismus und deshalb mehr Demokratie. So setzen wir das Werk unserer großen Revolution fort. Und das wird von unserem Volk mit Enthusiasmus aufgenommen.

Um Faseleien und Spekulationen jeglicher Art auszuschließen (wovon aus dem Westen genug zu hören ist), möchte ich betonen: Unsere Umgestaltungen verwirklichen wir in Übereinstimmung mit der eigenen, der sozialistischen Entscheidung, auf der Grundlage unserer Vorstellungen über gesellschaftliche Werte, wobei wir uns von den Kriterien der sowjetischen Lebensweise leiten lassen. Unsere Erfolge und unsere Fehler messen wir mit sozialistischen Maßstäben und mit keinen anderen.

Wir wollen verstanden werden. Und wir hoffen, daß die gesamte Weltgemeinschaft endlich begreift, daß daraus, daß wir unser Land besser gestalten wollen, niemandem Schlechtes erwächst. Die ganze Welt kann davon nur profitieren.

Die Umgestaltung ist – wenn man ihren internationalen Aspekt hervorhebt – die Einladung des Sozialismus zum friedlichen Wettstreit mit jedem anderen sozialen System. Und wir werden durch die Tat beweisen, daß ein solcher Wettbewerb dem allgemeinen Fortschritt und dem Frieden in der ganzen Welt nutzt. Damit jedoch ein solcher Wettstreit zustande kommt und sich in zivilisierten Formen entfaltet, die der Menschheit des 21. Jahrhunderts würdig sind, ist ein neues Denken erforderlich, muß man die Denkweise, die Klischees und Dogmen überwinden, die ein Erbe der Vergangenheit sind.

Das Problem des neuen Denkens beschäftigt unsere Gesellschaft und die sowjetische Führung nicht erst seit gestern. Wir haben darüber viel nachgedacht. Wir haben uns selbst und andere kritisiert und uns Kopfzerbrechen verursachende Fragen gestellt, bevor wir die Realitäten in ihrer jetzigen Form sahen und zu der Überzeugung kamen, daß es in der heutigen komplizierten und widersprüchlichen Welt, die an einem Scheideweg angelangt ist, eines neuen Herangehens an die internationalen Probleme und neuer Methoden zu deren Lösung bedarf.

Wir sind zu Schlußfolgerungen gelangt, die uns zwangen, bestimmte Dinge zu überprüfen, die früher als Axiome galten. Denn nach Hiroshima und Nagasaki hat ein Weltkrieg aufgehört, die Fortsetzung der Politik mit anderen Mitteln zu sein. Im Feuer eines Nuklearkrieges werden die Urheber einer solchen Politik selbst untergehen. Wir haben uns gezwungen, tief in das Verständnis dafür einzudringen, daß sich die Menschheit durch die Anhäufung von Kernwaffen und deren Vervollkommnung ihrer Unsterblichkeit beraubt hat. Sie kann nur dann wiedererlangt werden, wenn die Kernwaffen vernichtet sind.

Wir weisen das Recht der Führung jedes Landes zurück, ganz gleich, ob das die UdSSR, die USA oder irgendein anderes Land ist, das Todesurteil über die Menschheit zu fällen. Wir sind keine Richter und Milliarden Menschen keine Verbrecher, die bestraft werden müssen. Eben deshalb ist es notwendig, die nukleare Guillotine niederzureißen. Die kernwaffenbesitzenden Mächte müssen ihren nuklearen Schatten überspringen, hinein in eine kernwaffenfreie Welt. Auf diese Weise müssen sie Schluß machen mit der Loslösung der Politik von den allgemeinmenschlichen Normen der Moral.

Der nukleare Wirbelsturm wird sowohl die Sozialisten als auch die Kapitalisten, die Gerechten wie auch die Sünder hinwegfegen. Ist eine solche Situation moralisch? Wir Kommunisten meinen, sie ist es nicht. Man kann sagen, wir haben nach langem Ringen eine neue Denkweise geschaffen, die die Kluft zwischen der politischen Praxis und den allgemeinmenschlichen moralisch-ethischen Normen beseitigen soll.

Auf dem höchsten Forum der sowjetischen Gesellschaft – auf dem Parteitag der KPdSU vor einem Jahr – legten wir unsere Anschauung von der Welt, unsere philosophische Konzeption ihrer Gegenwart und Zukunft dar. Aber wir beschränkten uns nicht auf die Verkündung unserer theoretischen Doktrin. Auf ihrer Grundlage erarbeiteten wir eine konkrete politische Plattform für ein umfassendes System der internationalen Sicherheit.

Das ist ein System, das von dem Prinzip ausgeht, daß man die eigene Sicherheit nicht auf Kosten der Sicherheit der anderen aufbauen kann, und das ihre wichtigsten Seiten, die militärische, politische, ökonomische und humanitäre, organisch verbindet.

Im militärpolitischen Bereich unterbreiteten wir ein Programm der Beseitigung der Kernwaffen bis zum Jahr 2000. Es wurde am 15. Januar 1986 im Namen des sowjetischen Volkes verkündet. Wir sind davon überzeugt, daß dieses Datum in die Geschichte des Kampfes zur Rettung der Zivilisation vor dem Untergang eingehen wird.

Noch davor haben wir die Initiative ergriffen, alle Nuklearversuche einzustellen, und das einseitige Moratorium mehrmals verlängert. Von uns stammt die Idee von Reykjavik, und wir haben dort Vorschläge unterbreitet, die die Einstellung des Wettrüstens und eine grundlegende Wende zur Abrüstung und zur Beseitigung der nuklearen Bedrohung bedeutet hätten, wenn die andere Seite darauf reagiert hätte. Gemeinsam mit unseren Verbündeten haben wir kühne und weitreichende Schritte in der Frage der vertrauensbildenden Maßnahmen und der Reduzierung der konventionellen Rüstungen und Streitkräfte in Europa unternommen. Wir bekundeten die Bereitschaft zur vollständigen Beseitigung der chemischen Waffen.

In Wladiwostok haben wir die Länder Asiens und des Pazifiks zu einer gemeinsamen Suche nach Sicherheit für alle in dieser riesigen, gerade erst erwachenden Region der Welt, zu einer gegenseitig vorteilhaften und gleichberechtigten Zusammenarbeit aufgerufen. Wir haben die Deklaration von Delhi unterzeichnet, in der unser philosophischer und politischer Ansatz für die Gestaltung einer Welt ohne Kernwaffen und ohne Gewalt sich deckt mit der Haltung des großen Indien und der Milliarden Menschen, die durch die Bewegung der Nichtpaktgebundenen repräsentiert werden.

Als entschiedene Verfechter einer neuen Weltwirtschaftsordnung haben wir eine Konzeption für die internationale ökonomische Sicherheit formuliert und sie zur allgemeinen Erörterung unterbreitet.

Schließlich ist unser neues Herangehen an die humanitären Fragen, wie sie im »Korb 3 von Helsinki« genannt werden, für alle offensichtlich. Ich muß jene enttäuschen, die meinen, daß dies ein Ergebnis des Drucks des Westens auf uns sei, daß wir jemandem gefallen wollten und dabei irgendwelche geheimen Ziele verfolgten. Nein. Das ist ein Ergebnis des neuen Denkens.

Wir sind also bestrebt, unsere Weltanschauung in jeder Hinsicht gleichsam in die Sprache der praktischen Politik und konkreten Handlungen zu übertragen.

Das neue Gebäude der internationalen Sicherheit kann natürlich nur auf Vertrauen aufgebaut und zementiert werden. Wir wissen: Der Weg dorthin ist nicht einfach. Nicht nur wir müssen ihn gehen, obwohl wir, wenn Sie an unsere Geschichte denken, mehr Grund zu Mißtrauen hätten.

Ich will mich nicht in eine Polemik darüber einlassen, ich möchte nur feststellen, daß alle neben einem Defizit an neuem Denken auch ein Defizit an Vertrauen empfinden. Ich habe hier nicht die Absicht, gründlich auf die Ursachen für diese Situation einzugehen, obwohl sich viel dazu sagen ließe. Wir müssen jetzt vorwärts schauen und dürfen nicht im Banne der Vergangenheit bleiben. Vertrauen muß durch Erfahrung der Zusammenarbeit, durch gegenseitiges Kennenlernen, durch Lösung gemeinsamer Fragen geschaffen werden. Im Prinzip ist es falsch, die Frage so zu stellen: zuerst Vertrauen und dann erst alles übrige – Abrüstung, Zusammenarbeit, gemeinsame Projekte. Über gemeinsame Taten zu Vertrauen, zur Schaffung, Festigung und Entwicklung von Vertrauen – das ist der vernünftigste Weg.

Ich wiederhole, jeder muß bei sich selbst beginnen. Nicht die Pose eines selbsternannten höchsten Richters über die ganze Welt, sondern Achtung gegenüber den anderen zusammen mit einem objektiven und selbstkritischen Blick auf die eigene Gesellschaft – das ist es, was heute den internationalen Beziehungen in starkem Maße fehlt.

Eine der gewichtigsten Folgen der Umgestaltung in der Sowjetunion ist die allseitige Festigung des Vertrauens überall in unserer Gesellschaft. Das stärkt unsere Überzeugung, daß es möglich ist, das notwendige Vertrauen auch in die internationalen Beziehungen zu tragen.

Vorläufig bahnt sich das neue Denken noch mit Schwierigkeiten seinen Weg in die internationale Politik. Das Vertrauen bildet sich nur unter großer Mühe. Gerade deshalb, so denke ich, festigt sich die Gewißheit, daß das Schicksal der wichtigsten Aufgabe der Gegenwart nicht den Politikern allein überlassen werden darf. Das ist nicht nur Sache der Politiker. Wir sind lebendige Zeugen, wie eine machtvolle gesellschaftliche Bewegung sich formiert und ausbreitet, der weltweit Wissenschaftler, Intellektuelle verschiedener Gebiete, religiöse Kräfte, Frauen, Jugendliche, Kinder – immer mehr Kinder! –, sogar ehemalige Militärs und Generale, die aus erster Hand wissen, was moderne Waffen sind, angehören. Und das alles deshalb, weil sich die Menschen immer tiefgründiger bewußt werden, wohin die Welt gelangt ist, welche Grenze sie erreicht hat und wie real die ihr drohende Gefahr ist.

Ich denke, Ihr Forum ist ein sehr großer Schritt in der Entwicklung der gesellschaftlichen Bewegung für eine kernwaffenfreie Welt, für das Überleben der Menschheit. Ich begrüße den Beitrag des Moskauer Forums.

»Kernwaffen erhöhen nicht die Sicherheit, sondern das Risiko«

Ich möchte insbesondere noch auf Reykjavik eingehen. Es gab dort kein Scheitern, sondern einen Durchbruch. Es waren keine turnusmäßigen Verhandlungen, sondern es war eine Stunde der Wahrheit, als sich die gewaltige Perspektive ein wenig öffnete, den Weg zu einer kernwaffenfreien Welt zu beschreiten.

Reykjavik hat deshalb in der ganzen Welt eine so starke Reaktion ausgelöst, weil wir an das Problem der Reduzierung der Kernwaffenarsenale von einer völlig neuen konzeptionellen Warte aus als politisches und psychologisches und nicht nur militärtechnisches Problem herangegangen sind. Beinahe wäre eine Lösung gefunden worden. Doch was sollen wir anfangen mit diesem »Beinahe«, durch das wir in Reykjavik nicht zum Ziel gekommen sind?

Ich will hier nicht erneut darüber polemisieren, warum das so war. Ich hoffe, Ihnen ist unsere Einschätzung bekannt. Ich möchte Ihre Aufmerksamkeit auf folgende Tatsache lenken: Als in einem bestimmten Moment in Reykjavik beide Seiten übereinkamen, ihre Kernwaffenarsenale einschneidend zu reduzieren und schließlich zu beseitigen, bedeutete das praktisch ihr Eingeständnis, daß nukleare Mittel die Sicherheit nicht mehr zuverlässig garantieren können.

Was in Reykjavik geschah, hat den Charakter und das Wesen der Debatten über die künftige Welt unwiderruflich verändert. Das ist eine wichtige politische Feststellung. Aber schon die Möglichkeit, die sich da abzeichnete, hat manche erschreckt, und sie drängen zurück. Doch wie sehr sie sich auch an die Vergangenheit klammern, es gibt zu ihr keine Rückkehr. Ich bin überzeugt, daß sich die Menschheit von den nuklearen Ketten befreien kann, und ich hoffe, daß sie rechtzeitig damit beginnt. Doch dafür muß man kämpfen, ernsthaft kämpfen.

Das neue politische Denken ist dazu berufen, die Zivilisation auf eine qualitativ neue Stufe zu heben. Allein deshalb ist das keine einmalige Positionskorrektur, sondern eine Methodologie der Gestaltung internationaler Angelegenheiten.

Nicht nur in diesem Saal, sondern wohl auch außerhalb gibt es keinen Menschen, der die Kernwaffen als eine harmlose Sache betrachtet. Allerdings gibt es nicht wenige Menschen, die ernsthaft glauben, daß dieses Übel für die Abwendung eines größeren Übels, des Krieges, notwendig ist. Eben eine solche These liegt der Doktrin der nuklearen Abschreckung zugrunde.

Was ist in diesem Zusammenhang zu sagen?

Erstens. Selbst wenn man auf dem Boden dieser Doktrin bleibt, muß man zugeben, daß der »nukleare Schutzbrief« nicht völlig sicher und nicht unbefristet ist. Er kann zu jedem Zeitpunkt zum Todesurteil für die Menschheit werden. Je mehr Kernwaffen es gibt, desto geringer sind die Chancen, sie in Zaum zu halten. Die

Ausbreitung dieser Waffen, die zunehmende Kompliziertheit der mit ihnen zusammenhängenden technischen Systeme, die wachsenden Transportmaßstäbe, die ständige Möglichkeit technischer Pannen und menschlichen Versagens oder böswilliger Absichten – dies alles bildet einen riesigen Komplex von Zufällen, von denen Sein oder Nichtsein der Menschheit abhängt.

Zweitens. Betrachten wir die Doktrin der Abschreckung von einer anderen Seite. Ihrem Wesen nach ist sie eine Politik der Drohung. Jedes Verhaltensmodell hat seine innere Logik. Wenn die Drohung ein Mittel der Politik ist, so ist der Wunsch natürlich, daß diese Drohung in jedem Falle und von allen ernst genommen wird. Aber dazu muß man sie immer wieder durch Taten bekräftigen, in diesem Fall durch Anwendung militärischer Gewalt. Daraus kann es nur eine Schlußfolgerung geben: Die Politik der Abschreckung, betrachtet man sie unter historischer Perspektive, verringert die Möglichkeit militärischer Konflikte nicht, sondern erhöht sie sogar. Trotzdem klammert man sich sogar nach Reykjavik weiter an diese Doktrin.

So handeln vor allem diejenigen, die dazu neigen, in der Konfrontation mit uns an die Moral zu appellieren. Aber wie stehen sie selbst unter diesem Blickwinkel da – dem Blickwinkel der heutigen Moral? Sind sie doch davon überzeugt – und machen auch kein Hehl daraus –, daß ein Dialog mit anderen die Entwicklung von Beziehungen zu ihnen nur auf der Basis von Drohungen und Gewalt und der ständigen Möglichkeit zur Anwendung dieser Gewalt erfolgen kann und soll. Wie würden wir uns einem solchen Menschen gegenüber verhalten, wenn wir ihm auf der Straße begegneten? Warum werden derartige Normen, die für die Beziehungen zwischen einzelnen Menschen längst als völlig unpassend angesehen werden, von scheinbar recht gebildeten Politikern als nahezu natürliche Norm in den zwischenstaatlichen Beziehungen betrachtet?!

Drittens. In den Abrüstungsdiskussionen kann man immer wieder die These hören, dem Menschen sei ein »Gewaltinstinkt«, ein »Kriegsinstinkt« angeboren, und dieser Instinkt sei nicht auszurotten.

Was aber folgt daraus? Der Krieg als unabdingbarer Begleiter des Menschen? Sind demnach sowohl die Entstehung als auch die Perfektionierung und Anhäufung immer neuer Mittel zur Vernichtung des Menschen unvermeidlich?

Mit solchen Ansichten kann man sich nicht abfinden. Sie erinnern an Zeiten, als perfekte Waffen erfunden und eingesetzt wurden, um andere Völker zu unterwerfen und sie für sich arbeiten zu lassen oder sie einfach auszuplündern. Eine solche Vergangenheit ist weder ein Vorbild noch eine Schablone für die Zukunft. Der Mensch an der Schwelle des 21. Jahrhunderts weiß und vermag ungeheuer viel. Aus ebendiesem Grunde ist er verpflichtet, die Notwendigkeit einer Entmilitarisierung der Welt zu erkennen. Wir glauben, daß eine solche Welt möglich ist, und werden alles tun, um dieses Ziel zu erreichen, das wohl das bedeutendste gesellschaftliche Vorhaben ist.

Das Thema der nuklearen Abschreckung hat noch einen weiteren Aspekt. In der Politik muß man das Problem des Rationalen und des Irrationalen beachten. Besonders in unserer komplizierten Welt, wo selbst der Inhalt dieser Begriffe sehr stark beeinflußt ist von den Besonderheiten der historischen Erfahrungen der Völker, von den unterschiedlichsten politischen Kulturen, Traditionen und von vielem anderen. Es ist sehr schwer, all das auf einen für ausnahmslos alle gemeinsamen rationalen Nenner zu bringen. Auch deshalb bleibt es eine unwiderlegbare Wahrheit: Je mehr Kernwaffen es gibt, desto größer ist die Möglichkeit eines verhängnisvollen Fehlers.

Dennoch werden ständig noch stärkere und raffiniertere Waffen entwickelt, die zynisch als exotisch bezeichnet werden.

Die Gefahr der Ausweitung des Wettrüstens auf den Weltraum unterstreicht die Einzigartigkeit und – ich würde sagen – Dramatik der Situation. Wenn dies geschieht, wird selbst die Idee der Rüstungskontrolle in Verruf gebracht. Argwohn, gegenseitiges Mißtrauen und die Versuchung, sich bei der Stationierung immer neuer Systeme gegenseitig zuvorzukommen, werden sprunghaft zunehmen. Dies ist wohl sogar einem militärischen Laien klar. Die Destabilisierung würde zu einer Tatsache und

erhielte Krisencharakter. Das Risiko eines zufälligen Kriegsaus-
bruches würde um ein Vielfaches erhöht. (...)

»Die Menschheit ist eine große Familie«

Gestatten Sie mir nun, von einer anderen höchst wichtigen Realität unserer Zeit zu sprechen, die ebenfalls ein neues Denken
erfordert. Ich meine die nie dagewesene Vielfalt der Welt und die
zugleich wachsende gegenseitige Abhängigkeit in ihr sowie ihre
immer stärker ausgeprägte Unteilbarkeit. Sie wird geeint nicht
nur durch die Internationalisierung im Wirtschaftsleben und die
mächtigen Mittel der Information und Kommunikation, sondern
auch durch die gleiche Gefahr eines nuklearen Todes, einer
ökologischen Katastrophe sowie eines globalen Ausbruchs der
Widersprüche zwischen Armut und Reichtum in ihren verschiedenen Regionen.
Die internationale Gemeinschaft stellt sich uns als eine Vielzahl
von Staaten mit unterschiedlicher Geschichte, unterschiedlichen
Traditionen, Bräuchen und Lebensformen dar. Jedes Land und
jedes Volk hat seine eigene Wahrheit, seine eigenen nationalen
Interessen und seine eigenen Bestrebungen. Das ist eine überaus
wichtige Realität der heutigen Welt. Vor dreißig bis vierzig
Jahren war das nicht so. Dies ist eine Realität, die infolge der von
den Völkern selbst getroffenen Wahl entstanden ist. Sie selbst
haben ihren Weg der nationalen Entwicklung gewählt.
Aber die Entwicklung dieses Prozesses hat offensichtlich die
Fähigkeit einiger Politiker überholt, die unumkehrbaren Veränderungen zu begreifen und zu erfassen. Ebenso wie im Bereich
der Kernwaffen leben sie in den alten Vorstellungen.
Der Ausweg besteht darin, die Kluft zu verringern und zu überwinden, die zwischen der schnellen Entwicklung der Ereignisse
und dem Verstehen der Realitäten, dem Verständnis für das
besteht, was geschieht und wohin das führen kann, solange es
noch nicht zu spät ist.

Die Welt als sein Eigentum anzusehen und willkürlich Gebiete zu Zonen der eigenen Lebensinteressen zu erklären ist auch heute noch verbreitet. Das treibt auch das Wettrüsten voran. Es entspringt der Politik der Gewalt, ohne die man sich die Möglichkeit eines politischen und ökonomischen Diktats nicht sichern kann. Das sind Klischees einer vergangenen Denkweise, als man es als »legitim« ansah, andere Völker auszubeuten, über ihre Ressourcen zu verfügen und eigenmächtig über ihre Geschichte zu entscheiden.

Wohin führt es, wenn man solche Ansichten beibehält? Zur Zunahme regionaler Konflikte. Die Flammen der Feindschaft lodern. Ihre Grenzen weiten sich gefährlich aus, der Kreis jener Staaten wächst, deren Interessen direkt oder indirekt davon betroffen sind. Die regionalen Konflikte belasten den allgemeinen Zustand der internationalen Beziehungen. Auf den Schlachtfeldern erklärter und nichterklärter Kriege, an der Front und im Hinterland sterben Menschen. In den Strudel des verheerenden Wettrüstens werden Länder gerissen, die unter bitterster Not und massenhaftem Hunger leiden.

Die Regelung regionaler Konflikte ist ein Gebot der Zeit. Wie wir an diese Frage herangehen, kann man am Beispiel unserer Initiativen in bezug auf den Nahen Osten sehen. Das ist ein empfindlicher neuralgischer Knoten unseres Planeten. Dort kreuzen sich die Interessen vieler Staaten, nicht nur der Araber und Israels. Das ist ein Schnittpunkt der Geschichte, der Religionen und Kulturen. Deshalb ist nur ein verantwortungsvolles, behutsames und – ich würde sagen – feinfühliges Herangehen akzeptabel und nicht Gewaltaktionen, räuberische Überfälle und die ständige Gefahr der Anwendung militärischer Gewalt.

Wir sagen: Laßt uns suchen, wir müssen gemeinsam handeln. Das betrifft auch den Krieg zwischen Iran und Irak, die Krise in Mittelamerika, das Problem Afghanistan, den Süden Afrikas und die Situation in Indochina. Das wichtigste ist, dem Recht der Völker, den Weg in die Zukunft selbst zu wählen, streng Rechnung zu tragen und sich nicht in die inneren Angelegenheiten anderer Staaten einzumischen.

Wir sind dagegen, daß Beziehungen, die sich historisch herausge-bildet haben, künstlich zerstört werden. Die Gerechtigkeit erfor-dert es jedoch, die internationale Wirtschaftstätigkeit so zu re-geln, daß die Ausplünderung der Armen durch die Reichen ausgeschlossen ist. Kann man denn ruhig in einer Welt leben, in der sich drei Viertel der Länder außerstande sehen, ihre Schul-den zurückzuzahlen, und eine Handvoll Staaten als allmächtige Wucherer auftreten? Die Aufrechterhaltung dieser Situation birgt eine soziale Explosion in sich, die ebenfalls die moderne Zivilisation zerstören kann.

Eine gerechte politische Regelung regionaler Konflikte wird dik-tiert von genau derselben Logik der wechselseitigen Abhängig-keit der Welt als Ganzes, die auch die Lösung anderer globaler Probleme erfordert – des Nahrungsmittelproblems, des Ökolo-gie- und Energieproblems, der Probleme der allgemeinen Alpha-betisierung, der Bildung und des Gesundheitswesens.

Die Welt von heute leidet noch unter einem anderen Unheil, das ist der Terrorismus. Ein schreckliches Übel. Aber wie ich bereits unlängst sagte, ist der Versuch, es mit Hilfe des Staatsterroris-mus auszumerzen, ein noch größeres Verbrechen gegen die Menschlichkeit. Durch diese »Methode« kommen noch mehr Menschen ums Leben, werden Völkerrecht und Souveränität der Staaten geopfert, gar nicht zu reden von der Moral und Gerechtigkeit. Es bildet sich ein Teufelskreis von Gewalt und Blutvergießen, es verschärft sich die allgemeine Lage.

Wir haben schon vor der UNO und auf anderen internationalen Foren – und heute möchte ich es noch einmal bekräftigen – unsere Bereitschaft bekundet, mit gemeinsamen Anstrengungen gegen alle Formen des Terrorismus zu kämpfen.

Alle genannten Probleme sind wichtig, sie alle machen jenen schwierigen Weg aus, der zu neuen Horizonten der menschli-chen Zivilisation führt. Aber ihre Abhängigkeit voneinander ist unterschiedlich: Ohne Einschränkung des Wettrüstens können keine anderen Probleme wirklich gelöst werden.

Die Sowjetunion, die sowjetischen Menschen verstehen sich als Teil der Weltgemeinschaft. Die Sorgen der Menschheit sind auch unsere Sorgen, ihr Schmerz ist auch unser Schmerz, und ihre Hoffnungen sind auch unsere Hoffnungen. Bei allen Unterschieden zwischen uns müssen wir alle lernen, gemeinsam die große Familie der Menschheit zu bewahren.

Auf dem Treffen in Genf hat der US-Präsident die Idee geäußert, daß sich die Vereinigten Staaten und die Sowjetunion zusammentun würden, wenn ein Überfall von außerirdischen Wesen abgewehrt werden müßte. Ich will diese Hypothese nicht bestreiten, wenngleich es wohl verfrüht ist, sich darüber Sorgen zu machen. Wichtiger ist es, sich mit den Sorgen zu befassen, die schon in unser gemeinsames Haus eingezogen sind. Wir müssen begreifen, daß die Beseitigung der nuklearen Gefahr notwendig ist, und einsehen, daß es kein Dach auf der Erde und im Weltraum gibt, unter dem man Schutz finden könnte, falls ein nukleares Gewitter ausbricht.

Unsere Konzeption zur Schaffung eines Systems umfassender internationaler Sicherheit sowie alle unsere anderen Initiativen spiegeln den eindeutigen Wunsch und die Bereitschaft der Sowjetunion wider, auf ihren Status als Nuklearmacht zu verzichten und alle anderen Waffen auf ein vernünftiges Mindestmaß zu reduzieren.

Die UdSSR fordert für sich nichts, was sie anderen verweigern würde, sie verlangt keinen Deut mehr Sicherheit, als beispielsweise die USA haben. Allerdings akzeptiert die Sowjetunion auch keinen für sie nachteiligen Zustand und keine Diskriminierung.

Sehen Sie sich all unsere Vorschläge an. In ihnen gibt es nicht den Versuch, irgendeine unserer Waffen aus den Verhandlungen auszuklammern. Unser Prinzip ist einfach: Alles muß begrenzt und reduziert werden. In bezug auf Massenvernichtungswaffen muß man bis zu ihrer Vernichtung gehen. Das ist unsere feste Linie. Dort, wo es Ungleichheit in irgendwelchen Elementen gibt, muß die Lage ausgeglichen werden. Das darf nicht durch Aufstockung bei demjenigen geschehen, der zurückgeblieben ist, sondern durch Reduzierung bei jenem, der den Vorlauf hat. Auf dem Wege zum historischen Ziel, einer entmilitarisierten Welt, wird es natürlich Etappen geben. Auf jeder Etappe müssen die gegenseitigen Interessen berücksichtigt und das Gleichgewicht auf einem vernünftigten und ausreichenden Niveau mit ständiger Tendenz zur Verringerung gewahrt werden. Alle müssen begreifen und sich darüber einig werden: Eine Parität in der Fähigkeit, sich gegenseitig mehrfach zu vernichten – das ist wahnsinnig und absurd.

Es ist unserer Meinung nach wichtig, bei der Senkung des Niveaus der militärischen Konfrontation Maßnahmen zu realisieren, die es gestatten, die Möglichkeit eines Überraschungsangriffs zu verringern, oder besser noch, überhaupt auszuschließen. Aus der Berührungszone müssen die gefährlichsten, die Offensivwaffen, entfernt werden. Dabei müssen natürlich die Militärdoktrinen strengen Verteidigungscharakter tragen.

Ich sagte schon, daß jetzt, da große Maßnahmen für reale Abrüstung auf der Tagesordnung stehen, die das empfindlichste Gebiet – die nationale Sicherheit – betreffen, die Sowjetunion auf die Schaffung eines denkbar strengen Regimes der Kontrolle und Prüfung, darunter eines internationalen Systems, hinwirken wird. Es muß völlige Gewißheit bestehen, daß die Verpflichtungen von allen eingehalten werden. Könnte man nicht das sowjetisch-amerikanische Experiment in Semipalatinsk als Prototyp dieser Kontrolle ansehen?

Bei der Kontrollfrage gibt es auch folgenden Aspekt: Es ist bekannt, daß die USA zahlreiche Militärstützpunkte in anderen Ländern haben. Wir würden gern Zugang für Inspektionen zu ihnen haben, um sicherzugehen, daß in diesen Stützpunkten keine Tätigkeit durchgeführt wird, die durch irgendeine Vereinbarung verboten ist. Hierbei brauchen wir offensichtlich auch die Zusammenarbeit der Staaten, auf deren Boden sich diese Stützpunkte befinden.

Noch besser wäre es, zur alten Idee der Beseitigung ausländischer Stützpunkte zurückzukehren und die Truppen nach Hause zu führen. Dies beziehen wir auch auf uns selbst. Die ersten praktischen Schritte haben wir bereits getan. Wie Sie wissen, ziehen wir nach Vereinbarung mit den mongolischen Freunden einen Teil unserer Truppen aus der Mongolischen Volksrepublik ab. Wir haben sechs Regimenter aus Afghanistan abgezogen und werden unser gesamtes militärisches Kontingent in möglichst kurzer Zeit von dort zurückbeordern. Für die Lösung dieses Problems sind seitens der Vereinigten Staaten und der Nachbarn Afghanistans Gegenseitigkeit sowie internationale Anstrengungen erforderlich.

Wir haben keine Ansprüche auf die Wahrheit in letzter Instanz. Wir reagieren bereitwillig auf Vorschläge, die andere Länder, politische Parteien, gesellschaftliche Bewegungen und auch einzelne Personen unterbreiten. Die Sowjetunion unterstützt die Ideen der Schaffung eines kernwaffenfreien Korridors in Mitteleuropa sowie kernwaffenfreier Zonen in Nordeuropa, auf dem Balkan, im Südpazifik und in anderen Regionen. Wir sind bereit, zu jedem Vorschlag Konsultationen durchzuführen, um die beste, allen gerecht werdende Variante zu finden. (...)

Unser großer Gelehrter Wladimir Iwanowitsch Wernadski warnte bereits 1922 (bedenken Sie, das war vor 65 Jahren!): »Die Zeit ist nicht mehr fern, da der Mensch die Kernenergie in die Hand bekommt, eine Energiequelle, die es ihm ermöglichen wird, ein neues Leben nach seinem Wunsch aufzubauen. Wird es der Mensch verstehen, diese Kraft zu nutzen – zum Guten und nicht zur Selbstvernichtung? Hat er die Fähigkeit erlangt, die Kraft anzuwenden, die ihm die Wissenschaft unausbleiblich geben muß? Die Wissenschaftler dürfen die Augen nicht vor den möglichen Folgen ihrer Forschungsarbeit, des wissenschaftlichen Fortschritts verschließen. Sie müssen sich für die Folgen ihrer Entdeckungen verantwortlich fühlen. Sie müssen ihre Arbeit mit einer besseren Organisation des Lebens der gesamten Menschheit verbinden.«

Denken Sie sich in diese Worte hinein. Früher hat der Geist des Menschen ohne Bedenken danach gestrebt, sich die Kräfte der Natur zu unterwerfen. Heute kann die Natur zum Todfeind der Menschheit werden, wenn man in sie eindringt, ohne vorher alle Folgen zu berechnen. Die Havarie von Tschernobyl hat uns mit einer Tragödie von vergleichsweise lokalem Ausmaß daran erinnert. Das nukleare Wettrüsten treibt uns unerbittlich in eine globale Tragödie.

Jahrhundertelang haben die Menschen nach Wegen zur Unsterblichkeit gesucht. Man kann sich nur schwer damit abfinden, daß jeder von uns sterblich ist. Aber es ist unmöglich, sich mit der Endlichkeit der ganzen Menschheit, des menschlichen Geistes abzufinden. Leider haben sich viele Vertreter unserer Generation an die Kernwaffen gewöhnt. Bei vielen sind sie zu einer Art Idol des Bewußtseins geworden, das immer neue Opfer fordert. Es gibt auch solche, die das nukleare Wettrüsten beinahe zur Garantie für die Erhaltung des Friedens erklären.

Leider haben die Kernwaffen in vieler Hinsicht die Zeit geprägt, in der wir leben. Natürlich bedeutet ihre Beseitigung keine Rückkehr zu dem, was vorher war. Der Verzicht auf die nukleare Abschreckung darf denjenigen, die mit militärischen Abenteuern liebäugeln, nicht freie Hand lassen. Das ist absolut keine müßige Frage. Manch einer sieht die Antwort darauf in der Vervollkommnung anderer Komponenten der militärischen Macht, der konventionellen Rüstung. Das ist ein untauglicher, ein verhängnisvoller Weg.

In die postnukleare Ära muß die Menschheit, nachdem sie die nuklearen Gebrechen überwunden hat, gestärkt eintreten. Sie wird Immunität gegenüber Gewalt und den Versuchen erlangen, anderen den eigenen Willen aufzuzwingen. Gegenwärtig sind die internationalen Beziehungen durch den Kult der Stärke und der Militarisierung ihres Gehalts beraubt. Es besteht daher die Aufgabe, sie zu humanisieren.

Ist das möglich oder nicht? Die einen meinen, es sei möglich. Andere meinen, daß es nicht möglich sei. Es lohnt nicht, jetzt darüber zu streiten. Ich meine, daß die unerläßliche objektive Notwendigkeit sich durchsetzen wird. Die Völker werden sich insgesamt dessen immer mehr bewußt. Es ist das Verständnis gereift, daß ein Nuklearkrieg nicht geführt werden darf. Also machen wir für den Anfang den ersten großen Schritt – reduzieren wir die Kernwaffenarsenale, lassen wir Waffen nicht in den Kosmos. Laßt uns nutzen, was wir in Reykjavik erreicht haben, und weitergehen. Warten wir ab, wie das die internationale Atmosphäre beeinflußt. Ich persönlich denke, daß mit jedem dieser Schritte das Vertrauen wachsen wird und sich neue Horizonte der Zusammenarbeit eröffnen werden. Dazu sollen auch die Demokratisierung des Denkens auf internationaler Ebene sowie die gleichberechtigte, eigenständige und aktive Beteiligung aller Staaten – der großen, kleinen und mittleren – an den Angelegenheiten der internationalen Gemeinschaft beitragen.

Zur »Humanisierung« der internationalen Beziehungen sind entsprechende Aktionen auch auf humanitärem Gebiet erforderlich, darunter auch auf den Gebieten der Information, der menschlichen Kontakte, des künstlerischen Austauschs und in anderen Bereichen. Das wird helfen, moralische Garantien für die Erhaltung des Friedens zu schaffen, und damit zur Erarbeitung der materiellen Garantien beitragen. Die aggressive Informationspolitik, die von einigen Ländern praktiziert wird, führt nicht nur zu geistiger Verkümmerung, sondern stört auch den normalen Dialog zwischen Menschen verschiedener Länder und die gegenseitige Bereicherung der Kulturen. Sie bringt Feindseligkeit und Entfremdung zwischen den Völkern hervor. Sie werden mir sicher beipflichten, daß ein Volk, das die Kultur und die Kunst anderer Völker kennt und schätzt, ihnen gegenüber keine unguten Gefühle hegen kann.

Die Zeit wird immer knapper, je größer die Gefahr der Verlängerung der Rüstungsspirale wird, aber auch im Zusammenhang mit der drastischen Zuspitzung der regionalen und der sogenannten globalen Probleme. Sie darf nicht mehr verschwendet werden für Versuche, sich gegenseitig auszuspielen und einseitige Vorteile zu erlangen. Der Einsatz in diesem Spiel – das Überleben der Menschheit – ist zu hoch. Deswegen wird die Berücksichtigung des kritischen Zeitfaktors lebensnotwendig.

Mögen die Ideen des Forums in jeden Winkel der Erde dringen, die Auffassungen sich annähern, sich das gegenseitige Verständnis erweitern. Mögen Ihre Anstrengungen helfen, zu einer kernwaffenfreien und gewaltlosen Welt beizutragen – um der Unsterblichkeit der menschlichen Zivilisation willen!

»Jedes Land hat seine Probleme«

*(Antworten Michail Gorbatschows auf Fragen
der Zeitung »Washington Post« und der
Zeitschrift »Newsweek« am 18. Mai 1988
anläßlich seines bevorstehenden Gipfeltreffens
mit Ronald Reagan in Washington)*

Frage: Haben sich unter dem Einfluß der drei Zusammenkünfte
mit Präsident Reagan Ihre Vorstellungen darüber geändert, auf
welche Art der friedliche Wettbewerb zwischen kapitalistischen
und sozialistischen Ländern künftig geregelt werden sollte? Welchen Beitrag wird Ihres Erachtens das bevorstehende Treffen
mit dem Präsidenten zur Stabilisierung dieses Wettbewerbs leisten?
Antwort: Ich bin überzeugt, daß in der Welt positive Tendenzen
entstanden sind und sich weiter entwickeln. Es erfolgt eine
Wende von der Konfrontation zur Koexistenz. Der Wind des
kalten Krieges wird durch den Wind der Hoffnung abgelöst. Ich
sehe, daß Anzeichen einer Verbesserung, einer Gesundung der
Beziehungen zwischen den Vereinigten Staaten und der Sowjetunion dabei eine beträchtliche Rolle spielen. Überall in der Welt
wird die akute Notwendigkeit an Wandlungen oder, wenn Sie so
wollen, das Bedürfnis nach einer Umgestaltung der internationalen Beziehungen empfunden. In dieser Situation ist es von äußer-
ster Wichtigkeit, positive Kontakte zwischen Ost und West zu
pflegen.
Der Dialog zwischen den Vereinigten Staaten und der Sowjetunion ist aber angesichts der gewaltigen Rolle, die sie in der
heutigen Welt spielen, einfach lebensnotwendig. Es wirkt sich
schon die bloße Tatsache dieses Dialogs aus, ganz zu schweigen
von seinem Inhalt, wobei solche gemeinsamen Feststellungen
von grundsätzlicher Bedeutung getroffen wurden wie die, daß
Kriege – sowohl nukleare als auch alle anderen – unzulässig sind,
daß Probleme ausschließlich auf politischem Wege gelöst werden

müssen und daß man die Realitäten der heutigen Welt anerkennen muß.

Es ist sehr wichtig, daß das die ganze Welt vernahm, und wir sind Augenzeugen dessen, wie sie darauf reagierte. Und da ist die naheliegende Schlußfolgerung: Ja, wir sind verschieden und werden es bleiben. Wir bleiben unseren Ideen, unserer Lebensweise treu. Aber es gibt eine gemeinsame Verantwortung, besonders unserer beiden Großmächte. Und an jede unserer Handlungen müssen wir den Maßstab dieser gemeinsamen Verantwortung anlegen.

Was die möglichen Ergebnisse des bevorstehenden vierten Treffens mit dem Präsidenten und besonders die Aussichten für eine detaillierte Vereinbarung über eine fünfzigprozentige Reduzierung strategischer Offensivwaffen anbelangt, so wurden in den letzten Wochen und Monaten so viele Meinungen geäußert, daß ich nur eins sagen möchte: Gedulden Sie sich, bis zum Treffen bleiben nur wenige Tage, lassen Sie den Präsidenten und mich gemeinsam arbeiten. Was wir erreichen, wird natürlich der Öffentlichkeit nicht verborgen bleiben.

Übrigens glaube ich, daß hier zwei Bemerkungen nicht überflüssig wären. Die Fortsetzung des sowjetisch-amerikanischen Dialogs auf höchster Ebene ist an und für sich wichtig und wesentlich. Ich hoffe jedenfalls, daß ebenso wie bei den früheren Treffen im Mittelpunkt unserer Aufmerksamkeit die wichtigsten Fragen der heutigen Welt stehen und wir in der Lage sein werden, eine neue Ebene des Dialogs und des gegenseitigen Verständnisses zu erreichen.

Falls aber das Abkommen über eine fünfzigprozentige Reduzierung strategischer Offensivwaffen unter der gegenwärtigen amerikanischen Administration fertiggestellt wird, sehe ich keine Hindernisse, daß Präsident Reagan und ich es unterzeichnen. Ich würde einen solchen Lauf der Ereignisse begrüßen.

»Wir brauchen keine ›nukleare Abschreckung‹, sondern ein ›Gleichgewicht der Vernunft‹«

Frage: Im Westen glauben viele, daß die Nuklearwaffen in den letzten Jahrzehnten zur Wahrung der Stabilität in der Welt beigetragen haben. Wäre es unter diesen Umständen für die UdSSR und die USA nicht vernünftiger, die Beibehaltung minimaler nuklearer Abschreckungskräfte zu vereinbaren?

Antwort: Ich kann unmöglich denjenigen beipflichten, die das Streben nach einer Welt ohne Kernwaffen für aussichtslos halten. Ich stritt wiederholt mit Vertretern des Westens über ihr Argument: Wären keine Nuklearwaffen aufgekommen, so hätten wir keine vierzig Jahre ohne Weltkrieg gelebt. Das gehört in den Bereich der Mutmaßungen. Wenn wir aber die wirkliche Rolle, die das sogenannte »Gleichgewicht der Angst« spielte, nüchtern beurteilen? Es brachte nichts außer einer unerhörten Militarisierung der Außenpolitik, der Wirtschaft und sogar des geistigen Lebens. Es richtete im Bereich der internationalen Moral und der Sitten schweren Schaden an, zerstörte jene Atmosphäre des Vertrauens und des Wohlwollens, des aufrichtigen Interesses füreinander, wie sie im Verlauf des gemeinsamen Krieges und des Sieges über den Faschismus in den sowjetisch-amerikanischen Beziehungen entstanden war.

Ich bin überzeugt, daß man die militärische Parität auf einem niedrigen Stand und ohne Kernwaffen aufrechterhalten kann. Wir haben unsere Wahl klar formuliert: das Wettrüsten stoppen und rückgängig machen.

Was die sogenannte minimale nukleare Abschreckungskraft betrifft, so möchte ich mich jetzt mit den Fürsprechern dieser Idee nicht streiten. Zunächst haben sowohl wir als auch Sie jeweils mehr als 10 000 Gefechtsköpfe in den strategischen Arsenalen. Wollen wir doch zunächst diese Zahl um die Hälfte verringern, dann vielleicht noch einmal und dann wieder um die Hälfte. Inzwischen könnten wir uns über die Beseitigung chemischer Waffen einigen und den Prozeß des Abbaus konventioneller Waffen in Europa einleiten. Daran werden sich nicht nur die

USA und die UdSSR, sondern auch andere kernwaffenbesitzende und kernwaffenlose Staaten beteiligen. Das wird einen wichtigen Ansporn zu einer Wandlung der Welt in Richtung auf eine Entmilitarisierung der Politik, des Denkens und der internationalen Beziehungen im allgemeinen bilden.

Noch etwas: Falls wir uns schon jetzt auf »minimale nukleare Abschreckung« orientieren, so versichere ich Ihnen, daß sich die Kernwaffen über die ganze Welt ausbreiten, wobei sie alles entwerten und sogar torpedieren würden, wozu wir bei sowjetisch-amerikanischen Verhandlungen und Verhandlungen mit anderen heute vorhandenen Nuklearmächten kommen könnten.

Eine friedliche Zukunft kann der Menschheit nicht durch »nukleare Abschreckung«, sondern nur durch ein Gleichgewicht der Vernunft und des guten Willens, durch ein umfassendes Sicherheitssystem garantiert werden.

Frage: Die NATO-Führung erklärte, selbst wenn die Parität bei den konventionellen Kräften in Europa erreicht worden wäre, müßten die Kernwaffen auf dem Kontinent dennoch als Vergeltungswaffe erhalten werden. Wenn, wie aus dieser Haltung hervorgeht, eine nukleare Abrüstung für den Westen unannehmbar ist, sollte man dann nicht vielleicht versuchen, ein gemeinsames Abkommen über Modernisierungsbedingungen der in Europa stationierten taktischen Kernwaffen zu erzielen?

Antwort: Bei dem Gerede von Kernwaffen auf dem Kontinent als Vergeltungsmittel handelt es sich um dieselbe Konzeption eines nuklearen »begrenzten Krieges« in Europa. Sie steht im vollkommenen Widerspruch zu dem, worüber der US-Präsident und ich bereits in Genf gesprochen haben, und zwar, daß es in einem Kernwaffenkrieg keine Sieger geben kann und daß er ganz einfach nicht geführt werden darf. Droht denn die Realisierung der Formel über die Modernisierung der taktischen Kernwaffen in Europa etwa nicht mit einer gleichen nuklearen Katastrophe im Zentrum des Kontinents?

Ich bin über die Erklärung der NATO in bezug auf die Kernwaffen unterrichtet. Ich weiß aber auch, daß man darüber nicht nur in den NATO-Stäben, sondern auch in breiten öffentlichen, wissenschaftlichen und in Regierungskreisen nachdenkt. Es gibt bereits mehrere Ideen, die angesehene Befürworter im Osten und im Westen Europas haben, über Wege der Reduzierung der konventionellen Waffen vom Atlantik bis zum Ural, unter anderem der Kampfmittel doppelter Zweckbestimmung. Wir unterstützen die Ideen von kernwaffenfreien Zonen im Norden Europas und auf dem Balkan. Wir treten für die Schaffung eines 300 Kilometer breiten Korridors in Mitteleuropa ein, der von Kernwaffen aller Arten und überhaupt von den schweren Waffen frei wäre. Ich nenne nur einige Ideen, bei weitem nicht alle.

Ich bin davon überzeugt, daß eben hier, in solchen Zwischenprojekten, nach einer Methode für Fortschritte zur Befreiung von der Gefahr eines Kernwaffenkrieges zu suchen ist, nicht aber in den Versuchen, sich an die Kernwaffen zu klammern, die in keinerlei »Varianten« einen Weg zu wahrer Sicherheit weisen. Die von Ihnen erwähnten Ideen sind nichts als Selbstbetrug.

Wenn man schon von »Abschreckung« spricht: Läßt etwa das Bewußtsein, daß selbst ein Schlag mit konventionellen Waffen gegen Kernkraft- und Chemiewerke für das dichtbevölkerte Europa verhängnisvoll wäre, nicht vor einem Krieg zurückschrecken?

Frage: Die NATO-Länder haben den Mitgliedsstaaten des Warschauer Paktes vorgeschlagen, die nichtnuklearen Rüstungen, die für die Verwirklichung von überraschenden oder großangelegten Angriffsoperationen eingesetzt werden könnten, um Zehntausende von Einheiten zu reduzieren. Paßt dies in den Rahmen Ihrer geäußerten Absicht, Verhandlungen auf der Grundlage von asymmetrischen Reduzierungen zu führen?

Antwort: Unsererseits gibt es diesbezüglich keinerlei Hindernisse. Was aber die Asymmetrien bei den Rüstungen zwischen der NATO und dem Warschauer Pakt betrifft, so habe ich mich bereits wiederholt dazu geäußert: Asymmetrien existieren auf beiden Seiten. Wir sind für die gegenseitige Liquidierung der Asymmetrien. In den Armeen des Warschauer Pakts beispielsweise gibt es mehr Panzer. Die Armeen der NATO aber verfügen über mehr Angriffsflugzeuge. Die Sowjetunion und unsere

Verbündeten sind bereit, diese und andere Asymmetrien unverzüglich zu beseitigen. Ich wiederhole, daß dies jedoch auf gegenseitiger Grundlage geschehen muß. Weiter könnte man die Rüstungen auf einem maximal niedrigen Niveau ausgleichen, das nur für die Verteidigung ausreichend ist.

Wir sind über den Rhythmus unbefriedigt, in dem jetzt die sogenannten Konsultationen der 23 in Wien verlaufen, wo das Mandat für eine künftige Konferenz erarbeitet wird. Wenn die Arbeit in Wien weiterhin soso lala verlaufen wird, wird Europa lange auf die Liquidierung dieser Asymmetrien warten müssen. Möglicherweise und sogar bestimmt gibt es Menschen, denen eine solche Situation gefällt. Ich glaube aber, daß sie sich nicht lange auf ihren Positionen werden behaupten können. Die Kräfte, die die Unvermeidlichkeit der Lösung des Problems der gefährlichen bewaffneten Konfrontation auf dem europäischen Kontinent verstehen, nehmen zu.

»Alles fließt, alles verändert sich«

Frage: Was muß in den Monaten, die bis zum Ablauf der Vollmachten von Präsident Reagan verbleiben, getan werden, damit Ihre persönlichen Beziehungen mit dem Präsidenten die Ebene von zwischenstaatlichen Beziehungen erreichen und in Zukunft zur Norm werden?

Antwort: Die Erfahrungen der gegenwärtigen internationalen Beziehungen zeigen, welch große Bedeutung die Treffen der höchsten Repräsentanten von Staaten, zumal solcher, wie es die Vereinigten Staaten und die Sowjetunion sind, erlangten. Da in beiden Ländern eindeutig die Notwendigkeit begriffen wurde, den Dialog und die Gesundung der Beziehungen zu verstärken, ist ganz unverkennbar, daß es hier nicht nur um die persönlichen Haltungen der führenden Repräsentanten geht. Das ist ein Imperativ der Zeit selbst. Das ist das Streben unserer Völker. Dies ist eine ständige Größe im sowjetisch-amerikanischen Dialog. Und sie bleibt erhalten. Und wenn man hierzu noch die gesammelten Erfahrungen hinzufügt, so läßt das alles zusammengenommen auf eine Kontinuität und sogar Verstärkung der Kontakte und des gegenseitigen Verständnisses hoffen. Ich wiederhole jedoch, daß die Grundlage hierfür nicht die Stimmungen dieser oder jener Politiker und ihre persönlichen Motive bilden, sondern die Interessen unserer Staaten und Völker. Keiner kann sich gestatten, die Beziehungen zwischen ihnen bis an einen solchen Punkt zu bringen, hinter dem etwas Unvorhersagbares geschehen kann. Das ist die Grundlage für die Fortsetzung und Entwicklung des sowjetisch-amerikanischen Dialogs. Sie bleibt auch in Zukunft bestehen.

Kurz gesagt, wir sind an der Entwicklung des Dialogs interessiert, werden bestrebt sein, daß er ergebnisreich wird, und werden uns bemühen, die »Adaption« der nachfolgenden amerikanischen Administration an die Kontakte mit uns zu erleichtern. Wir werden alles, was von uns abhängt, tun, damit der 1985 in Genf begonnene Prozeß nicht unterbrochen wird. Und selbstverständlich rechnen wir auf ein adäquates Verhalten von der amerikanischen Seite.

Frage: Sind Sie der Meinung, daß sich Präsident Reagan von anderen führenden Repräsentanten der USA unterscheidet? Welche seiner Eigenschaften oder Vorstellungen möchten Sie bei seinem Nachfolger sehen? Ist es ihm gelungen, Sie davon zu überzeugen, daß der Militär-Industrie-Komplex nicht die Politik der USA bestimmt?

Antwort: Meine Bekanntschaft mit Präsident Reagan fand bekanntlich vor weniger als drei Jahren in Genf statt. Über diesen gesamten Zeitraum hinweg besteht zwischen uns ständig ein Kontakt in verschiedenen Formen. Es haben drei persönliche Treffen stattgefunden. Jetzt befinden wir uns am Vorabend des vierten.

Ich bin kein besonderer Freund davon, persönliche Charakteristiken zu liefern. Da Sie aber fragen, möchte ich hervorheben, daß eine wichtige Eigenschaft von Präsident Reagan als Politiker sein Realismus ist. In diesem Falle verstehe ich darunter das

Vermögen, seine Überzeugungen zu verteidigen, gleichzeitig aber seine Haltung in Übereinstimmung mit der sich verändernden Lage zu bringen.

Wer hätte Anfang der 8oer Jahre nicht nur in der Sowjetunion, sondern auch in den USA glauben können, daß gerade Präsident Reagan das in der Geschichte erste Abkommen über die Reduzierung der Kernwaffen mit uns unterzeichnen wird? Die nüchterne Erkenntnis der Tatsache jedoch, daß sich die Welt verändert hat, daß sich die Interessen unserer Länder verändern, hat dem Präsidenten erlaubt, ohne seine bekannten Überzeugungen aufzugeben, die existierenden Realitäten auf neue Art zu betrachten. In der Tat: Benötigen die führenden Repräsentanten solcher Mächte, wie es die unseren sind, die eine einzigartige Verantwortung für das Schicksal der heutigen Welt tragen, etwa nicht solche Eigenschaften wie die Fähigkeit, auf Dogmen zu verzichten und im Namen der Vorwärtsbewegung veraltete Vorstellungen über Bord zu werfen? Das Ziel aber ist im höchsten Maße edel: die Befreiung unserer Völker und der gesamten Menschheit vom nuklearen Alpdruck, der Aufbau neuer Beziehungen, die Gesundung der internationalen Lage.

Was aber den Militär-Industrie-Komplex betrifft, möchte ich daran erinnern, daß der Begriff selbst nicht von uns stammt, sondern von einem der Vorgänger des jetzigen Präsidenten, und zwar von Dwight Eisenhower, der auch Republikaner war.

Es sieht nicht so aus, als ob er sich geirrt habe. Ist aber dieser Komplex die einzige Kraft, die die amerikanische Politik bestimmt? Wohl kaum, obwohl, und das möchte ich wiederholen, sein Einfluß bedeutend ist. Besonders deutlich und unverhüllt kommt er jedoch zum Ausdruck, wenn sich positive Veränderungen in den Abrüstungsfragen abzeichnen, wenn sich eine Vereinbarung auf diesem Gebiet abzeichnet, wenn sich im Kongreß die Behandlung der Militärhaushalte und anderer Rüstungsbewilligungen nähert.

Aber schon die alten Griechen haben gesagt: Alles fließt, alles verändert sich. Wenn der Abrüstungsprozeß tatsächlich aktiv verläuft und sich die Aufträge an die Gesellschaften für militärische Ziele verringern, wenn nicht mehr jedes Mal der »große Knüppel« geschwungen wird, sobald Zehntausende Kilometer von den USA entfernt etwas geschieht, was dort sofort als Bedrohung der nationalen Interessen Amerikas interpretiert wird, dann können wir uns noch einmal über diese Frage unterhalten.

Frage: Die Amerikaner wissen, wie schnell die Situation in Vietnam erodiert wurde, nachdem sie beschlossen hatten, aus diesem Krieg auszutreten. Welche Veränderungen werden sich Ihrer Meinung nach in Afghanistan im Laufe des bevorstehenden Jahres vollziehen, wenn die Sowjetunion ihre Truppen abziehen wird? Wie wird der Beitrag der Sowjetunion zur Verwirklichung dieser Veränderungen sein?

Antwort: Die Analogie zwischen Vietnam und Afghanistan ist künstlich; gar nicht zu reden davon, daß der Konflikt einen ganz anderen Charakter trägt. Ich möchte lediglich an die Tatsache erinnern, daß Vietnam zu der Zeit, da die Amerikaner es verließen, ein Land war, das seit zwanzig Jahren durch die Grenze am 17. Breitengrad in ungefähr gleiche Teile geteilt gewesen war. In jedem Teil bestanden lange Zeit Regierungen, die ihrer Natur nach entgegengesetzte und ihren Zielen nach unvereinbare Regimes verkörperten.

In Afghanistan gibt es nichts derartiges. Dort gibt es im Gegenteil eine Regierung, die sich die nationale Aussöhnung des afghanischen Volkes und auf dieser Grundlage die eigene Reorganisierung zu einer Koalitionsregierung unter Teilnahme aller Konfliktparteien zum Ziel gesetzt hat.

Selbstverständlich hängt die Zukunft in vieler Hinsicht auch davon ab, inwieweit ehrlich und konsequent alle Seiten, die ihre Unterschrift unter die Genfer Abkommen gesetzt haben, die übernommenen Verpflichtungen erfüllen und nicht versuchen werden, sie auf diese oder jene Weise zu umgehen, die Partner hinters Licht zu führen. Ich kann einmal mehr bekräftigen, daß die Sowjetunion beabsichtigt, ihre Verpflichtungen genau und strikt einzuhalten.

Wie der Regelungsprozeß vor sich gehen wird, welche Veränderungen sich in Afghanistan vollziehen werden, darüber haben die

Afghanen selbst zu entscheiden. Wir befolgen entschlossen dieses Prinzip, das die Nichteinmischung in die inneren Angelegenheiten bedeutet. Die Sowjetunion wird Afghanistan Hilfe bei der Beseitigung der Kriegsfolgen und bei der Konsolidierung der afghanischen Wirtschaft erweisen. Kurzum, sie wird entsprechend den alten Traditionen der guten Nachbarschaft und der Freundschaft mit unserem südlichen Nachbarn handeln und dabei unbedingt seinen Status eines unabhängigen, neutralen und nichtpaktgebundenen Staates achten.

Frage: Sie sagten, eine Auflösung des afghanischen Knotens werde andere regionale Konflikte tiefgreifend beeinflussen. Ist die Sowjetunion zur Zusammenarbeit mit den Vereinigten Staaten und anderen Ländern bei der Regelung von Konflikten, zum Beispiel in Mittelamerika, am Persischen Golf und in Angola, bereit?

Antwort: Ja, sie ist dazu bereit. Ich habe schon gesagt, daß eine politische Regelung regionaler Konflikte und die Verhütung neuer allmählich zur Praxis der internationalen Beziehungen gehören, zur Norm werden wird, wenn ein konstruktives Zusammenwirken der Sowjetunion und der Vereinigten Staaten angebahnt wird, wenn die Autorität und die Möglichkeiten der Organisation der Vereinten Nationen, ihres Sicherheitsrates und ihrer anderen Organe weitgehend ausgenutzt werden. Ich möchte diese meine Überzeugung bekräftigen.

Die Welt hat bereits genug Beweise dafür erhalten, daß der langwierige Charakter der Konflikte ein Ergebnis des Drucks von historisch überlebten Stereotypen auf die Politik ist. Diese sind bekannt: das traditionelle Herangehen an die Gewährleistung der nationalen Sicherheit, bei dem nicht der vernünftigen Berechnung und dem politischen Mut, sondern Gewaltmethoden Vorrang gegeben wird; die alte Gewohnheit, die Behauptung der eigenen Rechte und Interessen auf Kosten der anderen durchzusetzen, sowie der Mangel an Gerechtigkeit und Humanität in den internationalen Beziehungen.

Wir haben mit dem Präsidenten bereits wiederholt darüber gesprochen und werden die Möglichkeit haben, diese Fragen auch beim bevorstehenden Treffen zu erörtern. Ein solches Gespräch kann natürlich nur unter der Bedingung produktiv sein, daß das Recht jedes Volkes geachtet wird, seinen Weg zu wählen.

»Glasnost ist mehr als Redefreiheit«

Frage: Frau Thatcher stellte, als sie über die Gespräche mit Ihnen berichtete, einen Vergleich zwischen der Kritik und dem Widerstand an, auf den ein westlicher Spitzenpolitiker stößt, wenn er Umgestaltungen vollzieht, und dem, womit Sie bei der Durchführung der Perestroika und der Glasnostpolitik zu tun haben. Dabei wünschte Sie Ihnen Erfolg. Besteht hier wirklich eine Ähnlichkeit?

Und noch etwas. Unter Glasnost verstehen Sie anscheinend etwas ganz anderes als das, was wir als Redefreiheit bezeichnen. Können Sie bitte erläutern, worin hier der Unterschied besteht?

Antwort: Ich schätze die freundlichen Worte, die Frau Thatcher von Zeit zu Zeit für uns findet. Ich kann aber nicht umhin, festzustellen, daß ich ihre Anschauungen über die Wege zur Erhaltung des Friedens, ihre Bevorzugung der nuklearen Abschreckung sowie ihre Einschätzungen des Sozialismus nicht teile.

Zur Ähnlichkeit und zu den Unterschieden in der Wirtschaftspolitik bei uns und im Westen. Natürlich kann man formal in allem möglichen eine Ähnlichkeit finden, und es gibt sie wirklich, aber nur dann, wenn man nicht in das Wesen dieser oder jener Reform eindringt. Die Hauptsache sind die prinzipiellen Unterschiede. Das, was in der Sowjetunion geschieht, ist ein umfassender Prozeß der revolutionären Erneuerung der sozialistischen Gesellschaft auf der Grundlage der historischen Entscheidung, die wir nicht in Frage stellen und die sich für unser Volk vor siebzig Jahren im Grunde als die einzig richtige erwiesen hat. Sonst gäbe es das Land nicht, mit dem Sie heute Angelegenheiten behandeln, die das Schicksal der ganzen Welt betreffen. Natürlich erfordern die Beseitigung der Stagnationserscheinungen im Zuge der Perestroika, der Abbau des Bremsmechanismus vor allem die Überwindung der Trägheit und der konservativen Einstellung; dabei stoßen wir oft auch auf heftige Ungeduld. Es gibt auch bewußten Widerstand seitens derer, deren eigennützige Interessen mit der Perestroika unvereinbar sind – in sozialökonomischem und moralischem Sinne.

Aber das ist eben die Perestroika, in deren Verlauf wir die Gesellschaft erneuern, ihr eine neue Qualität verleihen wollen. Sie geht in die Breite und Tiefe, erfaßt immer neue Bevölkerungsschichten, das ganze Territorium des Landes. Die Perestroika kommt immer mehr in Fluß, gewinnt zunehmend an Energie.

Zu Glasnost. Glasnost und Redefreiheit hängen natürlich zusammen, sind jedoch keine identischen Begriffe. Man kann so sagen: Die Redefreiheit ist eine unerläßliche Voraussetzung für Glasnost, Glasnost ist aber ein umfassenderer Begriff. Wir verstehen sie nicht nur als das Recht jedes Bürgers, seine Meinung zu allen gesellschaftlichen und politischen Fragen offen zu äußern, sondern auch als eine Pflicht der regierenden Partei und aller Macht- und Leitungsorgane, das Prinzip der Transparenz bei der Beschlußfassung einzuhalten, für ihre Handlungen einzustehen, auf Kritik substantiell zu reagieren sowie die Ratschläge und Empfehlungen der Arbeitskollektive, gesellschaftlichen Organisationen und einzelnen Bürger zu berücksichtigen.

Bei Glasnost, so wie wir sie verstehen, wird das Schwergewicht auf die Schaffung von Bedingungen gelegt, die es den Bürgern erlauben, real an der Erörterung aller Angelegenheiten des Landes, an der Ausarbeitung und der Annahme von Beschlüssen teilzunehmen, die die Interessen der Gesellschaft berühren, wie auch an der Kontrolle über die Ausführung dieser Beschlüsse.

Frage: Könnten Sie uns die Ideen nennen, die im Ausland entstanden sind und Einfluß auf die Entwicklung Ihres politischen und ökonomischen Denkens und auf Ihre Handlungsweise genommen haben? Und umgekehrt, welchen Einfluß nimmt die

Politik der Glasnost und der Perestroika auf andere sozialistische Länder?

Antwort: In meinem Buch über die Perestroika habe ich darüber geschrieben, daß unser neues politisches Denken ein Ergebnis unseres Durchdenkens von Realitäten des Nuklearzeitalters sowie tiefschürfender und selbstkritischer Gedanken über die Vergangenheit und Gegenwart unseres Landes und der Umwelt ist. Das neue Denken hat die Schlußfolgerungen und Forderungen der Bewegung der Nichtpaktgebundenen, der öffentlichen und wissenschaftlichen Kreise, der Bewegungen der Ärzte, Wissenschaftler, Ökologen und verschiedener Friedensorganisationen berücksichtigt und integriert. Wir stellen auch die Erfahrungen anderer sozialistischer Staaten in Rechnung, ebenso wie sie unsere Erfahrungen; es läuft ein ständiger Prozeß der gegenseitigen Bereicherung durch Erfahrungen, in dem keiner dem anderen irgendwelche Modelle aufzwingt.

Wir verstehen jetzt tatsächlich alle die wechselseitige Abhängigkeit immer besser, wir fühlen, daß wir in einer wechselseitig abhängigen Welt leben und daß wir alle integrierte Bestandteile der einheitlichen modernen Zivilisation sind.

Frage: Den Äußerungen des Präsidenten zufolge vertreten Sie im Hinblick auf die Menschenrechte unterschiedliche Standpunkte. Zugleich hat aber Ihre kühne Entscheidung, Andrej Sacharow zurückzuholen und die Ausreise für einige sowjetische Juden, die ins Ausland übersiedeln wollten, zu vereinfachen, Aufsehen in der ganzen Welt erregt. Welche weiteren Schritte planen Sie in dieser Richtung?

Antwort: Unsere Perestroika, deren Kern aufbauend ist, beinhaltet auch Läuterung von allen Deformierungen in der Vergangenheit, von allem, was die Herausstellung des humanistischen Wesens des Sozialismus behindert.

Wir kennen unsere Probleme und sprechen sie ehrlich und freimütig aus. Die Demokratisierung macht auch um den Bereich der Menschenrechte und -freiheiten keinen Bogen. Wir heben den politischen und öffentlichen Status der menschlichen Persönlichkeit. Im Zuge des Demokratisierungsprozesses sind viele

Fragen bereits ausgeräumt, andere werden mit den qualitativen Veränderungen der sowjetischen Gesellschaft im Laufe der Umgestaltung ausgeräumt werden. Aber das ist unsere Sache. Wir lösen diese Fragen nicht, weil wir jemandem nach dem Mund reden oder gefallen wollen, sondern weil dies den Interessen unserer Gesellschaft entspricht, weil wir die Umgestaltung anders nicht verwirklichen können, und schließlich, weil das die sowjetischen Menschen wollen, die längst über jene Restriktionen hinausgewachsen sind, mit denen sie sich in der Vergangenheit abfinden mußten und die in bestimmtem Maße auf dem Weg unserer außergewöhnlichen revolutionären Entwicklung unvermeidlich waren.

Ich habe einmal, soweit ich mich erinnern kann einem Amerikaner gegenüber, gesagt, er möge mir ein Land nennen, in dem es keine Probleme gebe. Jedes Land hat seine Probleme, darunter mit den Menschenrechten. Wir sind natürlich über die Sachlage in den Vereinigten Staaten im Bereich der politischen, sozialökonomischen und anderen Rechte informiert. Wir kennen gut sowohl die Errungenschaften als auch die Probleme und Mängel der amerikanischen Gesellschaft. Dabei gestatten wir uns keine Einmischung in ihre internen Angelegenheiten, obwohl wir es für berechtigt halten, unsere Meinung über die Prozesse in der amerikanischen Gesellschaft und über die Politik ihrer Regierung zu äußern. Allerdings wollen wir das nicht zu einem Gegenstand der Konfrontation machen. Wir sind der Meinung, daß das ein richtiges und anständiges Verhalten ist, das den Interessen der sowjetisch-amerikanischen Beziehungen und ihrer Zukunft entspricht. Ich möchte noch einmal unterstreichen: Wir zwingen den Vereinigten Staaten nichts auf. Zugleich weisen wir Einmischungsversuche in unsere Angelegenheiten zurück, von wem sie auch ausgehen und wer sie ihrerseits unternimmt.

So sieht im Prinzip unsere Verhaltensweise aus. Zugleich gibt es aber auch im Bereich der Menschenrechte Probleme, die eine gemeinsame Behandlung erfordern. In letzter Zeit gestaltet sich im Bereich der Menschenrechte ein Mechanismus der Zusammenarbeit, in den Wissenschaftler, Fachleute und Vertreter der

Öffentlichkeit weitgehend einbezogen sind. Konkrete Fragen werden von ihnen in ruhiger und sachlicher Atmosphäre erörtert.

Wir begrüßen auch die Übereinkunft über die Bildung eines ständig wirkenden Gremiums für Menschenrechte, an dem Deputierte des Obersten Sowjets der UdSSR und Mitglieder des US-Kongresses teilnehmen sollen. Wer, wenn nicht die Gesetzgeber in beiden Ländern, hätte sich um die Einhaltung der Menschenrechte zu kümmern? Wir sind bereit, auch weiterhin in diesem Geiste zu handeln.

Im Hinblick auf Ihre Frage möchte ich noch folgendes sagen. Mir scheint, eine starke Seite der Amerikaner ist ihr Pragmatismus, die Bereitschaft zu neuen Lösungen, wenn das, was sie probiert haben, »nicht funktioniert«. Allerdings haben die Amerikaner auch einen anderen Zug – bitte nehmen Sie meine Freimütigkeit nicht übel –, der den Umgang mit ihnen mitunter erschwert. Das ist die Überzeugung, daß alles Amerikanische das Beste und alles andere, wenn schon nicht das Schlechteste und Untauglichste, dann doch auf jeden Fall schlechter ist. Ich rede schon gar nicht vom Antikommunismus, der in den USA jahrzehntelang gezüchtet wurde, obwohl ihn bereits Albert Einstein viele Jahre früher als »die größte Lüge des 20. Jahrhunderts« bezeichnete.

Um unseres Einvernehmens willen, bitte, versuchen Sie nicht, uns eine Lebensweise nach den amerikanischen Regeln vorzuschreiben, dabei kommt ohnehin nichts heraus. Wir haben, ich wiederhole das, unsererseits keine Absicht, den Vereinigten Staaten unsere Werte anzudienen.

Wollen wir jeder nach seiner Fasson leben, dabei die Wahl des anderen respektieren und ungehindert die Ergebnisse unserer Arbeit in allen Bereichen der menschlichen Tätigkeit austauschen.

Ich bin überzeugt, daß jede Nation, jedes Volk nicht verliert, sondern nur gewinnt, wenn sie sich kritisch betrachten, die Erfahrungen des anderen nicht ignorieren und aufgeschlossen sind für das Verständnis und die Achtung der anderen Kultur, der anderen Denkweise, anderer Sitten, ja schließlich des anderen politischen Systems, sofern es natürlich kein terroristisches, faschistisches oder diktatorisches System ist.

Frage: Erfordert Ihre Umgestaltungspolitik auch grundlegende Veränderungen in den Beziehungen zwischen den Nationalitäten der Sowjetunion? Werden im Rahmen dieser Politik auch neue Schritte in Aussicht genommen, die den Interessen der kulturellen Vielfalt und des Internationalismus entsprechen?

Antwort: Die Veränderung der sozialistischen Prinzipien der Beziehungen zwischen den Nationen und Völkerschaften unseres Landes steht nicht auf der Tagesordnung. Allerdings werden wir die Verletzungen dieser Prinzipien korrigieren, denn eben dadurch wurden die jüngsten Ereignisse in einigen unserer Republiken ausgelöst. Im Westen wurde dafür ein, ich würde sagen, ungesundes Interesse gezeigt, häufig mit antisowjetischem Hintergrund, mit unfreundlichen Absichten. Es wurden Spekulationen in Umlauf gesetzt, die auf die Schwächung unserer multinationalen Union ausgerichtet waren.

Wir haben natürlich Probleme, sie hängen mit der Hinterlassenschaft aus den Zeiten des Personenkults und der Stagnation – in der Wirtschaft, der Sozialpolitik, im geistigen Leben, in den Beziehungen zwischen den Menschen – zusammen. Der im Bewußtsein der sowjetischen Menschen aller Nationen tief verwurzelte Internationalismus wird uns helfen, die Probleme auch in diesem Bereich zu lösen. Wir werden sie im Geiste und in enger Verbindung mit der Lösung der Hauptaufgabe der Perestroika, im Prozeß der grundlegenden Erneuerung der Gesellschaft bewältigen.

»Für ein neues politisches Denken«

(Aus der Ansprache Michail Gorbatschows vor dem polnischen Sejm am 11. Juli 1988)

Hoher Sejm! Wir nennen unsere Zeit einen Wendepunkt. Noch nie zuvor haben sich die Existenzbedingungen der Menschheit derart stürmisch und dramatisch wie im 20. Jahrhundert verändert. Noch nie zuvor wurde unsere Welt vor derart schreckliche Herausforderungen und derart verantwortungsvolle Entscheidungen gestellt.

In der Politik ist es äußerst wichtig, den außergewöhnlichen Charakter der gegenwärtigen Zeit zu berücksichtigen. Alte Vorstellungen und Rezepte sind für die Lösung ihrer Probleme bereits nicht mehr geeignet. Zu einem Gebot der Zeit ist das neue politische Denken in den internationalen Angelegenheiten geworden. Es handelt sich um eine langfristige Politik der Humanisierung der internationalen Beziehungen, die in ihrer Gründlichkeit mit der revolutionären Erneuerung des Sozialismus vergleichbar ist.

Man kann fragen: Ist denn das Konzept des neuen politischen Denkens wirklich so neu? Gab es denn in der Vergangenheit keinen Durchbruch zum gesunden Menschenverstand in der Weltpolitik? Natürlich gab es ihn. An der Wende zu den 60er sowie Anfang der 70er Jahre kam es zum Beispiel zu kurzfristigen Phasen der internationalen Entspannung, die großen Nutzen gebracht haben. Das sind der Kernwaffensperrvertrag, der ABM-Vertrag, die Verträge der UdSSR, Polens und der ČSSR mit der BRD, die Schlußakte von Helsinki und eine Reihe anderer wichtiger Abkommen. Sie wirkten sich in bedeutendem Maße auf die allgemeine Weltlage aus und zeigten im Prinzip die Möglichkeit, die internationalen Beziehungen zu stabilisieren.

Aber leider haben sie eine Rückwärtsentwicklung nicht ausgeschlossen. Ich glaube, das liegt vor allem daran, daß sich die
Entspannungsprozesse ohne eine starke zukunftsweisende Idee
gleichsam vorwärtstasten.

Es wurde allgemein anerkannt, daß die angehäufte militärische
Stärke der Großmächte die gesamte Erdbevölkerung mehrfach
vernichten kann. Die unheilvolle Bedeutung dieser Tatsache
wurde jedoch nicht in die Sprache der konkreten Politik umgesetzt. Es war offensichtlich, daß die Hochrüstung die Existenz
der Menschheit als solche bedroht. Sowohl der Westen als auch
der Osten benutzten jedoch bei weitem nicht alle Möglichkeiten,
um diesen gefährlichen Prozeß zu bremsen und zu stoppen.

Das Konzept des neuen politischen Denkens hat es gestattet, die
Dinge in ihren realen Dimensionen zu sehen. Die Existenz von
Staaten mit unterschiedlichen Gesellschaftssystemen ist eine
Realität der modernen Welt. Gefährlich sind allerdings nicht die
Unterschiede an sich, nicht die Vielfalt. Gefährlich sind die
Antagonismen, die militärische Konfrontation, der Wunsch, ein-
ander in der Stärke zu überrunden.

Wir bemühen uns, die politischen Kreise und die Öffentlichkeit
der ganzen Welt zu überzeugen, daß das konfrontationsgeprägte
Denken, die harte Konfrontation der Interessen uns alle zu einem
globalen Inferno führen können. Alle Mitglieder der Weltgemeinschaft, darunter natürlich auch wir, müssen die hohe politische Kunst lernen, die Interessen auszugleichen, die Kunst, nach
gegenseitig akzeptablen Lösungen von Problemen zu suchen, wie
diffizil sie auch sein mögen.

Es ist sehr wichtig, unter diesen Bedingungen den ideologischen
Kampf von unzulässigen Tricks zu befreien. Der psychologische
Krieg und das Schüren von Mißtrauen zwischen den Völkern
sind mit den Normen des zivilisierten Zusammenlebens der
Staaten unvereinbar. Die Propaganda von Militarismus, Haß
und Feindseligkeit muß man ausschließen, damit sich die Unter-
schiede zwischen den Ländern aus einem Hindernis in einen
Anreiz für die Zusammenarbeit verwandeln.

Die Völker brauchen die Wahrheit übereinander. Die westliche

Gemeinschaft kennt die Realitäten der sozialistischen Welt schlecht. Bereits von der Wiege an wurde dort den Menschen eingetrichtert, die Kommunisten seien Bösewichte, die ihre Völker versklaven und Messer gegen die freien Nationen des Westens wetzen.

Unsere außenpolitischen Gedanken und Vorschläge und insbesondere die Prozesse der Perestroika in der Sowjetunion und in anderen sozialistischen Ländern, Glasnost und Demokratisierung räumen zweifellos mit den primitiven Märchen über den Sozialismus auf. Das hat eine sehr große Bedeutung, weil die verlogenen Klischees das realistische Vorgehen hemmen.

Ich möchte bemerken, daß auch wir uns von Klischees bei der Darstellung der westlichen Wirklichkeit befreien müssen. Man muß die vielfältigen, komplizierten und widersprüchlichen Entwicklungen in den westlichen Ländern – im wirtschaftlichen, politischen, sozialen und anderen Bereichen – in vollem Maße sehen.

Vertrauen und Sicherheit sind zwei Seiten einer Medaille. Das in den vergangenen zwei Jahren gewachsene Vertrauen hat es gestattet, den Vertrag über die Raketen mittlerer und kürzerer Reichweite zu unterzeichnen.

Die beim Besuch von Präsident Reagan in unserem Land erzielten grundsätzlichen Vereinbarungen über die fünfzigprozentige Reduzierung der strategischen Offensivwaffen vermitteln die Hoffnung, daß die nukleare Abrüstung nicht auf eine einmalige Aktion reduziert wird. Allein die Perspektive der teilweisen Beseitigung der Nuklearmacht der UdSSR und der USA zwingt die Politiker, nach neuen Herangehensweisen an die Frage zu suchen, deren Lösung bis jetzt auf ernsthafte Hindernisse trifft. Ich meine die Reduzierung der konventionellen Rüstungen und Streitkräfte in Europa.

Worin bestehen hierbei die Schwierigkeiten? Im Hinblick auf die Zerstörungskraft und die Bedrohung der Existenz der Menschheit unterscheiden sich die konventionellen Waffen unter den besonderen Bedingungen unseres Kontinents kaum von den nuklearen. Die Tragödie von Tschernobyl zeigte die Gefahren, in die die Verletzung der technologischen und Produktionsdisziplin bei der Handhabung der Kerntechnik ausarten kann.

Wenn jedoch auf dem Kontinent, was Gott verhüten möge, ein konventioneller Krieg ausbrechen würde, wer kann dann schon garantieren, daß die kriegführenden Seiten nicht vorsätzlich oder zufällig einen Schlag gegen die Kernkraftwerke führen werden? Nur wenige solcher Schläge würden genügen, um der gesamten Bevölkerung Europas, aber auch anderer Kontinente, einen irreparablen Schaden zuzufügen. Diese Bedrohung hat jedoch im Bewußtsein der europäischen Öffentlichkeit keinen adäquaten Niederschlag gefunden.

Was die Regierungen der NATO-Länder betrifft, so betrachten sie die konventionellen Waffen traditionsgemäß als eine legitime Komponente der Politik der Stärke und verteidigen die Konzeption der »nuklearen Abschreckung«. Verbal bekennen sich alle zur Notwendigkeit, die konventionellen Waffen zu reduzieren, in Wirklichkeit werden jedoch die Militärressourcen aufgestockt. Darauf richten sich auch die Pläne der Rüstungsmodernisierung, mit denen sich heute die Regierungen vieler westlicher Länder tragen. Zu viele Interessen sind im Waffengeschäft verflochten. Zu tief stecken in den Köpfen der Politiker und Militärs, und leider auch der Öffentlichkeit, die Klischees des vornuklearen Zeitalters. Man muß die starren Vorstellungen dieser Art irgendwie aufbrechen. Laßt uns zum Beispiel als Regel betrachten, nicht nur im globalstrategischen, sondern auch in jedem konkreten Fall die Interessen durch Senkung der militärischen Konfrontation auszugleichen. Wir wären zum Beispiel bereit, unsere analogen Fliegerkräfte von den vorgeschobenen Stützpunkten in Osteuropa abzuziehen, wenn sich die NATO bereit erklären würde, ihre 72 Jagdbomber vom Typ F 16, die Spanien abgelehnt hat, nicht in Italien zu stationieren.

Wir schlagen auch vor, ein europäisches Zentrum zur Verminderung der Kriegsgefahr als eine Stätte für die Zusammenarbeit zwischen der NATO und dem Warschauer Pakt zu schaffen. Dieses Zentrum würde ständig funktionieren und könnte eine nützliche Struktur zur Festigung des Friedens in Europa werden.

Dieser Gedanke liegt sozusagen in der Luft. Er war bereits weitgehend im Jaruzelski-Plan enthalten, ähnliche Gedanken äußerte die Führung der DDR, Elemente einer solchen Verhaltensweise sind im Jakes-Plan erkennbar. Den NATO-Staaten liegt dieser Gedanke, soviel wir wissen, auch nicht fern.

Truppen- und Rüstungsreduzierung

Es ist an der Zeit, auch gravierendere Reduzierungen der Truppen und Rüstungen in Europa vorzunehmen und dafür die Abstimmung des Mandats in Wien zu beschleunigen, auf dessen Grundlage die Verhandlungen sowohl über die Reduzierung der konventionellen Truppen und Rüstungen als auch über vertrauensbildende Maßnahmen im gesamteuropäischen Maßstab aufzunehmen wären.

Ich sprach bereits von den Vorschlägen, die wir bei diesen Verhandlungen erörtern möchten. Ich will noch einmal an sie erinnern. Wir schlagen vor, die Reduzierungen in drei Etappen durchzuführen.

In der ersten Etappe geht es darum, alle Ungleichgewichte und Asymmetrien zwischen der NATO und dem Warschauer Pakt sowohl in bezug auf die zahlenmäßige Stärke der Truppen als auch hinsichtlich der Hauptrüstungen zu ermitteln und zu liquidieren. Dieses Verfahren könnte auf den ganzen europäischen Kontinent und auf seine einzelnen Regionen, zum Beispiel auf Mitteleuropa, Südeuropa usw., angewandt werden. Für die Ermittlung der Ungleichgewichte und Asymmetrien muß man noch vor dem Beginn der Verhandlungen oder mit ihrem Beginn die Ausgangsdaten in jenem Umfang austauschen, in dem das der vereinbarte Verhandlungsgegenstand diktiert. Vorzusehen ist die sorgfältige Überprüfung dieser Daten, einschließlich der Inspektionen vor Ort, bald nach Aufnahme der Verhandlungen, um die Wiederholung der traurigen Erfahrungen der Zahlendiskussionen zu vermeiden, die seinerzeit die Wiener Verhandlungen über Mitteleuropa in eine Sackgasse geführt haben.

Nebenbei gesagt: Wenn die NATO Bereitschaft an den Tag legt, könnten wir die Frage der Ungleichgewichte und Asymmetrien noch vor dem Beginn der offiziellen Verhandlungen, das heißt im Zusammenhang mit dem Austausch von Daten über Truppen und Rüstungen, erörtern.

In der zweiten Etappe geht es darum, ausgehend von dem Niveau, das nach der Liquidierung der Ungleichgewichte und Asymmetrien entstehen wird, die Truppen der NATO und des Warschauer Paktes um 500 000 auf jeder Seite zu reduzieren. Die Reduzierungen müssen durch die Auflösung von Verbänden und Truppenteilen mit gleichzeitiger Beseitigung ihrer strukturmäßigen Bewaffnung vorgenommen werden.

In der dritten Etappe sollte man die Reduzierung auf eine Weise fortsetzen, die den militärischen Formationen beider Militärbündnisse endgültig ausgesprochen defensiven Charakter verleihen würde. Alle Reduzierungsetappen werden ein effektives Kontrollsystem, einschließlich der Inspektionen vor Ort, vorsehen.

Dazu will ich hinzufügen, daß wir bereit sind, nicht nur in der dritten Etappe, sondern mit dem Beginn der Reduzierungen über die vorrangigen Reduzierungen von taktischen Kernwaffen, taktischen Angriffsfliegerkräften und Panzern Übereinkünfte zu treffen.

Wir unterstützen den jüngsten Vorschlag der gemeinsamen Arbeitsgruppe der SPD und der SED an die Teilnehmerstaaten des Helsinki-Prozesses mit dem Vorschlag, in Mitteleuropa eine Vertrauens- und Sicherheitszone zu schaffen.

Das alles ist keine Propaganda, sondern sind ernsthafte, durchdachte Ideen. Wir wollen, daß sie in den westlichen Metropolen auch so betrachtet werden.

Erinnern wir uns daran, welche Aufhellung Reykjavik im politischen Denken und im gesellschaftlichen Bewußtsein, insbesondere im sowjetisch-amerikanischen Verhältnis, gebracht hat.

Vielleicht lohnt es sich, ein zweites, diesmal gesamteuropäisches

»Reykjavik« – ein Treffen aller europäischer Länder zur Debatte einer einzigen Frage – durchzuführen: Wie ist der heutige Teufelskreis zu sprengen und der Übergang von Worten zu Taten auf dem Gebiet der Reduzierung der konventionellen Rüstungen zu sichern?

Unvoreingenommenheit, Toleranz, Offenheit und Ehrlichkeit – das braucht unserer Überzeugung nach die internationale Politik in der gegenwärtigen historischen Etappe. Dialog und nicht gegenseitige Anschuldigungen, das Streben, die Interessen und Argumente der anderen Seite zu verstehen, und nicht ihr böse Absichten zuzuschreiben – so begreifen wir die zivilisierten Beziehungen zwischen den Staaten. Davon gingen wir aus, als wir die Idee vom gemeinsamen Haus Europa für die allgemeine Erörterung unterbreiteten.

Das gemeinsame Haus Europa

Was verstehen wir unter diesem Begriff? Vor allem jenen einfachen Gedanken, daß alle Länder des Kontinents ungeachtet der zahlreichen Unterschiede, die mitunter recht tief sind, eine gewisse Gemeinschaft, dabei nicht nur eine geographische, sondern auch eine politische, ökonomische und kulturelle, darstellen.

Diese Feststellung hat nichts mit dem Eurozentrismus gemein. Sie fixiert nicht einfach die Realität, die sich jahrhundertelang herausgebildet hat, sondern lädt ein, diese Realität für das Wohl aller europäischen Völker in Übereinstimmung mit ihren neuen Bedürfnissen und Möglichkeiten, unter Berücksichtigung der modernen Leistungen von Wissenschaft, Technik, Kultur und des in der Nachkriegsperiode gesammelten humanistischen, moralischen Potentials sowohl im Osten als auch im Westen des Kontinents zu nutzen.

Und heute kommt zu gemeinsamen Wurzeln der historischen Herkunft noch ein solcher Faktor hinzu wie die Gemeinsamkeit

großen Wandlungen, die sich in allen Sphären unseres Lebens vollziehen, den Hauptrichtungen der weltweiten Entwicklung entsprechen. Wir passieren jetzt einen sehr schwierigen Abschnitt. Aber wir gehen ihn sicheren Schrittes, indem wir Lehren aus der Vergangenheit ziehen und furchtlos in die Zukunft blicken.

Gestatten Sie mir zum Abschluß, von dieser hohen Tribüne den Kommunisten, den Werktätigen Polens und dem ganzen polnischen Brudervolk die besten Wünsche zu übermitteln. Wir wünschen Ihnen, liebe Freunde, viel Erfolg in all Ihren Taten und Initiativen, die auf das Wohl Volkspolens, auf die sozialistische Erneuerung Ihrer Heimat gerichtet sind!

Die Bedeutung der asiatisch-pazifischen Region für die Weltpolitik

(Aus der Rede Michail Gorbatschows
in der ostsibirischen Stadt Krasnojarsk am 16. September 1988)

Beim Aufenthalt hier, auf diesem Breitengrad, ist es angebracht, die Lage auf dem asiatischen Kontinent, im Pazifik- und Indik-Raum zu betrachten. Vor etwas mehr als zwei Jahren haben wir in Wladiwostok alle dazu aufgefordert, über ein Programm zur Neugestaltung der Beziehungen zwischen den Staaten in diesem gigantischen und sich rascher als alle anderen entwickelnden Teil der Welt nachzudenken, in dem die Einwohnerzahl kürzlich drei Milliarden überschritten hat. Dieses Programm wurde später aus verschiedenen Anlässen ergänzt und konkretisiert. In der von uns gemeinsam mit der Führung Indiens erarbeiteten Deklaration von Delhi hat es eine Weiterentwicklung erfahren und eine ausführliche politisch-philosophische Begründung erhalten.
All das war keine Improvisation. Wir hatten die Lehren aus der Vergangenheit und die neuen Realitäten allseitig durchdacht und die Ideen und Initiativen anderer, darunter natürlich auch der sozialistischen Länder Asiens, berücksichtigt. Bei der Ausarbeitung für alle akzeptabler Vorschläge hatten wir nach der Resultante in der Balance der Interessen gesucht.
In den Vordergrund wurden Probleme der Lösung von Konflikt- und Konfrontationsknoten und die Eindämmung der Militarisierung gestellt. Eines davon besteht im Zurückbleiben der internationalen Zusammenarbeit hinter dem schnellen und gleichmäßigen Wirtschaftswachstum einzelner Länder. Die Vergrößerung dieser Kluft wird die Dynamik der weiteren Entwicklung zwangsläufig vor eine ernste Herausforderung sowohl im Rahmen der Region als auch der ganzen Weltwirtschaft stellen.
Sie sehen, welche Pole sich in dieser Region gebildet haben:

einerseits Japan und andererseits die Philippinen, einerseits die ASEAN und andererseits Burma und andere mehr. Hier entstehen viele Probleme, die eine Prüfung, eine Gesundung der internationalen Beziehungen und deren Überleitung in die Bahn des Zusammenwirkens und der Zusammenarbeit erfordern.

Man wird die Chance versäumen, das kolossale Potential Asiens und der Einzugsgebiete beider großen Ozeane im Interesse des allgemeinen Fortschritts und des Weltfriedens zu nutzen, wenn man sich jetzt nicht gründlich mit der ganzen Summe komplizierter Probleme in dieser großen Region der Erde befaßt. Sie kann sich sogar in ihr Gegenteil, in die Quelle eines gefährlichen Wachstums regionaler und globaler Gegensätze, verkehren. Eben deshalb ist es notwendig, rechtzeitig und gemeinsam eine rationelle und umfassende Zusammenarbeit anzubahnen.

Kurzum, bei der Formulierung unserer Wladiwostok-Initiative haben wir uns vom neuen Denken leiten lassen. Manche waren damals bemüht, die Aufrichtigkeit und Ehrlichkeit unserer Vorhaben und Vorschläge in Zweifel zu ziehen und die Sache so hinzustellen, als wäre die Sowjetunion dabei, unter dem Deckmantel von Friedensphrasen eine neue Expansion zu starten. Heute ist es nicht mehr nötig, mit diesen im Geiste des verknöcherten Antisowjetismus gehaltenen Einschätzungen zu polemisieren: Das Leben hat sie einfach über Bord geworfen. Unsere Wladiwostok-Initiativen fanden bei den Staaten dieser Region eine starke Resonanz. Ich möchte erneut mit voller Verantwortung erklären: Die Sowjetunion sucht keine Privilegien oder Vorteile für sich unter Benachteiligung anderer und spekuliert nicht darauf, auf Kosten anderer zu profitieren.

Ja, wir sorgen für die Sicherheit unserer Ostgrenzen, die von gewaltiger Ausdehnung sind. Jedoch nicht auf dem Wege des Wettrüstens, sondern mit politischen und ökonomischen Mitteln, durch das Schaffen eines Klimas, das Feindseligkeit, Mißtrauen und Argwohn ausschließt. Ich würde so sagen: Unsere Politik in Asien, wie überall in der Welt, basiert auf den Prinzipien der Freiheit der Wahl und der friedlichen Koexistenz. Sie ist offen, sie hat keinen »doppelten Boden«.

Die meisten asiatisch-pazifischen Länder haben unsere Politik und unsere Initiativen mit großem Interesse aufgenommen. Im gesellschaftlichen Bewußtsein vieler Länder hat sich in der Haltung zur Sowjetunion wenn nicht eine grundlegende Wende, so doch eine wesentliche Wandlung zum Besseren vollzogen. Daraus schließen wir, daß unsere Gedankenschlüsse und Vorschläge den Besonderheiten der Situation in dieser Region gerecht wurden.

Mit Genugtuung registrieren wir eine zunehmende Aktivität der Länder des asiatisch-pazifischen Raums bei den die ganze Welt betreffenden Angelegenheiten und ihr Streben nach Selbständigkeit und den Willen, ihre Probleme auf bi- und multilateraler Grundlage zu klären und auf dem Wege eines Dialogs nach einer Lösung zu suchen.

Unser Land hat einen Dialog mit den meisten Staaten der Region angebahnt. Mit einigen von ihnen auf hoher und höchster Ebene. Wir haben auf staatlicher Ebene solche Kontakte hergestellt, die wir bisher niemals hatten. Durch Gegenbemühungen begannen die Verbindungen Inhalt und Perspektive zu erlangen. Dabei trägt das alles einen deutlich gleichberechtigten, offenen Charakter und leistet schon allein dadurch einen Beitrag zur allgemeinen Reorganisierung der internationalen Beziehungen auf der Grundlage zeitgemäßer Prinzipien.

Die sowjetisch-indischen Beziehungen haben sich in den letzten Jahren in einen beständigen konstruktiven Faktor von immenser internationaler Bedeutung verwandelt. Das bevorstehende turnusmäßige Gipfeltreffen in Delhi wird ein bedeutender Schritt bei der Festigung des einzigartigen freundschaftlichen Zusammenwirkens zweier so verschiedener und einflußreicher Staaten zum Wohl ihrer eigenen Völker, im Interesse der allgemeinen Sicherheit sein.

Lösung regionaler Konflikte

Die politische Atmosphäre im asiatisch-pazifischen Raum verändert sich. Dafür gibt es bereits zahlreiche ermutigende Anzeichen. Man kann sagen, daß hier die Datenbank immer reicher wird, deren Informationen vom Streben nach gegenseitiger Sicherheit sprechen. Wir haben den Eindruck, daß sich auch die Bewegung der Nichtpaktgebundenen zunehmend diesem Raum zuwendet. Und sie wird in seinem Schicksal sicherlich ihre eigene, unabhängige Rolle spielen. Zur Zeit sucht sie nach einem wirksamen Mechanismus, um den außenpolitischen Prozessen mehr Dynamik zu verleihen. Auf jeden Fall sehen wir den Willen, daran mitzuwirken, regionale Konflikte zu lösen und deren Entstehung zu verhindern.

Ich würde im großen und ganzen sagen: Nach Wladiwostok ist nur wenig Zeit vergangen, doch wir sehen, daß sich zur Zeit in dieser riesigen Region ein gesunder und zweifellos ein positiver und vielversprechender Prozeß entfaltet. Das ist ein Beweis für den wachsenden wechselseitigen Zusammenhang der allgemeinmenschlichen und nationalen Interessen, die immer bessere Erkenntnis, daß die Welt, in der wir leben, ganzheitlich ist. Wir schätzen unsere Rolle dabei realistisch ein. Trotzdem denke ich, daß unser Beitrag hier bedeutend ist, und wir sehen, wie dies von den Völkern aller Länder eingeschätzt wird.

Die Vereinigten Staaten von Amerika äußern diesbezüglich gewisse Zweifel, und sie versuchen, sie unter die Völker und Regierungen der Länder des asiatisch-pazifischen Raums zu säen. In den Staaten dieser Region selbst versteht man besser das Wesen unserer Politik. Ich nenne als Beispiel die Lösung des Afghanistan-Problems. Das hat einen starken Einfluß auf die Prozesse im asiatisch-pazifischen Raum und darauf ausgeübt, daß die Regierungen und Staaten dieser Region unsere Politik objektiver einschätzen. Nach allgemein vorherrschender Ansicht hat die Tatsache des Zustandekommens der Genfer Afghanistan-Vereinbarungen allein die Suche nach einer Lösung anderer regionaler Konflikte positiv beeinflußt.

Zur Zeit ist ein wesentliches Vorankommen in der Frage der Regelung der Situation um Kambodscha zu verzeichnen, und zwar dank der Anstrengungen dieses Landes, Vietnams und Laos' sowie Indonesiens und anderer ASEAN-Länder. Zu einem wichtigen Ereignis wurde das jüngste informelle Treffen in Djakarta, das ein sehr aufschlußreiches Beispiel lieferte. Die Sowjetunion ist bereit, auch künftig zur schnellstmöglichen Erreichung eines Kambodscha-Abkommens beizutragen. Direkte Verhandlungen zwischen China und Vietnam könnten unseres Erachtens bei der Lösung dieses Problems wie überhaupt bei der Verbesserung der Lage in Asien eine wichtige Rolle spielen.

Gestoppt wurde der acht Jahre lange tragische, verheerende Krieg zwischen Iran und Irak. Die gesamte Weltgemeinschaft hat das mit Erleichterung aufgenommen. Ich denke, man muß – und zwar nicht nur aus diesem Anlaß – die Organisation der Vereinten Nationen und den UNO-Generalsekretär selbst gebührend würdigen. Bemerkenswert und erfreulich ist, daß die UNO wieder an Kraft gewinnt und daß ihre Rolle zunimmt. Wir tun alles, um die Autorität dieser internationalen Organisation aufrechtzuerhalten und ihre Rolle zu erhöhen.

Wir hoffen, daß die jetzt im Nahen Osten in Gang gekommenen Prozesse letzten Endes ermöglichen werden, diesen festen Knoten zu lösen. Gerade in den vergangenen anderthalb bis zwei Jahren wurde nach Ansicht vieler in der Welt der geeignetste Weg abgesteckt: Er führt über die Einberufung einer internationalen Konferenz.

Kompliziert bleibt die Lage auf der Halbinsel Korea, obwohl hier Anzeichen für einen Dialog zwischen Nord und Süd sichtbar zu werden anfingen.

Wenn wir von der vorrangigen Richtung unserer Außenpolitik – von den Beziehungen mit den sozialistischen Ländern – sprechen, so können wir hier wie auch in Europa und mit Kuba eine Verbesserung der qualitativen Merkmale unseres Zusammenwirkens feststellen. Wir sehen nun viel besser die Probleme in unseren wechselseitigen Beziehungen, die aktuellen und langfristigen Aufgaben, die gemeinsam im Interesse jedes Landes und im allgemeinen Interesse der befreundeten Staaten gelöst werden müssen.

Im Zuge der mächtigen Erneuerungsprozesse, die in den beiden großen sozialistischen Staaten vor sich gehen, mehren sich die Berührungspunkte zwischen der Sowjetunion und China. In diesen sozialistischen Staaten vollziehen sich sehr tiefe innere Wandlungen. Wir können feststellen, daß in den Beziehungen zwischen unseren Völkern immer mehr Wohlwollen und Vertrauen verzeichnet wird. Beide Seiten zeigen erneut großes Interesse füreinander, das mit neuem Inhalt erfüllt wird. Ich würde sagen, daß die beiderseitige Anziehung zunimmt. Das jüngste bilaterale Arbeitstreffen in Peking zur Regelung der Lage um Kambodscha hat das beiderseitige Verständnis in dieser Frage eindeutig erweitert und zugleich zur Besserung der sowjetisch-chinesischen Beziehungen beigetragen.

Wir sind für die völlige Normalisierung der Beziehungen zur VR China, für deren Entwicklung bis zu einem Niveau, das der Verantwortung unserer beiden Länder für die Weltpolitik angemessen wäre. Wir sind bereit, unverzüglich mit der Vorbereitung eines sowjetisch-chinesischen Gipfeltreffens zu beginnen.

Das sowjetisch-australische Gipfeltreffen leitete eine prinzipielle Wende in den Beziehungen zu den Ländern des südlichen Pazifiks ein. Seinem Inhalt und seinem politischen Impuls nach geht es über den regionalen Rahmen hinaus.

Unsere Beziehungen zu den ASEAN-Ländern, vor allem zu Indonesien, den Philippinen und Malaysia, gewinnen an Dynamik. Ein nützlicher Dialog begann mit Thailand. Um unser Verhältnis mit diesem Land war es lange Zeit nicht gerade sehr günstig bestellt. Wir sind für den Ausbau der gegenseitig vorteilhaften und gleichberechtigten Beziehungen zu allen Staaten dieses Erdteils, unabhängig von ihrer Größe und Gesellschaftsordnung.

Zweifellos sind die sowjetisch-japanischen Beziehungen für die gesamte Situation in der Region von wesentlicher Bedeutung. Meine Treffen mit einer Reihe von prominenten Politikern Japans – mit Masashi Ishibashi, Shintaro Abe, Tetsuzo Fuwa und

Takako Doi – sowie der Austausch von Schreiben und Botschaften mit japanischen gesellschaftlichen Organisationen und Kulturschaffenden haben es gestattet, sowohl die Probleme als auch die Wege zur Überwindung der Stagnation in unseren Beziehungen zu erkennen.

Das jüngste freimütige Gespräch mit Yasuhiro Nakasone bestärkte mich noch mehr in der Überzeugung, daß es sowohl die erforderliche Grundlage als auch das beiderseitige Streben gibt, unsere Beziehungen auf der Basis des Gleichgewichts der bilateralen und regionalen Interessen zu dynamisieren. Wir hoffen, daß diese positive Tonart auch bei den bevorstehenden politischen Kontakten herrschen wird und es ermöglicht, die japanisch-sowjetischen Beziehungen in die Bahnen einer normalen Entwicklung zu leiten.

Die Wiederaufnahme der Beziehungen zum nationalen Gouverneurrat Japans ist in der Sowjetunion gebührend gewürdigt worden, ebenso wie das wiedererstarkte Interesse japanischer Geschäftskreise daran, ihr Land erneut als einen der führenden Handels- und Wirtschaftspartner der UdSSR zu sehen. Was aber die bestehenden humanitären und Fischereiprobleme betrifft, die einer Festigung des Vertrauens im Wege sind, so lassen sie sich meines Erachtens bewältigen. Nicht unerwähnt lassen kann ich jedoch die Tatsache, daß die Sowjetbürger ebenso wie andere nahe und ferne Nachbarn Japans über den beharrlichen Ausbau seines Militärpotentials im Rahmen der »Lastenteilung« mit den Vereinigten Staaten besorgt sind.

Ein Prozent des Bruttosozialprodukts für militärische Zwecke hört sich scheinbar bescheiden an. Wenn man aber dessen realen Ausdruck und die wachsende Wirtschaftsmacht des Landes in Betracht zieht, so gibt ein Prozent schon heute ernsthaft zu denken. Man sollte meinen, die Japaner hätten nachgewiesen, daß man sich in der Welt von heute auch ohne Militarismus den Status einer Großmacht erwerben kann. Natürlich erhebt sich die Frage: Haben sie es denn nötig, nunmehr ihre einmaligen und für die ganze Menschheit so aufschlußreichen Erfahrungen zu diskreditieren? Haben sie es nötig, die außerordentliche Ausstrahlungskraft der nahezu weltweiten wirtschaftlichen Präsenz Japans in den Augen des Volkes durch historische Assoziationen mit der Vorkriegs- und Kriegszeit zu beeinträchtigen?

Wir suchen beharrlich nach Berührungspunkten mit den Vereinigten Staaten in der Problematik der asiatisch-pazifischen Region. Dabei drängt sich uns oft die Frage auf: Warum kommen wir im Unterschied zu anderen wichtigen Bereichen der Weltpolitik in diesem zu keinem gegenseitigen Einvernehmen? Unsere Staatsinteressen scheinen nicht zu kollidieren. Auch wollen wir die weit verzweigten Wirtschaftsbeziehungen der USA nicht beeinträchtigen. Man sollte meinen, wir haben – wie schon überall – bewiesen, daß wir es verstehen, den Realitäten Rechnung zu tragen. Woran liegt es dann?

Ich hatte schon Gelegenheit, davon zu sprechen und sogar daran zu erinnern, wenn es außer acht gelassen wurde, daß wir für eine uneingeschränkte Beteiligung der Vereinigten Staaten an den Angelegenheiten der asiatisch-pazifischen Region eintreten, die ihrer Stellung, ihren politischen und wirtschaftlichen Möglichkeiten angemessen ist. Das muß aber eine Beteiligung auf der Grundlage der Gleichberechtigung sein, ohne Großmachtallüren und ohne Gewaltmethoden, die nur noch Gegenstand geschichtlicher Abhandlungen sein können.

Der Schlüssel zur Gesundung der Lage in dieser Region sind wie auch überall in der Welt die Minderung der Spannungen, die Reduzierung der Rüstungen und die entsprechende Änderung der Militärpolitik. Der INF-Vertrag half auch hier, die erste Bresche in die militärische Konfrontation zu schlagen. Für Asien, wo die Atomwaffen gegen die Zivilbevölkerung eingesetzt wurden, bedeutet dieses Ereignis eine besondere, symbolische Geste. Und wir sind bereit, auch weiter nach neuen Ansätzen zu suchen, um in diese Richtung zu gehen.

Neue Vorschläge zur Sicherheit der Region

Als Ergebnis von Überlegungen und einer zusätzlichen Analyse, in dem Bestreben, die Sache der gesamtasiatischen Sicherheit voranzubringen, unterbreitet die sowjetische Führung einige neue Vorschläge.

Erstens. Der Besorgnis der asiatischen und pazifischen Länder Rechnung tragend, wird die Sowjetunion in dieser Region die Bestände an jeglichen Kernwaffen – wie sie es schon seit einiger Zeit tut – nicht weiter vergrößern, und sie appelliert an die USA und die anderen Nuklearmächte, dort keine Kernwaffen zusätzlich zu stationieren.

Zweitens. Wir laden zu Konsultationen zwischen den bedeutendsten Kriegsmarinemächten der Region ein, die dahin zielen, die Seestreitkräfte dort nicht weiter zu verstärken.

Drittens. Wir schlagen vor, auf multilateraler Grundlage den Abbau der militärischen Konfrontation in den Gebieten zu erörtern, in denen die Küsten der UdSSR, der Volksrepublik China, Japans, Nord- und Südkoreas nahe beieinander liegen, mit dem Ziel, das Niveau der See- und Luftstreitkräfte einzufrieren und proportional zu reduzieren sowie deren Aktivitäten zu begrenzen.

Viertens. Wenn sich die USA zu einer Auflösung der Militärstützpunkte auf den Philippinen entschließen, wird auch die UdSSR bereit sein, in Abstimmung mit der Regierung der SRV [Sozialistische Republik Vietnam] den Punkt für die materielltechnische Versorgung der Flotte in der Camranh-Bucht aufzugeben.

Fünftens. Im Interesse der Sicherheit der See- und Luftverkehrswege der Region schlagen wir vor, gemeinsam Maßnahmen für die Verhinderung von Zwischenfällen auf hoher See und in dem darüberliegenden Luftraum auszuarbeiten. Bei der Ausarbeitung dieser Maßnahmen könnten die Erfahrungen aus den bereits vorhandenen bilateralen Vereinbarungen zwischen der UdSSR und den USA und zwischen der UdSSR und Großbritannien sowie der dreiseitigen Übereinkunft USA–UdSSR–Japan genutzt werden.

Sechstens. Spätestens 1990 sollte eine internationale Konferenz über die Umwandlung des Indischen Ozeans in eine Zone des Friedens veranstaltet werden. Die ihrer Vorbereitung dienende Arbeit in der UNO ist bekanntlich bereits im wesentlichen abgeschlossen worden.

Siebentens. Wir schlagen vor, auf beliebiger Ebene und in einem beliebigen Gremium, die Bildung eines Verhandlungsmechanismus zur Prüfung der sowjetischen und jeglicher anderer Vorschläge zu erörtern, die mit der Sicherheit der asiatisch-pazifischen Region im Zusammenhang stehen. Mit dieser Erörterung könnte zwischen der UdSSR, der VR China und den USA als ständigen Mitgliedern des UNO-Sicherheitsrates begonnen werden.

Es liegt schon eine bestimmte Erfahrung vor, die die Nützlichkeit von Kontakten zwischen Militärs vor Augen führt. Wir fühlen uns irgendwie sicherer, wenn Generale und Admirale sich nicht durch Ferngläser ansehen, sondern sich am Verhandlungstisch gegenübersitzen. Ein Gegenstand ihres Gesprächs könnte ein breites Spektrum der militärischen Aktivitäten sein. Man könnte mit einem Treffen von Vertretern der in militärischer Hinsicht größten Staaten beginnen. Es ist sehr wichtig, daß die Länder einander besser kennenlernen und verstehen. Dann wird sich die im Grunde genommen erklärliche Besorgnis wegen der eigenen Sicherheit verringern. Vertrauen und Einvernehmen werden wachsen.

Es ist nach meiner Ansicht eben hier in Krasnojarsk angebracht, eine Frage aufzuwerfen, mit der die Perspektiven der sowjetisch-amerikanischen Verhandlungen über die Reduzierung der strategischen Nuklearwaffen, also die Geschicke der Sicherheit in der ganzen Welt, verbunden sind. Es handelt sich um die Radarstation unweit Ihrer Stadt.

Wir haben viel getan, um nachzuweisen, daß der Charakter und die Zweckbestimmung dieser Radarstation keine Verletzung des ABM-Vertrages von 1972 darstellen. Wir haben sogar hierher amerikanische Kongreßabgeordnete eingeladen. Wir haben uns bereit erklärt, die Ausrüstung dieser Station zu demontieren, wenn es gelingen sollte, die Einhaltung des obengenannten ABM-Vertrages zu vereinbaren. Aber Spekulationen und Erfindungen um die Radaranlage Krasnojarsk werden weiterhin angehäuft, was hemmend auf die Verhandlungen in Genf einwirkt. Offensichtlich zieht jemand daraus Nutzen. Wir haben beschlossen, ein für allemal all denjenigen, die sich damit beschäftigen, den Boden zu entziehen und denen, die aufrichtig besorgt sind, ein unwiderlegbares Zeugnis der Grundlosigkeit ihrer Befürchtungen zu liefern. Über diesen Beschluß informierten wir den Präsidenten der USA.

Wir schlagen vor, auf der Basis der Radarstation Krasnojarsk ein Zentrum für internationale Zusammenarbeit auf dem Gebiet der Nutzung des Weltraums für friedliche Zwecke zu schaffen. Das Zentrum soll in das System einer internationalen Weltraumorganisation einbezogen werden. Die Idee ihrer Gründung fand in prominenten Kreisen des Westens Verständnis. Wir sind zu Konsultationen mit Wissenschaftlern aller Länder bereit, die für dieses Projekt Interesse zeigen würden.

Das ist unsere Antwort auf die Besorgnis des Westens im Zusammenhang mit der Radaranlage Krasnojarsk. Aber unsere Besorgnis über den Bau der amerikanischen Radaranlagen auf Grönland und in Großbritannien bleibt. Die Fachleute erklären, daß diese Anlagen eine direkte Verletzung des ABM-Vertrages darstellen. Wir erwarten, daß Washington unsere neue Initiative mit entsprechenden Maßnahmen beantwortet.

»Eine verstärkte Zusammenarbeit ist notwendig«

Auf die asiatisch-pazifische Region zurückkommend, muß ich sagen, daß sie nicht nur durch Rüstungen verunreinigt wurde. Ihr droht eine weitere rapide wachsende Gefahr – die ökologische Verschmutzung. Dieses Problem wird von allen gut verstanden. Und es ist Zeit, schon an die Anbahnung einer regionalen Zusammenarbeit auf diesem Gebiet zu denken. Vielleicht muß man anfangs eine Sonderkonferenz von Experten einberufen, die nach meiner Überzeugung zeigen wird, wieviel gemeinsame Probleme wir haben und wie stark wir alle voneinander abhängen und daß wir folglich gemeinsam handeln müssen.

Auf die Tagesordnung drängen sich auch so wichtige Themen wie die Zusammenarbeit bei der Erhaltung und Entwicklung der nationalen Traditionen sowie im Kampf gegen Naturkatastrophen. Es liegt also der Gedanke nahe: Warum sollte man nicht ein Treffen der Außenminister aller interessierten Staaten – oder derjenigen, die es wollen – organisieren, um Ansätze für den Aufbau neuer Beziehungen im asiatisch-pazifischen Raum zu erörtern?

Wir verfolgten mit Interesse die Tätigkeit der Konferenz über die asiatisch-pazifische wirtschaftliche Zusammenarbeit, haben ihre jüngste Tagung in Osaka begrüßte, sind bereit, uns der Arbeit dieser internationalen Organisation in jeder beliebigen Form anzuschließen, die ihre Mitglieder für akzeptabel halten sollten. Auch verschiedene UNO-Organisationen – die Wirtschafts- und Sozialkommission für Asien und den Pazifikraum sowie diejenige für Westasien – müßten aktiver werden.

Ich möchte nicht, daß der Eindruck entsteht, wir seien der Meinung, daß bei uns mit der Realisierung der Ideen von Wladiwostok alles in Ordnung ist und nur äußere Umstände uns gestört haben. Wir sind von einer solchen Schlußfolgerung weit entfernt. Wir schauen aber weit voraus. Die radikale Wirtschaftsreform und die Umgestaltung des politischen Systems werden eine mächtige moderne Entwicklung Sibiriens und des Fernen Ostens in einer Dimension sichern, die diesen großen und zukunftsträchtigen Gebieten unserer Heimat angemessen ist. Das wird es bei vorhandenem Willen unserer Nachbarn und weiterliegender Staaten ermöglichen, nicht nur ein festes, sondern auch ein schönes Gewebe der Beziehungen in Wirtschaft, Wissenschaft, Technik, Kultur, Umweltschutz und anderen Bereichen in diesem Teil Asiens gemeinsam herzustellen. Wir gehen davon aus, daß das Potential des Programms von Wladiwostok bei weitem noch nicht ausgeschöpft ist.

Unter Berücksichtigung der Spezifik dieser Regionen unseres Landes konzipieren wir zur Zeit Maßnahmen zur dynamischeren Gestaltung der Außenwirtschaftsbeziehungen. Diese Maßnahmen kann man als »Vorzugsbedingungen« bezeichnen.

Wir erwägen folgendes:

– den hier gelegenen Betrieben, Organisationen und Produktionsgenossenschaften das Recht zu unmittelbaren Aktivitäten auf dem Außenmarkt einzuräumen;

– den »fernöstlichen Koeffizienten« einzuführen – das Recht, einen Teil der Devisenzuführungen für soziale Belange der Kollektive, einschließlich auch der Käufe von Konsumgütern im Ausland, zu nutzen;

– den Betrieben, die sich am Küsten- und Grenzhandel beteiligen, die Möglichkeit zu geben, alle von ihnen durch die Einsparung von Rohstoffen und Materialien erwirtschafteten Mittel für den Export zu nutzen;

– unseren Betrieben direkte auswärtige Verbindungen zu erlauben, und die Genossenschaften werden die Erlaubnis dafür in den Exekutivkomitees der Regionen und der Gebiete erhalten;

– die auf Vertragsbasis gegründeten Gemeinschaftsunternehmen von den Gewinnsteuern für eine längere Zeit als in anderen Gebieten des Landes sowie auch ihre Reinvestitionen in die Fonds für soziale Entwicklung von der Besteuerung zu befreien;

– den Lohn in den Gemeinschaftsbetrieben von Betriebsleitung und Gewerkschaft festlegen zu lassen.

Wir denken auch daran, im Fernen Osten spezielle »Zonen des gemeinsamen Unternehmertums« zu schaffen, in denen Vorzugsbedingungen für Zollerhebung, Genehmigung von Außenwirtschaftsgeschäften und Besteuerung gelten sowie Naturressourcen und Arbeitskräfte zu niedrigeren Preisen bereitgestellt werden.

Wir werden die Rolle der örtlichen Machtorgane bei der Leitung der außenwirtschaftlichen Tätigkeit erweitern. Ein Teil der Devisenabführungen der fernöstlichen Exportbetriebe wird den örtlichen Machtorganen zur Verfügung stehen. Es ist offensichtlich die Frage herangereift, im Fernen Osten ein regionales Organ zur Koordinierung der Außenwirtschaftsverbindungen zu bilden.

In der Sowjetunion wurde man auf die Publikationen der chinesischen Presse über die Möglichkeiten der Entfaltung der chinesisch-japanisch-sowjetischen dreiseitigen Wirtschaftätigkeit zu gegenseitig vorteilhaften Bedingungen aufmerksam. Wir teilen eine solche Einstellung. Bei Bereitschaft aller Seiten könnte man die Entwicklung dieser Ideen auf die praktische Ebene überleiten.

Dem kann man hinzufügen, daß wir bereit sind, mit der chinesischen Seite über die gemeinsame landwirtschaftliche Produktion im Amur-Gebiet, im Gebiet Tschita und in der Region Primorje sowie über die Beteiligung am Bau von Zivilobjekten hier auf der Basis des Prinzips der Gegenseitigkeit übereinzukommen.

Ich glaube, daß sich im Kontext der allgemeinen Gesundung der Lage auf der Koreanischen Halbinsel Möglichkeiten für die Anbahnung von Wirtschaftsbeziehungen zu Südkorea eröffnen können.

Ich bin sicher, daß der Fortschritt vielfältiger und für uns neuer Formen der Zusammenarbeit die materielle und psychologische Basis auch für die Entwicklung eines regen Fremdenverkehrs schaffen wird.

Wir sind dafür, daß die Volksdiplomatie, die sich inzwischen durch ihre Tätigkeit bewährte, energischer ins tägliche Leben einbezogen wird und daß die Kontakte zwischen den Menschen sich mehren. Vielleicht müßten wir die Gründung eines regionalen Zentrums für kulturelle Verbindungen zwischen den Völkern der asiatisch-pazifischen Region erwägen? Das Ziel dieser gesellschaftlichen Organisation mit nationalen Abteilungen könnten die Erarbeitung von Projekten auf verschiedenen Gebieten des Wissens und Schaffens, die Förderung von Kontakten zwischen Wissenschaftlern, Studenten und einfachen Bürgern verschiedener Länder sowie gemeinsame humanitäre und ökologische Forschungen sein.

Wir befinden uns erst am Anfang des Weges in die Zukunft des großen asiatisch-pazifischen Teils der Welt. Es bleibt noch viel

zu tun. Uns erwarten auch Schwierigkeiten, Hindernisse, unge-
wohnte Neuartigkeit. Doch wir werden beharrlich Schritt um
Schritt vorwärtsgehen, Erfahrungen und Kenntnisse sammeln.
Es lohnt sich.

Jeder Morgen unseres Planeten beginnt im Osten, wird, bildlich
gesprochen, in den Wellen des Stillen Ozeans geboren, der von
Ihnen gar nicht weit entfernt ist, besonders nach sibirischen
Dimensionen – und diese habe ich bei meinen Flugreisen in der
Region Krasnojarsk zu spüren bekommen. Wollen wir arbeiten,
damit jeder Tag uns voranbringt auf dem Wege zu einer erfolg-
reichen Lösung der Aufgaben der Perestroika, zur Festigung des
Friedens und des Vertrauens zwischen den Völkern!

»Im Interesse
gegenseitiger Verständigung
und Zusammenarbeit«

*(Tischrede Michail Gorbatschows bei einem Essen
für Bundeskanzler Helmut Kohl am 24. Oktober 1988)*

Verehrter Herr Bundeskanzler!

Verehrte Frau Kohl!

Meine Damen und Herren! Genossen!

Im Namen der sowjetischen Führung begrüße ich Sie, Ihre Kollegen, Vertreter der Geschäftskreise und alle bundesdeutschen Gäste.

Wir betrachten diesen Besuch als ein besonderes Ereignis. Danach zu urteilen, wie die Verhandlungen begonnen haben und was in Vorbereitung dieses Treffens getan wurde, bestätigt der Besuch diese Einschätzung sowohl im Hinblick auf die bilateralen Beziehungen als auch auf die Europa- und Weltpolitik. Die Rolle unserer beiden Länder im Gesamtkomplex der großen Politik ist unersetzlich. Gerade deshalb brauchen wir solche Beziehungen, die auf Vertrauen und auf den Realitäten beruhen, kurzum, die dem Geist der Zeit und ihren Imperativen entsprechen. Vor allem brauchen wir sie natürlich selbst.

Mit Genugtuung stelle ich fest, daß bei dem Treffen auf höchster Ebene die Suche nach einem zuverlässigen Weg für den Einstieg in eine neue Etappe der Beziehungen zwischen der Sowjetunion und der Bundesrepublik Deutschland dominiert. In diesem Sinne kann der Besuch des Kanzlers, wie auch mein Gegenbesuch in der Bundesrepublik, zu einem Wendepunkt werden.

Die Beziehungen der Völker Rußlands zu den Deutschen haben eine jahrhundertelange Geschichte. Vieles hat sich in Taten, Traditionen, in der Kultur, in einer verhältnismäßig guten Kenntnis voneinander und in der Tatsache materialisiert, daß es unter den Sowjetbürgern viele Menschen deutscher Abstammung gibt. Und sie leisten einen würdigen Beitrag zur Entwicklung ihres Heimatlandes.

Doch wird im Gedächtnis beider Völker auch vieles bewahrt, woran man nicht ohne Schaudern denken kann. Ich habe dieser Tage bereits meinen Gesprächspartnern vom Magazin »Der Spiegel« gesagt, daß man dies wissen muß – nicht etwa aus Rachsucht, sondern um es bei der Errichtung der Zukunft zu berücksichtigen.

Jetzt haben wir sehr viele deutsche Freunde. Es verbindet uns fest mit den Deutschen der Deutschen Demokratischen Republik die Gemeinsamkeit des sozialen Systems und der sozialistischen Bestrebungen. Wir sind Genossen und Verbündete. Die Bundesrepublik traf eine andere Wahl, sie gehört einem anderen System und einem anderen militärpolitischen Bündnis an. Jedoch ungeachtet aller Dramen und Unannehmlichkeiten der Nachkriegszeit bewegen das objektive Bedürfnis, nach einer gemeinsamen Sprache zu suchen, und die Veränderungen in der Welt sowohl uns als auch Sie in die richtige Richtung. Daraus resultieren sowohl der Moskauer Vertrag von 1970 als auch das Vierseitige Abkommen über Berlin (West). Das sind Meilensteine in der Europa- und Weltpolitik. Wir erinnern uns auch an die Rolle, die Willy Brandt und der hier anwesende Hans-Dietrich Genscher bei dieser historischen Sache gespielt haben.

In diesem Zusammenhang möchte ich daran erinnern – manchmal wird das vergessen–, daß die Bundesrepublik Deutschland bisher der einzige NATO-Staat ist, der mit der Sowjetunion einen Vertrag über Gewaltverzicht abgeschlossen hat. Wir begrüßen natürlich die Normalisierung und die Durchsetzung gleichberechtigter Beziehungen der Bundesrepublik Deutschland mit der Deutschen Demokratischen Republik, mit Polen und der Tschechoslowakei. All das hat den Weg nach Helsinki geebnet.

Ich wäre unaufrichtig, wenn ich die Frage Westberlins übergehen würde. Denn von Zeit zu Zeit werden in der Bundesrepublik Stimmen laut, dies sei geradezu ein Prüfstein in unseren Beziehungen. Werde die UdSSR »nicht nachgeben«, müsse das so-

wjetisch-bundesdeutsche Verhältnis mindestens auf Spar-
flamme gesetzt werden. Diese Verfahrensweise, in welcher Ver-
packung auch immer, steht nicht nur im Gegensatz zum Viersei-
tigen Abkommen von 1971, sondern ist auch mit der Substanz
des KSZE-Prozesses selbst unvereinbar. Wir haben nichts gegen
eine Beteiligung Westberlins an den europäischen und internationalen Beziehungen einzuwenden und sind bereit, seinen spezifischen Interessen in Wirtschaft und Kultur Rechnung zu tragen.
Hierbei sind wir uns aber darüber im klaren, daß der besondere
Status der Stadt unerschütterlich bleibt.
Zur sogenannten deutschen Frage habe ich in letzter Zeit mehr
als einmal gesprochen. Die gegenwärtige Situation resultiert aus
der Geschichte. Allerlei Versuche, das durch die Geschichte
Hervorgebrachte umzustoßen oder die Entwicklung durch un-
realistische Politik zu forcieren, sind ein unkalkulierbares und
sogar gefährliches Unterfangen. An dieser Stelle ist ein Wort des
großen Goethe angebracht: »Einer neuen Wahrheit ist nichts
schädlicher als ein alter Irrtum.«
Für eine gesicherte und aussichtsreiche Entwicklung des sowjetisch-bundesdeutschen Verhältnisses kann eine sehr zuverlässige
materielle Basis geschaffen werden. Die Umgestaltung in der
Sowjetunion eröffnet neue Möglichkeiten dafür, die Geschäfts-
kontakte auf ein neues Niveau zu bringen. Wir sind fest entschlossen, unsere Stellung in der internationalen Arbeitsteilung
zu verändern und den Weg eines intensiven wirtschaftlichen
Zusammenwirkens mit der übrigen Welt einzuschlagen. Wir
sehen, daß viele in der Bundesrepublik diese unsere Absicht
verstanden haben und anscheinend bereit sind, uns entgegenzukommen.
Ich nutze die Gelegenheit, um die Kühnheit, Großzügigkeit und,
wie ich hoffe, die Weitsicht der Vertreter der bundesdeutschen
Geschäftskreise zu würdigen und in diesem Zusammenhang
auch den Beitrag solcher Politiker wie Lothar Späth und Johan-
nes Rau, deren Anteilnahme an unseren Beziehungen ihrer Bedeutung nach weit über den Rahmen der »lokalen« Kontakte
zwischen unserer Republik und den Ländern der Bundesrepu-

blik schlechthin hinausgeht. Allerdings muß ich einen Vorbehalt machen – die träge Denkweise, bei der wir als ein rückständiges wirtschaftliches Gebiet betrachtet werden, ist immer noch nicht überwunden. Sie stützt sich auf überholte Klischees, daß die Russen es selbst nicht schaffen würden.

Also, ich möchte in Ihrer Anwesenheit allen, die mit uns etwas zu tun haben wollen, sagen: Wir schaffen es! Wir betreiben die Politik der Umgestaltung. Wir haben Programme der radikalen Wirtschaftsreform und tiefgreifender politischer Veränderungen. Das Volk hat diese Politik akzeptiert und unterstützt uns. Und es hat – das ist die Hauptsache – die Umgestaltung seines ganzen Lebens in Angriff genommen. Es nutzt die Offenheit immer effektiver, erlernt die Demokratie, sammelt Erfahrungen bei der Nutzung seiner Rechte und bei deren Verteidigung, eignet sich die Fähigkeit an, überall ein wirklicher und verantwortungsbewußter Herr seines Landes zu sein. Wir haben alles, um in einer historisch kurzen Frist das kreative Potential des Sozialismus zu verwerten.

In dieser Bewegung des aufgewachten großen Volkes wird es auch Schwierigkeiten und womöglich auch ernste Augenblicke geben. Vieles wird neu sein und sich nicht sogleich erfassen lassen. Aber – ich wiederhole – wir werden es schaffen. Wir sind des Erfolges sicher. Und denjenigen, die bereit sind, mit uns gleichberechtigt und auf neue Art zusammenzuarbeiten, reichen wir unsere treue Hand.

Herr Bundeskanzler! In aller Munde ist jetzt das 21. Jahrhundert. Wenn wir aber eine Zukunft anstreben, die sich von der Vergangenheit grundlegend unterscheidet, ist ein überaus weiter und verantwortungsvoller Blick auf die Realitäten der Gegenwart erforderlich. Das betrifft die Beziehungen zwischen unseren Ländern. Das betrifft den europäischen Kontinent. Das betrifft die ganze Welt. Blicken wir von verschiedenen Teilen des Planeten aus auf unsere unvermeßliche und vielfältige Welt – wie viele Probleme, Interessen, Widersprüche, Dramen und Konflikte gibt es, wieviel Not und Ungerechtigkeit sind noch geblieben! Und zugleich das immense wissenschaftliche und technische sowie das menschliche und Produktionspotential. Wir reden hier in Europa immer mehr von den Beziehungen zwischen Ost und West. Zum politischen Vokabular gehört nun fest der Terminus »Nord-Süd«, und jetzt gibt es auch den Begriff »Süd-Ost«. So sind die Parameter der Probleme. Und man muß darüber gemeinsam Lösungen suchen und finden, die für alle akzeptabel sind. Andernfalls wird die Menschheit nicht überleben. Und an erster Stelle steht hierbei – das ist ein politisches Axiom – die Abrüstung, die gewaltige materielle und geistige Ressourcen für die Entwicklung freisetzen kann.

Bei der Suche und bei der Lösung der grandiosen globalen Aufgaben wird, wie ich glaube, Europa, und darin unseren beiden Ländern, ein herausragender Platz zukommen. Doch dafür muß auch Europa, müssen wir miteinander in unseren eigenen Angelegenheiten Klarheit schaffen und eine Zusammenarbeit aufbauen, die unserer Geschichte, unseren Möglichkeiten und unserer Verantwortung würdig ist. Ja, der Osten und der Westen Europas lebten vier Jahrzehnte lang nicht nur isoliert voneinander, sondern sogar in einer Atmosphäre der Feindschaft. Trägheit und die Klischees des kalten Krieges sind noch nicht überwunden, bisweilen wirken sie sich auch noch stark in der Politik aus.

Dennoch kann man jetzt von der Spaltung Europas nicht mehr so sprechen wie vor zwanzig Jahren oder sogar vor zehn Jahren. Die Schlußakte von Helsinki hat den gesamteuropäischen Prozeß eingeleitet. Es gab Zeiten, da er beinahe abgeflaut war. Aber in den letzten Jahren begann er dank dem energischen, aufrichtigen und ehrlichen Dialog zwischen den führenden Repräsentanten der Länder des westlichen und des östlichen Teils Europas sowie der USA und Kanadas, an Stärke zu gewinnen. Madrid, Stockholm, Wien und natürlich die vier sowjetisch-amerikanischen Gipfeltreffen und der Vertrag über die Liquidierung der Raketen mittlerer und kürzerer Reichweite haben der Bildung des Vertrauens einen Impuls gegeben. Es wurde auch möglich, die Idee des gemeinsamen Hauses Europa zu unterbreiten, die nicht nur von der Öffentlichkeit aufgegriffen wurde, sondern auch das

Interesse politischer Kreise und Regierungen fand. Wir wollen weiter vorwärtsgehen.

Natürlich ist die Gewährleistung der gegenseitigen Sicherheit der Ausgangspunkt für die Errichtung des neuen Europa. Darüber haben Bundeskanzler Kohl und ich ausführlich gesprochen. Die Sowjetunion, die Staaten des Warschauer Paktes haben eine ganzheitliche Konzeption der Reduzierung der konventionellen Rüstungen und der Streitkräfte. Die Regierung der Bundesrepublik Deutschland hat eigene Auffassungen dazu. Doch wir sind uns darin einig, daß es an der Zeit ist, uns an den Verhandlungstisch zu setzen. Deshalb sind wir beide, soweit ich es verstehe, dafür, daß die Einigung über das Mandat in Wien nicht in die Länge gezogen wird.

In Ihrer Anwesenheit möchte ich an meinen Vorschlag hinsichtlich des »europäischen Reykjavik« erinnern. Uns imponiert der Abänderungsvorschlag, den Präsident Mitterand unterbreitet, wonach ein solches Treffen schon während der aufgenommenen Verhandlungen über die konventionellen Rüstungen und die Streitkräfte durchgeführt werden soll. Sein Sinn besteht darin, auf höchster Ebene den Verhandlungen die erforderliche Dynamik zu verleihen, ihre nächsten und künftigen Ziele zu bestimmen sowie zu verhüten, daß die Verhandlungen in endlose Wortwechsel über Details ausarten. Wir wissen anhand der Erfahrungen, wozu das führt. Ohne von der außerordentlich großen politischen Bedeutung des Treffens selbst zu sprechen. Wir Europäer müssen uns endlich gemäß der Logik der neuen Zeit verhalten – nicht den Krieg vorbereiten, nicht einander Angst einjagen, nicht um die Modernisierung der Waffen wetteifern, nicht einfach auf die Verhinderung des Krieges hinarbeiten, sondern wir müssen, wie Herr de Mita in einem Gespräch mit mir gut gesagt hat, lernen, den Frieden zu schaffen.

Auf wirtschaftlichem Gebiet wurden schon gesamteuropäische Treffen vorgeschlagen, und die bilateralen Beziehungen zwischen den Ländern des Ostens und des Westens sind spürbar aktiver geworden. Doch gibt es Probleme, die durch die Anstrengungen eines Landes, und sei es auch eines großen Landes, allein einfach nicht lösbar sind. Dazu gehört die Gesundung der Umwelt. Braucht Europa etwa nicht ein einheitliches Energiesystem, ein einheitliches Verkehrssystem? Ist es denn nicht längst an der Zeit, über ein europäisches Informationsnetz nachzudenken? All das ist aus dem Bereich der Hypothesen bereits in die Kategorie aktueller Forderungen gemeinsamen Lebens auf dem Kontinent übergegangen.

Und die Konferenz zu humanitären Fragen in Moskau schlagen wir vor, um den Helsinki-Prozeß, diesen uns allen verbindenden Prozeß, auch auf dem Gebiet der menschlichen Kontakte und der Menschenrechte zu verstärken. Nichts lehrt so sehr Vertrauen, gegenseitige Achtung und Überwindung der Entfremdung wie die gemeinsame Arbeit und das Schöpfertum, wie die Erkenntnis in die Gemeinsamkeit des Schicksals angesichts der europäischen und der weltweiten Herausforderungen das tun. Dabei berücksichtigen wir die internationale Dimension der Rolle der Bundesrepublik Deutschland, ihre Bindungen zu anderen und ihre Verpflichtungen ihnen gegenüber. Und wir rechnen mit dem Verständnis dafür, daß auch wir das alles haben. Ich wünsche Ihnen, Herr Bundeskanzler und Frau Kohl, und allen in diesem Saal Anwesenden Wohlergehen, Gesundheit und Erfolg.

Auf die erstarkende Verständigung und Zusammenarbeit zwischen der UdSSR und der Bundesrepublik Deutschland zum Wohle unserer Völker, zum Wohle des europäischen und des internationalen Friedens!

»Für eine neue Qualität
der internationalen Beziehungen«

*(Rede Michail Gorbatschows vor der UNO
in New York am 7. Dezember 1988)*

Sehr geehrter Herr Vorsitzender!
Sehr geehrter Herr Generalsekretär!
Sehr geehrte Delegierte!
Wir sind hierhergekommen, um unsere Achtung gegenüber der
Organisation der Vereinten Nationen zum Ausdruck zu bringen,
die immer mehr ihre Fähigkeit zeigt, ein einzigartiges internatio-
nales Zentrum im Dienste des Friedens und der Sicherheit zu
sein. Wir sind hierhergekommen, um unsere Achtung vor der
Würde dieser Organisation zu bezeigen, die sich als fähig er-
weist, den kollektiven Verstand und Willen der Menschheit zu
akkumulieren.
Die Ereignisse beweisen immer mehr, daß die Welt eine solche
Organisation braucht. Auch sie bedarf ihrerseits eines engagier-
ten Mitwirkens aller ihrer Mitglieder, der Unterstützung ihrer
Initiativen und Handlungen, der Bereicherung ihrer Tätigkeit
durch deren Möglichkeiten und deren originellen Beitrag.
Vor einem guten Jahr habe ich in dem Artikel »Realität und
Garantien für eine sichere Welt« mehrere Gedanken zu Problemen geäußert, die sich im Gesichtskreis der UNO befinden. Die
vergangene Zeit gab weiteren Stoff für Überlegungen. Im Welt-
geschehen ist tatsächlich eine Wende angebrochen.
Bekannt ist die Rolle der Sowjetunion in den internationalen
Angelegenheiten. Unter Berücksichtigung der gegenwärtigen revolutionären Umgestaltung in unserem Lande, der ein immenses
Potential des Friedens und der internationalen Zusammenarbeit
innewohnt, sind wir heute besonders daran interessiert, daß man
uns richtig versteht.

Ebendeshalb sind wir hier, um im Gebäude der angesehensten Weltorganisation unsere Gedanken mitzuteilen, sie als erste über unsere neuen wichtigen Beschlüsse in Kenntnis zu setzen.

Eine gesamtmenschliche Perspektive

Wie wird die Menschheit sein, wenn sie in das 21. Jahrhundert tritt? Gedanken über diese schon nicht mehr allzu ferne Zukunft machen sich breit. Wir blicken in diese Zukunft voller Hoffnung und zugleich mit Besorgnis.

Die Welt, in der wir heute leben, unterscheidet sich davon, wie sie zu Beginn oder in der Mitte dieses Jahrhunderts war, grundsätzlich. Und sie ändert sich weiter in allen Bestandteilen.

Das Aufkommen der nuklearen Waffen hat den grundlegenden Charakter dieser Änderungen nur in tragischer Weise unterstrichen. Als materielles Symbol und als Träger einer absoluten Militärkraft haben sie auch die absoluten Grenzen dieser Kraft bloßgestellt. In seiner vollen Größe erhob sich das Problem des Überlebens, der Selbsterhaltung der Menschheit.

Es vollziehen sich überaus tiefgreifende soziale Wandlungen. Auf die historische Bühne, sei es im Osten oder im Süden, im Westen oder im Norden, traten Hunderte Millionen Menschen, neue Nationen und Staaten, neue gesellschaftliche Bewegungen und Ideologien. In umfassenden, oft stürmischen Volksbewegungen kommt – in seiner gesamten Vielfalt und Widersprüchlichkeit – das Streben nach Unabhängigkeit, Demokratie und sozialer Gerechtigkeit zum Ausdruck. Die Idee von der Demokratisierung der gesamten Weltordnung wurde zu einer gewaltigen sozialpolitischen Kraft.

Zugleich machte die wissenschaftlich-technische Revolution viele Probleme – ökonomische, Informations- und demographische Probleme –, mit denen wir erst vor kurzem als mit nationalen oder regionalen konfrontiert waren, zu Globalproblemen. Dank den neuesten Fernmeldemitteln, Massenmedien und

Transportmitteln wurde die Welt für alle sozusagen sichtbarer und greifbarer. Der internationale Verkehr wurde wie noch nie zuvor einfacher.

Heute ist die Erhaltung irgendwelcher »geschlossener« Gesellschaften kaum möglich. Das erfordert eine entschiedene Überprüfung der Ansichten zu den gesamten Problemen der internationalen Zusammenarbeit als wichtiges Element der allgemeinen Sicherheit.

Die Weltwirtschaft wird zu einem einheitlichen Organismus, und außerhalb dieses Organismus kann sich kein einziger Staat entwickeln, zu welchem Gesellschaftssystem er auch gehören und auf welchem Wirtschaftsniveau er sich auch befinden mag. Dadurch wird die Erarbeitung eines prinzipiell neuen Mechanismus für das Funktionieren der Weltwirtschaft, einer neuen Struktur der internationalen Arbeitsteilung auf die Tagesordnung gesetzt.

Das Wachstum der Weltwirtschaft zeigt zugleich Widersprüche und Grenzen der traditionellen Industrialisierung auf. Ihre weitere Ausdehnung »in die Breite und in die Tiefe« drängt zu einer ökologischen Katastrophe.

Es gibt aber noch viele Länder, in denen die Industrie nicht ausreichend entwickelt ist, und einige haben das vorindustrielle Stadium noch nicht durchmessen. Wird der Prozeß ihres Wirtschaftswachstums nach alten technologischen Mustern verlaufen, oder werden sie sich in die Suche nach einer umweltfreundlichen Produktion einschalten können – das ist eines der großen Probleme.

Ein anderes besteht darin, daß sich die Diskrepanz zwischen den Industrie- und den meisten Entwicklungsländern nicht verringert und zu einer immer größeren Bedrohung im Globalmaßstab wird. Das macht es erforderlich, mit der Suche nach einem prinzipiell neuen Typ des industriellen Fortschritts zu beginnen, nach einem solchen, der den Interessen aller Völker und Staaten entspricht.

Mit einem Wort: Die neuen Realitäten ändern die gesamte Situation in der Welt. Die aus der Vergangenheit vererbten Unterschiede und Gegensätze werden schwächer oder verschieben sich. Es kommen aber neue auf. Einige frühere Meinungsverschiedenheiten und Streite büßen ihre Bedeutung ein. An ihre Stelle treten Konflikte anderer Art.

Das Leben zwingt uns, die gewohnten Klischees und veralteten Ansichten zu verwerfen und sich von Illusionen zu befreien. Die Vorstellung vom Charakter und den Kriterien des Fortschritts selbst ändert sich. Es wäre naiv zu denken, daß sich die Probleme, mit denen sich die heutige Menschheit plagt, mit Mitteln und Methoden lösen lassen, die früher angewandt wurden oder als passend schienen.

Ja, die Menschheit hat überaus reiche Erfahrungen der politischen, ökonomischen und sozialen Entwicklung unter den verschiedensten Bedingungen gesammelt. Sie stammen aber aus einer Praxis und Gestalt der Welt, die bereits der Vergangenheit angehören oder ihr anheimfallen. Darin besteht eines der Merkmale des Umbruchcharakters der gegenwärtigen Etappe der Geschichte.

Die größten Philosophen versuchten, die Gesetze der gesellschaftlichen Entwicklung zu erkennen und Antworten auf die Hauptfrage zu finden: Wie kann man das Leben des Menschen glücklich, gerecht und sicher machen? Die zwei großen Revolutionen – die französische 1789 und die russische 1917 – wirkten sich auf den Charakter des historischen Prozesses selbst stark aus und änderten den Verlauf der Ereignisse in der Welt radikal. Sie beide – jede auf ihre Art – verliehen dem Fortschritt der Menschheit einen gewaltigen Impuls. Eben sie gestalteten in vieler Hinsicht die Denkweise, die bisher im gesellschaftlichen Bewußtsein dominiert. Das ist der größte geistige Reichtum.

Aber heute entsteht vor uns eine andere Welt, für die wir andere Wege in die Zukunft suchen müssen, indem wir uns natürlich auf die gesammelten Erfahrungen stützen, aber auch grundlegende Unterschiede zwischen dem, was gestern war, und dem, was heute geschieht, sehen.

Das Neue der Aufgaben und zugleich ihre Schwierigkeit beschränken sich jedoch nicht darauf. Wir sind heute in ein Zeitalter eingetreten, da dem Fortschritt das gesamtmenschliche Interesse zugrunde liegen wird. Die Geschichte der früheren Jahrhunderte und Jahrtausende war fast überall eine Geschichte der Kriege, manchmal der verzweifelten Schlachten, die bis zu gegenseitiger Vernichtung reichten. Sie entstanden aus der Kollision der sozialen und politischen Interessen, aus nationaler Feindschaft, aus ideologischer und religiöser Unvereinbarkeit. So ist es gewesen. Aber bis jetzt geben manche Leute diese unbewältigte Vergangenheit für eine unumstößliche Gesetzmäßigkeit aus.

Parallel zum Prozeß der Kriege, der Feindseligkeit und der Entfremdung zwischen Völkern und Ländern gewann ein anderer, ebenso objektiv bedingter Prozeß an Kraft – der Prozeß des Werdens einer in wechselseitiger Beziehung stehenden, ganzheitlichen Welt. Der weitere weltweite Fortschritt ist nur durch die Suche nach einem gesamtmenschlichen Konsens bei der Fortbewegung zu der neuen Weltordnung möglich.

Wir stehen vor einem solchen Schritt, da ungeordnete Spontaneität in eine Sackgasse führt. Und der Weltgemeinschaft steht nun bevor, die Prozesse auf eine solche Art gestalten und lenken zu lernen, daß die Zivilisation erhalten bleibt, für alle ungefährlich und für das normale Leben günstiger gemacht wird.

Es handelt sich um Zusammenarbeit, die genauer »Zusammenschaffen« und »Zusammenentwicklung« zu nennen wäre. Die Entwicklungsformel »auf Kosten des anderen« überlebt sich. In Hinblick auf die heutigen Realitäten ist echter Fortschritt weder durch Schmälerung der Rechte und Freiheiten des Menschen und der Völker noch auf Kosten der Natur möglich.

Schon allein die Lösung globaler Probleme erfordert einen neuen »Umfang« und eine neue »Qualität« des Zusammenwirkens der Staaten und der sozial-politischen Strömungen, unabhängig von ideologischen und sonstigen Unterschieden.

Natürlich geschehen innerhalb einzelner Länder und sozialer Strukturen gründliche Wandlungen und revolutionäre Veränderungen. So war es, und so wird es in Zukunft sein. Aber unsere Zeit nimmt auch hier Berichtigungen vor: Innere Wandlungsprozesse können unmöglich ihre nationalen Ziele erreichen, wenn sie lediglich auf »Parallelkurs« zu anderen laufen, ohne die Erkenntnisse der Umwelt und die Möglichkeiten der gleichberechtigten Zusammenarbeit auszunutzen. Unter diesen Umständen wäre Einmischung in diese inneren Prozesse, um sie auf eine fremde Art umzumodeln, für das Werden der friedlichen Ordnung besonders verderblich.

In der Vergangenheit dienten Unterschiede häufig als Faktor der Isolierung voneinander. Jetzt bietet sich die Möglichkeit, sie zu einem Faktor der gegenseitigen Bereicherung und der gegenseitigen Anziehung zu machen.

Hinter den Unterschieden in der Gesellschaftsordnung, in der Lebensweise, in der Bevorzugung der einen oder anderen Werte stehen Interessen. Dem ist nicht zu entgehen. Aber auch der Forderung, im internationalen Rahmen eine Interessenbalance zu finden, die zu einer Voraussetzung für das Überleben und für den Fortschritt geworden ist, ist nicht zu entgehen.

Wenn man sich das alles überlegt, kommt man zu dem Schluß: Wollen wir den Lehren der Vergangenheit und den Realitäten der Gegenwart Rechnung tragen und auf die objektive Logik der Weltentwicklung Rücksicht nehmen, so gilt es, nach einem Herangehen an die Gesundung der internationalen Situation, an die Errichtung der neuen Welt zu suchen, und zwar gemeinsam zu suchen. Ist es aber so, dann lohnt es sich, auch über die wesentlichsten, tatsächlich universalen Voraussetzungen und Prinzipien einer solchen Tätigkeit übereinzukommen.

Beispielsweise Gewalt und Gewaltandrohung können und dürfen augenscheinlich nicht länger ein Instrument der Außenpolitik sein. Das gilt in erster Linie für Kernwaffen, aber nicht nur. Von allen und in erster Linie von den Stärkeren werden Selbstbeschränkung und vollständiger Ausschluß der Gewaltanwendung nach außen verlangt.

Dies ist die erste und wichtigste Komponente einer Welt ohne Gewalt, die wir gemeinsam mit Indien in der Deklaration von Delhi zum Ideal erklärten, dem zu folgen wir auch alle anderen auffordern.

Zudem ist schon heute klar, daß die Steigerung der militärischen Stärke keinen Staat allgewaltig macht. Darüber hinaus schwächt der einseitige Akzent auf militärische Stärke letzten Endes andere Komponenten der nationalen Sicherheit.

Für die Vielgestaltigkeit der Welt

Für uns ist auch die Verbindlichkeit des Prinzips der freien Wahl über jeden Zweifel erhaben. Dessen Nichtanerkennung kann für den allgemeinen Frieden die schlimmsten Folgen haben. Dieses Recht der Völker zu bestreiten, egal unter welchem Vorwand, bedeutet, sich sogar an jenem wackligen Gleichgewicht, welches bisher erreicht werden konnte, zu vergreifen. Die Freiheit der Wahl ist ein allgemeingültiges Prinzip, das keine Ausnahmen kennen sollte. Zu dem Schluß über die Unanfechtbarkeit dieses Prinzips sind wir nicht allein aus Gutwilligkeit gekommen; auch eine unparteiische Analyse der objektiven Prozesse unserer Zeit hat ihn uns nahegelegt.

Zu einem zunehmend spürbaren Kennzeichen dieser Prozesse wird das Vorhandensein mehrerer Varianten der gesellschaftlichen Entwicklung verschiedener Länder. Das betrifft sowohl das kapitalistische als auch das sozialistische System. Davon zeugt auch die Verschiedenartigkeit der gesellschaftspolitischen Strukturen, die von den nationalen Befreiungsbewegungen in den letzten Jahrzehnten hervorgebracht worden sind.

Und diese objektive Tatsache setzt die Achtung vor den Ansichten und Haltungen der anderen, die Toleranz und die Bereitschaft voraus, etwas anderes nicht unbedingt als schlecht oder feindlich aufzufassen, wie auch die Fähigkeit, zu lernen, nebeneinander zu leben, wobei man unterschiedlich und miteinander nicht in allem einverstanden bleibt.

Die Selbstbestätigung der Vielgestaltigkeit der Welt macht die Versuche haltlos, die Mitmenschen von oben herab zu betrachten und sie die »eigene« Demokratie zu lehren; ganz davon zu schweigen, daß sich demokratische Werte in »Exportausführrung« oft sehr schnell entwerten.

Es geht also um die Einheit in der Vielgestaltigkeit. Werden wir das in politischem Sinne feststellen, werden wir bestätigen, daß wir der Freiheit der Wahl treu bleiben, dann werden auch die Vorstellungen davon verschwinden, daß der eine auf der Erde kraft »heiligen Willens« existiert, der andere aber hierher absolut zufällig gelangt sei. Es ist an der Zeit, sich von einem solchen Komplex zu befreien und die eigene politische Linie entsprechend aufzubauen. Dann werden sich auch die Perspektiven für die Festigung der Einheit der Welt auftun.

Zu einem Gebot der neuen Etappe ist die Entideologisierung der zwischenstaatlichen Beziehungen geworden. Wir kehren von unseren Überzeugungen, von unserer Philosophie und unseren Traditionen nicht ab, rufen niemanden auf, von den seinen abzukehren. Wir beabsichtigen aber auch nicht, uns im Kreis unserer Werte abzukapseln. Das würde zur geistigen Verkümmerung führen, denn das würde den Verzicht auf eine derart mächtige Entwicklungsquelle bedeuten, wie es der Austausch von all dem Originellen, was jede Nation selbständig schafft, ist. Möge jeder im Verlaufe eines solchen Austausches die Vorzüge seiner Ordnung, seiner Lebensweise, seiner Werte unter Beweis stellen – nicht nur mit Worten und Propaganda, sondern mit realen Taten. Das ist ein ehrlicher Kampf der Ideologien. Er darf jedoch nicht auf die gegenseitigen Beziehungen zwischen den Staaten übertragen werden. Denn sonst werden wir kein einziges der Weltprobleme lösen können: weder eine umfassende, gegenseitig vorteilhafte und gleichberechtigte Zusammenarbeit zwischen den Völkern anbahnen; noch über die Erkenntnisse der wissenschaftlich-technischen Revolution rationell verfügen; noch die Wirtschaftsbeziehungen umgestalten und die Umwelt schützen; noch die Unterentwicklung überwinden, Hunger, Krankheiten, Analphabetentum und andere massenhafte Nöte bekämpfen; und natürlich wird es uns in einem solchen Fall nicht gelingen, die Gefahr eines Nuklearkrieges und den Militarismus aus der Welt zu schaffen.

Das wären unsere Überlegungen über die Gesetzmäßigkeiten der Welt an der Schwelle des 21. Jahrhunderts.

Uns ist natürlich der Anspruch auf unangefochtene Wahrheit fremd. Wir haben jedoch die früheren und neuentstandenen Realitäten einer strengen Analyse unterzogen und sind zu dem Schluß gekommen, daß wir den Weg zur Oberhoheit der allgemeinen menschlichen Idee über eine Vielzahl von Zentrifugalkräften, zur Aufrechterhaltung der Lebensfähigkeit der Zivilisation, möglicherweise der einzigen im Universum, gerade eben auf diese Weise gemeinsam suchen müssen.

Haftet diesem Herangehen nicht eine gewisse Romantik, eine Übertreibung der Möglichkeiten, der Reife des gesellschaftlichen Bewußtseins in der Welt an? Solche Zweifel und solche Fragen hören wir sowohl bei uns zu Hause als auch von einigen westlichen Partnern. Ich bin überzeugt, daß wir auf dem Boden der Realitäten bleiben.

Für eine Periode des Friedens

In der Welt haben sich bereits Kräfte herausgebildet, die uns auf die eine oder andere Weise zum Eintritt in eine Friedensperiode anregen. Die Völker, die breiten Kreise der Öffentlichkeit sehnen sich wirklich innig nach einer Wende zum Besseren, wollen lernen, zusammenzuarbeiten. Die Kraft dieser Tendenz frappiert manchmal. Und es ist wichtig, daß Stimmungen dieser Art sich in die Politik zu transformieren beginnen. Die Veränderung im philosophischen Denken und in politischen Beziehungen bildet eine ernste Voraussetzung dafür, gestützt auf objektive Prozesse im Weltmaßstab, den Anstrengungen, die auf die Herstellung neuer Beziehungen zwischen den Staaten gerichtet sind, neue mächtige Impulse zu geben.

Entsprechende Schlußfolgerungen ziehen sogar jene Politiker, deren Tätigkeit seinerzeit mit dem kalten Krieg, mitunter mit seinen schärfsten Etappen, in Verbindung gestanden hat. Ihnen fällt es aber wie keinem anderen schwer, von Stereotypen, von den Erfahrungen jener Jahre abzugehen. Und wenn sogar sie eine solche Wende vollziehen, so ist es offensichtlich, daß mit dem Erscheinen neuer Generationen sich immer mehr Möglichkeiten dafür bieten werden.

Kurzum, die Einsicht in die Notwendigkeit einer Friedensperiode bricht sich Bahn und wird zur vorherrschenden Tendenz. Im Ergebnis sind auch die ersten realen Schritte bei der Gesundung der internationalen Situation und der Abrüstung möglich geworden.

Was folgt daraus im praktischen Sinne? Es wäre natürlich und vernünftig, auf jenes Positive, das wir bereits gewonnen haben, nicht zu verzichten und all das Positive, das in den letzten Jahren durch gemeinsame Bemühungen erreicht und geschaffen worden ist, voranzubringen. Ich meine darunter den Verhandlungsprozeß über Probleme der Kernwaffen, konventionellen Rüstungen, chemischen Waffen und die Suche nach politischen Wegen zur Einstellung regionaler Konflikte.

Und natürlich brauchen wir in erster Linie einen politischen Dialog, der auf das Wesen der Probleme und nicht auf die Konfrontation, auf den Austausch nicht von Anschuldigungen, sondern von konstruktiven Erwägungen abzielt. Ohne politischen Dialog wird der Verhandlungsprozeß nicht gehen.

Unseres Erachtens gibt es recht optimistische Perspektiven für die nahe und für die entferntere Zukunft. Sehen Sie, wie sich unsere Beziehungen mit den USA verändert haben. Nach und nach begann ein gegenseitiges Einvernehmen zustande zu kommen, entstanden Elemente jenes Vertrauens, ohne das es sehr schwer ist, in der Politik voranzukommen.

Noch mehr gibt es diese Elemente in Europa. Der Helsinki-Prozeß ist ein großer Prozeß. Meiner Meinung nach bleibt er völlig in Kraft. Es gilt, ihn in allen Aspekten – sowohl philosophisch als auch politisch und praktisch –, aber unter Berücksichtigung der neuen Situation, zu erhalten und zu vertiefen.

Die Realitäten sind heute so, daß der Dialog, der einen normalen und konstruktiven Verlauf des internationalen Prozesses sichert, einer ständigen und aktiven Teilnahme aller Länder der Welt bedarf: sowohl solcher Riesen wie Indien, China, Japan und Brasilien als auch anderer – großer, mittlerer und kleinerer.

Ich bin für einen dynamischen politischen Dialog, für seinen inhaltsreichen Charakter, für die Festigung politischer Voraussetzungen, die für die Verbesserung der internationalen Atmosphäre notwendig sind. Dann wird auch die praktische Lösung vieler Probleme erleichtert. Das ist eine schwierige Sache, aber es ist notwendig, gerade einen solchen Weg zu gehen.

Alle müssen an der Bewegung zu einer größeren Einheit der Welt teilnehmen. Gegenwärtig ist das besonders wichtig. Denn es beginnt ein sehr wichtiger Moment, da die Frage nach Wegen zur Sicherung der Solidarität der Welt, der Stabilität und des dynamischen Charakters der internationalen Beziehungen auf die Tagesordnung gesetzt wird.

Indessen fühlte ich manchmal bei Gesprächen mit ausländischen Staatsmännern und Politikern – und solche Gespräche hatte ich mehr als zweihundert – ihre Unzufriedenheit damit, daß sie in dieser außerordentlich verantwortungsvollen Etappe aus diesen oder jenen Gründen den Hauptfragen der Weltpolitik mitunter gleichsam fernbleiben. Es ist natürlich und richtig, daß sich niemand damit abfinden will.

Wenn wir Teile, wenn auch unterschiedliche, ein und derselben Zivilisation sind, wenn wir die Interdependenz der modernen Welt einsehen, so muß das immer mehr auch in der Politik, in praktischen Bemühungen um die Harmonisierung der internationalen Beziehungen präsent sein. Vielleicht paßt der Terminus »Perestroika« im gegebenen Fall nicht ganz, aber ich spreche mich tatsächlich für neue internationale Beziehungen aus. Ich bin überzeugt, daß die Zeit und die Realitäten der modernen Welt fordern, auf eine Internationalisierung des Dialogs und des Verhandlungsprozesses zu setzen.

Das ist die wichtigste, zusammenfassende Schlußfolgerung, zu der wir durch das Studium weltweiter Prozesse, die in letzter Zeit an Kraft gewinnen, und durch die Teilnahme an der Weltpolitik gelangt sind.

Die neue Bedeutung der UNO

In dieser konkreten historischen Situation entsteht auch die Frage nach einer neuen Rolle der Organisation der Vereinten Nationen. Uns scheint, daß die Staaten ihre Einstellung zu einem solchen einzigartigen Instrument wie der UNO, ohne die die Weltpolitik nicht mehr vorstellbar ist, neu durchdenken müssen. Die Aktivierung ihrer friedenstiftenden Rolle in letzter Zeit demonstrierte erneut die Fähigkeit der UNO, ihren Mitgliedern zu helfen, den enormen Herausforderungen der Zeit gerecht zu werden, den Weg der Humanisierung der Beziehungen zu gehen.

Leider wurde sie gleich nach ihrer Gründung dem Ansturm des kalten Krieges ausgesetzt. Für lange Jahre verwandelte sie sich in ein Feld für propagandistische Schlachten und die Kultivierung der politischen Konfrontation. Mögen die Geschichtsforscher darüber streiten, wer mehr und wer weniger daran schuld ist. Und die Politiker müssen sich heute die Lehren dieses Kapitels in der Geschichte der Vereinten Nationen aneignen, das im Widerspruch zum eigentlichen Wesen und zur Bestimmung der UNO geraten ist.

Eine der besonders bitteren und wichtigen Lehren ist die lange Liste verpaßter Möglichkeiten und als Folge das Sinken der Autorität der UNO in einer gewissen Etappe, die Ergebnislosigkeit vieler ihrer Versuche, zu handeln. Sehr aufschlußreich ist, daß die Wiedergeburt der Rolle der UNO mit der Verbesserung des internationalen Klimas zusammenhängt.

Die Organisation der Vereinten Nationen nimmt gleichsam die Interessen verschiedener Staaten in sich auf. Sie ist die einzige, die in der Lage ist, ihre Anstrengungen – bilaterale, regionale und allumfassende – im gemeinsamen Strom zu vereinigen. Vor ihr eröffnen sich neue Möglichkeiten in allen Sphären, die natürlich zur Kompetenz der UNO gehören: in der militärpolitischen, der ökonomischen, der wissenschaftlich-technischen, der ökologischen und der humanitären.

Nehmen wir beispielsweise das Entwicklungsproblem. Das ist

ein fürwahr gesamtmenschliches Problem. Die Existenzbedingungen, unter denen sich Dutzende Millionen Menschen in einer Reihe von Gebieten der »Dritten Welt« befinden, werden für die ganze Menschheit gefährlich.

Keine abgekapselten Gebilde, nicht einmal regionale Staatengemeinschaften, wenn sie auch an und für sich eine große Bedeutung haben, sind imstande, die Hauptknoten zu lösen, die sich in den Schwerpunktrichtungen der weltweiten Wirtschaftsbeziehungen Nord-Süd, Ost-West, Süd-Süd, Süd-Ost, Ost-Ost gebildet haben. Hier sind vereinte Anstrengungen und Berücksichtigung der Interessen aller Staatengruppen gefordert, die nur durch eine solche Organisation wie die UNO sichergestellt werden können.

Zu den relevantesten Problemen gehören die Außenschulden. Wollen wir nicht vergessen, daß die Entwicklungswelt im Kolonialzeitalter durch unzählige Verluste und Opfer den Wohlstand eines bedeutenden Teils der Weltgemeinschaft vorstreckte. Nun ist die Zeit gekommen, die Entbehrungen auszugleichen, mit denen der historische und tragische Beitrag dieser Länder zum materiellen Weltfortschritt einherging.

Wir sind überzeugt, daß der Ausweg auch in der Internationalisierung der Verhaltensweisen liegt. Wenn man den Sachverhalt real betrachtet, muß man anerkennen, daß die bestehenden Schulden zu den ursprünglichen Bedingungen weder bezahlt noch eingetrieben werden können.

Die Sowjetunion ist bereit, ein langfristiges, bis hundert Jahre währendes Moratorium für die Bezahlung von Schulden durch die am wenigsten entwickelten Länder einzuführen und diese Schulden in einer ganzen Reihe von Fällen völlig abzuschreiben. Im Hinblick auf andere Entwicklungsländer fordern wir dazu auf, folgende Aspekte zu erörtern:

– die Zahlungen nach der offiziellen Verschuldung dieser Entwicklungsländer in Abhängigkeit von den Kennwerten der ökonomischen Entwicklung jedes von ihnen zu begrenzen oder einen beträchtlichen Teil dieser Zahlungen langfristig zu verschieben;
– den Appell der UNO-Konferenz für Handel und Entwicklung

über die Verkürzung der Verschuldung an Kommerzbanken zu unterstützen;

– die Regierungsunterstützung für Marktinstrumentarien zur Regelung der Verschuldung der »Dritten Welt«, einschließlich der Bildung einer spezialisierten internationalen Einrichtung zum Aufkauf ermäßigter Schulden zu sichern.

Die Sowjetunion tritt für eine konkrete Erörterung der Wege zur Regelung der Schuldenkrise auf multilateralen Foren, darunter Beratungen der Regierungschefs der Schuldner- und Gläubigerländer, ein, die unter der Schirmherrschaft der UNO durchgeführt werden.

Die internationale wirtschaftliche Sicherheit ist ohne Abrüstung sowie Überwindung der weltweiten ökologischen Bedrohung undenkbar. Die ökologische Situation einiger Regionen ist einfach erschreckend. 1992 soll im Rahmen der UNO eine Umweltschutzkonferenz abgehalten werden. Wir begrüßen diesen Beschluß und bereiten uns vor, damit ein solches Forum Ergebnisse einbringt, die dem Ausmaß des Problems adäquat sind.

Aber die Zeit drängt. In verschiedenen Ländern wird vieles unternommen. Hierbei möchte ich lediglich ein weiteres Mal nachdrücklich auf die Möglichkeiten hinweisen, die sich für die ökologische Wiedergeburt durch die Abrüstung, vor allem natürlich die nukleare, bieten.

Es wäre wohl auch zweckmäßig, die Bildung eines Zentrums für dringliche ökologische Hilfe bei der UNO zu erwägen. Seine Funktionen bestünden in einer operativen Entsendung internationaler Spezialistengruppen in die Gebiete, in denen sich die ökologische Situation gravierend verschlechtert. Die Sowjetunion ist bereit, auch bei der Bildung eines internationalen Weltraumlabors oder einer bemannten Orbitalstation zusammenzuarbeiten, die sich ausschließlich auf die Kontrolle des Naturzustandes spezialisieren würde.

Bei der Weltraumerschließung zeichnen sich überhaupt zunehmend deutlich die Merkmale der künftigen kosmischen Industrie ab. Die Haltung der Sowjetunion ist bekannt: Die Tätigkeit im Weltraum muß dort die Stationierung von Waffen ausschließen.

Das muß auch rechtlich untermauert werden. Die Grundlage dafür bilden der Vertrag von 1967 und andere Abkommen.

Die Notwendigkeit, einen umfassenden Modus für die friedliche Arbeit im Weltraum auszuarbeiten, ist allerdings bereits herangereift. Die Kontrolle über die Einhaltung dieses Modus könnte der Internationalen Weltraumbehörde übertragen werden. Den Vorschlag über deren Bildung haben wir bereits mehrmals geäußert. Wir sind bereit, ins System dieser Organisation auch unsere Funkmeßstation bei Krasnojarsk einzuschließen. Wir haben bereits die Entscheidung getroffen, der Akademie der Wissenschaften der UdSSR diese Station zu übergeben.

Die sowjetischen Wissenschaftler sind bereit, ausländische Kollegen zu empfangen und mit ihnen zu besprechen, wie sie zu einem internationalen Zentrum der friedlichen Zusammenarbeit umgerüstet sowie mit erforderlichen Ausrüstungen komplettiert werden kann. Dieses ganze System könnte unter der Schirmherrschaft der UNO arbeiten.

Die Lösung regionaler Konflikte

Die ganze Welt begrüßt die Bemühungen der UNO, ihres Generalsekretärs Pérez de Cuéllar und seiner Beauftragten zur Entwirrung der regionalen Knoten. Gestatten Sie mir, bei diesem Thema zu verweilen. Wenn ich die Verse des britischen Dichters, die Hemingway als Motto für seinen berühmten Roman gebrauchte, mit anderen Worten wiedergebe, kann ich sagen, daß die Glocke jedes regionalen Konflikts für uns alle klingt. Das trifft ganz besonders zu, weil sich diese Konflikte in der »Dritten Welt« ereignen, in der es ohnedies viele derart schwerwiegende Nöte und Probleme gibt. Das Jahr 1988 hat auch auf diesen Aspekt unserer gemeinsamen Sorgen einen Hoffnungsstrahl geworfen. Er hat praktisch alle regionalen Konflikte gestreift, und mancherorts sind auch Wandlungen zu verzeichnen. Wir begrüßen sie und haben sie nach Kräften gefördert.

Besonders werde ich mich nur mit Afghanistan befassen. Die Genfer Abkommen, deren grundsätzliche und praktische Bedeutung in der ganzen Welt gewürdigt wurde, gaben die Möglichkeit, die Regelung schon in diesem Jahr abzuschließen. Dies ist nicht geschehen. Diese bedauerliche Tatsache mahnt uns erneut an die politische, juristische und moralische Bedeutung der altrömischen Maxime: Pacta sunt servanda! – Verträge müssen erfüllt werden!

Ich möchte nicht diese Tribüne benutzen, um jemandem Vorwürfe zu machen. Wir meinen jedoch, daß es im Rahmen der Zuständigkeit der UNO liegen würde, die November-Resolution der Vollversammlung durch einige konkrete Maßnahmen zu ergänzen.

Um die Worte aus der Resolution zu gebrauchen, wäre »zur unverzüglichen Erreichung einer umfassenden Lösung der Frage der Regierungsbildung auf breiter Grundlage durch die Afghanen selbst« folgendes zu unternehmen:

– ab 1. Januar 1989 vollständig und überall das Feuer und alle Angriffsoperationen oder Beschüsse einzustellen, wobei für die Zeit der Verhandlungen alle von den einander gegenüberstehenden afghanischen Gruppierungen besetzten Gebiete unter ihrer Kontrolle bleiben;

– im Zusammenhang damit werden zum gleichen Termin Waffenlieferungen an alle verfeindeten Seiten eingestellt;

– für die Zeit der Konsolidierung einer Regierung auf breiter Grundlage, wie es in der Resolution der Vollversammlung vorgesehen ist, wird nach Kabul und anderen strategischen Zentren Afghanistans ein Kontingent der UNO-Friedenskräfte entsandt;

– wir richten ferner an den UNO-Generalsekretär die Bitte, zu der baldigsten Verwirklichung der Idee von der Abhaltung einer internationalen Konferenz über die Neutralität und Entmilitarisierung Afghanistans beizutragen.

Wir werden auch künftig auf eine denkbar tatkräftige Art helfen, die Kriegswunden zu heilen, und sind dabei zu Kooperation sowohl mit der UNO als auch auf bilateraler Grundlage bereit. Wir unterstützen den Vorschlag, unter der Schirmherrschaft der

UNO ein freiwilliges internationales Friedenskorps zur Förderung der Wiederaufrichtung Afghanistans aufzustellen.

Im Zusammenhang mit dem Problem der Beilegung regionaler Konflikte kann ich nicht umhin, zu einem schwerwiegenden Zwischenfall Stellung zu nehmen, der sich erst vor kurzem in Verbindung mit den Beratungen dieser Tagung ereignete. Der Vertreter einer Organisation, die den Status eines ständigen Beobachters bei der UNO hat, wurde von den Behörden der Vereinigten Staaten nicht nach New York hereingelassen, wo er zu der Vollversammlung sprechen wollte. Es handelt sich um Yassir Arafat.

Dabei ist dies zu einem Zeitpunkt geschehen, als die Palästinensische Befreiungsorganisation einen wichtigen konstruktiven Schritt unternahm, der die Suche nach einer Lösung des Nahost-Knotens unter Mitwirkung des UNO-Sicherheitsrates erleichtert. Dies ist geschehen, als sich eine positive Tendenz zur politischen Regelung anderer regionaler Konflikte – in manchen Fällen unter Beistand der UdSSR und der USA – abzeichnete. Wir äußern unser großes Bedauern über das Geschehene und bekunden unsere Solidarität mit der Palästinensischen Befreiungsorganisation.

Meine Damen und Herren! Die Konzeption der umfassenden internationalen Sicherheit fußt auf den Prinzipien der UN-Charta und geht von der Verbindlichkeit des Völkerrechtes für alle Staaten aus. Setzen wir uns für die Entmilitarisierung der internationalen Beziehungen ein, so möchten wir die Vorherrschaft der politischen und rechtlichen Methoden bei der Lösung entstehender Probleme sehen. Unser Ideal ist eine Weltgemeinschaft der Rechtsstaaten, die auch ihre außenpolitische Tätigkeit dem Recht unterordnen.

Zu dessen Erreichung würden eine UNO-Übereinkunft über die einheitliche Auslegung der Prinzipien und Normen des Völkerrechts, ihre Kodifizierung in Anbetracht der neuen Bedingungen sowie die Ausarbeitung von Rechtsnormen für neue Bereiche der Zusammenarbeit beitragen. Unter Verhältnissen des nuklearen Zeitalters muß sich die Wirksamkeit des Völkerrechtes nicht auf

Befolgungszwang, sondern auf Normen stützen, die die Interessenbalance der Staaten widerspiegeln. Neben der wachsenden Erkenntnis der objektiven Schicksalsgemeinschaft würde es jeden Staat an Selbstbeschränkung durch das Völkerrecht aufrichtig interessiert machen.

Perestroika und der Ausbau des Rechtsstaats

Demokratisierung der internationalen Beziehungen – das ist nicht nur größtmögliche Internationalisierung der Lösung von Problemen durch alle Mitglieder der Weltgemeinschaft. Es ist auch die Humanisierung dieser Beziehungen. Internationale Verbindungen werden nur dann die wahren Interessen der Völker vollständig zum Ausdruck bringen und ihrer gemeinsamen Sicherheit zuverlässig dienen, wenn im Mittelpunkt von allem der Mensch, seine Sorgen, Rechte und Freiheiten stehen werden. Davon ausgehend, möchte ich die Stimme meines Landes der hohen Wertschätzung der Bedeutung der vor vierzig Jahren, am 10. Dezember 1948, verabschiedeten Allgemeinen Erklärung der Menschenrechte anschließen. Dieses Dokument ist auch heute aktuell. Darin fand auch der universale Charakter der Ziele und Aufgaben der UNO seinen Niederschlag. Die für die Staaten am besten geeignete Art, das Jubiläum der Erklärung zu begehen, besteht darin, bei sich zu Hause die Bedingungen für die Einhaltung und den Schutz der Rechte seiner Bürger zu verbessern. Bevor ich Ihnen mitteile, was wir in dieser Hinsicht in der letzten Zeit unternommen haben, möchte ich folgendes sagen: Unser Land macht einen wahrhaft revolutionären Aufschwung durch. Der Umgestaltungsprozeß gewinnt an Tempo. Wir fingen mit der Ausarbeitung einer theoretischen Konzeption der Perestroika an. Es galt, Charakter und Ausmaße der Probleme einzuschätzen, die Lehren der Vergangenheit zu erfassen und dies in Form politischer Schlußfolgerungen und Programme auszudrücken. Dies wurde getan.

Die theoretische Arbeit, Umdenken des Geschehens, Nachbearbeitung, Bereicherung und Berichtigung der politischen Positionen sind nicht beendet. Sie gehen weiter. Es war jedoch grundsätzlich wichtig, gerade mit einer allgemeinen Konzeption zu beginnen, die sich, wie es bereits die Erfahrungen der vergangenen Jahre bestätigen, im großen und ganzen als richtig erwies und zu der es keine Alternative gibt.

Um die Gesellschaft an die Realisierung der Perestroika-Pläne heranzuführen, war ihre tatsächliche Demokratisierung erforderlich. Im Zeichen der Demokratisierung hat jetzt die Umgestaltung sowohl die Politik als auch die Wirtschaft, das geistige Leben und die Ideologie erfaßt.

Wir haben eine einschneidende Wirtschaftsreform entfaltet und Erfahrungen gesammelt. Ab dem neuen Jahr stellen wir bereits die gesamte Volkswirtschaft auf neue Arbeitsformen und -methoden um. Das bedeutet zugleich eine tiefgreifende Reorganisation der Produktionsverhältnisse und die Realisierung des gewaltigen Potentials, das dem sozialistischen Eigentum immanent ist.

Als wir uns zu solchen kühnen Umgestaltungen entschlossen, begriffen wir, daß es Fehler geben, daß Widerstand entstehen, daß das Neue neue Probleme hervorbringen wird. Wir sahen auch die Möglichkeit des Bremsens in einzelnen Bereichen voraus. Aber eine Garantie dafür, daß der Perestroika-Prozeß insgesamt vorankommen und erstarken wird, ist die einschneidende demokratische Reform des gesamten Macht- und Leitungssystems.

Mit den vor kurzem angenommenen Beschlüssen des Obersten Sowjets der UdSSR über die Abänderungen an der Verfassung, mit der Verabschiedung des Gesetzes über Wahlen schlossen wir die erste Etappe des Prozesses der politischen Reform ab. Ohne jegliche Pause traten wir in seine zweite Etappe, in der die Durcharbeitung des Zusammenwirkens zwischen dem Zentrum und den Republiken, die Regulierung der Beziehungen zwischen den Nationen nach den Prinzipien des Leninschen Internationalismus, die uns von der Großen Revolution vermacht worden sind, und zugleich auch die Reorganisation der Macht der Sowjets an der Basis die wichtigste Aufgabe bilden werden.

Uns steht eine immense Arbeit bevor. Wir werden gleichzeitig überaus große Aufgaben lösen müssen. Wir sind voller Zuversicht. Wir haben sowohl die Theorie als auch die Politik und die Avantgarde der Perestroika – die Partei, die sich ebenfalls in Übereinstimmung mit den neuen Aufgaben und den grundlegenden Veränderungen in der gesamten Gesellschaft umstellt. Was aber am wichtigsten ist – alle Völker und alle Generationen der Bürger unseres großen Landes sind für die Perestroika.

Wir haben uns grundsätzlich in den Aufbau des sozialistischen Rechsstaates vertieft. Eine ganze Reihe von neuen Gesetzen ist vorbereitet worden oder befindet sich im Abschlußstadium. Viele werden bereits 1989 in Kraft treten, und wir hoffen, daß sie den höchsten Standards vom Standpunkt der Gewährleistung der Rechte der Persönlichkeit entsprechen werden. Die sowjetische Demokratie wird auf eine feste Normativbasis gestellt werden. Es geht um Akte wie die Gesetze über die Gewissensfreiheit, über die Offenheit, über die gesellschaftlichen Vereinigungen und Organisationen sowie um vieles andere.

In den Haftanstalten gibt es keine Menschen, die wegen ihrer politischen und religiösen Überzeugungen verurteilt worden wären. Es ist vorgesehen, in die Entwürfe der neuen Gesetze zusätzliche Garantien aufzunehmen, die jegliche Formen der Verfolgung aus diesen Motiven ausschließen werden. Das bezieht sich selbstverständlich nicht auf jene, die ein reales kriminelles oder Staatsverbrechen (Spionage, Diversion, Terrorismus u. a.) begangen haben, welche politischen und weltanschaulichen Ansichten sie auch vertreten mögen.

Der Entwurf der Abänderungen am Strafgesetzbuch ist vorbereitet worden und wartet nun, bis er an die Reihe kommt. Überprüft werden insbesondere die Artikel, die mit der Anwendung der Höchststrafe zusammenhängen.

Im humanen Geiste wird das Problem der Ein- und Ausreise gelöst, darunter auch die Frage über die Ausreise ins Ausland aus den Motiven der Familienzusammenführung. Bekanntlich ist eine der Ursachen der Ausreiseverweigerung der Umstand, daß Bürger Kenntnis über Geheimnisse haben. Für die Zukunft werden streng begründete Fristen zur Verjährung der Kenntnis von Geheimnissen festgelegt. Bei der Einstellung in einer entsprechenden Einrichtung oder in einem entsprechenden Betrieb wird ein jeder über diese Regel in Kenntnis gesetzt werden. Die entstehenden Streitigkeiten können durch Einspruch auf gesetzlicher Grundlage entschieden werden. Damit wird das Problem der sogenannten Otkasniki (Verweigerungen) beseitigt.

Wir planen, die Teilnahme der Sowjetunion an den Kontrollmechanismen für Menschenrechte bei der UNO und im Rahmen des gesamteuropäischen Prozesses zu erweitern. Wir meinen, daß die Jurisdiktion des Internationalen Gerichtshofes in Den Haag in bezug auf die Deutung und Anwendung der Menschenrechtsabkommen für alle Staaten verbindlich sein muß.

Im Kontext des Helsinki-Prozesses erwägen wir auch die Beseitigung der Störungen für die Sendungen aller ausländischen Rundfunkstationen, die für die Sowjetunion senden.

Unser Kredo lautet im ganzen: Politische Probleme müssen nur mit politischen Mitteln, menschliche Probleme nur auf humane Weise gelöst werden.

Neue Vorschläge zur Abrüstung

Und nun zu dem Wichtigsten, ohne das keinerlei Probleme des kommenden Jahrhunderts gelöst werden können – zur Abrüstung. Die internationale Entwicklung und der internationale Verkehr sind durch das Wettrüsten und die Militarisierung der Denkweise deformiert. Die Sowjetunion trat bekanntlich am 15. Januar 1986 mit dem Programm der Schaffung einer Welt ohne Kernwaffen hervor. Seine Verkörperung in den realen Verhandlungspositionen hat bereits praktische Ergebnisse gebracht.

Morgen jährt sich zum ersten Mal die Unterzeichnung des Vertrages über die Beseitigung der Raketen mittlerer und kürzerer Reichweite. Mit noch größerer Befriedigung sage ich, daß die Realisierung dieses Vertrages – die Vernichtung von Raketen –

normal, in einer Atmosphäre des Vertrauens und der Sachlichkeit verläuft.

In der, wie es schien, undurchdringbaren Wand des Argwohns und der Feindseligkeit bildet sich so eine Bresche. Vor unseren Augen entsteht eine neue historische Realität – die Wende vom Prinzip der Überrüstung zum Prinzip des vernünftigen Mindestmaßes in der Verteidigung. Wir sind Augenzeugen der ersten Anfänge der Herausbildung eines neuen Modells der Gewährleistung der Sicherheit – nicht durch die Rüstungssteigerung, wie es fast immer war, sondern umgekehrt, durch die Rüstungsreduzierung auf Kompromißgrundlage.

Die sowjetische Führung hat beschlossen, ihre Bereitschaft zur Festigung dieses gesunden Prozesses nicht nur mit Worten, sondern auch mit Taten ein weiteres Mal vor Augen zu führen. Heute kann ich folgendes mitteilen: Die Sowjetunion hat den Beschluß gefaßt, ihre Streitkräfte zu reduzieren. In den nächsten zwei Jahren wird sich ihre zahlenmäßige Stärke um 500000 Mann verringern, auch die Menge der konventionellen Waffen wird wesentlich reduziert. Diese Reduzierungen werden einseitig vorgenommen, ohne Zusammenhang mit den Verhandlungen über das Mandat des Wiener Treffens.

Im Einvernehmen mit unseren Verbündeten im Warschauer Pakt beschlossen wir, sechs Panzerdivisionen aus der DDR, der Tschechoslowakei und Ungarn bis 1991 abzuziehen und diese aufzulösen. Aus den Gruppen der sowjetischen Truppen, die sich in diesen Ländern befinden, werden Luftlande-Sturmeinheiten sowie andere Verbände und Einheiten abgezogen, einschließlich der Luftlandeeinheiten mit Bewaffnung und Kampftechnik. Die in diesen Ländern befindlichen sowjetischen Truppen werden um 50000 Mann und die Bewaffnung um 5000 Panzer reduziert.

Alle auf dem Territorium unserer Verbündeten vorläufig verbleibenden sowjetischen Divisionen werden umgegliedert. Ihnen wird eine im Vergleich mit heute andere Struktur verliehen, die nach dem umfassenden Panzerabzug eindeutig defensiv wird. Gleichzeitig werden wir die Truppenstärke und die Waffenmenge auch im europäischen Teil der UdSSR reduzieren. Insgesamt werden die sowjetischen Streitkräfte in diesem Teil unseres Landes und auf dem Territorium unserer europäischen Verbündeten um 10 000 Panzer, 8500 Artilleriesysteme und 800 Kampfflugzeuge reduziert.

In diesen zwei Jahren werden wir die Gruppierung der Streitkräfte auch im asiatischen Teil des Landes bedeutend verringern. Im Einvernehmen mit der Regierung der Mongolischen Volksrepublik wird ein wesentlicher Teil der dort zeitweilig befindlichen sowjetischen Truppen in die Heimat zurückkehren.

Durch die Fassung dieser prinzipiell wichtigen Beschlüsse bringt die sowjetische Führung den Willen des Volkes zum Ausdruck, das sich mit einer tiefgreifenden Erneuerung seiner gesamten sozialistischen Gesellschaft befaßt.

Wir werden die Verteidigungsfähigkeit des Landes auf dem Niveau des vernünftigen und zuverlässigen Mindestmaßes aufrechterhalten, damit niemand die Versuchung verspürt, die Sicherheit der UdSSR und ihrer Verbündeten anzutasten.

Durch diese unsere Aktion wie auch durch unsere gesamte Tätigkeit zur Entmilitarisierung der internationalen Beziehungen möchten wir die Aufmerksamkeit der Weltgemeinschaft auch auf ein anderes aktuelles Problem – auf das Problem des Übergangs von der Rüstungswirtschaft zu einer Abrüstungswirtschaft – lenken. Ob die Konversion der Rüstungsproduktion real ist? Ich habe darüber schon einmal gesprochen. Wir sind der Auffassung, daß sie real ist.

Die Sowjetunion ist ihrerseits bereit:

– im Rahmen der Wirtschaftsreform unseren inneren Konversionsplan auszuarbeiten und vorzulegen;

– im Laufe des Jahres 1989 Pläne zur Konversion von zwei bis drei Betrieben der Verteidigungsindustrie als Experiment vorzubereiten;

– unsere Erfahrungen bei der Arbeitsvermittlung für Spezialisten der Rüstungsindustrie sowie bei der Verwertung ihrer Ausrüstungen, Gebäude und Anlagen in der zivilen Produktion zu veröffentlichen.

Es wäre wünschenswert, daß alle Staaten, vor allem die bedeutenden Militärmächte, ihre nationalen diesbezüglichen Pläne der UNO vorlegen. Es wäre nützlich, auch eine Gruppe von Wissenschaftlern zu bilden und sie mit einer gründlichen Analyse der Konversionsprobleme insgesamt und in bezug auf einzelne Länder und Regionen für den Bericht an den UNO-Generalsekretär zu beauftragen. Im weiteren soll diese Frage auf einer Tagung der UNO-Vollversammlung erörtert werden.

Die sowjetisch-amerikanischen Beziehungen

Und schließlich: Da ich mich auf amerikanischem Boden befinde, aber auch aus anderen verständlichen Gründen, kann ich nicht umhin, mich dem Thema unserer Beziehungen zu diesem großen Land zuzuwenden. Seine Gastfreundschaft konnte ich während des denkwürdigen Besuchs in Washington genau vor einem Jahr in vollem Maße kennenlernen.

Die Beziehungen zwischen der Sowjetunion und den Vereinigten Staaten von Amerika zählen fünfeinhalb Jahrzehnte. Die Welt veränderte sich. Es veränderten sich auch der Charakter, die Rolle und der Platz dieser Beziehungen in der Weltpolitik.

Zu lange entwickelten sie sich im Zeichen der Konfrontation und mitunter der Feindseligkeit – bald unverhohlener, bald verborgener. Aber in den letzten Jahren konnte man in der ganzen Welt dank der Veränderungen zum Besseren in der Substanz und in der Atmosphäre der gegenseitigen Beziehungen zwischen Moskau und Washington erleichtert aufatmen.

Niemand hat die Absicht, den Ernst der Meinungsverschiedenheiten und die Schwierigkeiten der ungeregelten Probleme zu unterschätzen. Wir haben jedoch bereits die Grundschule der gegenseitigen Verständigung und der Suche nach Lösungen im eigenen und im allgemeinen Interesse durchgemacht.

Die UdSSR und die USA haben die größten Raketen- und Kernwaffenarsenale geschaffen. Und gerade sie vermochten es, indem sie ihre Verantwortung substantiell erkannt hatten, die ersten zu werden, die das Abkommen über die Reduzierung und die Verschrottung eines Teils dieser Rüstungen abgeschlossen haben, die sowohl sie selbst als auch alle anderen bedrohten.

Beide Länder verfügen über die größten und die raffiniertesten militärischen Geheimnisse. Aber gerade sie schufen die Grundlage und entwickeln das System der gegenseitigen Kontrolle sowohl über die Vernichtung als auch über die Begrenzung und das Verbot der Rüstungsproduktion. Gerade sie sammeln Erfahrungen für künftige bi- und multilaterale Abkommen.

Wir schätzen das. Wir würdigen den Beitrag des Präsidenten Ronald Reagan und der Mitglieder seiner Administration, vor allem des Herrn George Shultz. Das alles ist ein Kapital, das gemeinsam in ein Unternehmen von historischer Tragweite angelegt wurde. Es darf nicht eingebüßt oder außerhalb des Umlaufs gelassen werden.

Die künftige US-Administration mit dem designierten Präsidenten George Bush an der Spitze wird in uns einen Partner finden, der bereit ist, ohne lange Pause und Rückschritte, im Geiste des Realsinns, der Transparenz, des guten Willens und des Strebens nach konkreten Ergebnissen, den Dialog über die Tagesordnung fortzusetzen, die die Schwerpunktfragen der sowjetisch-amerikanischen Beziehungen und der internationalen Politik erfaßt.

Es handelt sich vor allem um ein konsequentes Vorankommen zum Abschluß des Vertrages über die fünfzigprozentige Reduzierung der strategischen Angriffswaffen bei Einhaltung des ABM-Vertrages; um Ausarbeitung einer Konvention über die Liquidierung der C-Waffen, wobei es unserer Meinung nach in diesem Bereich Voraussetzungen gibt, das Jahr 1989 zu einem entscheidenden Jahr zu machen; um Verhandlungen über die Reduzierung der konventionellen Rüstungen und Streitkräfte in Europa. Es handelt sich auch um wirtschaftliche, ökologische und humanitäre Probleme im weitesten Sinne.

Es wäre völlig unberechtigt, die positiven Wandlungen in der internationalen Situation allein der UdSSR und den USA gutzuschreiben. Die Sowjetunion schätzt den bedeutenden und originellen Beitrag der sozialistischen Länder zur Gesundung der internationalen Situation hoch ein. Bei den Verhandlungen verspüren wir stets die Präsenz anderer größerer, sowohl nuklearer als auch nichtnuklearer Staaten. Eine einmalig wichtige konstruktive Rolle spielen viele, darunter mittelgroße und kleinere Staaten und natürlich die Bewegung der Nichtpaktgebundenen sowie die interkontinentale »Gruppe der Sechs«.

Wir in Moskau freuen uns über die Bereitschaft zunehmend vieler Staatsmänner, Politiker, Parteifunktionäre und Vertreter der Öffentlichkeit sowie – das möchte ich besonders unterstreichen – Wissenschaftler, Kulturschaffender, Vertreter der Massenbewegungen und verschiedener Kirchen, Aktivisten der sogenannten Volksdiplomatie, die Last der allgemeinen Verantwortung mitzutragen. In dieser Hinsicht ist meiner Meinung nach der Gedanke beachtenswert, unter der UNO-Schirmherrschaft auch die Vollversammlung der öffentlichen Organisationen regelmäßig einzuberufen.

Wir sind nicht geneigt, die Situation in der Welt zu bagatellisieren. Es stimmt, daß dem Abrüstungstrend ein starker Impuls verliehen wurde und dieser Prozeß an Dynamik gewinnt. Er ist jedoch nicht unumkehrbar geworden.

Es stimmt, daß das Streben, zugunsten des Dialogs und der Zusammenarbeit auf die Konfrontation zu verzichten, merklich zur Geltung gebracht wurde. Es hat sich aber in den praktischen internationalen Beziehungen bei weitem nicht für immer durchgesetzt.

Es stimmt, daß das Vorankommen zu einer kernwaffenfreien und gewaltlosen Welt das politische und geistige Antlitz unseres Planeten grundlegend verändern kann. In dieser Richtung wurden jedoch nur die ersten Schritte unternommen, die dazu noch von bestimmten einflußreichen Kreisen mit Mißtrauen aufgenommen wurden und auf Widerstand stoßen.

Das Erbe und Beharrungsvermögen der Vergangenheit wirken nach wie vor. Tiefgreifende Widersprüche und Ursachen vieler Konflikte sind nicht verschwunden. Dazu bleibt die grundlegende Tatsache weiter bestehen, daß sich die friedliche Periode angesichts der Existenz und Rivalität verschiedener sozialökonomischer und politischer Systeme formieren wird.

Der Sinn unserer internationalen Anstrengungen und einer der wichtigsten Grundsätze des neuen Denkens besteht aber gerade darin, dieser Rivalität die Eigenschaft eines vernünftigen Wettbewerbs unter den Bedingungen der Achtung der freien Wahl und der Interessenbalance zu verleihen. In diesem Fall wird sie im Hinblick auf die Weltentwicklung sogar nützlich und produktiv werden.

Sonst – wenn ihre wichtigste Komponente, wie es bisher der Fall war, die Hochrüstung bleibt – ist die Rivalität unheilvoll. Immer mehr Menschen – von den einfachen bis zu den Spitzenpolitikern – beginnen das zu begreifen.

Sehr geehrter Herr Vorsitzender! Sehr geehrte Delegierte!

Ich schließe meine erste Ansprache in der Organisation der Vereinten Nationen mit dem gleichen Gefühl ab, mit dem ich sie begonnen habe – mit dem Gefühl der Verantwortung gegenüber meinem Volk und der Weltgemeinschaft.

Wir treffen uns vor dem Ausklang des Jahres, das für die Vereinten Nationen so viel bedeutet hat, und im Vorfeld des Jahres, von dem wir so viel erwarten. Man möchte glauben, daß unsere gemeinsamen Bemühungen, mit dem Zeitalter der Kriege, der Konfrontation und der regionalen Konflikte, mit der Aggression gegen die Natur, mit dem Terror der Hungersnot und des Elends sowie mit dem politischen Terrorismus Schluß zu machen, mit unseren Hoffnungen vergleichbar sein werden.

Das ist unser gemeinsames Ziel, und nur gemeinsam können wir es erreichen.

»Auch der Westen muß umdenken«

(Treffen Michail Gorbatschows mit Vertretern der Dreierkommission)

Michail Gorbatschow empfing am 18. Januar 1989 im Zentralkomitee der KPdSU Vertreter der Dreierkommission. Dabei handelt es sich um eine nichtstaatliche Organisation, die namhafte Persönlichkeiten der Politik und der Geschäftswelt aus den USA, Westeuropa und Japan vereinigt. An der Unterredung nahmen teil: die Kopräsidenten der Kommission, D. Rockefeller (USA), G. Berthoin (Westeuropa) und I. Okawara (Japan) sowie der ehemalige Präsident Frankreichs, V. Giscard d'Estaing, der ehemalige Ministerpräsident Japans, Y. Nakasone, der ehemalige Außenminister der USA, H. Kissinger, und der Redakteur der Zeitschrift »Foreign Affairs«, W. Hyland.

Gorbatschows Gesprächspartner interessierten sich vor allem dafür, wie er die Möglichkeiten der Perestroika beurteilt und in welcher Frist die Realisierung ihrer Ideen soweit fortschreiten wird, daß sich die Möglichkeit ergibt, die Frage einer organischen Einschaltung der sowjetischen Wirtschaft in die Weltwirtschaft auf die Tagesordnung zu setzen.

Giscard d'Estaing und andere hoben dabei hervor, daß sie eine Situation, in der eine Supermacht wie die UdSSR nicht in den internationalen Wirtschaftsorganisationen (GATT, IWF, Weltbank, OECD) mitwirkt, für anomal halten. Kissinger verknüpfte dieses Problem mit der Errichtung eines internationalen Systems, in dem Zusammenarbeit die Rivalität ablösen und die Staaten ihre Interessen nicht auf Kosten der anderen, sondern durch gegenseitige vorteilhafte Kontakte sichern würden.

Unter Berufung auf die UNO-Rede Gorbatschows wurden auch Fragen der neuen Weltsicht angesprochen, die sich von der unterscheidet, mit der der Westen jahrzehntelang zu tun hatte. Es ging um Prozesse, die sich in Europa abspielen, um die Rolle, die dabei die USA spielen, die sowjetische Verteidigungsdoktrin usw.

Michail Gorbatschow legte seine Ansichten zu diesen Problemen dar:
Wir alle, die wir in verschiedenen Erdteilen leben, müssen uns eingestehen, daß die Welt gegenwärtig an einem Wendepunkt steht. Und wir alle sind ein Objekt der tiefgreifenden Wandlungen. Dementsprechend müssen wir uns auch selbst wandeln und dürfen im Umgang miteinander nie den Anspruch darauf erheben, daß jemand die Wahrheit in letzter Instanz besitzt und im voraus die bestmöglichen Lösungen kennt.

Schon in der Formulierung der hier erwähnten Fragen ist eine gewisse Einseitigkeit enthalten: Wie werde sich die Sowjetunion wandeln? Davon hänge ja manches ab. Aber wie werden Sie sich, wie wird sich der Westen wandeln? Dies ist ebenfalls ein ziemlich wichtiger Teil der Kernfrage unserer Zeit.

Es wandelt sich sowohl der Kapitalismus als auch der Sozialismus. Dies geschieht in einer Situation, da sich globale Probleme zuspitzen, welche einen Bruch mit der Tendenz zur Komplizierung und die Unterstützung der Tendenz zur Normalisierung und Kooperation erforderlich machen. Wenn wir dies – und das ist das Wichtigste – begreifen, werden wir leichter vorankommen. Wir brauchen einen gedanklichen Durchbruch. Und man sollte sich nicht fürchten, sich und den anderen schwierige Fragen zu stellen, die vom Leben selbst diktiert werden.

Wir haben uns bemüht, für uns besonders wichtige Schlüsse zu ziehen. Dies erlaubte uns, leichter zu atmen, uns selbst besser zu kennen und zu verstehen und zugleich zu einer neuen Weltsicht vorzustoßen. Es hat sich erwiesen, daß die Revision der früheren Denkweise ein qualvoller Prozeß ist. Aber, wenn man dem eigenen Volk und denjenigen gegenüber, zu denen man in der Umwelt Kontakt aufnimmt, ehrlich sein will, ist es unentbehrlich. Von unseren Bemühungen setzten wir die ganze Welt in Kenntnis. Und in keiner einzigen Frage erhoben wir Anspruch auf Monopolisierung der Wahrheit. Es war und bleibt ein Appell an unser Land und an die Welt, nachzudenken und gemeinsam nach Antworten und Lösungen zu suchen.

In diesem Zusammenhang möchte ich zwei Überlegungen allgemeiner Art äußern.

Erstens. Viele wurden bereits in die Bemühungen um neue internationale Beziehungen einbezogen. Die einen mehr, die anderen weniger. Von beiden Seiten hat der Prozeß des Vorstoßes zu einer Realpolitik begonnen. Er verläuft unter erheblichen Schwierigkeiten, wobei man sich von Zank, von gegenseitigen Beschuldigungen und von der Versuchung, propagandistische Siege anzustreben, befreit. Dies ist übrigens begreiflich: Wir alle sind Kinder unserer Zeit. Und vor allem steht die Aufgabe: Wie sollen wir über unsere früheren Erfahrungen disponieren? Wenden wir die damals entstandenen Methoden zur Lösung neuer Aufgaben an, so wird daraus kaum etwas werden. Ein anderes Verhalten: Es gilt, aus diesen Erfahrungen Lehren zu ziehen. Das sind viele. Aber die wichtigste besteht darin, daß wir mit den früheren Verhaltensweisen – sowohl auf dem Gebiet der militärischen Rivalität und der politischen Konfrontation, als auch bei den wirtschaftlichen Gegensätzlichkeiten zu den anderen – nicht weit gekommen sind.

Zweitens. Wir müssen auf eine neue Art und Weise an die Idee der friedlichen Koexistenz selbst herangehen, und zwar unter Berücksichtigung der jetzigen drohenden Gefahren und gleichzeitig auch des Umstandes, daß wir alle viel mehr voneinander abhängig geworden sind. Die Versuche, die Widersprüche zwischen den Systemen auf dem Wege des Wettrüstens und der Kriegsvorbereitung zu überwinden, erwiesen sich als unrealistisch und außerordentlich gefährlich. Es gibt nur einen Ausweg: Soll doch ein jedes System seine Fähigkeit beweisen, sich den neuen Realitäten und Prozessen anzupassen, die Unterschiede aber müssen als Stimulus des Austausches und der Zusammenarbeit, als Quelle des Nutzens für beide Seiten betrachtet werden. Wir alle müssen uns von den primitiven Klischees freimachen, die sich in der Vergangenheit herausgebildet haben. Wir selbst haben uns nicht die Mühe gemacht, uns rechtzeitig Klarheit über die inneren Triebfedern der kapitalistischen Gesellschaft zu verschaffen, haben ihre Fähigkeit zur Anpassung und Entwicklung unter den neuen Bedingungen unterschätzt und ihr einen schnellen Zusammenbruch vorausgesagt. Im Westen aber gibt es bis jetzt noch viele, die den Sozialismus als Mißgeburt der Zivilisation betrachten und ihn auf den Müllhaufen der Geschichte werfen möchten.

Gorbatschow erinnerte sodann an die Treue des sowjetischen Volkes zum sozialistischen Weg und daran, daß die Umgestaltung ein revolutionärer Versuch ist, dem Sozialismus eine neue Qualität zu verleihen.

Wenn das aber so ist und wir von den Anhängern des kapitalistischen Systems nicht fordern, auf ihre Werte zu verzichten, müssen wir alle Realisten sein und neue Formen der Zusammenarbeit im Weltprozeß finden. Aktuell wird die Frage, wie die Mechanismen dieser Zusammenarbeit aussehen müssen.

Auf dem Gebiet der Politik sind bereits Erfahrungen gesammelt worden. Wir führen einen dynamischen politischen Dialog. Es laufen Verhandlungen, die bereits ein gehaltvolles Niveau erreicht haben. Wir haben auch schon die ersten praktischen Ergebnisse vorzuweisen, die wir dem neuen, realistischen Herangehen zu verdanken haben. Eine große Umwälzung hat sich in den Vorstellungen über die regionalen Konflikte vollzogen. Es ist verständlich geworden, daß militärische Methoden ihrer Lösung untauglich sind. Gleichzeitig liegen die Beweise für die Effektivität der politischen Methoden der Regelung auf der Hand.

Es gibt auch andere Anzeichen für positive Erfahrungen. Wenn man sie zusammenfaßt, so ist offensichtlich eine Internationalisierung der Probleme erforderlich. Gerade deshalb messen wir der Organisation der Vereinten Nationen, die lange Zeit ihre Möglichkeiten nicht entfalten konnte, aber auf ihre Stunde wartete, eine solche Bedeutung bei. Und nun ist diese Stunde gekommen.

Was aber die ökonomische Seite der internationalen Beziehungen betrifft, so ist auch hier eine Internationalisierung der Mechanismen der Kontakte notwendig. Ich bin damit einverstanden, daß es keine vollwertige Gesundung der internationalen Beziehungen ohne Modernisierung der Weltwirtschaftsbeziehungen geben kann. Es ist eine größere gegenseitige Abhängigkeit in der Wirtschaft notwendig, um erfolgreich eine moderne politische Struktur der Weltgemeinschaft aufzubauen. Das ist eine sehr komplizierte Aufgabe. Es ist notwendig, Verfahrensweisen nicht nur hinsichtlich der Herstellung von normalen Wirtschaftsbeziehungen zwischen den kapitalistischen und sozialistischen Teilen der Welt, sondern auch hinsichtlich der Beziehungen zwischen den Industrie- und Entwicklungsländern, wo die Situation einen äußerst akuten Charakter annimmt, zu finden. Dieses Problem muß endlich zum Gegenstand ernsthaftester gemeinsamer Erörterungen werden.

Wie wird sich die UdSSR in die Weltwirtschaft »integrieren«? Dies wird in Etappen geschehen. Die Schlüsselfrage für uns ist hier der wissenschaftlich-technische Fortschritt. Keine einfache Frage. Es wäre natürlich verlockend, das Geld im Ausland auszugeben und die Märkte schnell mit Konsumgütern zu sättigen. Jedoch haben wir nicht nur an ein paar Jahre gedacht. Wir dachten daran, eine solche Wirtschaft zu schaffen, die uns sowohl die erforderliche Quantität als auch die erforderliche Erzeugnisqualität sichern würde. Daher haben wir in die Modernisierung der gesamten technologischen Struktur unserer Industriebasis überaus viel investiert.

Gorbatschow führte Beispiele dafür an, wie die Sowjetunion in mehreren ausschlaggebenden Bereichen des wissenschaftlich-technischen Fortschritts zum Weltniveau übergeht und bereits hervorragende Ergebnisse aufzuweisen hat.

Die zweite Richtung, die uns die Eingliederung in die Weltwirtschaft ermöglichen wird, ist die Änderung der Außenwirtschaftspolitik auf der Grundlage einer umfassenderen Offenheit, unter Anwendung neuer Formen der Wirtschaftsbeziehungen. In zwei Jahren haben wir hier unsere Prinzipien wesentlich »liberalisiert«. Es steht aber bevor, nicht nur etwas dazuzulernen, sondern auch vieles neu zu lernen. Unter anderem haben wir unserer eigenen »inneren COCOM«, das heißt der Diskrepanz zwischen der Rüstungs- und der zivilen Produktion, ein Ende gesetzt.

Über die Dynamik des wissenschaftlich-technischen Fortschritts und neue Formen der Außenwirtschaft werden wir ein Niveau bei der Warenproduktion erreichen, das es uns ermöglichen wird, auch die Frage der Konvertibilität des Rubels zu lösen. Auch hier wird es Etappen geben. Herr Nakasone fragt, wie bald das geschehen kann. Es ist schwer, das genau zu sagen. Ich glaube aber, daß wir uns in den nächsten Jahren dem Ziel nähern werden.

Wenn der Westen, wie Sie erklären, daran interessiert ist, daß sich die UdSSR in die Weltwirtschaft eingliedert, kommt es jedoch auch auf Entgegenkommen an. Wir laden Sie ein, beispielsweise die Frage der Aufnahme von Beziehungen zu internationalen Wirtschaftsorganisationen zu erörtern. Wir in der sowjetischen Führung sind schon nahe daran, einen prinzipiellen Beschluß zu fassen. Es sind aber Verständnis und Reaktionen der anderen Seite erforderlich. Wir können nicht alle Regeln für die Teinahme am IWF, an der Weltbank usw. auf einmal akzeptieren. Das ist objektiv bedingt. Der Westen muß sich ebenfalls an einen Partner wie die UdSSR anpassen. Und in der gegenwärtigen Etappe ist es wichtig, alle Möglichkeiten zur Entwicklung von Direktbeziehungen zwischen Betrieben sowie anderen Formen der wirtschaftlichen Zusammenarbeit zu nutzen. Wir sind dafür offen. Und das Wichtigste ist, den Beschränkungen und Verboten, an die sich der Westen hartnäckig klammert, ein Ende zu setzen.

Auf eine Frage von Henry Kissinger hob Gorbatschow hervor, alle Europäer hätten es nötig, daß die UdSSR und die USA an dem gesamteuropäischen Prozeß vollwertig teilnehmen. Dann fuhr er fort:
Dabei ist von Bedeutung, daß den spezifischen Interessen Europas Rechnung getragen wird. Die Harmonisierung der Beziehungen im Rahmen Europas ist keine einfache Sache. Heute kommt es darauf an, die Dynamik des Prozesses von Helsinki zu sichern, jene Realitäten peinlich genau zu beachten, die von allen Unterzeichnern der Schlußakte von 1975 anerkannt worden sind. Eine andere Verhaltensweise ist brandgefährlich. Die Stabilität in Europa liegt im gemeinsamen Interesse. In seinem westlichen Teil war vor einiger Zeit eine wesentliche strukturelle Umgestaltung zu beobachten, die mit sozialer Spannung einherging. Wir sehen, wie sich heute in osteuropäischen Ländern

tiefgreifende Wandlungen vollziehen, und das sollte verständnisvoll als ein natürlicher und gesetzmäßiger Prozeß angesehen werden.

Es wurde gefragt, wie der Verteidigungscharakter unserer Militärdoktrin mit konkretem Inhalt zu füllen ist. Wir tun das bereits. Wir reduzieren unsere Streitkräfte um zwölf Prozent ihrer Gesamtstärke, verringern den Militärhaushalt um 14,2 Prozent, die Herstellung von Rüstungen und Militärtechnik um 19,5 Prozent. Von 500 000 Mann, die innerhalb von zwei Jahren in den Landstreitkräften und der Marine abgebaut werden, werden 240 000 Mann im europäischen, 200 000 Mann im östlichen und 60 000 Mann im südlichen Landesteil reduziert. Bei seinen Bemühungen, unsere Aktion in Verruf zu bringen, setzt jetzt der Westen eine Lesart in Umlauf, nach der wir uns lediglich von alten Panzern befreien. Ich sage folgendes: Wir entziehen unseren Truppeneinheiten 5300 hochmoderne Panzer. Von den 10 000 in Europa zu reduzierenden Panzern werden 5000 vernichtet und die verbleibenden zu Zugmaschinen für Zivilzwecke und zu Simulatoren umgebaut.

Ich wiederhole, daß wir im Osten unsere Landstreitkräfte und Marine um 200 000 Mann reduzieren. Wir beginnen bald mit der zweiten Reduzierung unserer Truppen in der Mongolei, die dort um 75 Prozent abgebaut werden sollen. Zudem werden dort auch die Einheiten unserer Luftstreitkräfte aufgelöst werden.

Wir ziehen einige Verbände und Truppenteile aus Osteuropa ab, die unseren Einheiten dort einen offensiven Charakter verleihen. Davon habe ich bereits in der UNO gesprochen. Zum 1. Januar 1991 wird diese ganze Gruppierung ausschließlich einen defensiv geprägten Charakter annehmen.

Wenn wir über das Mindestmaß an Streitkräften für die Verteidigung sprechen, müssen wir berücksichtigen, daß dies ein dehnbarer Begriff ist. Seine gehaltvolle Erfüllung wird von der Verhaltensweise der westlichen Seite abhängen. Bald beginnen im Einklang mit dem Wiener Mandat Verhandlungen über die konventionellen Rüstungen und Streitkräfte in Europa. Dort werden wir die Asymmetrien auflösen und uns mit allen in Wien vorgesehenen Problemen befassen. Das sind der Grundgehalt und die Praxis unserer Verteidigungsdoktrin.

Was die Offenlegung unseres Verteidigungspotentials im Fernen Osten betrifft, so können wir die Angaben hierzu bald ebenso wie im Hinblick auf Europa veröffentlichen.

Herr Nakasone fragt, wodurch sich die »fünf Prinzipien« unserer Beziehung mit China von den Prinzipien unserer Beziehungen mit den sozialistischen europäischen Ländern unterscheiden. Die Beziehungen zu diesen Ländern weisen, wie alles in der gegenwärtigen Welt, ihre Geschichte und Etappen auf. Mit den Führungen unserer Freunde haben wir einen gründlichen Meinungsaustausch geführt, Ergebnisse der langjährigen Zusammenarbeit zusammengefaßt und festgestellt, daß wir unsere Beziehungen auf der Grundlage der Freundschaft, auf den Prinzipien der Gleichberechtigung und Nichteinmischung in die inneren Angelegenheiten aufbauen, daß wir die gegenseitig vorteilhafte Zusammenarbeit im gemeinsamen Interesse des Sozialismus und unter Berücksichtigung der Interessen jedes Landes entwickeln werden. Ich glaube, daß dies die obengenannten »fünf Prinzipien« einschließt und zugleich über deren Rahmen angesichts jener real bestehenden Beziehungen hinausgeht, die sich im Laufe mehrerer Jahrzehnte herausgebildet haben, wobei natürlich jedes der genannten Prinzipien eingehalten wird.

Gorbatschow äußerte seine Genugtuung über die Atmosphäre und den Gehalt des Gesprächs. Es beweise, daß der freimütige und nützliche Dialog allmählich erstarke. Was aber die Perspektiven der Perestroika betreffe, so bestehe das Wichtigste darin, daß das ganze Land in Bewegung gekommen sei. Dann fuhr er fort:

Es ist mit Schwierigkeiten, vielleicht auch schmerzhaften, zu rechnen. Das Land wird aber nie mehr so sein, wie es war. Die Wahl ist getroffen. Da aber die Perestroika voranschreiten wird, werden sich folglich auch die Prozesse entfalten, die eine solche Entwicklung der internationalen Beziehungen ermöglichen, wie wir sie derzeit bereits erleben. Unsere Perestroika wird stattfinden, wir erwarten aber eine »Perestroika« auch Ihrerseits.

»Möge jedes Volk
seinen eigenen Weg beschreiten«

(Aus der Rede Michail Gorbatschows
vor der Nationalversammlung
der Republik Kuba am 5. April 1989)

Genossen! In diesen Tagen haben wir mit Fidel viel über die
Geschicke des Friedens und des Sozialismus gesprochen. Die
Zivilisation steht an einem Scheideweg, augenscheinlich geht sie
von einem Zustand in einen anderen über. Es ist noch nicht
möglich, vorherzusagen, wie ihr neues Antlitz aussehen wird.
Klar ist jedoch eines: Heute können nur die mit Erfolg rechnen,
die mit der Zeit Schritt halten und aus den Veränderungen, die
mit dem Anbruch des Zeitalters der Hochtechnologien, der entscheidenden Rolle der Wissenschaft und der intellektuellen Arbeit verbunden sind, die nötigen Schlüsse ziehen. Wir sind davon
überzeugt, daß die Möglichkeiten, die der Sozialismus in sich
birgt, grenzenlos sind. Sie setzen sich aber nicht automatisch,
von selbst durch.

Die revolutionäre Umgestaltung in der Sowjetunion

In jeder historischen Etappe ist es notwendig, die Realität auf
schöpferische Art und Weise neu zu durchdenken, die Dialektik
der Entwicklung zu verstehen und eine Politik auszuarbeiten, die
den Anforderungen der Zeit gerecht wird. Davon haben wir uns
anhand eigener Erfahrungen überzeugt. Unser großes Land und
sein fleißiges, aufopferungsvolles Volk, dem die Rolle eines Pio-
niers auf dem sozialistischen Weg zukam, haben einen großen
Einfluß auf den gesamten Verlauf der internationalen Entwicklung im 20. Jahrhundert ausgeübt. Wir haben eine leistungs-

starke Industrie geschaffen. Das Potential unserer Wissenschaft und Technik ist gewaltig, und das Land verfügt über so unschätzbare Reichtümer wie hohes Bildungsniveau und berufliche Qualifikation der Menschen. Und trotzdem bedarf vieles, was in unserer Gesellschaft entstanden ist, ernsthafter Umgestaltungen. Wir haben darüber nachgedacht und unsere Vergangenheit und Gegenwart an den Leninschen Grundsätzen gemessen und dabei erkannt, daß unsere Schwierigkeiten mit der Deformierung der Prinzipien des Sozialismus zusammenhängen, deren Wurzeln bis in die frühen 30er Jahre zurückreichen, sowie mit der Unterschätzung der Bedeutung der unmittelbaren Interessen der Menschen, ihrer Initiative und Selbständigkeit, mit anderen Worten, damit, daß wir es nicht verstanden haben, die Hauptkraft unserer Gesellschaftsordnung – ihr menschliches, ihr kommunistisches Potential – zu nutzen.

In der Tat, warum vollbringen wir im Weltraum Wunder und sorgen bisweilen im alltäglichen Leben nicht einmal für das Notwendigste? Wo liegen die Gründe dafür, daß sich trotz großer Errungenschaften in diesen wichtigen Richtungen der Verlauf unserer Entwicklung verlangsamt hat? Und wie schließlich konnte es dazu kommen, daß in der Gesellschaft dem Sozialismus wesensfremde Erscheinungen, Anzeichen der moralischen Zersetzung, der Apathie und des Egoismus zum Tragen kommen konnten? Lenin wiederholte gerne: Wer in den allgemeinen Fragen nicht über Klarheit verfügt, wird sich im Detail unweigerlich irren und außerdem im dunkeln tappen. Die Praxis stellt uns in aller Schärfe vor die Frage: Entweder wir bleiben in den alten, eingefahrenen Bahnen, wodurch sich die Stagnation vertiefen wird und wir wirtschaftlich, sozial und politisch in die Sackgasse geraten werden, weil das Land Gefahr läuft, vom Fortschritt abgedrängt zu werden, oder wir beschreiten den sehr schwierigen, aber lebensnotwendigen Weg der revolutionären Erneuerung der Gesellschaft und verleihen dem Sozialismus eine neue Qualität, die den höchsten Kriterien des Humanismus und Fortschritts gerecht wird.

Das ist das Ziel, das ist das Wesen des von unserer Partei und dem Volk gewählten Kurses der Umgestaltung. Eine ihrer wichtigsten Seiten ist die radikale Wirtschaftsreform, deren Ziel darin besteht, die Wirtschaft auf die Belange der Menschen zu orientieren, ihre Stellung und Rolle in der gesellschaftlichen Produktion zu verändern. Dazu werden die konsequente Einhaltung des sozialistischen Prinzips der Arbeitsteilung, die Beseitigung sozialen Schmarotzertums, der Übergang der Betriebe zur wirtschaftlichen Rechnungsführung, die Entwicklung des Pachtwesens, des Genossenschaftswesens und anderer ökonomischer Formen, die die schöpferische Aktivität der Menschen stimulieren, beitragen. Zu den großen strategischen Aufgaben gehören bei uns die Probleme der Befriedigung der täglichen Bedürfnisse der Menschen.

Vor kurzem hat das Plenum des Zentralkomitees der KPdSU stattgefunden, auf dem Fragen der Entwicklung der Landwirtschaft erörtert wurden. Wir denken, daß es uns gelungen ist, eine Agrarpolitik auszuarbeiten, die es uns bereits in den nächsten Jahren ermöglicht, eine stabile Versorgung der Bevölkerung mit Lebensmitteln zu sichern. Wir verändern die Strukturpolitik, nehmen eine Umgruppierung der Mittel zugunsten der Leichtindustrie, der Produktion von Konsumgütern vor. In der letzten Zeit wurde das Tempo des Wohnungsbaus spürbar erhöht, wenngleich es auch noch einer langen Zeit bedarf, um alle mit modernem Wohnraum zu versorgen.

Nachdem wir an die ökonomische Reform herangegangen waren, erkannten wir sehr schnell, daß die Vorwärtsbewegung eine Reorganisation der politischen Institutionen notwendig macht. Es geht hier vor allem darum, daß die Partei ihrer Rolle als politische Avantgarde der Gesellschaft gemäß der Leninschen Konzeption voll gerecht wird. Weiterhin geht es um die Wiedergeburt der Sowjets als Organe der Macht und der Selbstverwaltung des Volkes, um die Herausbildung eines sozialistischen Rechtsstaates und um die Demokratisierung aller Seiten des gesellschaftlichen Lebens. Und schließlich setzt das eine wesentliche Erhöhung der Verantwortung der Exekutivorgane für die praktische Durchsetzung der Politik und der gefaßten Beschlüsse voraus. Gegenwärtig wird bei uns die erste Etappe der politischen Reform abgeschlossen, die mit der Reorganisierung der zentralen Machtorgane verbunden ist. Die Wahlen sind gerade erst beendet worden. Sie verliefen in einer Atmosphäre reger Diskussionen, des Wettstreits zwischen den Kandidaten, einer selbstkritischen Einschätzung all dessen, was wir geleistet und was wir noch nicht zu Ende gebracht haben.

Vor uns liegt der erste Kongreß der Volksdeputierten der UdSSR, der die Hauptrichtungen der Innen- und Außenpolitik des Sowjetstaates für die nächsten Jahre festlegen und den neuen Obersten Sowjet wählen wird.

Alles in allem – vor uns liegen große Veränderungen. Wer die Ereignisse in der Sowjetunion verfolgt oder wer in unserem Lande war, weiß, wie sich die ganze Atmosphäre des gesellschaftlichen Lebens verändert hat, wie frei sich die Menschen fühlen. Die Arbeiter, die Bauern, die Angehörigen der Intelligenz schalten sich immer aktiver in die Politik ein, sie wollen unmittelbar teilhaben an der Lösung der Probleme. Das ist eine erfreuliche Erscheinung, besteht doch das Hauptziel unserer gesamten Arbeit zur Erneuerung der Gesellschaft gerade darin, daß sich der Mensch in Produktion und Staat als wahrer Hausherr versteht.

Natürlich wird die politische Reform erst jetzt im Lande in Gang gesetzt. Wir haben eine große Arbeit zu leisten, die mit der Harmonisierung der Beziehungen zwischen den Nationen, mit der Vergrößerung der Rechte der Unionsrepubliken, mit der Durchführung der Gerichtsreform und mit der grundlegenden Veränderung der Rolle der örtlichen Machtorgane verbunden ist.

Bereits die derzeitige Etappe der Reform hat gezeigt, welch großes, positives Potential die Umgestaltung in sich birgt. Das ist das Allerwichtigste. Wir sind jedoch von eindeutigen Einschätzungen noch weit entfernt. Es machen sich Ungeduld, Impulsivität, Maximalismus bemerkbar. Unter zahlreichen nützlichen Initiativen und wertvollen Vorschlägen gibt es auch viele umstrittene oder einfach inakzeptable. Das ist erklärlich. Das ist eine

Folge mangelnder Erfahrungen in politischer Kultur. Aber all das läßt sich lernen. Dennoch sehen wir, wie sich die Menschen vor unseren Augen aufrichten, wie sich ihre staatsbürgerliche Haltung festigt und wie sie lernen, die Fragen unter den Bedingungen der Demokratisierung und Offenheit zu lösen.

Das ist kurz das Wesen dessen, woran wir jetzt arbeiten. Unseren Ansatz und unsere Lösungen betrachten wir nicht als universelles Rezept. Im Gegenteil, die Probleme können sich gleichen, aber jede Partei löst sie selbständig und geht dabei von ihren Vorstellungen und den Besonderheiten des eigenen Landes aus. Aus diesen vielfältigen und flexiblen Ansatzweisen setzen sich die internationalen Erfahrungen des Sozialismus zusammen, die uns allen helfen, schneller voranzukommen.

Was die KPdSU anbelangt, so studiert sie sehr aufmerksam die Art und Weise des Handelns der Bruderparteien. Sie ist bestrebt, in ihrer Arbeit die Erfahrungen der Freunde zu berücksichtigen. Und natürlich schätzen wir sehr das Interesse und die Unterstützung, die überall den sich in unserem Land vollziehenden Veränderungen entgegengebracht werden.

Wir sind uns voll unserer internationalistischen Verantwortung für die Geschicke der Umgestaltung bewußt. Wir begreifen gut, daß davon, wie sich bei uns die Ereignisse entwickeln, in vielem sowohl die internationale Autorität des Sozialismus als auch sein Einfluß auf den Verlauf der internationalen Prozesse abhängen werden. Ich würde so sagen: Wir sind einfach zum Erfolg der Umgestaltung verurteilt. Für uns gibt es einfach keinen anderen Weg.

»Für ein neues Denken in den internationalen Beziehungen«

Unsere Zeit und die Entwicklung jedes Landes hängen unvergleichlich mehr als irgendwann in der Vergangenheit von der internationalen Lage ab. Natürlich wird der Einfluß dieses Faktors nicht von allen genauso empfunden. Wahrscheinlich könnten Staaten genannt werden, auf die sich die wechselnde internationale Atmosphäre weniger auswirkt. Die Sowjetunion und Kuba zählen nicht zu diesen Ländern. Ob das gut ist oder schlecht, ist eine andere Frage. Doch das ist nun einmal unser Schicksal, daß unsere beiden Staaten in den Verlauf der internationalen Ereignisse aktiv einbezogen und natürlich sehr daran interessiert sind, daß sich die internationale Lage günstig auf die Lösung der inneren Aufgaben auswirkt, die wir uns gemeinsam stellen.

Fidel und ich hatten einen umfassenden Meinungsaustausch zu einem breiten Kreis von Fragen der Weltpolitik. Ich muß sagen, daß die Sowjetunion und Kuba, wie bisher schon, zu den Schlüsselproblemen der internationalen Politik eine gemeinsame Einstellung haben. Wir sind uns einig in unserem Streben nach stabilem Frieden, nach Verhinderung der nuklearen Gefahr, der Bekräftigung des unbedingten Rechts der Völker auf selbständige Entscheidung über das eigene Schicksal, nach Herausbildung gerechter internationaler Wirtschaftsbeziehungen.

Es fragt sich, ob dafür die notwendigen objektiven Voraussetzungen geschaffen wurden, ohne die die energischsten Anstrengungen und guter Wille nicht die notwendigen Ergebnisse bringen können. Wir glauben, daß es diese Voraussetzungen in der Welt gibt. Mehr noch, in den vergangenen zwei Jahren vollzog sich eine Wende zur Gesundung der Lage. Ihr Horizont erhellte sich, obwohl die Wolken über breiten Teilen des internationalen politischen Raums noch nicht verzogen sind. Es sind immer noch Kräfte aktiv, die sich hartnäckig an veraltete Stereotype des Konfrontationskurses und der Gewaltlösungen klammern.

Und dennoch gelang es wohl zum erstenmal nach dem Zweiten Weltkrieg, in einer verhältnismäßig kurzen Zeit einen Lichtblick bei der Lösung akuter Probleme zu gewinnen, die das internationale Leben jahrzehntelang vergiftet haben. Es wurden beeindruckende Fortschritte erreicht bei der Abschwächung der nuklearen Gefahr, bei der politischen Regelung militärischer Konflikte, bei der Erweiterung und Festigung des Vertrauens zwischen den Staaten, die unterschiedlichen Gesellschaftsordnungen und politischen Bündnissen angehören.

Unsere Treffen mit vielen Staatsfunktionären westlicher Länder haben gezeigt, daß es möglich ist, in Richtung Entspannung, Festigung des Vertrauens und Beseitigung der internationalen Spannungen weiter voranzukommen. Das ist um so notwendiger, als die Dynamik der positiven Prozesse bislang nicht den Forderungen der Zeit entspricht. Die Bedrohung der Menschheit und ihrer Existenz bleibt bestehen. Das heißt, daß die gemeinsamen Anstrengungen verdoppelt, verdreifacht werden müssen, um die Gefahr zu bannen. Das heißt, daß die Isolation überwunden und eine maximale Konzentration der Kräfte auf die Lösung der lebenswichtigen globalen Probleme gewährleistet werden müssen.

Auf der Suche nach Wegen aus der bestehenden gefährlichen Situation sind wir zu dem gekommen, was heute in der ganzen Welt als das neue politische Denken bekannt ist. Diese Konzeption wird weiterentwickelt durch ständige Vertiefung der Analyse der internationalen Lage und durch Verallgemeinerung der Erfahrungen unserer Außenpolitik. Diese Erfahrungen sind aber nicht eindeutig.

Einerseits sehen wir, wie kompliziert es ist, angesichts der überaus großen Vielfalt der auf der internationalen Arena agierenden Kräfte abgestimmte Aktionen zu erreichen. Jede von ihnen – ob es sich dabei um soziale Systeme oder Staaten, um gesellschaftliche Bewegungen oder politische Parteien handelt – verfolgt in erster Linie ihre eigenen Ziele. Teilweise stimmen diese überein, teilweise divergieren sie. Niemand wird es jemals erreichen, dem ideologischen und politischen Kampf Einhalt zu gebieten, hinter dem Interessenpluralismus und Überzeugung stehen.

Andererseits haben die jüngsten Erfahrungen gezeigt, daß es trotz der vorhandenen Meinungsunterschiede und Gegensätze in der Welt gelungen ist, den Barometerzeiger um einige Striche in Richtung »klar« zu bewegen. Somit ist der Bereich der gemeinsamen, übereinstimmenden Interessen groß genug und kann als Grundlage für gemeinsame Handlungen im Weltmaßstab dienen.

Wir sind überzeugt, daß wir, gestützt auf diese reale gegenseitige

Abhängigkeit der Interessen, weitergehen können und müssen, indem wir Schritt für Schritt das gesamte System der internationalen Beziehungen umgestalten. Dazu bedarf es politischen Willens aller Beteiligter, der sich auf eine gewisse Philosophie der allgemeinmenschlichen Solidarität stützt.

Es geht dabei in erster Linie um die Priorität der Menschheitsinteressen, um die Erkenntnis dessen, daß an der Schwelle des 21. Jahrhunderts die Sicherheit eines jeden Staates in all ihren Aspekten – politisch und ökonomisch, ökologisch und militärisch – nur in einem System internationaler Sicherheit insgesamt stabil gewährleistet werden kann. Das zum ersten.

Zum zweiten: Es geht um die Freiheit der Wahl, die Unzulässigkeit von Diktat und Einmischung in den internationalen Angelegenheiten, um die Anerkennung der legitimen Interessen aller Länder und der Notwendigkeit, die anstehenden Probleme mit friedlichen, politischen Mitteln zu lösen, durch alle Mitglieder der Weltgemeinschaft.

Zum dritten: Es geht um die Förderung der Entwicklung und die Anerkennung der Notwendigkeit, gemeinsam für die Überwindung der Rückständigkeit und der Diskrepanz zwischen Industrie- und den Entwicklungsländern, für die Herstellung einer neuen gerechten internationalen Wirtschaftsordnung und die Unterstützung der Armen aufzukommen.

Zum vierten: Es geht um gemeinsame Verantwortung für die Erhaltung der Natur und der Zivilisation, um die Entschlossenheit, alles zu unternehmen, um ein nukleares Inferno zu verhindern, der moralischen Degradierung einen Riegel vorzuschieben und das Voranschreiten der gesamten Menschenfamilie auf dem Wege des Fortschritts zu gewährleisten.

Von diesen Ideen ist der sowjetische Plan einer kernwaffenfreien und für alle sicheren Welt getragen, der in der Rede vor der Vollversammlung der Organisation der Vereinten Nationen im Dezember vergangenen Jahres dargelegt wurde. Dieselben Gedanken liegen den vielen Vorschlägen zugrunde, die einzelne bzw. mehrere sozialistische Länder Europas und Asiens gemeinsam unterbreitet haben. Sie gehen einher mit dem von Entwicklungsländern unter aktiver Beteiligung Kubas entwickelten Programm für eine neue Wirtschaftsordnung, für Abrüstung und Entwicklung, mit den Initiativen einer Reihe nichtpaktgebundener und neutraler Staaten des Westens und mit denen der Sozialistischen Internationale.

Natürlich ist die Verankerung des neuen Denkens in den Köpfen kein einfacher und kein leichter Prozeß. Zu stark sind Traditionen und Stereotype, Gewohnheiten und Vergangenheit. Wir sehen, wie schwer sich manche westliche Politiker damit tun, die immer wieder der Politik der Stärke und Versuchen erliegen, anderen ihren Willen aufzuzwingen.

Wir gehen anders heran. Möge jedes Volk den von ihm souverän gewählten Weg beschreiten. Das Leben selbst, die Geschichte wird zeigen, welchem Weg der Vorzug gehört. Wir vertrauen auf die gewaltigen Möglichkeiten des Sozialismus, die Verfechter des Kapitalismus halten ihrem System die Treue. Das darf jedoch keine Seite hindern, internationale Probleme auf der Basis gemeinsamer fundamentaler menschlicher Werte zu lösen.

Die dringlichste Aufgabe besteht jetzt darin, eine Regelung der regionalen Konflikte zu finden. Analysiert man die Ursachen, die sie entstehen lassen, kommt man unschwer zu dem Schluß, daß sie am häufigsten durch Einmischung von außen zustande kommen, durch das Streben, die Völker daran zu hindern, selbständig ihre Wahl zu treffen.

Aktionen dieser Art werden mit Sicherheitsinteressen begründet. Man beruft sich auf politische oder ideologische Werte und Prinzipien, die in Form von Doktrinen formuliert werden. Ohne Umschweife möchte ich sagen: Wir sind entschieden gegen jegliche Art von Theorien und Doktrinen, die den Export von Revolution oder Konterrevolution rechtfertigen, gegen alle Formen ausländischer Einmischung in die Angelegenheiten souveräner Staaten. Nur auf einer solchen Grundlage können die bestehenden regionalen Konflikte gelöst und die Entstehung neuer in Zukunft ausgeschlossen werden.

Davon ausgehend, hat die Sowjetunion ihre Truppen aus Afghanistan abgezogen. Peinlich genau, auf den Tag genau, haben wir unsere bei den Genfer Verhandlungen übernommenen Verpflichtungen erfüllt und sind berechtigt zu verlangen, daß die anderen Teilnehmer des Abkommens ebenso verfahren. Leider unternimmt Pakistan entgegen den übernommenen Verpflichtungen eine direkte bewaffnete Einmischung in die Angelegenheiten Afghanistans und entzieht somit dem afghanischen Volk die Möglichkeit, selbst über sein Schicksal zu entscheiden. Auch die USA gehen von der Einmischung in den afghanischen Konflikt nicht ab. Diejenigen, die der Meinung waren, die Republik Afghanistan werde schon einen Tag nach dem Abzug der sowjetischen Truppen zusammenbrechen, beginnen allerdings jetzt zu begreifen, daß sie deren Kräfte und Möglichkeiten unterschätzt haben. Wenn aber daraus eine Schlußfolgerung gezogen wird, die dem zuwiderläuft, was sich logisch aus der entstandenen Situation ergibt, wenn die Waffenlieferungen an die oppositionellen Gruppierungen erweitert und die pakistanische und sonstige Einmischung verstärkt werden, so kann das nicht absehbare negative Folgen für Afghanistan und Pakistan sowie für die Entwicklung der internationalen Situation haben.

Wir sind fest davon überzeugt, daß die internationale Gemeinschaft in diesem Fall eine verantwortungsvolle Einstellung zu den Ereignissen beziehen kann und muß. Jetzt ist der Gedanke internationaler Hilfe im Interesse einer friedlichen Regelung des Konflikts auf der Grundlage des Abkommens zwischen seinen unmittelbaren Teilnehmern aktueller denn je. Wir in der Sowjetunion sind der Ansicht, daß der afghanische Konflikt und seine Lösung ein Prüfstein für die gesamte internationale Gemeinschaft ist. Es gibt ja noch andere regionale Konflikte, die gelöst werden müssen. Wir hoffen, daß konstruktives Herangehen letztendlich die Oberhand gewinnt.

Es besteht Hoffnung auf die Beendigung eines anderen regionalen Konflikts, dem im Südwesten Afrikas. Die Sowjetunion half den angolanischen Patrioten in ihrem Kampf gegen die Kolonialherren, ließ sie nicht wehrlos angesichts der Aggression. Und wer sollte sich mehr als wir freuen, wenn dieses leidgeprüfte Land schließlich Frieden und Sicherheit erlangt!

Vor allem möchte ich auf die Heldentat der kubanischen Internationalisten zu sprechen kommen, die viele Jahre lang die Unabhängigkeit und territoriale Integrität Angolas mit verteidigt haben. Jetzt geht diese edle, historische Mission zu Ende. Von prinzipieller Bedeutung ist, daß nicht nur die Unabhängigkeit Angolas gewahrt ist, sondern daß sich auch eine reale Perspektive bietet, dem schändlichen Erbe der Kolonialzeit – der Versklavung Namibias – ein Ende zu setzen. Das Volk dieses Landes kann einen eigenen unabhängigen Staat gründen und in die gleichberechtigte Familie der afrikanischen Staaten eintreten. Das wird ein großer Sieg der Gerechtigkeit und des gesunden Menschenverstandes in den internationalen Angelegenheiten sein. Die Sowjetunion ist gemeinsam mit Kuba und allen Mitgliedsstaaten der Organisation der Vereinten Nationen bereit, ihren Beitrag zur Erfüllung des Namibia-Abkommens zu leisten, zur endgültigen Beseitigung von Kolonialismus und Rassismus auf dem afrikanischen Kontinent beizutragen.

Einer der ältesten und gefährlichsten regionalen Konflikte ist verbunden mit der Okkupation arabischen Bodens durch Israel und der Verweigerung des Rechts des arabischen Volkes von Palästina auf Unabhängigkeit. In dieser Region treffen die wirtschaftlichen und militärpolitischen Interessen mehrerer Staaten aufeinander, staut sich etlicher Zündstoff – und dies nicht nur im übertragenen, sondern auch im direkten Sinne. Die Flamme ist von hier bereits weitergekrochen. Ich meine vor allem die beunruhigende Lage im Libanon, und es wäre ungerechtfertigter Leichtsinn zu meinen, daß eine solche Lage auf unbestimmte Zeit weiter aufrechterhalten werden kann. An der Lösung des Nahostkonflikts sind nicht nur die unmittelbar Beteiligten des Konflikts – die arabischen Länder und Israel – stark interessiert, sondern auch Europa, das an diese Region grenzt, die Vereinigten Staaten von Amerika und natürlich die Sowjetunion und die anderen sozialistischen Länder. Deshalb betrachteten und betrachten wir es als notwendig, die Anstrengungen zur Regelung der Lage in Nahost zu aktivieren.

Schließlich eröffnet sich durch die Ereignisse der letzten Zeit die

Perspektive, die Konfliktsituation um Nikaragua friedlich zu regeln. Die vor kurzem beim Treffen der Präsidenten der Länder der Region in San Salvador erzielte Übereinkunft bildet, wie wir denken, eine gute Grundlage für die Wiederherstellung des Friedens in Mittelamerika. Besonders wichtig sind die Beschlüsse zur Auflösung der Contras sowie die Verpflichtung Nikaraguas, das Leben des Landes weiter zu demokratisieren. Die Führung der Sandinistischen Front der Nationalen Befreiung begann bereits mit der Verwirklichung umfassender Maßnahmen in dieser Hinsicht. Es wurde verkündet, vorfristig allgemeine Wahlen unter internationaler Kontrolle durchzuführen. Wieder aufgenommen wurde der Dialog mit der inneren Opposition. Die politischen Rechte der Bürger werden erweitert. Das Amnestiegesetz ist in Kraft getreten. Vorgesehen ist die Reduzierung der Streitkräfte und der Verteidigungsausgaben.

Natürlich wird die Normalisierung der Lage in der Region in vielem vom Beitrag der an Nikaragua grenzenden Staaten und ferner von der Haltung der Vereinigten Staaten abhängen, wo neben der Anerkennung der in Mittelamerika entstehenden Realitäten die Tendenz bestehen bleibt, sich an die Prinzipien der Politik der Stärke zu klammern. In diesem Zusammenhang ruft die Entscheidung, die Contras weiter zu unterstützen, Besorgnis hervor. Wir können mit den Erklärungen Washingtons nicht einverstanden sein, die unsere Beziehung mit Kuba und Nikaragua verzerren.

»Für eine unabhängige Entwicklung der Länder
Lateinamerikas«

Unser Herangehen an die Regelung des Mittelamerikaproblems bleibt unverändert: Wir sind für eine lateinamerikanische Lösung des Konflikts auf der Grundlage des Gleichgewichts der Interessen aller darin verwickelten Seiten, ohne jedwede Einmischung von außen, unter Gewährleistung des Rechtes eines jeden

Volkes auf eigenständige Entwicklung. Wir unterstützen die Friedensbemühungen der UNO und der Organisation der amerikanischen Staaten.

Wir können der Erklärung des US-Vizepräsidenten Quayle nicht beipflichten, in der die Länder Mittel- und Lateinamerikas als Hinterhof der Vereinigten Staaten betrachtet werden. Erstrangige Bedeutung erlangen jetzt gegenseitige Zurückhaltung und Festigung des Vertrauens zwischen den Staaten in dieser Region. Mit Fidel haben wir diese Frage erörtert, und wir sind fest davon überzeugt, daß sie nur mit politischen Mitteln gelöst werden kann. Jetzt besteht eine reale Möglichkeit, Frieden und Sicherheit in der Region zu gewährleisten. Eine der wichtigsten Bedingungen dafür ist die Einstellung der Waffenlieferungen nach Mittelamerika, von wo auch immer. Wir unterstützen die gerechte Sache des nikaraguanischen Volkes und wünschen ihm von ganzem Herzen Frieden, gesicherte Unabhängigkeit und die Lösung der vor ihm stehenden schwierigen Probleme.

Für mich ist die Begegnung mit dem brüderlichen Kuba gleichzeitig eine Begegnung mit Lateinamerika, diesem äußerst interessanten und originellen Kontinent. Das Alte ist von seinem Antlitz noch nicht weggewischt, ernste soziale Mißstände, Not und wirtschaftliche Abhängigkeit hemmen den Fortschritt. Doch gleichzeitig entstehen Industriegiganten, entwickeln sich demokratische Prozesse, die Stimme der lateinamerikanischen Staaten erklingt in der internationalen Politik immer lauter. Der Beitrag der lateinamerikanischen Völker zur Weltkultur wächst. Ihr Einfluß auf das internationale Klima insgesamt wird größer.

In letzter Zeit wurden die Beziehungen der Sowjetunion zu vielen Staaten Lateinamerikas immer umfassender und vielseitiger. Gern erinnere ich mich an die Begegnung mit den führenden Repräsentanten Argentiniens, Brasiliens, Uruguays sowie mit vielen anderen Politikern dieses Kontinents, an die Gespräche mit dem hervorragenden Gegenwartsschriftsteller Gabriel García Márquez in Moskau. Es wachsen unsere Kontakte zu Vertretern der Geschäftskreise und der Öffentlichkeit, der wissenschaftlichen und schöpferischen Intelligenz.

Wenn sich die Sowjetunion für die Entwicklung der Zusammenarbeit mit den Staaten Lateinamerikas einsetzt, sucht sie dabei für sich keine politischen oder militärstrategischen Vorteile auf der westlichen Halbkugel, sondern ist der Ansicht, daß dieser Kontinent, wie übrigens auch alle anderen, keine Kampfarena zwischen Ost und West sein darf. Wir sehen in Lateinamerika einen gewichtigen Faktor der derzeitigen globalen Entwicklung, der einen wesentlichen Beitrag zu einer besseren Welt zu leisten vermag.

Das ist unsere gemeinsame Einstellung. Dazu sei nur folgendes gesagt: Die Sowjetunion setzt sich für die Festigung des kernwaffenfreien Status Lateinamerikas auf der Grundlage des Vertrages von Tlatelolco ein und unterstützt die Schaffung einer Zone des Friedens und der Zusammenarbeit im Südatlantik und derartiger Zonen in Mittelamerika, in der Karibik und in jenem Teil des Stillen Ozeans, der Südamerika umspült.

Wenn die lateinamerikanischen Länder die Initiative unterbreiten, eine internationale Konferenz einzuberufen, um abgestimmte Maßnahmen auszuarbeiten, die die Einhaltung des Status dieser Zone gewährleisten, und dazu die Ständigen Mitglieder des UNO-Sicherheitsrates und andere nichtregionale Mächte einladen, sind wir bereit, daran teilzunehmen.

Die Sowjetunion verfügt in Lateinamerika nicht über See- und Luftstützpunkte sowie Raketenbasen und hat dies auch nicht vor, wie sie auch nicht vorhat, hier Kernwaffen und andere Massenvernichtungswaffen zu stationieren. Wir rufen die anderen Mächte auf, die gleiche Einstellung zu zeigen, um dazu beitragen zu können, daß Lateinamerika zu einem Gebiet zuverlässigen und stabilen Friedens und der Zusammenarbeit wird.

Wir wollen mit den Ländern Lateinamerikas auf der Grundlage der Prinzipien der Gerechtigkeit und des gegenseitigen Vorteils Handels- und Wirtschaftsbeziehungen aufbauen. Zu diesem Zweck können sowohl traditionelle als auch neue Formen der Partnerschaft, darunter Kontakte mit den hiesigen regionalen Wirtschaftsorganisationen, genutzt werden. Alternativen der sozialen Entwicklung dürfen die Zusammenarbeit zwischen den

Staaten sowohl auf regionaler Ebene als auch in globaler Hinsicht nicht behindern.

In naher Zukunft wird die Menschheit den 500. Jahrestag der Entdeckung Amerikas durch Kolumbus begehen. Es ist bekannt, daß Kuba eine der ersten Inseln des Kontinents war, an deren Küsten die Schiffe des berühmten Genuesen anlegten. Seine Reise dauerte drei Monate. Der Fortschritt der Kommunikation verkürzte diese Zeit auf einige Stunden. Meldungen über Ereignisse auf der westlichen Halbkugel gelangen jetzt in Blitzesschnelle zu den anderen Kontinenten. Noch wichtiger aber als der Sieg über die Entfernung sind der intensive Austausch materieller und geistiger Werte, die Kommunikation zwischen Völkern, die von Ozeanen getrennt werden.

Zu den brennendsten Problemen der Gegenwart gehört die Diskrepanz zwischen den entwickelten Industriestaaten und den Entwicklungsländern. Die letztgenannten bilden keine geschlossene Gruppe. Zu ihnen gehören die sogenannten neuen Industriegiganten, dazu zählen aber auch die allerärmsten Länder der Welt, deren Nationaleinkommen nicht einmal für ein kärgliches Lebensminimum ihrer Bevölkerung ausreicht. Diese Unterschiede sind erheblich. Ich möchte hier jedoch auf etwas anderes eingehen, und zwar darauf, daß die Kluft zwischen den Entwicklungsländern insgesamt, und das sind vier Fünftel der gesamten Menschheit, und der kleinen Gruppe von Staaten, die über moderne Technologien verfügen, heute weiter wächst.

Man kann nicht sagen, daß nichts unternommen wird, um das zu verhindern. Bekanntlich unterstützen die Sowjetunion und die ökonomisch entwickelten Länder der sozialistischen Gemeinschaft seit vielen Jahren aktiv eine Reihe von Entwicklungsländern bei der Schaffung einer eigenen industriellen Basis, bei der Heranbildung nationaler Kader und der Lösung anderer lebenswichtiger Probleme. Auf der UNO-Vollversammlung in New York haben wir weitreichende Vorschläge zu Fragen der Verschuldung unterbreitet, deren Realisierung helfen würde, die Schuldnerlast zu erleichtern und die »Adern« des weltweiten Wirtschafts- und Finanzsystems freier zu machen. Wir hoffen, daß die Einsicht in die Notwendigkeit der Lösung dieses Problems in den westlichen Industrieländern zunehmen wird.

Eine wichtige Rolle kommt hier der Bewegung der nichtpaktgebundenen Staaten zu, die in ihren Reihen hinsichtlich der ökonomischen und sozialpolitischen Parameter derart unterschiedliche Länder der Welt vereint. Immer aktiver wirkt in dieser Richtung auch die Organisation der Vereinigten Nationen.

Praktisch angegangen wird heute die Frage, vereinzelte Aktionen zu koordinieren, ihnen einen systematischen und zielgerichteten Charakter zu verleihen. Mit anderen Worten: Statt den Dialog in den Gruppen Nord-Süd oder Ost-Süd zu führen, schlagen wir vor, daß Vertreter aller Kontinente im Namen dieses edlen Ziels zusammenkommen. Sollen doch der Norden, der Süden, der Osten und der Westen gemeinsam über die Strategie der Entwicklung nachdenken, ausgehend davon, daß es möglich ist, zusätzliche Ressourcen für die Unterstützung zu finden, wenn der Abrüstungsprozeß fortgesetzt und vertieft wird.

»Wir glauben an die Möglichkeit eines Friedens ohne Kernwaffen«

*(Aus der Rede Michail Gorbatschows
in der Londoner Guildhall am 7. April 1989)*

Das 20. Jahrhundert, dieses bewegte, ereignisreiche Jahrhundert, das tatsächlich zu einem Wendepunkt in der Geschichte der Menschheit geworden ist, geht zur Neige. Und kaum jemand stellt sich heute nicht die Frage: Und was kommt weiter? Was liegt hinter dieser Grenze? In den letzten Jahren hat das Gefühl dafür, wie folgenschwer die Zeit ist, in der wir leben, allerorts Verbreitung gefunden. Es hängt mit Hoffnung zusammen, ist jedoch durch Besorgnis belastet.

Die Weltgemeinschaft steht am Kreuzweg von zwei Arten Politik. Die erste ist, allgemein gesprochen, die Politik der Stärke. Sie kommt aus der Vergangenheit. Die andere ist erst im Entstehen begriffen. Sie verdankt ihr Aufkommen dem stürmischen Prozeß der Herauskristallisierung der Ganzheit und der gegenseitigen Abhängigkeit der Welt. Zu ihrem Imperativ ist die Priorität der gesamtmenschlichen Interessen und Werte geworden.

Auf den Schultern der jetzigen Politikergeneration lastet die Bürde einer äußerst folgenschweren Wahl, die Bürde der Entscheidungen von schicksalträchtigem Ausmaß. Und keiner von ihnen hat das moralische Recht, auszuweichen.

Wir in der Sowjetunion fingen mit uns selbst an. Vor vier Jahren, im April 1985, trafen wir die Wahl, indem wir uns die schwierigsten Fragen stellten. Und wir gaben uns Mühe, ehrliche, offene Antworten darauf zu finden. Wir versuchten, unsere Erfahrungen, die eigene Geschichte, die Welt, die uns umgab, und unsere Stellung in dieser Welt richtig zu begreifen.

Wir betraten unbeirrbar den Weg zur Überwindung verknöcherter Dogmen, altgewohnter Schemen und Klischees. Das Ergebnis waren Perestroika und das neue Denken, die darauf fußende Innen- und Außenpolitik. Da es sich um ein Land wie die UdSSR handelte, erweckte es überall außerordentlich großes Interesse, wirkte sich auf das internationale Klima und auf die reale politische Situation in der Welt aus.

»Die Umgestaltung erfordert Zeit und Geduld«

Unserer Perestroika sind Hunderte von Büchern, Tausende von Beiträgen, Berichten, Diskussionen, Rundfunk- und Fernsehsendungen gewidmet. Das Interesse nimmt auch heute nicht ab. Und wie ich verstehe, wollen Sie von mir hören, wie die Lage heute ist, wie es mit der Perestroika weitergehen soll, welche Aussichten sie hat.

Also: Mit der Perestroika ist es uns ernst, und das wird für lange so bleiben. Niemandem wird es mehr gelingen, sie rückgängig zu machen. Das Volk hat sein Schicksal mit der Perestroika fest verknüpft. Die Wahlen der Volksdeputierten der UdSSR, die in einer in unserer ganzen Geschichte nie dagewesenen demokratischen Situation abgehalten wurden, zeigten, daß die sowjetischen Menschen nicht beabsichtigen, von dem vor vier Jahren gewählten Weg abzugehen.

Jener Streit der Leidenschaften und Meinungen, jene Explosion des Interesses für gesellschaftliche und staatliche Angelegenheiten, das Bestreben, die Publizität weitgehendst auszunutzen und zu schützen, selbst die Widersprüchlichkeit der Urteile und Vorschläge, die Sorge darum, daß Wort und Tat nicht wieder auseinandergehen – das alles sind sowohl prinzipielle Errungenschaften der Perestroika als auch Zeugnisse ihrer Unterstützung durch die Massen. Die KPdSU erhielt bei diesen Wahlen die machtvolle Unterstützung des Volkes.

Wir ließen uns mit offenen Augen auf die Perestroika ein. Wir sahen sowohl die Kompliziertheit als auch das Ungewöhnliche dieses Prozesses voraus. Wir begriffen, daß er die ganze Gesellschaft gründlich aufrütteln wird. Im Hauptsächlichen haben wir uns nicht getäuscht. Das steht auf einem anderen Blatt, daß der Maßstab vieler innerer Probleme – politischer, ökonomischer, sozialer und moralischer – nicht gleich, sondern erst im Verlaufe des eingeleiteten Vorhabens ermittelt wurde. Das erfordert immer neue Ansätze und Entscheidungen, die angespannteste intellektuelle und praktische Arbeit.

Was Schwierigkeiten betrifft – und die gibt es –, so fassen wir sie als einen natürlichen Ausdruck der Widersprüche der Übergangsperiode auf. Keine dieser Schwierigkeiten zeugt von der Fehlerhaftigkeit der eigentlichen Konzeption der Umgestaltung. Sie unterstreichen lediglich den Umbruchcharakter der augenblicklichen Phase, da das Alte noch fortlebt und es unmöglich ist, es auf Anhieb zu beseitigen, und sich das Neue noch nicht mit voller Kraft einschalten kann. In dieser Situation sind Probleme und Schwierigkeiten unvermeidlich. Denn es geht um tiefgreifende Wandlungen in allem – sowohl in der Lebensweise als auch in der Einstellung zur Arbeit und zur staatsbürgerlichen Pflicht. Wir haben endgültig und unwiderruflich den Weg zu neuen Lebensformen – zur Demokratisierung der Gesellschaft in allen Bereichen – gewählt. Wir sind überzeugt, daß sie Bedingungen für die volle Selbstverwirklichung der Persönlichkeit und die Freiheit des Denkens schaffen wird und bereits schafft, daß nur sie es ermöglichen wird, die dem Sozialismus innewohnenden Werte – soziale Geborgenheit, Gerechtigkeit, Humanismus der Produktionsverhältnisse und der menschlichen Beziehungen – zur Entfaltung zu bringen. Dabei orientieren wir uns auf die höchsten Standards der Transparenz und der Informiertheit der Menschen – Standards, die international anerkannt sind und die sich aus unseren Idealen, unseren kulturellen und historischen Traditionen ergeben.

Wir sind überzeugt, daß man nur über die Demokratisierung eine gut funktionierende, gesunde und dynamische Wirtschaft schaffen kann. Die durchgreifende Wirtschaftsreform wird uns durch die Verbindung der planmäßigen Regelung mit dem Markt zu einem neuen Wirtschaftsmechanismus führen, es ermöglichen, die Vielfalt der Formen des sozialistischen Eigentums und der wirtschaftlichen Tätigkeit zu harmonisieren, und einen Spielraum für die Initiative und das Unternehmertum der Produzenten eröffnen.

Wir erarbeiteten eine neue Agrarpolitik. Es geht um die Beendigung des administrativen Befehlssystems in der Landwirtschaft. Über verschiedene Formen der Pachtbeziehungen werden der Status des Bauern als Eigentümer und sein Recht wiederhergestellt, über Grund und Boden, die Produktionsmittel und die Ergebnisse seiner Arbeit zu verfügen. Die getroffenen Entscheidungen sind nicht nur für die Landwirtschaft, sondern auch für die sozialökonomische Entwicklung des Landes im ganzen und für die eigentliche Konzeption der Entwicklung unserer Gesellschaft von prinzipieller Bedeutung.

Ungeachtet dessen, daß sich die Gesellschaft in den vier Jahren ungewöhnlich verändert hat, und ungeachtet dessen, daß es offensichtlich ist, daß wir bereits in einer anderen geistigen und politischen Atmosphäre, in einem anderen historischen Rhythmus leben, sind wir nichtsdestoweniger der Auffassung, daß wir noch am Anfang des Weges stehen. Die Umgestaltung erfordert Zeit, Geduld, Beharrlichkeit und ständige Suche.

Wir wissen, daß uns noch ernsthafte Prüfungen bevorstehen. Es gibt Probleme, die mit dem Mangel an politischer Kultur und den unvollkommenen Mechanismen im Funktionieren der Demokratie und in deren Schutz vor destruktiven, gesellschaftswidrigen Handlungen zusammenhängen. Schwäche ist hier deshalb unzulässig, weil sie den eigentlichen Prozeß der Demokratisierung hemmen kann.

In der Sphäre der Beziehungen zwischen den Nationen gibt es viel zu tun. Wir werden das im Verlaufe der Anpassung unserer Staatenunion an die Prozesse tun, die sich in der sowjetischen Gesellschaft entfaltet haben. Unser Hauptprinzip – starkes Zentrum und starke Republiken – spiegelt den Willen aller unserer Völker wider.

Ein mächtiger Hebel bei der Lösung all dieser Probleme und bei der Verwirklichung all unserer Initiativen ist die Reform des politischen Systems. Wir schaffen eine offene, demokratische und freie Gesellschaft, die sich die Lehren ihrer Vergangenheit angeeignet hat, eine Gesellschaft, die sich auf das Gesetz, auf die Verantwortung und die Informiertheit der Bürger, auf deren Initiative und Unternehmungsgeist, auf den sowjetischen sozialistischen Patriotismus und die Treue für die Wahl zugunsten des humanen Sozialismus stützt, dessen Sinn darin besteht, die Würde des Menschen zu erhöhen.

Die Umgestaltung in der UdSSR ist ein tiefgreifender und grundlegender Prozeß, der vor allem den Bedürfnissen der inneren Entwicklung unseres Landes entspricht. Sie weist aber auch Züge der Veränderungen auf, die für die ganze Welt von heute charakteristisch sind. Die Selbstisolierung ist der Umgestaltung wesensfremd.

Zugleich stellen wir mit Genugtuung fest, daß die Umgestaltung die Rolle eines wohltuenden Faktors in der internationalen Arena spielt. Die Demokratisierung der sowjetischen Gesellschaft erfolgt auf dem Wege der Durchsetzung demokratischer Normen der Offenheit in den internationalen Angelegenheiten. Der Kurs auf die Errichtung eines Rechtsstaates in unserem Lande fällt mit dem Trend zur Erhöhung der Rolle des Rechtes in den zwischenstaatlichen Beziehungen zusammen. Unsere Wirtschaftsreform setzt eine umfassendere Einbeziehung der UdSSR in die Weltwirtschaft voraus und kann offensichtlich zur Formierung eines wahren Weltmarktes, einer neuen Wirtschaftsordnung beitragen.

In den letzten Jahren entstand eine reale Möglichkeit, das letzte Kapitel der Nachkriegsgeschichte abzuschließen und in eine neue, friedliche Periode einzutreten. Das Setzen auf Stärke ist eine gefährliche Haltung, die in eine Sackgasse führt. Die modernen Realitäten haben die Haltlosigkeit der Philosophie der Konfrontation bloßgestellt. Jahrzehnte des kalten Krieges kamen sowohl den Osten als auch den Westen teuer zu stehen. Die Fortsetzung der totalen Konfrontation kann zu einer Katastrophe für alle führen.

So ist die objektive Logik der Weltpolitik in der gegenwärtigen

Etappe. Nach ihren Gesetzen wird gerade unser neues politisches Denken gestaltet. In einer verallgemeinerten Form sind seine Grundlagen und praktischen Schlußfolgerungen auf der UNO-Vollversammlung in New York dargelegt worden. Jetzt möchte ich nur daran erinnern, daß dort die grunsätzliche langfristige Linie der sowjetischen Außenpolitik und der Entwurf konkreter Handlungen zum Ausdruck gebracht wurden. Wir fordern alle zu einem Dialog, zu einem Zusammenwirken im Interesse des Überlebens und des Fortschritts auf.

Über Gefahren und überaus akute gesamtmenschliche Probleme kann man heute jeden Tag in den Zeitungen lesen. Ich möchte lediglich auf eine einfache Tatsache hinweisen, die manchmal übersehen wird: Sie alle sind miteinander verbunden. Dieser Knoten läßt sich nicht mit einem Schlag zerhauen, er läßt sich aber entwirren. Und diese gemeinsame Sache darf nicht verschoben werden.

Wir werden eine wahre und tiefgreifende Abrüstung nicht erzielen können, wenn wir gleichzeitig das politische Klima auf dem Planeten grundsätzlich nicht verändern. Wir werden die Umwelt nicht retten können, wenn wir nicht den Weg der Abrüstung einschlagen und keine Mittel für die Lösung ökologischer Probleme freisetzen. Wir werden die Lage in der ganzen Welt nicht sanieren können, ohne die Beziehungen zwischen Nord und Süd verändert zu haben. Wir werden die Herde des Massenhungers nicht beseitigen, wir werden mit Drogensucht und AIDS nicht fertig, werden den Terrorismus nicht besiegen, mit der Mißachtung der Rechte des Menschen und ganzer Völker nicht Schluß machen können, solange wir nicht anerkennen, daß all dies uns alle betrifft, solange wir uns nicht über die egoistische Auffassung unserer Interessen hinwegsetzen und keine Richtlinien des internationalen Zusammenwirkens unter Berücksichtigung der aktuellen Anforderungen ausgearbeitet haben.

Die Erfahrungen der letzten Jahre berechtigen uns dazu, von der Möglichkeit einer friedlichen Ordnung zu sprechen, die auf Prinzipien der Freiheit der Wahl des Weges, auf Interessenausgleich unter den Bedingungen der Reduzierung der Waffenarsenale und des Abbaus der militärischen Konfrontation aufgebaut wird. Wir beweisen das durch Taten – heute und in Zukunft.

Konkrete Abrüstungsschritte

Wie ich schon sagte, sollen unsere Streitkräfte im Laufe von 1989–1990 um 500 000 Mann, d. h. um 12 Prozent ihrer gesamten zahlenmäßigen Stärke, reduziert werden. Das Militärbudget wird um mehr als 14 Prozent und die Rüstungsproduktion fast um 20 Prozent reduziert werden. Wir haben mit der Realisierung dieses Programms bereits begonnen.

Ich möchte die Gelegenheit nutzen, Ihnen mitzuteilen, daß wir vor kurzem beschlossen haben, im laufenden Jahr die Produktion von hochangereichertem Uran für militärische Zwecke einzustellen. Neben dem 1987 stillgelegten Industriereaktor zur Produktion von Plutonium für Waffen planen wir, in diesem und im nächsten Jahr zwei weitere derartige Reaktoren stillzulegen und keine neuen Kapazitäten zwecks ihres Ersatzes in Betrieb zu nehmen. Das ist ein weiterer bedeutender Schritt zur vollständigen Einstellung der Produktion der Spaltstoffe für Waffen.

Die Liquidierung der chemischen Waffen ist das akuteste Problem der Entmilitarisierung der internationalen Politik. Wir schätzen die Haltung Großbritanniens hoch ein, das sie einseitig vernichtet und als erstes die Initiative ergriffen hat, diese Frage auf einer internationalen Konferenz zu stellen. Wir arbeiten nicht schlecht miteinander zusammen. Unsere Experten besuchten das Britische Forschungszentrum in Porton-Down, Ihre Experten besuchten unser Zentrum. Wir haben den Bau eines Objekts zur Vernichtung von chemischen Waffen abgeschlossen und sind im Begriff, bald Ihre Vertreter dorthin einzuladen.

Die Sowjetunion wird beharrlich den baldigsten Abschluß einer allumfassenden internationalen Konvention über das vollständige Verbot und die Liquidierung der chemischen Waffen anstreben.

Wir haben mehrere wichtige Beschlüsse zur Konversion der Rüstungsproduktion angenommen. Ein bedeutender Teil der Werke und Entwicklungsbüros der Rüstungsindustrie sowie die mit ihr verbundene Wissenschaft sind in die Produktion von Konsumgütern, von Maschinen, Ausrüstungen und anderen Erzeugnissen für den Agrarsektor, die Leicht- und Nahrungsmittelindustrie einbezogen worden. Ein bedeutender Teil der Transportfliegerkräfte wird ziviles Frachtgut betreuen.

Die Sowjetunion hat einige bedeutende Schritte in Richtung der Offenheit ihrer militärischen Tätigkeit getan.

Wir haben bereits erklärt, daß wir bald Informationen über unseren Verteidigungshaushalt veröffentlichen. Damit wird sich der neue Oberste Sowjet befassen. Die Schwierigkeit besteht darin, daß die Nichtkonvertierbarkeit des Rubel einen objektiven Vergleich unserer Ausgaben mit den militärischen Ausgaben des Westens erschwert. Wir suchen nach einer adäquaten Methode, unsere Angaben vorzulegen.

Was die Stärke unserer Streitkräfte betrifft, kann ich schon jetzt folgendes mitteilen: Per 1. Januar d. J. [1989] beläuft sie sich auf 4,258 Millionen Mann, darunter 1,596 Millionen Mann in den Land- und 437 300 Mann in den Seestreitkräften. Die verbleibenden Streitkräfte machen die Raketentruppen, die Truppen der Luftverteidigung, die Luftstreitkräfte, die Kräfte der operativen und der materiell-technischen Sicherstellung aus.

Im Ergebnis der einseitigen Reduzierung unserer Streitkräfte wird ihre gesamte zahlenmäßige Stärke bis Ende 1990 etwa 3 760 000 Mann betragen. Zum Vergleich: Die Gesamtstärke der US-Streitkräfte unter Berücksichtigung der Nationalgarde (bei uns gehören solche Komponenten den Streitkräften an) beläuft sich auf mehr als drei Millionen Mann. Dabei ist die zahlenmäßige Stärke der US-Seestreitkräfte mehr als doppelt so hoch wie die der UdSSR.

Angaben über die Militärpotentiale der Organisation des Warschauer Paktes und der NATO haben wir veröffentlicht. Sie weisen eine annähernde Parität auf. Vergleicht man die Streitkräfte der Organisation des Warschauer Paktes und der NATO insgesamt, unter Berücksichtigung der strategischen nuklearen Kräfte, sind die Angaben für die Organisation des Warschauer Paktes folgende: 5,3 Millionen Mann; 10 500 Flugzeuge, 4200 Kampfhubschrauber, 80 000 Panzer, 160 große Überwasserschiffe. Bei all diesen Daten, mit Ausnahme der Panzer, ist die NATO dem Warschauer Pakt überlegen. Mit einem Wort: Die Angst vor einer »sowjetischen militärischen Bedrohung« ist grundlos.

Der wichtigste Weg, der zum Abbau der militärischen Konfrontation, zur Senkung des Rüstungsniveaus und zur Reduzierung der Rüstungsausgaben führt, sind Verhandlungen und die Suche nach Kompromissen zwischen den Hauptteilnehmern des langwierigen Wettrüstens. In diesem Sinne bilden das Wiener Dokument und der Beginn der Verhandlungen über eine Reduzierung der Streitkräfte und Rüstungen in Europa und über vertrauensbildende Maßnahmen ein beispielloses Ereignis im Nuklearzeitalter. Die Sowjetunion ist bereit, bei der Entmilitarisierung Europas, überhaupt im europäischen Prozeß sehr weit zu gehen. Wir sind bereit, über alle Fragen des Schlußdokuments des Wiener Treffens einen konstruktiven Dialog mit Großbritannien zu führen und mit ihm auch zusammenzuwirken.

Bekanntlich sind wir gegen ungerechtfertigte Junktims im Abrüstungsbereich. Wir machen die Erreichung des Einvernehmens bei einer Frage nicht von der Entscheidung über eine andere Frage abhängig. Jedoch ist das eher ein Problem der Organisation des Verhandlungsprozesses. Objektiv gesehen, hängt in unserem Zeitalter alles zusammen.

Natürlich darf es keinen Zweifel geben, daß sich, wenn die NATO mit der »Modernisierung« der taktischen Kernwaffen beginnt, diese auf den Verlauf der Wiener Verhandlungen, auf die vertrauensbildenden Maßnahmen, auf die ganze Lage in Europa auswirken wird. Das kann vieles von dem wertlos machen, was mit dem Vertrag über die Raketen mittlerer und kürzerer Reichweite erreicht worden ist. Ich halte es für angebracht, in diesem Zusammenhang ein weiteres Mal daran zu erinnern, daß die Stimme Englands zur Herausbildung der Bedingungen für den Abschluß dieses Vertrages beigetragen hat.

Wir sind entschiedene Gegner irgendwelcher Pläne zur Modernisierung von Kernwaffen. Wir beschäftigen uns damit nicht und beabsichtigen auch nicht, uns damit zu beschäftigen, wenn man uns nicht dazu zwingen wird. Ich glaube, daß der gesunde Menschenverstand die Oberhand gewinnen wird.

Wir sind überzeugt, daß es an der Zeit ist, Verhandlungen über eine Reduzierung der Seestreitkräfte der UdSSR und der USA, des Warschauer Paktes und des Nordatlantikbündnisses zu beginnen. Die Frage über die fünfzigprozentige Reduzierung der sowjetischen und amerikanischen Arsenale der strategischen Angriffswaffen steht auf der Tagesordnung unserer Beziehungen mit den Vereinigten Staaten nach wie vor an der ersten Stelle. Wir sind bereit, die Verhandlungen zu jeder Zeit wiederaufzunehmen.

Was die »Abschreckungs«doktrin betrifft, so meine ich, daß man nicht über die »Abschreckung« mit Hilfe von Kernwaffen, sondern über die Zügelung der Kernwaffen selbst sprechen muß. Das bedeutet: Verzicht auf deren Anhäufung und Perfektionierung, allmähliche, aber konsequente Vernichtung ihrer Vorräte bis hin zur völligen Liquidierung und zum Verbot von deren Produktion.

Wir glauben an die reale Erreichbarkeit eines sicheren Friedens ohne Kernwaffen. Der Weg dazu führt selbstverständlich nicht nur über zunehmende Transparenz und zuverlässige Kontrolle. Er führt auch über die Festigung des Vertrauens, die von vielen Aspekten des gegenwärtigen internationalen Lebens abhängt.

TEIL III
Staatsbesuch in der Bundesrepublik Deutschland
(12. bis 15. Juni 1989)

»Wir schlagen ein neues Kapitel in unseren Beziehungen auf«

(Tischrede Michail Gorbatschows bei dem von Bundeskanzler Helmut Kohl gegebenen Essen am 12. Juni 1989)

Sehr geehrter Herr Bundeskanzler!
Sehr verehrte Frau Kohl!
Meine Damen und Herren!
Genossen!
Wir sind zu Ihnen praktisch direkt vom Kongreß der Volksdeputierten der UdSSR gekommen, einem Ereignis, das der ganzen Welt mit beispielloser Offenheit die Dimensionen der Perestroika in unserem Lande vor Augen geführt hat. Dieser Kongreß ist der bisher wichtigste Meilenstein in der Geschichte der Perestroika. Als solcher wird er für immer im Gedächtnis unseres Volkes eingeprägt sein.
Ja, die Perestroika ist unsere interne Angelegenheit. Wir kapseln uns aber von der Weltgemeinschaft, von den Problemen und Entwicklungen, die das Antlitz der Zivilisation des 21. Jahrhunderts prägen, nicht ab. Im Gegenteil, wir betrachten die Perestroika als einen Bestandteil der zunehmenden Demokratisierung der Weltordnung.
Wir öffnen uns der Welt und rechnen damit, daß sich die Weltgemeinschaft auch uns öffnet. Dies ist meines Erachtens die stabilste und zuverlässigste Grundlage für die internationale Zusammenarbeit im Interesse des Überlebens der Menschheit und ihres Fortschrittes.
Der Volksdeputiertenkongreß hat die Grundlagen und Prinzipien der Außenpolitik der Sowjetunion im Einklang mit dem neuen politischen Denken gesetzlich festgelegt und die Außenpolitik unter die Kontrolle des Volkes gestellt. Dadurch haben wir uns, unseren Verbündeten sowie allen, mit denen wir es auf der

internationalen Bühne zu tun haben, eine Garantie gegeben, daß unser außenpolitischer Kurs berechenbar, klar, auf Frieden und Zusammenarbeit ausgerichtet sein wird. Wir sind gewillt, den Ideen-, Menschen- und Erfahrungsaustausch mit allen Mitteln auszubauen, wir sind bereit zu Kontakten auf allen Ebenen und in allen Sphären mit allen Staaten – fernen und nahen, großen und kleinen.

Das betrifft in vollem Maße die Bundesrepublik Deutschland, mit der wir unsere Beziehungen aufrichtig ausbauen und vertiefen, mit neuen Ideen und konkreten Taten bereichern wollen. In diesem Geiste sprachen wir mit Ihnen, Herr Kohl, früher in Moskau. Heute bestätige ich erneut dieses Herangehen.

Meine Damen und Herren! Wir sind zu Ihnen gekommen, kurz nachdem der NATO-Rat in Brüssel eine Erklärung verabschiedet hat, in der die Politik dieses Bündnisses für die Gegenwart und die weitere Perspektive festgelegt ist. Einen Bestandteil der Erklärung bilden die Vorschläge des Präsidenten Bush zur Reduzierung der Rüstungen und der Streitkräfte in Europa, die eine Antwort auf die neue große Initiative von uns und unseren Verbündeten im Warschauer Pakt darstellen.

In diesem Dokument sind die Zeichen der Zeit sichtbar, obgleich es sowohl im Wortlaut als auch zwischen den Zeilen noch vieles an Zielsetzungen und Herangehensweisen gibt, das aus der Periode der Konfrontation herrührt, die doch, das sei erwähnt, bei den direkten Kontakten auf höchster wie auf anderen Ebenen zwischen den Vertretern sozialistischer und kapitalistischer Staaten fast völlig überwunden ist.

Was die Probleme der Abrüstung angeht, so stellen wir mit Genugtuung fest, daß sich die Vereinigten Staaten und die NATO endlich mit der Reduzierung des Personalbestandes der Truppen in Europa einverstanden erklärt haben. Ermutigend ist auch die Tatsache, daß man die Bereitschaft an den Tag gelegt hat, Rüstungsreduzierungen auch auf eigene Offensivmittel auszudehnen und nicht nur von uns zu verlangen.

Wir wissen auch den Umstand zu schätzen, daß man einen Teil unseres Vorschlages hinsichtlich der Verhandlungen über taktische Nuklearwaffen akzeptiert hat, obwohl die dabei aufgestellten Bedingungen aufhorchen lassen.

Weiterhin haben wir zur Kenntnis genommen, daß unsere große Abrüstungsinitiative zum ersten Male nicht sogleich auf Verdacht und Kritik gestoßen ist, sondern eine seriöse und konkrete Antwort erhalten hat. Das bedeutet, daß sich die Einsicht darin vertieft, daß es nun an der Zeit ist, den Prozeß umzukehren, in dessen Ergebnis Europa zu der am meisten militarisierten, mit Rüstungen und Streitkräften überfüllten Region der Welt geworden ist. Es besteht nunmehr Grund zu der Annahme, daß eine Einigung in Wien wesentlich schneller erreicht werden kann, als bisher erwartet.

Wir wissen die Haltung der Regierung der Bundesrepublik Deutschland gebührend zu schätzen, die zum Zustandekommen der in Brüssel gefaßten Beschlüsse beigetragen hat, die unseren Vorschlägen und einseitigen Maßnahmen entgegenkommen.

Unbestreitbar sind die Verdienste unserer Verbündeten, der uns befreundeten Staaten, darunter der Deutschen Demokratischen Republik, bei der Schaffung der Voraussetzungen für eine Wende in der europäischen Entwicklung. Das die DDR auszeichnende Bewußtsein der besonderen Verantwortung für die Geschicke der Welt und des Fortschrittes ist ein stabiler und zunehmender Faktor des Helsinki-Prozesses.

Die Brüsseler Erklärung läßt selbstverständlich einige Fragen offen, die einer Klärung bedürfen. Es ist hier nicht angebracht, ins Detail zu gehen. Wir werden die NATO-Gegenvorschläge mit unseren Verbündeten auf der bevorstehenden Tagung des Politischen Beratenden Ausschusses des Warschauer Pakts erörtern. Aber schon jetzt kann ich nicht unerwähnt lassen, was uns besondere Sorgen bereitet. Das ist das Bestreben, die Politik der nuklearen Eindämmung und damit die nukleare Gefahr zu verewigen. Eine Friedensordnung in Europa bedarf keiner nuklearen Eindämmung, sondern eine Eindämmung oder besser noch Eliminierung der nuklearen Waffen.

Die Frage der vollständigen Beseitigung der taktischen Nuklearmittel darf nicht von der Tagesordnung gestrichen werden. Wir sind überzeugt: Es besteht kein Grund, die Verhandlungen über die taktischen Nuklearwaffen aufzuschieben.

In der neuen Atmosphäre, die bereits zur Realität der internationalen Beziehungen geworden ist, erscheinen uns Argumente ganz und gar nicht überzeugend, die unseren Vorschlag parallel laufender Verhandlungen über diese Waffen und über konventionelle Rüstungen verwerfen. Das würde zur schnellsten Überwindung der militärischen Konfrontation in Europa beitragen, die schon heute zu einem Anachronismus geworden ist, zur Reduzierung der Militärpotentiale der Blöcke und Staaten auf das Niveau des defensiv Notwendigen. Darin besteht eine der entscheidenden Voraussetzungen für die Realisierung der Idee des gemeinsamen europäischen Hauses.

Sehr geehrter Herr Bundeskanzler! Ich glaube, wir alle begreifen, welch großen Einfluß der Stand der sowjetisch-bundesdeutschen Beziehungen auf die Lage in Europa und über seine Grenzen hinaus, ja auf die gesamte internationale Lage ausübt. Das ist eine offensichtliche Tatsache, die sowohl durch die Geschichte als auch durch die Ereignisse der letzten Jahre bestätigt wurde. Die Tragödie, die unsere Völker und die ganze Welt als Resultat des von Nazi-Deutschland entfesselten Krieges erlebt haben, gebietet uns, in ehrendem Andenken an die Kriegsopfer daraus die Lehren zu ziehen. Und die Hauptlehre besteht darin, daß in den zwischenstaatlichen Beziehungen die Ideen des gegenseitigen Respekts, der Gleichheit sowie der unbedingten Anerkennung der freien Wahl den Vorrang haben sollten.

Die Übereinstimmung in dieser Hauptsache hat uns erlaubt, die Frage einer neuen Seite in den sowjetisch-bundesdeutschen Beziehungen aufzuwerfen. In Moskau, Herr Bundeskanzler, hatten wir den gegenseitigen Wunsch zum Ausdruck gebracht, ihnen einen qualitativ anderen Charakter zu verleihen. Heute können wir feststellen, daß wir begonnen haben, die ersten Seiten eines »neuen Kapitels« in unseren Beziehungen aufzuschlagen.

Wir ziehen einen Strich unter die Nachkriegsperiode. Dies wird es unseres Erachtens jedem unserer beiden Länder ermöglichen, einen weiteren, entscheidenden Schritt aufeinander zuzugehen.

In diesem Kontext betrachte ich die gemeinsame Erklärung, die wir mit Ihnen, Herr Bundeskanzler, morgen unterzeichnen werden. Ihren Wert sehe ich vor allem darin, daß wir in diesem Dokument die Ideen und Vorstellungen des Moskauer Vertrages wesentlich weiterentwickeln.

Es ist wohl das erste Dokument solchen Charakters und einer solchen Dimension, in welchem sich zwei große europäische Staaten, die unterschiedlichen Systemen und Bündnissen angehören, Mühe gegeben haben, die Bedeutung der gegenwärtigen Entwicklungsetappe der Weltgemeinschaft zu erfassen und gemeinsam die Ziele ihrer Politik darzulegen.

Das Dokument verlangt weder von Ihnen noch von uns, auf die jeweilige Identität zu verzichten oder unsere Bündnisbeziehungen zu lockern. Ich bin im Gegenteil sicher: Die Berücksichtigung dieses Dokuments in unserer Politik wird dazu dienen, den Beitrag jedes unserer beiden Staaten zum Aufbau einer europäischen Friedensordnung sowie zur Herausbildung eines europäischen Bewußtseins zu verstärken.

Nach Ihrem Besuch in Moskau haben die Vertreter beider Seiten ihre Kontakte bedeutend intensiviert und sind über bemerkenswerte Projekte der Kooperation vor allem auf wirtschaftlichem Gebiet übereingekommen. In diesen Tagen wird diese Arbeit, von der wir praktische Ergebnisse erwarten, fortgesetzt. Wir haben Kurs auf ein besseres und umfassenderes gegenseitiges Kennenlernen unserer Völker genommen. Dazu dienen immer intensivere und vielfältigere Kontakte zwischen unseren Bürgern. Mögen sie Bekanntschaften schließen, voneinander lernen, alles Wertvolle und Gute austauschen, was jeder besitzt. Das gilt für unsere Schüler und Studenten, Arbeiter, Bauern und Ingenieure, für unsere Geschäftsleute und Kulturschaffenden, für Wissenschaftler und Persönlichkeiten des öffentlichen Lebens. Sie alle sind ja das Volk im weitesten und wahrsten Sinne des Wortes. Eben damit wollen wir ein »neues Kapitel« aufschlagen, eben darauf rechnen wir, um uns einer neuen, wahrhaft friedlichen Etappe in unseren Beziehungen näherzubringen.

Und noch ein Punkt. Eine lebenswichtige Bedeutung haben für

die ganze Welt, für Europa aber insbesondere, die ökologischen Probleme gewonnen. Man kennt, erörtert und verwirklicht bedeutende Vorhaben von internationalem Ausmaß. Mit interessanten Vorschlägen in dieser Hinsicht sind Staatspräsident Mitterrand sowie Vertreter der SPD und der Grünen, aber auch anderer Parteien und Bewegungen aufgetreten.

Ich bin der Auffassung, daß das Einbeziehen der wissenschaftlich-technischen und wirtschaftlichen Möglichkeiten der UdSSR und der Bundesrepublik Deutschland in den gesamten Rahmen der Zusammenarbeit auf diesem Gebiet von großer Bedeutung sein würde.

Ich möchte beispielsweise vorschlagen, folgende Ideen sorgfältig zu prüfen:

– gemeinsame Unternehmungen zur Herstellung von Reinigungs- und Abfallbeseitigungsanlagen;
– ein System des Erfahrungsaustausches in der Umweltpolitik zwischen Regionen und Städten der UdSSR und der Bundesrepublik Deutschland;
– gemeinsame Forschungsvorhaben zur Entwicklung umweltfreundlicher Technologien in den für die Umwelt am meisten gefährlichen Industriebranchen und in der Landwirtschaft;
– die Organisation einer gegenseitigen ökologischen Soforthilfe im Falle von Naturkatastrophen oder Betriebsunfällen großen Ausmaßes;
– die Bildung einer bilateralen Arbeitsgruppe der UdSSR und der Bundesrepublik Deutschland (die längerfristig multilateral werden könnte) zur Gestaltung gesamteuropäischer Umweltpolitik.

Meine Damen und Herren! In den Beziehungen zwischen der UdSSR und der Bundesrepublik Deutschland gibt es spezifische Probleme, die in den Beziehungen zwischen der UdSSR und anderen westeuropäischen Staaten fehlen. Man kann aber offenbar davon ausgehen, daß wir mit Ihnen einen ausreichend hohen Grad an Verständigung erreicht haben und begreifen, daß es im beiderseitigen Interesse und im Interesse Europas insgesamt liegt, die vorhandenen Schwierigkeiten nicht zu vertiefen und die

Lösung der genannten und anderer gemeinsamer Aufgaben nicht in Sackgassen einmünden zu lassen.

Wir nehmen also Kurs darauf, daß unseren Beziehungen von nun an und für immer Stabilität und Dynamik, Modernität und stabiles Vertrauen eigen sein sollen.

Ich wünsche Ihnen, Herr Bundeskanzler, und Ihnen, Frau Kohl, Gesundheit und viel Erfolg, dem Volk der Bundesrepublik Deutschland Wohlergehen und Gedeihen! Auf die zunehmende gegenseitige Verständigung und die Weiterentwicklung fruchtbarer Zusammenarbeit zwischen der UdSSR und der Bundesrepublik Deutschland, zum Wohle des europäischen und des Weltfriedens!

»Der tiefe Wunsch unserer Völker, gemeinsam eine bessere Zukunft zu bauen«

(Gemeinsame Erklärung von Bundeskanzler Helmut Kohl und dem Vorsitzenden des Obersten Sowjets und Generalsekretär der KPdSU, Michail S. Gorbatschow, unterzeichnet am 13. Juni 1989 in Bonn)

I.

Die Bundesrepublik Deutschland und die Union der Sozialistischen Sowjetrepubliken stimmen darin überein, daß die Menschheit an der Schwelle zum dritten Jahrtausend vor historischen Herausforderungen steht. Probleme, die von lebenswichtiger Bedeutung für alle sind, können nur gemeinsam von allen Staaten und Völkern bewältigt werden. Das erfordert neues politisches Denken.

– Der Mensch mit seiner Würde und seinen Rechten und die Sorge für das Überleben der Menschheit müssen im Mittelpunkt der Politik stehen.

– Das gewaltige Potential an schöpferischen Kräften und Fähigkeiten des Menschen und der modernen Gesellschaft muß für die Sicherung des Friedens und des Wohlstands aller Länder und Völker nutzbar gemacht werden.

– Jeder Krieg, ob nuklear oder konventionell, muß verhindert, Konflikte in verschiedenen Regionen der Erde beigelegt und der Friede erhalten und gestaltet werden.

– Das Recht aller Völker und Staaten, ihr Schicksal frei zu bestimmen und ihre Beziehungen zueinander auf der Grundlage des Völkerrechts souverän zu gestalten, muß sichergestellt werden. Der Vorrang des Völkerrechts in der inneren und internationalen Politik muß gewährleistet werden.

– Die Erkenntnisse moderner Wirtschaft, Wissenschaft und Technik bieten ungeahnte Möglichkeiten, die allen Menschen zugute kommen sollen. Risiken und Chancen, die sich hieraus ergeben, verlangen gemeinsame Antworten. Es ist daher wichtig, die Zusammenarbeit auf allen diesen Gebieten auszuweiten, Handelshemmnisse jeglicher Art weiter abzubauen, neue Formen des Zusammenwirkens zu suchen und zum beiderseitigen Vorteil dynamisch zu nutzen.

– Die natürliche Umwelt muß im Interesse dieser und künftiger Generationen durch entschlossenes Handeln gerettet, Hunger und Armut in der Welt müssen überwunden werden.

– Neue Bedrohungen einschließlich Seuchen und internationaler Terrorismus müssen energisch bekämpft werden.

Beide Seiten sind entschlossen, ihrer sich aus dieser Einsicht ergebenden Verantwortung gerecht zu werden. Fortbestehende Unterschiede in den Wertvorstellungen und in den politischen und gesellschaftlichen Ordnungen bilden kein Hindernis für zukunftsgestaltende Politik über Systemgrenzen hinweg.

II.

Bei der Gestaltung einer friedlichen Zukunft kommt Europa eine herausragende Rolle zu. Trotz jahrzehntelanger Trennung des Kontinents ist das Bewußtsein der europäischen Identität und Gemeinsamkeit lebendig geblieben und wird zunehmend stärker. Diese Entwicklung muß gefördert werden.

Die Bundesrepublik Deutschland und die Sowjetunion betrachten es als vorrangige Aufgabe ihrer Politik, an die geschichtlich gewachsenen europäischen Traditionen anzuknüpfen und so zur Überwindung der Trennung Europas beizutragen. Sie sind entschlossen, gemeinsam an Vorstellungen zu arbeiten, wie dieses Ziel durch den Aufbau eines Europas des Friedens und der Zusammenarbeit – einer europäischen Friedensordnung oder des gemeinsamen europäischen Hauses, in dem auch die USA und Kanada ihren Platz haben – erreicht werden kann. Die KSZE-Schlußakte von Helsinki in allen ihren Teilen und die Abschlußdokumente von Madrid und Wien bestimmen den Kurs zur Verwirklichung dieses Zieles.

Europa, das am meisten unter zwei Weltkriegen gelitten hat, muß der Welt ein Beispiel für stabilen Frieden, gute Nachbarschaft und eine konstruktive Zusammenarbeit geben, welche die Leistungsfähigkeit aller Staaten ungeachtet unterschiedlicher Gesellschaftssysteme zum gemeinsamen Wohl zusammenführt. Die europäischen Staaten können und sollen ohne Furcht voreinander und in friedlichem Wettbewerb miteinander leben.

Bauelemente des Europas des Friedens und der Zusammenarbeit müssen sein:

– Die uneingeschränkte Achtung der Integrität und der Sicherheit jedes Staates. Jeder hat das Recht, das eigene politische und soziale System frei zu wählen. Die uneingeschränkte Achtung der Grundsätze und Normen des Völkerrechts, insbesondere Achtung des Selbstbestimmungsrechts der Völker.

– Die energische Fortsetzung des Prozesses der Abrüstung und Rüstungskontrolle. Im Atomzeitalter müssen die Anstrengungen nicht nur darauf gerichtet sein, Krieg zu verhindern, sondern auch den Frieden zu gestalten und sicherer zu machen.

– Der dichte, alle sowohl traditionellen als auch neuen Themen der bilateralen und multilateralen Beziehungen umfassende Dialog, einschließlich regelmäßiger Begegnungen auf höchster politischer Ebene.

– Die Verwirklichung der Menschenrechte und die Förderung des Austauschs von Menschen und Ideen. Dazu gehören der Ausbau der Städtepartnerschaften, der Verkehrs- und Nachrichtenverbindungen, der kulturellen Kontakte, des Reise- und Sportverkehrs, die Förderung des Sprachunterrichts als auch eine wohlwollende Behandlung humanitärer Fragen einschließlich der Familienzusammenführung und Reisen in das Ausland.

– Der Ausbau von direkten Kontakten zwischen der Jugend und die Verpflichtung der nachwachsenden Generationen auf eine friedliche Zukunft.

– Die umfassende wirtschaftliche Zusammenarbeit zum gegenseitigen Vorteil, die auch neue Formen der Kooperation einschließt. Die Gemeinsame Erklärung zwischen der Europäischen Gemeinschaft und dem Rat für Gegenseitige Wirtschaftshilfe vom 25. Juni 1988 und die Normalisierung der Beziehungen zwischen der Europäischen Gemeinschaft und den europäischen Mitgliedstaaten des Rates für Gegenseitige Wirtschaftshilfe sowie der begonnene politische Dialog zwischen der Sowjetunion und den zwölf Mitgliedstaaten der Europäischen Gemeinschaft eröffnen neue Perspektiven für eine gesamteuropäische Entwicklung in diese Richtung.

– Der stufenweise Aufbau gesamteuropäischer Zusammenarbeit in verschiedenen Bereichen, insbesondere des Verkehrswesens, der Energiewirtschaft, des Gesundheitswesens, der Information und Kommunikation.

– Die intensive ökologische Zusammenarbeit und die Ausnutzung von neuen Technologien, die im Interesse der Menschen insbesondere die Entstehung von grenzüberschreitenden Gefahren verhindert.

– Die Achtung und Pflege der geschichtlich gewachsenen Kulturen der Völker Europas. Diese kulturelle Vielfalt ist einer der großen Schätze des Kontinents. Nationale Minderheiten in Europa mit ihrer Kultur sind Teil dieses Reichtums. Ihren berechtigten Interessen gebührt Schutz.

Die Bundesrepublik Deutschland und die Sowjetunion fordern alle Teilnehmerstaaten der KSZE zur Mitarbeit an der künftigen Architektur Europas auf.

III.

Die Bundesrepublik Deutschland und die Sowjetunion erklären, daß man eigene Sicherheit nicht auf Kosten der Sicherheit anderer gewährleisten darf. Sie verfolgen deshalb das Ziel, durch konstruktive, zukunftsgewandte Politik die Ursachen für Spannung und Mißtrauen zu beseitigen, so daß das heute noch gegebene Gefühl der Bedrohung Schritt für Schritt von einem Zustand gegenseitigen Vertrauens abgelöst werden kann.

Beide Seiten erkennen an, daß jedem Staat unabhängig von seiner Größe und seiner weltanschaulichen Orientierung legitime Sicherheitsinteressen zustehen. Sie verurteilen das Streben nach militärischer Überlegenheit. Krieg darf kein Mittel der Politik mehr sein. Die Sicherheitspolitik und Streitkräfteplanung dürfen nur der Verminderung und Beseitigung der Kriegsgefahr und der Sicherung des Friedens mit weniger Waffen dienen. Das schließt ein Wettrüsten aus.

Beide Seiten streben an, durch verbindliche Vereinbarungen unter wirksamer internationaler Kontrolle bestehende Asymmetrien zu beseitigen und die militärischen Potentiale auf ein stabiles Gleichgewicht auf niedrigerem Niveau zu vermindern, das zur Verteidigung, aber nicht zum Angriff ausreicht. Beide Seiten halten es insbesondere für erforderlich, die Fähigkeit der Streitkräfte zum Überraschungsangriff und zur raumgreifenden Offensive auszuschließen.

Die Bundesrepublik Deutschland und die Sowjetunion treten ein für

- eine 50-prozentige Reduzierung der strategischen nuklearen Offensivwaffen der USA und der Sowjetunion,
- einvernehmliche amerikanisch-sowjetische Lösungen bei den Nuklear- und Weltraumverhandlungen; dies gilt auch für die Einhaltung des ABM-Vertrages,
- die Herstellung eines stabilen und sicheren Gleichgewichts der konventionellen Streitkräfte auf niedrigerem Niveau sowie für die Vereinbarung von weiteren vertrauens- und sicherheitsbildenden Maßnahmen in ganz Europa,
- ein weltweites, umfassendes und wirksam nachprüfbares Verbot chemischer Waffen zum frühestmöglichen Zeitpunkt,
- Die Vereinbarung eines zuverlässig verifizierbaren nuklearen Teststopps im Rahmen der Genfer Abrüstungskonferenz zum frühestmöglichen Zeitpunkt. Bei den laufenden Gesprächen zwischen den USA und der Sowjetunion ist ein schrittweises Herangehen an dieses Ziel wünschenswert.
- die Schaffung weiterer vertrauensbildender Maßnahmen, mehr Transparenz der militärischen Potentiale und der Mili-

tärhaushalte sowie wirksame internationale Mechanismen des Krisenmanagements, auch für Krisen außerhalb Europas.

IV.

Die Bundesrepublik Deutschland und die Sowjetunion sind sich angesichts der europäischen Geschichte und der Lage Europas in der Welt sowie angesichts des Gewichts, das jede Seite in ihrem Bündnis hat, bewußt, daß eine positive Entwicklung ihres Verhältnisses zueinander für die Lage in Europa und für das West-Ost-Verhältnis insgesamt zentrale Bedeutung hat. In dem Wunsch, ein Verhältnis guter und verläßlicher Nachbarschaft dauerhaft zu begründen, wollen sie an die guten Traditionen ihrer jahrhundertelangen Geschichte anknüpfen. Ihr gemeinsames Ziel besteht darin, die fruchtbare Zusammenarbeit fortzusetzen, weiterzuentwickeln und zu vertiefen und ihr eine neue Qualität zu verleihen.

Der Moskauer Vertrag vom 12. August 1970 bleibt die Grundlage für das Verhältnis beider Staaten. Beide Seiten werden die in diesem Vertrag und anderen Abkommen angelegten Möglichkeiten voll ausschöpfen.

Sie haben beschlossen, die vertraglichen Grundlagen der Beziehungen und die partnerschaftliche Zusammenarbeit in allen Bereichen auf der Grundlage des Vertrauens, der Gleichberechtigung und des beiderseitigen Vorteils konsequent weiter auszubauen.

Berlin (West) nimmt an der Entwicklung der Zusammenarbeit unter strikter Einhaltung und voller Anwendung des Vier-Mächte-Abkommens vom 3. September 1971 teil.

V.

Die Bundesrepublik Deutschland und die Sowjetunion sind entschlossen, ihre Beziehungen im Vertrauen in die langfristige

Berechenbarkeit der beiderseitigen Politik auf allen Gebieten weiterzuentwickeln. Sie wollen der Aufwärtsbewegung ihrer Beziehungen Stabilität und Dauer verleihen.

Diese Politik berücksichtigt die beiderseitigen Vertrags- und Bündnisverpflichtungen, sie richtet sich gegen niemanden. Sie entspricht dem tiefen und langgehegten Wunsch der Völker, mit Verständigung und Versöhnung die Wunden der Vergangenheit zu heilen und gemeinsam eine bessere Zukunft zu bauen.

»Wir brauchen einander«

(Rede Michail Gorbatschows vor der Industrie- und Handelskammer
Köln am 13. Juni 1989)

Meine Damen und Herren!

Mit großem Interesse habe ich dieser Begegnung mit Ihnen, den führenden Repräsentanten der Finanz- und Industriekreise der Bundesrepublik Deutschland, entgegengesehen.

Unsere Verhandlungen in Bonn haben die Journalisten bereits bildhaft als einen großen Eisgang in den sowjetisch-westdeutschen Beziehungen bezeichnet. Man kann sich damit wohl einverstanden erklären, aber das Eis ist schon früher gebrochen worden – im vergangenen Oktober während des Besuches des Bundeskanzlers in Moskau. Wir erfüllen den Moskauer Vertrag weiter mit Leben und setzen ihn in die Tat um, mit immer gewichtigerem konkreten Inhalt, vorerst wohl hauptsächlich mit wirtschaftlichem Inhalt. Und das ist gut so. Weil es für eine gute Nachbarschaft keinen erdbebensichereren Boden gibt als die Verflechtung der Wirtschaften und die gegenseitige wirtschaftliche Abhängigkeit.

Jetzt, im Prozeß unserer Perestroika und nach dem Kongreß der Volksdeputierten der UdSSR, der auch die Prinzipien unserer Außenwirtschaftspolitik bestätigt hat, wird die Integration der sowjetischen Wirtschaft in die Weltwirtschaft zu einem untrennbaren Teil unserer inneren Entwicklung. Von nun an gibt es unsererseits keine prinzipiellen Hindernisse für ein breites wirtschaftliches Zusammenwirken zwischen Ländern unterschiedlicher Gesellschaftsordnung, namentlich zwischen der UdSSR und der Bundesrepublik Deutschland.

Es kommt auch darauf an, daß wir unsere Politik der wirtschaftlichen Offenheit mit den Problemen der gegenseitigen und weltweiten Sicherheit verbinden. Ich glaube, daß wir einander brauchen, wie auch Europa das Vertrauen zwischen unseren beiden Ländern braucht, das so notwendig für den gesamteuropäischen Aufbau ist.

Unsere wirtschaftlichen Beziehungen mit der BRD entwickelten sich auch dann nicht schlecht, wenn es um andere Bereiche sehr schlecht bestellt war. Dies ist zurückzuführen auf jahrhundertelange Traditionen, auf große Erfahrung der Deutschen im Handel mit uns und, schließlich, auf den sich ergänzenden Charakter unserer beiden Wirtschaften.

Zwar beeinflußte der Verfall der Erdölpreise schmerzhaft den sowjetisch-westdeutschen Handel. Aber jetzt sieht es so aus, als ob die Lage sich bessert. Der Warenumsatz unseres Handels betrug 1987 4,9 Mrd. Rubel, 1988 5,6 Mrd. – mit positivem Saldo für die BRD. Im laufenden Jahr wird allem Anschein nach der Warenumsatz steigen, obgleich langsam und in beträchtlichem Maße dank der von Ihnen gewährten Kredite.

Fünf bis sechs Milliarden Rubel – also circa fünfzehn bis zwanzig Milliarden Mark –, ist das für unseren Warenumsatz viel oder wenig? Einerseits scheint es nicht wenig zu sein, genug jedenfalls, daß die BRD die erste Stelle unter unseren westlichen Partnern halten konnte.

Aber wenn man berücksichtigt, daß Sie Weltmeister im Export sind und in dieser Hinsicht die USA und Japan überholt haben, daß die BRD ein Viertel ihres Bruttosozialprodukts exportiert – einen gigantischen Betrag in Höhe von 323 Mrd. Dollar –, so ist es lächerlich wenig.

Wird bei uns alles getan, um die Möglichkeiten der Umgestaltung für die Ankurbelung des Tempos und des Umfangs von geschäftlichen Beziehungen auszunutzen? Leider nicht. Die Ursachen dafür sind mannigfaltig. Man könnte sie auf beiden Seiten suchen, obgleich ich nicht weiß, wer den größeren Anteil hat. Viele bundesdeutsche Unternehmer möchten unseren Binnenmarkt erschließen, sähen es zugleich aber gerne, wenn die Erzeugnisse unserer Industrie nicht exportiert würden. Man möchte sich keine Konkurrenz schaffen.

Vieles wurde auch durch mangelnde Klarheit in der Gesetzgebung, die die unternehmerische Tätigkeit in der UdSSR regelt, behindert. Hoffentlich wird die Unterzeichnung des Abkommens über Investitionsförderung und Investitionsschutz hier eine wesentliche Besserung bringen.

Gleichzeitig möchte ich den Firmen der BRD Dank aussprechen, die schon vor zwei Jahren, ohne die Ausarbeitung unserer Gesetzgebung abzuwarten, ihre Investitionen in erste Gemeinschaftsunternehmen getätigt haben und Seite an Seite mit sowjetischen Kollegen dieses für uns neue Gebiet zu erschließen begannen. Wir schätzen diesen Ausdruck des Vertrauens in unsere Politik hoch ein.

Ich brauche Ihnen nicht zu sagen, daß die Erschließung eines neuen Marktes anfänglich immer solide Kapitalanlagen und gut eingerichtete Kooperationsverbindungen erfordert. Im modernen Geschäft gibt es keine Wunder. Wenn die BRD den sowjetischen Markt erschließen will, so sollte man sich aber nicht in Einzelheiten verlieren, sondern mit strategischer Dimension die Fragen klären.

Man behauptet, daß eine großangelegte Zusammenarbeit mit der Sowjetunion nicht anders möglich ist als auf der Grundlage der Kreditgewährung. Angeblich wären die sowjetische Wirtschaft, Wissenschaft und Technik nicht in der Lage, auf dem Markt der Erzeugnisse, der Dienstleistungen und der intellektuellen Errungenschaften Nennenswertes anzubieten. Das ist nicht wahr. Schon jetzt sind wir in der Lage, in einer ganzen Reihe von Bereichen mit dem Westen zu konkurrieren und viel Geld zu verdienen, das wir bereit sind, in die Ausweitung neuer Formen der Zusammenarbeit mit der BRD sowie in die Erhöhung der Einfuhr von Ausrüstungs- und Bedarfsgütern zu investieren. Aber durch Anwendung von allen möglichen Formen der Diskriminierung und Beschränkungen hindert man uns daran, Devisen in fairem Wettbewerb mit anderen zu erwirtschaften.

Wir verstehen zwar, daß die Ursachen der Schwierigkeiten nicht nur bei den anderen liegen. Sie liegen auch bei uns selbst. Die Wirtschaftsreform, die Dezentralisierung der wirtschaftlichen

Strukturen, großangelegte Maßnahmen zur Beseitigung der administrativen Kommandomethoden sowie das gleichzeitige Auftreten einer beispiellos großen Anzahl unserer Betriebe auf dem Weltmarkt haben gewisse Probleme auch für Sie geschaffen und die gewohnte routinemäßige Ordnung gestört.

Ich weiß, daß viele Ihrer Firmen nach Verlust alter Partner noch keine Nachfolger gefunden haben und sich noch schlecht in den neuen Strukturen auskennen. Aber keine Sorge! Wir werden bei der Überwindung dieser organisatorischen, informativen und sonstigen Mängel helfen. Dazu werden die Eröffnung der Häuser der Wirtschaft und des Handels jeweils in Moskau und in einer der großen Städte der BRD sowie die Aktivitäten der bei uns unlängst geschaffenen Vereinigung für geschäftliche Zusammenarbeit mit der BRD beitragen.

Wir müssen noch vieles verbessern; wir müssen ein Korps neuer sowjetischer Manager bilden, die fähig sind, unter den Bedingungen des Wettbewerbs zu arbeiten und zu lernen, auf zeitgemäße Art im Ausland zu agieren. In dieser Hinsicht wird die Verwirklichung der Initiative von Herrn Bundeskanzler Kohl bezüglich der Ausbildung unserer wirtschaftlichen Führungskräfte in der BRD eine große Rolle spielen.

Heute möchte ich Sie zu einem umfassenden Gespräch über die Zukunft unserer Wirtschaftsbeziehungen einladen. Nehmen wir als Beispiel eine solche – unserer Meinung nach – zukunftsträchtige Form der wirtschaftlichen Zusammenarbeit wie die gemeinsamen Unternehmungen. Bisher geht es in diesem Bereich nur langsam voran. In der UdSSR sind bisher 72 sowjetisch-westdeutsche Gemeinschaftsunternehmen gegründet worden. Dies scheint keine geringe Zahl zu sein. Einige dieser Unternehmen haben schon feste Wurzeln geschlagen und funktionieren gut – zu beiderseitigem Vorteil. Unter den Managern und Mitinhabern dieser Firmen sind große Enthusiasten der sowjetisch-westdeutschen Partnerschaft anzutreffen. Sie sind jetzt in diesem Saal, und es ist mir eine Freude, sie zu begrüßen. Aber nimmt man die Gesamthöhe des Kapitals dieser 72 Unternehmen, nämlich nur 204 Mio. Rubel – bei einem Anteil der westdeutschen Partner von nur 77 Mio. Rubel –, so müssen Sie mir zustimmen, daß dies für Ihre und unsere Dimension viel zu wenig ist.

Ich höre schon die Einwände – Unkonvertierbarkeit des Rubels und bürokratische Hindernisse. Richtig. Momentan koexistieren bei uns – immer weniger friedlich – zwei Systeme des Wirtschaftens: das administrative Kommandosystem, welches loszuwerden nach Jahrzehnten seiner absoluten Vorherrschaft gar nicht so einfach ist, und der noch in der Entstehung befindliche sozialistische Markt.

Sie als Menschen der Praxis müssen verstehen, daß ein Markt nicht in einem Zug zu schaffen ist. Es wäre ein Abenteuer mit gefährlichen Folgen für die soziale Stabilität. Darauf werden wir uns nicht einlassen. Daher rühren auch die offensichtlichen Schwierigkeiten.

Zur Konvertierbarkeit des Rubels: Die Konvertierbarkeit der Währung ist vor allem die finanzielle Stabilität des Landes und die Wettbewerbsfähigkeit seiner Ausfuhr. Existiert beides nicht, so ist es uns nicht möglich, einfach den Rubel für konvertierbar zu erklären. Es wäre vom theoretischen Standpunkt lächerlich und vom praktischen unheilvoll. Es würde zu einer ungeheueren Inflation und zu einem maßlosen Preisanstieg mit allen schweren Konsequenzen für die Bevölkerung führen.

Alles zur rechten Zeit. Wir werden jedoch von dem einmal gewählten Weg der wirtschaftlichen Demokratie unter den Bedingungen des erneuerten Sozialismus nicht abgehen. Es wird zu keiner Rückkehr zu den wirtschaftlichen Zuständen der Stagnationsperiode kommen. Und so wird derjenige weitsichtig handeln, der nach vorne sieht und ein wägbares Risiko eingeht.

Wir arbeiten an einem Entwurf der Preisbildungsreform. Eine neue Außenhandelsgesetzgebung, neue Zolltarife, ein System der Maßnahmen der nichttariflichen Regelung, insbesondere die Lizensierung des Imports, befinden sich in Ausarbeitung. Es werden Maßnahmen getroffen zur Einführung einer den weltweiten Standards entsprechenden Zollstatistik. All das sind Elemente des Umschaltens auf eine breite Ausnutzung der Marktmechanismen. Anders gesagt, es wird ein völlig neues System der Leitung der außenwirtschaftlichen Beziehungen gebildet. Dabei sind wir bestrebt, dieses System mit den entsprechenden GATT-Forderungen in Einklang zu bringen.

Breite Möglichkeiten gibt es schon jetzt im Bereich der wissenschaftlich-technischen Zusammenarbeit. Niemand, so scheint es, versucht zu bestreiten, daß die sowjetische Wissenschaft über ein mächtiges Potential verfügt, während wir auf dem Gebiet der praktischen Umsetzung sehr stark zurückbleiben. Die Verbindung der Vorteile beider Seiten würde zum Entstehen ganz neuer Erzeugnisse, zu neuer Nachfrage und zu neuen Bedürfnissen führen.

1. Aussichtsreich erscheint deshalb ein Zusammenwirken in Form von Aufträgen westdeutscher Firmen und Institutionen an unsere überwiegend akademischen Forschungseinrichtungen für die Erforschung des einen oder anderen Problems – gegen Bezahlung nach den üblichen kommerziellen Grundsätzen. Die BRD könnte uns für solche Projekte moderne wissenschaftliche Ausrüstung liefern, an denen wir Mangel haben.

2. Die UdSSR hat weltweit führende Positionen auf dem Gebiet der Weltraumtechnik inne. Wir fertigen Hunderte von Satelliten verschiedenster Art und Bestimmung, unsere Raketen starten jede Woche ins All. Die gesamte kosmische Branche stützt sich auf Höchstleistungen der Wissenschaft und Technik. Die Sowjetunion bietet ihre Leistungen bei der Beförderung westdeutscher Satelliten auf Umlaufbahnen sowie bei den gemeinsamen Forschungs- und Industrieprojekten zu günstigen kommerziellen Bedingungen an. Die auf diese Weise erwirtschafteten Mittel würden es uns beispielsweise ermöglichen, die Einfuhr von Maschinen und Ausrüstungen aus der BRD zu vergrößern.

3. Ein weiteres Beispiel: Die Sowjetunion hat jetzt eine großangelegte Konversion in die Wege geleitet. Schon 1989 wird der Anteil der Produktion von zivilen Gütern in den Branchen des Rüstungskomplexes vierzig Prozent bemessen, 1995 wird er auf sechzig Prozent ansteigen. Es handelt sich um große Pro-

duktionskapazitäten, um Betriebe mit modernsten Ausrüstungen. Gibt es hier etwa keine Möglichkeiten für eine Zusammenarbeit mit der BRD, die nicht nur beiderseitig vorteilhaft, sondern auch wirklich gewinnbringend in Form von Devisen wäre?

4. Ihre Schiffbauindustrie im Norden befindet sich in der Krise. Dies ist, soweit ich informiert bin, auch ein großes soziales Problem in der BRD. Lassen wir den Schiffbau auf der Grundlage der Arbeitsteilung zwischen Ihren und unseren Werften organisieren, machen wir diese rentabler, gehen wir gemeinsam auf den Weltmarkt! Aber auch wir brauchen neue Schiffe: Unsere Flotte ist veraltet.

5. Es gibt eine Reihe von Möglichkeiten für die Vereinigung der Bemühungen bei der Produktion und Entwicklung von Ausrüstungen für die Luftfahrt und für Kernkraftwerke.

6. Aber auch für die Produktion von Konsumgütern. Bei den Firmen der BRD wurden schon Ausrüstungen für unsere Leicht- und Nahrungsmittelindustrie im Wert von 700 Mio. Rubel gekauft.

7. Wie Sie wissen, laufen Verhandlungen mit der BRD und den skandinavischen Staaten über die Bildung einer freien Wirtschaftszone in der Leningrader Region, mit Ausrichtung auf Produkte mit hohem Forschungs- und Entwicklungsaufwand auf der Basis sowjetischer Ideen und Technologien.

8. Als ein weiteres aussichtsreiches Projekt des multilateralen Zusammenwirkens betrachten wir die Erschließung von Naturschätzen der Halbinsel Kola und Westsibiriens.

9. Ein großes Problem ist die Schaffung moderner Infrastrukturen in Europa: transkontinentale Hochgeschwindigkeitseisenbahnen, Kabelnetze, kosmische Kommunikationsmittel. Dabei kann es sich um unseren gemeinsamen Beitrag zu gesamteuropäischen Vorhaben handeln.

Wir beobachten aufmerksam die Integrationsprozesse in Westeuropa und registrieren die von den zwölf EG-Staaten erzielten Erfolge. Der einheitliche europäische Markt wird, allem Anschein nach, schon bald reale Konturen annehmen. Hoffnungen, die die BRD in diese Prozesse setzt, sind mir verständlich, genauso die gegenwärtigen Motive für die Integration. Man beruhigt uns von allen Seiten, das Jahr 1992 werde kein Datum für die Fertigstellung einer Festungsmauer quer durch Europa sein, bisher jedoch haben wir keine wirtschaftlich-politischen Argumente zu hören bekommen, die überzeugend genug wären, um diese Besorgnisse zu zerstreuen.

RGW und EG sollten entschieden aufeinander zugehen, den Kurs auf die vorrangige Entwicklung der innereuropäischen Zusammenarbeit einschlagen. Die europäischen wirtschaftlichen Vereinigungen sollten über die europäische Wirtschaftspolitik als ein unabdingbarer Faktor des Helsinkiprozesses nachdenken. Die Worte von Hans-Dietrich Genscher über die Notwendigkeit, eine technologische Spaltung Europas zu verhindern, werden wir in Erinnerung halten. Kann man sich jedoch etwas Antieuropäischeres vorstellen als die berüchtigten COCOM-Verbote? Es fällt schwer, den Eindruck loszuwerden, daß diese Verbote gleichzeitig auch zu einem Instrument des Konkurrenzkampfes innerhalb des kapitalistischen Systems geworden sind. Wir erleiden Schaden wegen dieser Verbote, aber rechnen Sie mal, wieviele Hunderte Millionen und vielleicht auch Milliarden Mark sie Ihnen selbst, unserem Partner Nr. 1 unter den entwickelten Ländern des Westens, kosten!

In jüngster Zeit ändert sich viel in den Beziehungen zwischen Ost und West, es gibt weniger Mißtrauen und Angst, mehr Vertrauen. Jetzt fallen die politischen und wirtschaftlichen »Eisernen Vorhänge« in sich zusammen. Aber der Bereich der wirtschaftlichen und wissenschaftlich-technischen Beziehungen ist auch ein Prüfstein für die Aufrichtigkeit der Politik, für ihr Bemühen, zwischen Wort und Tat Einklang herzustellen.

Das Konzept des »gemeinsamen europäischen Hauses« ist, meiner Überzeugung nach, der aussichtsreichste Weg der allmählichen Überwindung der Spaltung Europas. Ich glaube, daß auch Sie, die Kapitäne der westdeutschen Wirtschaft, darüber nachdenken sollten, denn wie alle Deutschen spüren Sie besonders schmerzhaft die Folgen dieser Spaltung.

Das sind die Gedanken, die ich heute mit Ihnen teilen wollte. Ich sprach mit Ihnen in voller Offenheit, so, wie es sich mit unserem Geschäftspartner Nr. 1 im Westen zu sprechen gehört. Ich danke Ihnen.

»Unsere Zusammenarbeit als Katalysator neuer Beziehungen zwischen Ost und West«

(Rede Michail Gorbatschows beim Empfang des Bundespräsidenten im Schloß Augustusburg am 13. Juni 1989)

Verehrter Herr Bundespräsident!

Unsere Bürger lernten Sie während Ihres Besuches in der UdSSR direkt kennen und haben Ihre hervorragende Rolle bei den Veränderungen zum Besseren, die in den sowjetisch-bundesdeutschen Beziehungen eingetreten sind, verstanden. Sie sind ein Mensch aus der Kriegsgeneration, und der Krieg ist auch mir nicht nur aus den Büchern bekannt. Beide Völker stießen damals in einem schrecklichen und todbringenden Kampf aufeinander. Ich glaube, wir leben in einer Zeit, in der alle daraus Lehren ziehen müssen. Mehr noch, die Menschheit ist in ihrer Entwicklung soweit vorangeschritten, daß sie endlich auch imstande ist, die Lehren aus ihrer Geschichte zu ziehen. Ich jedenfalls würde jener bekannten Formel nicht zustimmen, derzufolge die Geschichte nur das eine lehrt, daß sie noch niemanden etwas gelehrt hat.

Wir wissen, daß es nicht einfach ist, die Vergangenheit loszuwerden, daß ein oberflächliches, leichtfertiges Herangehen an die Vergangenheit das Voranschreiten nur bremsen oder gar zum Scheitern bringen kann. Die allmähliche Befreiung des öffentlichen Bewußtseins vom Schock des Weltkrieges fördert solches Wahrnehmen. Unsere Umgestaltung mit ihrer Transparenz und Klarheit der Ziele öffnet neue Möglichkeiten für ein Aufeinanderzugehen, und Ihre wohlwollende Einstellung dazu ist ermutigend.

Eine vielversprechende Tendenz zur Realisierung all jenes Positiven, das ein jahrhundertelanges Miteinander und die Traditionen eines starken gegenseitigen Einflusses unseren beiden Völkern hinterlassen haben, ist im Anwachsen begriffen. All das erlaubt es, kühner nach vorn zu blicken und eine eigene Politik zu gestalten, wobei man die Nachkriegserfahrungen nicht außer acht läßt, sondern sich ernsthaft und allseitig, unter Berücksichtigung aktueller Erfordernisse, auf sie besinnt und wachsam darauf achtet, daß es in keiner Weise zur Wiederentstehung von Situationen kommt, die zu Kriegsquellen werden könnten.

Wir möchten uns auf die Zukunft, auf die neuen Beziehungen zubewegen. Dies wäre aber kaum erreichbar, wenn wir die Realitäten, die in Verträgen und Vereinbarungen verankert sind, ignorieren würden. Ich glaube, daß wir für eine neue Qualität unserer Beziehungen politisch reif geworden sind. Das sage ich um so sicherer, weil hinter uns die neunzehnjährigen Erfahrungen der Einhaltung des Vertrages von 1970 liegen.

Friedrich Schiller sagte: »Es wächst der Mensch mit seinen größern Zwecken.« Und ich hoffe, daß wir genug Weisheit und Weitsicht haben, um nach den Zwecken zu streben, die des 21. Jahrhunderts würdig wären. Es muß versucht werden. Darin besteht unsere Pflicht, die besonders den Politikern obliegt, die mit dem Vertrauen ihrer Völker und heutzutage auch mit der Verantwortung für die Erhaltung des Lebens selbst auf der Erde betraut sind.

Ein hohes Niveau unserer Beziehungen, ihre Entwicklung und Ausfüllung mit neuem Inhalt, entspricht den Interessen beider Seiten; vor allem aber bedroht diese Entwicklung niemanden – vorausgesetzt, wir berücksichtigen den Platz, den jeder von uns in Europa und in der Weltgemeinschaft einnimmt. Im Gegenteil, unsere Zusammenarbeit kann als Katalysator neuer Beziehungen zwischen Ost und West insgesamt dienen.

Ich glaube, das schon erreichte Niveau des gegenseitigen Verständnisses erlaubt es, nun konkrete Taten folgen zu lassen, indem nicht nur die militärische Konfrontation überwunden wird, sondern auch neue Strukturen, neue Normen des Zusammenwirkens zwischen unseren Völkern geschaffen werden.

Die offensichtliche Realität, daß unsere Entwicklung verschiedene Wege geht und gehen wird, darf nicht als Hindernis betrachtet werden. Jedem bleibt sein Bekenntnis zu seinen grundlegenden und historisch bedingten Werten erhalten. Jeder bleibt den Bündnisverpflichtungen treu, solange sie der Stabilität in Europa dienen. Unter einem Vorbehalt: Ausgehend von den eigenen nationalen Interessen können und müssen wir diese Verpflichtungen für die Gestaltung eines Sicherheitssystems, das auf der Defensivdoktrin beruht, sowie für ein wirkliches Voranschreiten zu einer beiderseitigen wesentlichen Reduzierung der Rüstungen ausnützen.

Meine Damen und Herren! Kein verantwortungsbewußter Politiker kann es sich leisten, unter Berufung auf existierende Unterschiede in den gesellschaftlichen und staatlichen Systemen ihre Zugehörigkeit zu ein und derselben modernen Zivilisation zu ignorieren. In diesem Kontext steht auch die Idee der Integrität Europas, die Idee eines »gemeinsamen europäischen Hauses«. Der Weg dazu führt über das Zusammenwirken, über die gemeinsame friedliche politische Lösung aktueller Probleme, sei es bilateral, regional oder global. Wir sind dazu bereit – sowohl objektiv als auch subjektiv.

In Moskau ist soeben der Kongreß der Volksdeputierten der UdSSR zu Ende gegangen. Dieses Ereignis stellt eine grundlegende Wende nicht nur für das sowjetische Volk und unsere Gesellschaft dar. Der Faktor des Vertrauens, der durch unsere Perestroika in die Weltpolitik eingebracht wurde, bekam dank dieses Kongresses eine rechtliche Verankerung. Dies verleiht ihm ein zusätzliches Ansehen, verstärkt ihn, öffnet größere Möglichkeiten für die vereinten Bemühungen bei der Lösung der globalen Probleme.

In der Tat. Wir haben viele gemeinsame Sorgen und dazu noch wenig Zeit. Während Ost und West im kalten Krieg frontal aufeinanderprallten, entstanden noch nie dagewesene Gefahren und Bedrohungen, angesichts derer jegliche politischen Differenzen zurücktreten müssen. An erster Stelle ist nach wie vor die nukleare Gefahr zu nennen, die trotz der merklichen Änderungen in der internationalen Atmosphäre für keinen Augenblick vergessen werden darf.

Die fortschreitende Umweltverschmutzung und die Zerstörung der Natur greifen mit einer Geschwindigkeit um sich, die noch vor kurzem kaum zu vermuten war. Die Gesundheit unseres Planeten ist schon angeschlagen; auch das ist ein gemeinsames Unglück. Und die Situation in den Entwicklungsstaaten? Folgende Berechnung wurde angestellt: Um die elementaren Bedürfnisse der Bevölkerung der ärmsten Länder zu befriedigen, muß die Weltgemeinschaft ihre gesamte Produktion um das Zwölf- bis Fünfzehnfache erhöhen.

Wird die ohnehin mit Wunden bedeckte Umwelt dieser kolossalen Belastung standhalten? Darf man sich andererseits weiterhin mit Hungersnot, Seuchen und Armut abfinden? Auch aus diesem Grund also stellt sich akut die Frage nach der Konversion der Ressourcen, die die militärische Konfrontation und das Wettrüsten verschlingen, auf die Belange der Wirtschaft, die Belange der Entwicklung. Ich bin zuversichtlich, daß unsere Völker, die über riesige schöpferische Energien verfügen, einen bedeutenden Beitrag zur Lösung dieser wahrhaft gesamtmenschlichen Aufgaben leisten können.

Verehrter Herr Bundespräsident! Während Ihres Besuches in der UdSSR haben Sie erklärt: Je deutlicher unsere Vorstellungen vom morgigen Tag sind, desto sicherer wählen wir heute einen richtigen Weg aus. Wir kennen die Realitäten und Dramen der heutigen Welt. Und ein richtiger Weg setzt voraus, daß wir hinfort nie mehr vergessen, daß niemand die eigene Sicherheit und das eigene Wohlergehen auf Kosten der anderen gewährleisten kann.

Nur unter dieser Bedingung werden wir imstande sein, über die Schwierigkeiten hinwegzuschreiten, die wir von der Vergangenheit geerbt haben, und in die Zukunft unserer Beziehungen aufzubrechen. Das sowjetische Volk ist dazu bereit. Mit dieser Mission und mit allen Vollmachten unseres Volkes sind wir auf Ihre, Herr Bundespräsident, Einladung hin zu einem offiziellen Staatsbesuch in die Bundesrepublik Deutschland gekommen.

Auf das gegenseitige Verständnis, auf Vertrauen und Zusammenarbeit zwischen unseren Ländern!

»Die Mentalität der Schwaben und Badener imponiert mir«

(Rede Michail Gorbatschows beim Empfang im Neuen Schloß in Stuttgart am 14. Juni 1989)

Sehr geehrter Herr Ministerpräsident!
Sehr geehrte Frau Ursula Späth!
Meine Damen und Herren!
Wir freuen uns über die Möglichkeit, Baden-Württemberg besuchen zu können, in Ihrer Hauptstadt, dem berühmten Stuttgart, zu weilen und persönlich mit Ihnen, Herr Späth, den inhaltsreichen, interessanten Dialog fortzusetzen.

Das Land Baden-Württemberg ist zu unserem verläßlichen und vielseitigen Partner geworden. Ihre Firmen und wissenschaftlichen Zentren genießen bei uns einen guten Ruf. Entsprechend hoch schätzt man bei uns Ihre kulturellen Leistungen ein.

Ich bin schon zum zweiten Mal auf Ihrem Boden. Ich hatte bereits die Gelegenheit, Ihre Menschen kennenzulernen. Aber diesmal kann ich sehen, wieviel man mit Können und Wollen in nur zehn Jahren leisten kann, welchen Vorsprung Baden-Württemberg im Vergleich zu den anderen Bundesländern, die gar keine schwachen Konkurrenten sind, gewonnen hat.

Ich möchte noch etwas sagen: Die Mentalität und Lebensweise der Schwaben und Badener imponieren mir. Ihre Charakterzüge sind eine gute Hilfe sowohl im geschäftlichen Verkehr als auch im rein menschlichen Umgang. Unsere Menschen, die Kontakte mit Ihnen pflegen, haben sich davon vollkommen überzeugen können.

Die Erfahrungen und Kenntnisse der Einwohner Ihres Landes werden unter anderem in der Tätigkeit der gemischten Betriebe realisiert, von denen wir gemeinsam mit Baden-Württemberg schon heute nicht wenige unterhalten.

Eine der positiven Besonderheiten der heutigen Situation besteht darin, daß man heute über die internationalen Probleme, über die »große Politik« nicht mehr nur in den Hauptstädten und nicht nur in offiziellen Verhandlungen diskutiert und spricht; die Weltpolitik hat die Heime der Menschen betreten, sie sitzt sozusagen mit ihnen am Tisch. Das ist an sich schon bezeichnend. Es offenbart eine ganz neue Situation – daß nämlich die Menschen ihre Schicksale nicht mehr zur Disposition allein der Politiker stellen. Haben wir, hat die Politik dadurch etwas eingebüßt? Nein. Sie hat nur gewonnen. Davon bin ich überzeugt.

Hier, im Herzen Europas, ist es besonders wichtig, von der Notwendigkeit auszugehen, ein für allemal den Teufelskreis des Wettrüstens zu durchbrechen, die internationalen Beziehungen zu demilitarisieren, gemeinsam im Interesse des wirtschaftlichen und sozialen Wohlergehens der Staaten und Völker zu arbeiten. Es scheint angebracht zu sein, sich an die Worte des großen gebürtigen Stuttgarters Hegel zu erinnern: »Der Mut zur Wahrheit ist die erste Bedingung des philosophischen Studiums«.

Als wir die Perestroika begonnen haben, sagten wir den Leuten die Wahrheit über die Gesellschaft, in der wir leben, und über die heutige sehr komplizierte und interdependente Welt. Mit Hilfe von Glasnost bauen wir eine demokratische Ordnung in unserem eigenen Haus auf; wir wollen es sauberer, schöner und reicher machen.

Aber man muß auch ein neues gemeinsames Haus in Europa bauen, sich von jenen Hauskobolden befreien, die den Menschen Ängste eingejagt und sie gegeneinander aufgehetzt haben.

Ein Europa der guten Nachbarschaft und der Zusammenarbeit ist möglich, wenn man gemeinsam handelt. Die UdSSR und die Bundesrepublik Deutschland, zwei große europäische Mächte, können damit beginnen und allen mit gutem Beispiel vorangehen.

Unsere Begegnungen mit Bundespräsident von Weizsäcker und die Verhandlungen mit Kanzler Kohl ermutigen uns in diesem Sinne. Ja, die Probleme in unseren Beziehungen bleiben. Aber dies muß uns nicht verwirren. Wir haben begonnen, vorwärtszuschreiten. Und es scheint, daß beide Seiten darin übereinstimmen, die Suche nach gegenseitig annehmbaren Antworten und Lösungen fortzusetzen.

Es ist erfreulich, daß Jugendliche, Schüler und Studenten sich jetzt an den sowjetisch-westdeutschen Kontakten beteiligen. Damit nimmt die menschliche Dimension der Beziehungen zu. Wir werden dies unsererseits fördern.

Auch eine zweiseitige regionale Zusammenarbeit wird unsere Unterstützung finden. Wir werden die notwendigen Bedingungen für Ihre Investoren schaffen und die Souveränitätsrechte der sowjetischen Unionsrepubliken ausbauen. Wir sind dafür, daß sich die Bindungen zwischen der RSFSR und Baden-Württemberg stärken. Unsere größte Republik und Ihr Land sind einander gut bekannt. Je größer ihr Anteil an der beiderseitigen Zusammenarbeit wird, um so mehr werden unsere beiden Länder im Ganzen gewinnen.

Gestatten Sie mir, Ihnen, Herr Ministerpräsident, nochmals für Ihre Einladung und für ein interessantes Programm zu danken. Wir werden uns freuen, Sie in Moskau zu empfangen.

Wir wünschen dem Land Baden-Württemberg und dessen fröhlichen und tatkräftigen Einwohnern Frieden und Wohlergehen!

»Die Früchte Ihrer Arbeit kommen unserer Perestroika zugute«

(Rede Michail Gorbatschows vor Belegschaftsmitgliedern der Hoesch AG in Dortmund am 15. Juni 1989)

Liebe Freunde!

Meine Kollegen und ich sind glücklich, daß wir uns hier getroffen haben. Wir sind glücklich, daß wir uns mit den Vertretern der Arbeiterklasse der Bundesrepublik Deutschland treffen. Und ich übermittle Ihnen von den Arbeitern der Sowjetunion und von allen Werktätigen aufrichtige Grüße, Gefühle der Sympathie und den Wunsch, zusammenzuarbeiten und zusammen weiterzugehen. Zusammen weiterzugehen zu einer besseren Zukunft für unsere Völker und für die Völker Europas. Zusammen weiterzugehen zu einer friedlichen Zukunft für alle Völker der Welt.

Liebe Freunde! Wir sind direkt von unserem ersten Kongreß der Volksdeputierten zu Ihnen gekommen. Und wir haben die Vollmacht zu erklären, daß alle sowjetischen Menschen – das wurde nachdrücklich auf dem Kongreß gesagt – der Politik der Perestroika und dem neuen politischen Denken treu sind. Egal, wie schwer es uns fallen wird – wir werden diesen Weg unbeirrt weitergehen. Wir wissen, mit welchem Interesse die Werktätigen der Bundesrepublik Deutschland unsere Perestroika verfolgen. Wir spüren diese Solidarität. Im Namen unserer Bevölkerung, im Namen unserer Werktätigen danke ich Ihnen dafür. Was diejenigen anbelangt, die sich heute hier in diesem Saal zusammengefunden haben, so sind es nicht nur die Worte und die ermunternden Zurufe, sondern es ist auch eine reale Unterstützung, es sind die Früchte Ihrer Arbeit, die unsere Menschen, unsere Werktätigen erreichen. Das, was Sie hier produzieren, das geht zu Nutzen unserer Perestroika, das kommt der Erneuerung des Sozialismus in unserem Land zugute.

Was wollen wir, worauf verzichten wir und wofür kämpfen wir im Rahmen der Perestroika? Wir wollen, daß es in unserem Lande, das über sehr große Ressourcen verfügt, mehr Sozialismus, mehr Demokratie, mehr Freiheit gibt, daß der werktätige Mensch sich in unserem Lande sehr wohl fühlt. Wir verzichten nicht auf den Sozialismus. Wir wollen dem Sozialismus nur noch neue Qualitäten verleihen und sein humanes Potential noch weiter entfalten. Wir verzichten auf all das, was in den vorangegangenen Jahrzehnten bei uns gemacht wurde und was dem Sozialismus nicht entspricht. Wir wollen einen breiten Weg bahnen für die Weiterentwicklung der Interessen der Werktätigen, für die Weiterentwicklung der Demokratie als dem, was den Interessen der Gesellschaft entspricht.

Wir wissen nicht alles über die Gesellschaft, der wir entgegengehen. Wir wissen aber, daß dies eine Gesellschaft sein wird, die auf einer breiten Demokratie und auf gesamtmenschlichen Werten basiert, eine Gesellschaft, deren Hauptbestreben darin bestehen wird, den werktätigen Menschen alle Möglichkeiten zu gewähren. Es wird eine Gesellschaft der Volksmacht sein.

Unsere Perestroika zwingen wir niemandem auf; Perestroika brauchen wir selbst. Wir wissen nur dies: Wenn wir mit unseren Aufgaben und Problemen fertig werden, wenn wir die Ziele der Perestroika erreichen, so wird es von Vorteil sein nicht nur für unser Volk, sondern für alle Völker der Welt. Wir wissen, daß wir nicht in einem Vakuum leben und handeln. Um uns herum gibt es eine komplizierte Welt mit ihren Sorgen und mit ihren Unruhen. Wir sind bestrebt, diese Welt zu verstehen und auf der Grundlage der Kenntnis dieser Welt unsere eigene Politik vorzuschlagen. Wir beanspruchen nicht die Wahrheit in letzter Instanz. Unsere Politik ist eine Einladung an alle Regierungen und Völker, die Wege zu einer besseren Welt zu suchen.

Wir danken Ihnen und dem ganzen Volk der Bundesrepublik Deutschland, daß wir ein so gutes Echo gefunden haben für die Politik, die wir jetzt durchführen; wir danken denen, die sich entschieden haben, mit uns zusammenzuarbeiten. All das haben wir, besonders in diesen Tagen unseres Aufenthaltes, sehr gut gespürt. Heute sprechen wir davon, daß wir ein neues Kapitel in unseren Beziehungen aufschlagen wollen. Und wir wollen, daß dieses neue Kapitel mit schönen Seiten unserer Zusammenarbeit ausgefüllt wird. Mit Bekundungen der Freundschaft und des Vertrauens zueinander. Der Weg dahin wird nicht einfach sein. Es hat sich so ergeben, daß es in unserer langen Geschichte, die sehr viele Seiten umfaßt, viele gute Traditionen, gute Seiten, aber auch tragische Zeiten gab. Wir wollen mit Ihnen zusammen all das aufgreifen, was unsere Völker einander nähergebracht hat; wir wollen die Lehren ziehen aus den tragischen Seiten unserer Geschichte.

Ich bin glücklich, mit Ihnen zusammen diejenigen zu grüßen, die an der Quelle dieser neuen Politik stehen. Ich meine vor allem Willy Brandt, Helmut Schmidt und andere hervorragende politische Persönlichkeiten Ihres Landes. Wir begrüßen auch all diejenigen, die heute diese politische Linie fortsetzen. Wir sind bereit, im Interesse unserer beiden Völker, im Interesse aller Völker zusammenzuarbeiten. Wenn Sie mich, verehrte Freunde, danach gefragt hätten, was für mich die stärksten Eindrücke waren während dieser Tage des Aufenthalts in der Bundesrepublik, der Begegnungen mit den Menschen hier, so würde ich darauf folgendes geantwortet haben: Das, was wir hier auf Ihrem Boden vorgefunden haben, hat uns sehr bewegt. Wir haben viele Gesichter gesehen, wir haben vielen in die Augen geschaut. Und wir haben eine gewaltige Sympathie gespürt, ich würde sagen, eine Regung der Seele, den Wunsch, einander entgegenzukommen, noch stärker zusammenzuarbeiten, einander mehr zu vertrauen, gemeinsam für eine bessere Welt zu kämpfen. Das ist die Hauptsache.

Liebe Freunde! In diesen Tagen meines Besuches habe ich auch mit Moskau gesprochen. Und meine Kollegen aus dem Zentralkomitee der Partei und aus dem Obersten Sowjet der UdSSR haben mir darüber berichtet, mit welchem Interesse die sowjetischen Menschen meinen Besuch hier verfolgen. Die sowjetischen Bürger verspüren genauso wie Sie Genugtuung darüber, daß unsere Beziehungen ein neues Niveau des Vertrauens und der Zusammenarbeit erreichen, sozusagen sich den zweiten Atem holen. Ich möchte sehr hoffen, daß das, was in der letzten Zeit in unseren Beziehungen entstanden ist, tiefe Wurzeln schlägt und sich weiterentwickelt und daß unsere Zusammenarbeit immer schönere Früchte trägt – für unsere Völker und für alle Völker der Welt.

Sie als Metallarbeiter und die Leute von der Hütte wissen Bescheid, wie schwer es ist, Stahl zu produzieren, welcher Arbeit und welchen Schweißes es bedarf. Bessere Beziehungen aufzubauen und diese in das breite Gleis der besseren Zusammenarbeit zu bringen, das ist eine noch kompliziertere Sache. Aber ein Arbeiter weiß Bescheid, daß alles durch Arbeit geschaffen wird und auf ihr ruht. Egal, welcher Meinung die Politiker oder andere Repräsentanten der Gesellschaft sind, letzten Endes ist der Grundstein jeder Gesellschaft der arbeitende Mensch.

Wollen wir zusammenarbeiten, jeder in seinem eigenen Land, aber unter den Bedingungen des Zusammenwirkens, um eine bessere Zukunft aufzubauen für unsere Völker, für die gesamte Menschengemeinschaft.

Ich danke Ihnen für Ihre Aufmerksamkeit, ich wünsche dem Volke der Bundesrepublik Deutschland Frieden und Wohlergehen.

Die Einleitungen verfaßten Wladimir Dobkin (Teil I)
und Wladimir Markow (Teil II), beide APN-Verlag, Moskau.

Bildnachweis

**Bitte beachten Sie
die folgenden Seiten:**

Michail Gorbatschow

Was ich wirklich will

Antworten auf die Fragen
der Welt

Ullstein Buch 34481

Ein Vorwort von Bruno
Kreisky leitet dieses Buch ein,
in dem Gorbatschow zu
brennenden Fragen der Welt
Stellung nimmt – spontan,
vital, kompetent und konkret.
Die hier zusammengestellten
Reden – einschließlich der
vollständigen Rede vom
2. November 1987 zum
70. Jahrestag der Oktoberrevolution – bilden ein
lebendiges Zeugnis für den
konsequenten Weg und die
anspruchsvollen Ziele des
sowjetischen Generalsekretärs.

Ullstein Sachbuch

Ferdinand Kroh
(Hrsg.)

»Freiheit ist immer Freiheit . . .«

Die Andersdenkenden
in der DDR

Ullstein Buch 34489

Mit dem Tode Robert Havemanns, 1982, ging in der DDR die Ära der prominenten Systemkritiker zu Ende. Heute begehren junge Bürger aus allen Schichten der Gesellschaft auf. Sie fordern Abrüstung, Umweltschutz, inneren Frieden – und klagen die Menschenrechte ein. Seit zehn Jahren arbeiten sie in autonomen Gruppen unter dem Dach der Kirche. Aktivisten dieser Szene und der Herausgeber dieses Buches schildern die Geschichte der Bewegung u. a.: Hans-Jürgen Buntrock, Peter Eisenfeld, Guntolf Herzberg, Ralph Hirsch, Günter Jeschonnek, Ferdinand Kroh, Rüdiger Rosenthal.

Ullstein Sachbuch

Klaus Mehnert

Das zweite Volk meines Lebens

Berichte aus der Sowjetunion

Ullstein Buch 34545

»Das zweite Volk meines Lebens« – so nannte Professor Klaus Mehnert, zuverlässiger Kenner der Sowjetunion, die Russen. Die vorliegende Auswahl von Aufsätzen des Autors ist Zeugnis seiner intensiven und differenzierten Auseinandersetzung mit den Russen und ihrem Staat, Ausdruck seiner kritischen Liebe zu diesem Land und seinen Menschen.

»Mehnerts Berichte aus 60 Jahren der Beschäftigung mit Rußland sind zeitgeschichtliche Dokumente von hohem Rang und außerdem eine jederzeit spannende Lektüre.« (Südfunk 2)

Ullstein Sachbuch